中国（绵阳）科技城年鉴

YEARBOOK OF CHINA（MIANYANG） SCIENCE AND TECHNOLOGY CITY

2020

绵阳市地方志编纂中心　编

方志出版社
Publishing House of Local Records

图书在版编目（CIP）数据

中国(绵阳)科技城年鉴. 2020 / 绵阳市地方志编纂中心编. —北京：方志出版社，2020.12
ISBN 978-7-5144-4606-7

Ⅰ.①中… Ⅱ.①绵… Ⅲ.①高技术开发区-绵阳-2020-年鉴 Ⅳ.①F127.713-54

中国版本图书馆 CIP 数据核字（2020）第 246032 号

中国（绵阳）科技城年鉴（2020）

编　　者：绵阳市地方志编纂中心
责任编辑：罗　滔

出 版 者：方志出版社
地址　北京市朝阳区潘家园东里 9 号（国家方志馆 4 层）
邮编　100021
网址　http://www.zgfzcb.cn
设计制作：成都辉汉文化传播有限公司
发　　行：方志出版社图书经销中心
电话　（010）67110500
经　　销：各地新华书店
印　　刷：成都勤德印务有限公司

开　　本：889×1194　1/16
印　　张：20
字　　数：475 千字
版　　次：2020 年 12 月第 1 版　2020 年 12 月第 1 次印刷
印　　数：0001~1500 册

ISBN 978-7-5144-4606-7　定价：288.00 元

城市荣誉

CITY HONOR

★中国科技城

★全国文明城市

★国家森林城市

★中国优秀旅游城市

★全国科技进步先进城市

★全国创业先进城市

★国家电子商务示范城市

★全国首批“三网融合”试点市

★国家产城融合示范区

★国家智慧城市试点市

★国家新型城镇化综合试点市

★全国首批“民生改善十佳典范城市”

★中国最美山水城市

★联合国“改善居住环境最佳范例城市”

★国家系统推进全面创新改革试验先行先试区域

★国家卫生城市

★国家环保模范城市

★全国双拥模范城市

★全国人民防空先进城市

★国家新型工业化产业示范基地

★国家知识产权示范城市

★全国首批“促进科技和金融结合”试点地区

★国家产融合作试点市

★国家信息消费试点市

★中国幸福城市

★全国新型节水型城市

★联合国“杰出绿色生态城市”

★中国 2018 年“美丽山水城市”

★全国版权示范城市

★全国首批 5G 商用城市

规划面积：100 平方千米

集中发展区面积：30 平方千米

建成核心区面积：5 平方千米

国家级园区：3 个（高新区、经开区、出口加工区）

省级园区：8 个

国家级科研院所：18 个

国家地方联合工程研究中心：2 个

国家级企业技术中心：9 个

国家级工程技术研究中心：5 个

省级工程技术研究中心：23 个

各类孵化器：超 60 个

国家级工业设计中心：2 家

在绵单位的“两院”院士：28 人

科技城地区生产总值：2011.61 亿元

科技城第二产业增加值：998.80 亿元

科技城规模以上工业增加值增长：10.0%

科技城第三产业增加值： 1012.80 亿元

科技城全社会固定资产投资增长 ：14.0%

数字科技城 DIGITAL KEJICHENG 2019 2019

科技城社会消费品零售总额： 937.98 亿元

科技城内高新技术企业：340 家

高新技术企业主营业务收入：1861 亿元

上市挂牌企业：32 家

战略性新兴产业产值占全市工业比重：39.2%

重点电商企业：250 家

电商网络交易额：3038.64 亿元

新签约项目：243 个

5 亿元以上项目：68 个

国内省外到位资金：780.97 亿元

申请专利：10612 件

授权专利：6382 件

技术合同认定登记额：超 12.9 亿元

专业技术人才：23.7 万人

各类高校：14 所

科技创新综合水平指数：75.78%

科技城研究与试验发展经费：152.4 亿元

研发经费投入占比：6.61%

2 月 20 日，中国科技城加快发展动员大会召开

4 月 19 日，绵阳市科学技术奖励大会召开

12 月 28 日，中共绵阳市委七届八次全体会议暨市委经济工作会议召开

12 月 17 日，2019 年绵阳市人才工作大会暨“绵州英才荟”主题人才活动举行

第七届中国(绵阳)科技城国际科技博览会
The 7th China (Mianyang)Science&Technology City International High-Tech Expo
开幕式
Opening Ceremony

成都平原经济区

技创新推动阿坝生态示范
土阿坝

① 9月5日，第七届中国（绵阳）科技城国际科技博览会开幕式现场

② 9月7日，全球知商（绵阳）高峰论坛在绵阳举行

③ 成都平原经济区展区

④ 川西北生态示范区展区

⑤ 川东北经济区展区

① 9月8日，第七届中国（绵阳）科技城国际科技博览会成果发布会现场

② 9月6日，第七届中国（绵阳）科技城国际科技博览会投资推介暨采供对接大会现场

③ 5G智能分类垃圾桶展示现场

④ 观众和机器人互动

⑤ VR体验活动现场

第七届中国（绵阳）科技城国际科技博览会
投资推介暨采供对接大会
The 7th China (Mianyang) Science & Technology City International High-Tech Expo
Investment Promotion Conference & Purchase-Supply Matching Conference
主办：四川省人民政府
承办：绵阳市人民政府 四川省经济合作局

科普产品表演区

中国（绵阳）科技城创新产业投资推介会
China (Mianyang) Sci&Tech City Innovative Industry Investment Promotion Conference
中国·深圳 2019年11月21日
Shenzhen, China November 21, 2019
领导致辞
Address by Leaders
刘超
LiuChao
中共绵阳市委书记

MIANYANG
绵阳
绵阳·遂宁加快推动绵遂区域协同发展座谈会
暨合作协议签署仪式
2019.04 遂宁

绵阳市人民政府
战略合作协议签约仪式
绵阳市人民政府
华为软件技术有限公司

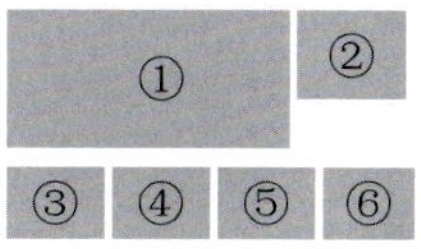

① 11 月 21 日，中国（绵阳）科技城创新产业投资推介会在深圳举行

② 7 月 9 日，市政府与中国移动（成都）产业研究院战略合作协议签约仪式在绵阳举行

③ 4 月 12 日，绵阳·遂宁加快推动绵遂区域协同发展座谈会暨合作协议签署仪式在遂宁举行

④ 4 月 16 日，市政府与华为软件战略合作签约仪式在绵阳举行

⑤ 8 月 20 日，市政府与东软集团战略合作协议签约仪式在绵阳举行

⑥ 12 月 4 日，绵阳·阿坝对口帮扶工作座谈会暨加快推动绵阿协同发展战略合作协议签约仪式在绵阳举行

① ②
③ ④ ⑤ ⑥

① 9月5日，绵阳市与意大利卢卡市谅解备忘录签署仪式在绵阳举行

② 4月16日，中国（绵阳）科技城集中发展区投资推广会在成都举行

③ 6月26日，市政府与平安集团工作座谈会在绵阳举行

④ 7月15日，市政府与新松机器人公司工作座谈会在绵阳举行

⑤ 11月27日，外企看四川——马来西亚企业家走进绵阳市工作座谈会召开

⑥ 12月12日，市政府与西北大学工作座谈会在绵阳举行

中国（绵阳）科技城集中发展区
投资推广会
主办单位：绵阳市人民政府 四川省经济合作局
2019年4月16日 四川·成都

外企看四川——马来西亚企业家走进绵阳市
工作座谈会

绵阳市人民政府 西北大学
工作座谈会
2019.12.12 中国·绵阳

绵阳市人民政府
华为技术有限
深化战略合作协议签约仪式暨鲲鹏生态长虹天宫系统
CHANGHONG长虹

中国（绵阳）科技城智能制造产业基地项目
签约仪式

绵阳市人民政府
中信医疗集团
战略合作协议签约仪式

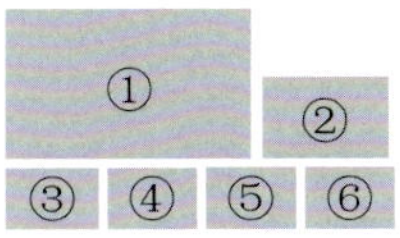

① 12月18日，市政府与华为公司深化战略合作协议签约仪式暨鲲鹏生态长虹天宫系统应用示范工程发布会在绵阳举行

② 12月15日，中国（绵阳）科技城激光产业园项目签约仪式在绵阳举行

③ 7月15日，中国（绵阳）科技城智能制造产业基地项目签约仪式在绵阳举行

④ 9月11日，市政府与中信医疗集团战略合作协议签约仪式在绵阳举行

⑤ 11月15日，盐亭・新希望六和150万头生猪全产业链基地项目签约仪式在绵阳举行

⑥ 12月31日，长虹三杰新能源项目签约仪式在绵阳举行

①

② ③ ④

① 建设中的惠科第 8.6 代薄膜晶体管液晶显示器件生产线项目

② 建设中的长虹智能制造产业园

③ 建设中的“大美羌城”——泛美航空科技城

④ 建设中的科技城创新基地

① ②
③ ④

① 兴事发数字家电生产基地
② 绵阳京东方厂房
③ 中国中药（绵阳）产业园天雄药业生产基地
④ 中南高科·安州擎动未来汽车产业园

BOE
（柔性）生产线量产及交

HKC
第8.6代薄膜晶体管液晶显示器件项目
主体厂房封顶大吉
主体厂房封顶仪式

绵阳市2019年第二季度重大项目集中开工
暨OLED显示和5G通讯膜材产业化项目开工
2019年6月

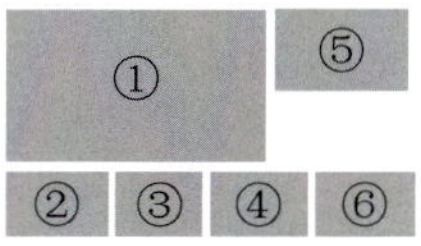

① 7月15日，绵阳京东方第6代AMOLED（柔性）生产线量产及交付仪式在绵阳举行

② 8月8日，绵阳惠科第8.6代薄膜晶体管液晶显示器件项目主体厂房封顶仪式在绵阳举行

③ 6月27日，绵阳市2019年第二季度重大项目集中开工仪式举行

④ 9月23日，诺思（绵阳）微系统项目主厂房首榀钢梁吊装仪式在绵阳举行

⑤ 绵阳京东方第6代AMOLED（柔性）生产线量产的首款6.47英寸水滴曲面柔性屏

⑥ 11月19日，长虹“双创”智能制造工业园A101#爱铂主体结构项目封顶

5G科技园

① 中国（绵阳）科技城软件产业园
② 中国（绵阳）科技城 5G 科技园
③ 中国（绵阳）科技城卫星应用科技园
④ 科技智谷

① 四川湖山电器有限公司工作人员在消声室内进行音响电声指标测试

② 新晨动力发动机生产线

③ 海立电器生产线

④ 攀丰公司蜂巢智能快递柜生产线

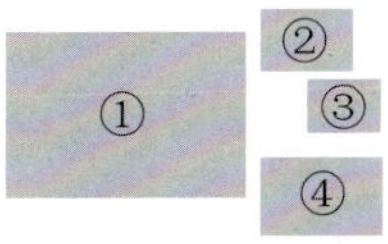

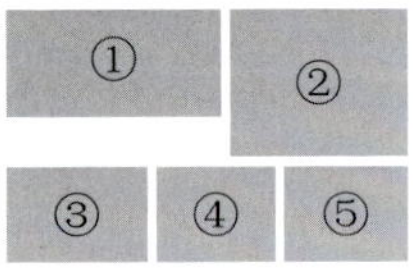

① 光联科技生产线
② 佳联印染公司生产线
③ 鸿星尔克生产线
④ 长虹平板电视生产线
⑤ 经纬达科技电子元器件自动穿环生产线

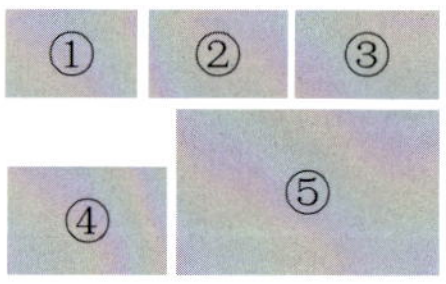

① 爱联科技一角
② 东材科技一角
③ 六合锻造一角
④ 华正电子一角
⑤ 九洲线缆一角

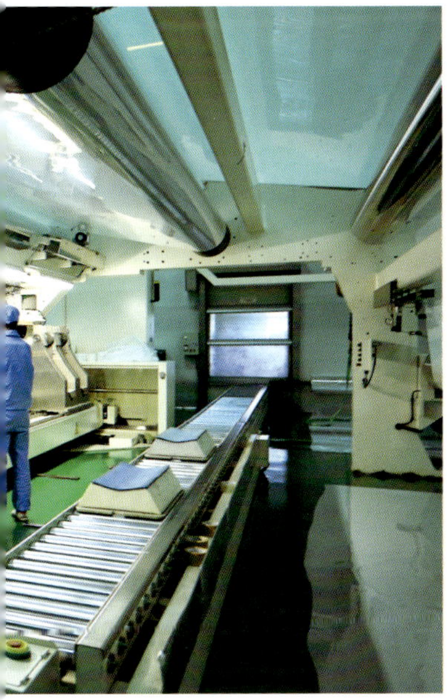

橡缆
2500

中国(绵阳)科技城科技智谷科技园
开园

一等奖
中航联创科技有限公司上海分公司傲意信息科技有限公司
中国创新创业大赛技术融合专业赛

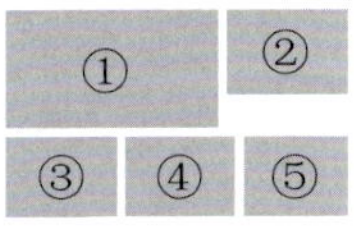

① 7 月 9 日，中国（绵阳）科技城科技智谷科技园开园仪式在绵阳举行

② 12 月 25 日 16 时 50 分，“探索一号 · 中国科技城之星”商业亚轨道运载火箭在酒泉卫星发射中心首次飞行

③ 8 月 30 日，2019 中国创新创业大赛技术融合专业赛（绵阳协同创新大赛）颁奖仪式在绵阳举行

④ 10 月 28 日，第三届“四川工匠杯”职业技能大赛主赛场决赛在绵阳举行

⑤ 10 月 31 日，绵阳成为全国首批 5G 商用城市

① ② ③

① 绵阳城区全貌
② 小枧湿地公园
③ 科创区人工湖

中国（绵阳）科技城基金小镇

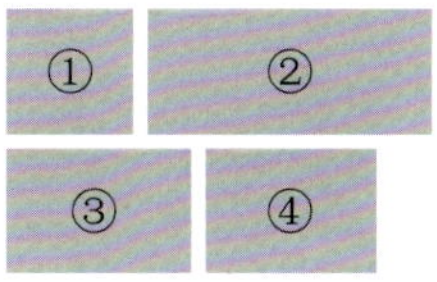

① 科慧大道
② 金西湖远眺
③ 基金小镇
④ 建设中的九洲云栖湖项目

中国（绵阳）科技城科技智谷八大科技园区分布图

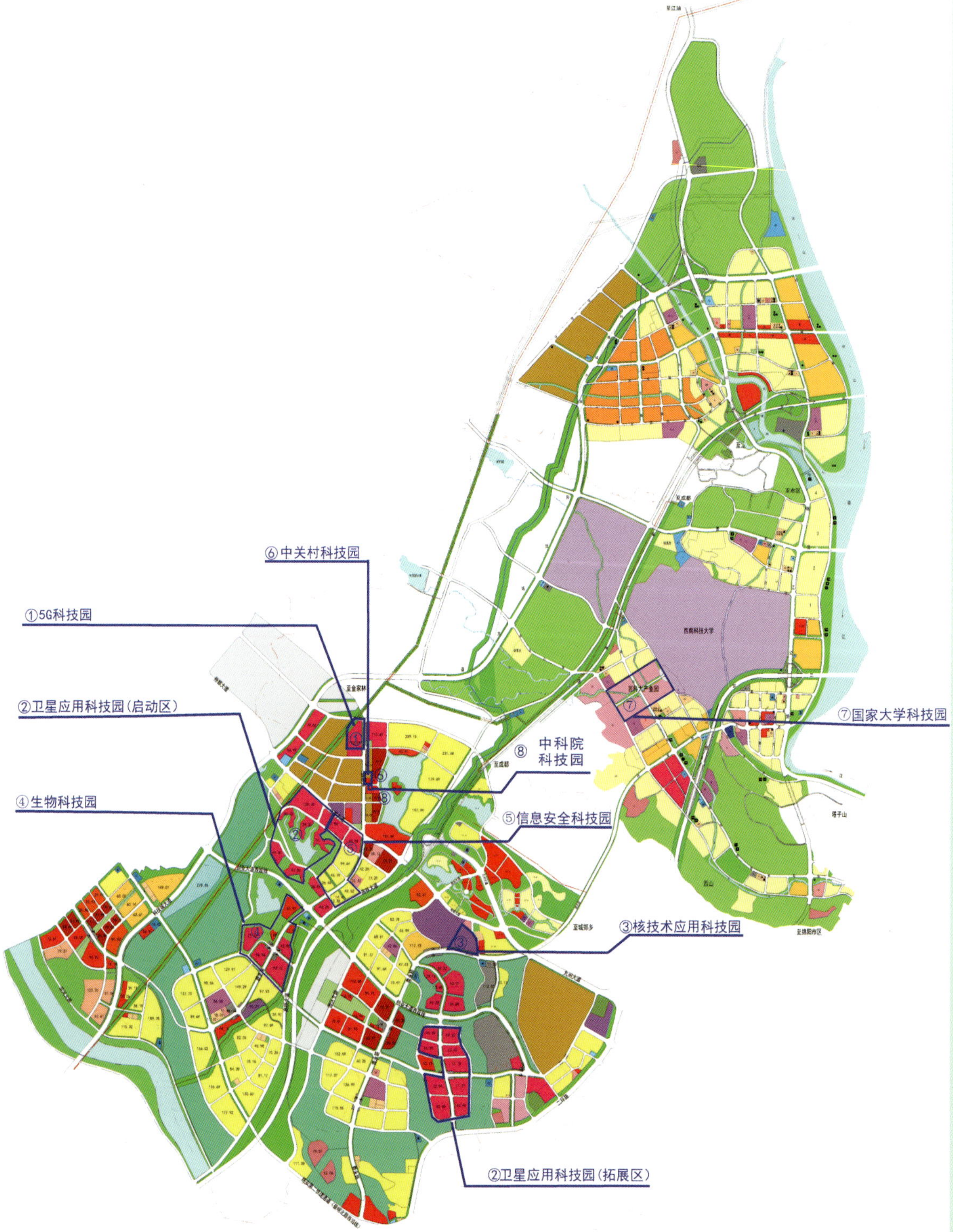

编辑说明

一、《中国（绵阳）科技城年鉴（2020）》（以下简称本年鉴）坚持以马克思列宁主义、毛泽东思想、邓小平理论、“三个代表”重要思想、科学发展观、习近平新时代中国特色社会主义思想为指导，坚持辩证唯物主义和历史唯物主义的立场、观点和方法，全面客观记述中共绵阳市委、绵阳市人民政府加快建设中国科技城的新部署、新举措、新成果。全书以科技城建设为主题，重点突出科技创新、产业发展等，为中国科技城科学发展、加快发展提供决策依据和借鉴，为广大读者了解和研究科技城提供资料和信息。

二、本年鉴是由中共绵阳市委、绵阳市人民政府主办，中共绵阳市委党史研究室（绵阳市地方志编纂中心）编纂的资料性文献，2017年创刊，每年一卷，在国内公开出版发行。本年鉴为总第4卷，记述时限为2019年1月1日至12月31日。为确保记述的完整性，部分资料作适当上溯下延。

三、本年鉴采用分类编辑法，主体由类目、分目、条目三级组成，部分内容增设子分目。设特载、媒体聚焦、大事记、综述、组织机构、研发创新平台、产业发展、产业园区、创新创业、科技成果转化与知识产权保护、开放合作、人才建设、金融服务、附录14个类目。

四、本年鉴条目标题统一用黑体字加【】表示，正文为五号宋体。全书有中英文目录、索引，具有比较完善的检索系统。在排版上，双页书眉为书名，单页书眉为类目标题。部分“简略语”随条目注释，部分条目附有资料背景链接。

五、本年鉴所载信息（数据）由科技城管委会、各县市区人民政府、各园区管委会、相关市级部门、科研院所、企事业单位提供，经编辑部整理编辑、编委会审查、出版社审核而成，具有权威性与资料性。

中国（绵阳）科技城年鉴编纂委员会

顾　　问：罗增斌　元　方　付　康　李亚莲

主　　任：刘光强　王华蓉　罗宗志

副 主 任：田丛荣　赵　琳　袁　明　胡国洪　余正道

成员单位：各县市区政府、各园区管委会、科学城办事处、市人大常委会办公室、市政协研究室、市委组织部、市委宣传部、绵阳日报社、市金融工作局、市发改委、市经信局、市国资委、市财政局、市人社局、市统计局、市教育和体育局、市商务局、市经济合作局、市科技局、市市场监督管理局、科管委综合办、长虹集团、九洲集团、西南科技大学、绵阳师范学院

主　　编：余正道

常务副主编：万晓翠

副 主 编：吴志宏　吴　锋

中国（绵阳）科技城年鉴编辑部

主　　任：李维怡

编　　辑：张永兴　晏茂川　王仕春　段　雯　郭　徽　冀燕鹏
文　茜　叶平莉　吴天文　伍丹丹　梅　柯　岑福雯
徐江山　吴建平　郭　平

英文编辑：周　谞

编　　务：黄　雁

摄　　影：蒲　滔　赖　杰　张　莉　田明霞　梁　严　张梦怡　等

图片协作单位：绵阳日报社·视觉绵阳

中国（绵阳）科技城年鉴编辑部　地址：四川省绵阳市涪城区云泉北街 1 号集中办公区 7 号楼 C 区 116 室
电话：0816-2317693　传真：0816-2224994
E-mail:350385119@qq.com　邮编：621000

绵阳市部分机关企事业单位全称简称对照表

全称	简称
中国共产党绵阳市委员会	市委
绵阳市人民代表大会常务委员会	市人大常委会
绵阳市人民政府	市政府
中国人民政治协商会议绵阳市委员会	市政协
中共绵阳市纪律检查委员会（绵阳市监察委员会）	市纪委、市监察委
绵阳市中级人民法院	市中级人民法院
绵阳市人民检察院	市人民检察院
中共绵阳市委办公室	市委办
中共绵阳市委组织部	市委组织部
中共绵阳市委宣传部	市委宣传部
中共绵阳市委统一战线工作部	市委统战部
中共绵阳市委政法委员会	市政法委
中共绵阳市委政策研究室	市委政研室
中共绵阳市委网络安全和信息化委员会办公室	市委网信办
中共绵阳市委外事工作委员会办公室	市委外办
中共绵阳市委机构编制委员会办公室	市委编办
中共绵阳市委直属机关工作委员会	市直机关工委
中共绵阳市委巡察工作领导小组办公室	市委巡察办
中共绵阳市委老干部局	市委老干局
中共绵阳市委目标绩效管理办公室	市委目标绩效办
绵阳市公务服务中心	市公务服务中心
中共绵阳市委党史研究室	市委党研室
中共绵阳市委党校	市委党校
绵阳市总工会	市总工会
共青团绵阳市委	团市委
绵阳市妇女联合会	市妇联
绵阳市工商业联合会	市工商联
绵阳市科学技术协会	市科协
绵阳市文学艺术界联合会	市文联
绵阳市社会科学界联合会	市社科联

续表

全　称	简　称
绵阳市残疾人联合会	市残联
绵阳市归国华侨侨眷联合会	市侨联
中国国民党革命委员会绵阳市委员会	民革绵阳市委
中国民主同盟绵阳市委员会	民盟绵阳市委
中国民主促进会绵阳市委员会	民进绵阳市委
中国民主建国会绵阳市委员会	民建绵阳市委
中国致公党绵阳市工作委员会	致公党绵阳市工委
九三学社绵阳市委员会	九三学社绵阳市委
农工民主党绵阳市委员会	农工民主党绵阳市委
绵阳市人民政府办公室	市府办
绵阳市发展和改革委员会	市发展改革委
绵阳市经济和信息化局	市经信局
绵阳市教育和体育局	市教体局
绵阳市科学技术局	市科技局
绵阳市人力资源和社会保障局	市人社局
绵阳市自然资源和规划局	市自然资源和规划局
绵阳市生态环境局	市生态环境局
绵阳市住房和城乡建设委员会	市住建委
绵阳市交通运输局	市交通局
绵阳市水利局	市水利局
绵阳市农业农村局	市农业农村局
绵阳市文化广播电视和旅游局	市文广旅局
绵阳市卫生健康委员会	市卫健委
绵阳市退役军人事务局	市退役军人事务局
绵阳市应急管理局	市应急局
绵阳市国有资产监督管理委员会	市国资委
绵阳市市场监督管理局	市市场监管局
绵阳市扶贫开发局	市扶贫开发局
绵阳市金融工作局	市金融工作局
绵阳市经济合作局	市经合局
绵阳市医疗保障局	市医保局
绵阳市政务服务监督管理局	市政务服务监管局

续表

全称	简称
绵阳市机关事务管理局	市机关事务管理局
绵阳市人民防空办公室	市人防办
绵阳市武都引水工程管理局	市武引局
绵阳市住房公积金服务中心	市公积金中心
绵阳市供销合作社联合社	市供销社
国家税务总局绵阳市税务局	市税务局
国家统计局绵阳调查队	绵阳调查队
四川东材科技集团股份有限公司	东材科技
中国工程物理研究院	中物院
四川长虹电子控股集团有限公司	长虹集团
四川虹欧显示器件有限公司	虹欧公司
四川长虹器件科技有限公司	长虹器件公司
长虹华意压缩机股份有限公司	长虹华意
四川九洲电器集团有限责任公司	九洲集团
四川九洲线缆有限责任公司	九洲线缆
四川九洲光电科技股份有限公司	九洲光电
四川九州电子科技股份有限公司	九州电子
四川九州光电子技术有限公司	九州光电子
绵阳市投资控股（集团）有限公司	绵投集团
绵阳科技城发展投资（集团）有限公司	科发集团
绵阳市交通发展集团有限责任公司	交发集团
绵阳市教育投资发展（集团）有限公司	教投集团
绵阳国家高新技术产业开发区	高新区
绵阳经济技术开发区	经开区
绵阳科技城科教创业园区	科创区
绵阳市仙海水利风景区	海仙区
中国银保监会绵阳监管分局	绵阳银保监分局
中国人民银行绵阳市中心支行	人行绵阳中支
中国工商银行绵阳分行	工行绵阳分行
中国农业银行绵阳分行	农行绵阳分行
中国银行绵阳分行	中行绵阳分行
中国建设银行绵阳分行	建行绵阳分行

续表

全　称	简　称
中国农业发展银行绵阳分行	农发行绵阳分行
四川电信公司绵阳分公司	绵阳电信
四川移动通信公司绵阳分公司	绵阳移动
中国联合通信有限公司绵阳分公司	绵阳联通
西南科技大学	西科大
绵阳师范学院	绵阳师院
西南科技大学城市学院	西科大城市学院
西南财经大学天府学院	西财天府学院
四川文化艺术学院	川文艺学院
绵阳职业技术学院	绵阳职业学院
四川省幼儿师范高等专科学校	幼儿专科学校
四川汽车职业技术学院	川汽职院
四川省中医药高等专科学校	中医专科学校
四川九洲技师学院	九洲技师学院
绵阳广播电视大学	绵阳电大

目 录
CONTENTS

组织机构

产业发展

产业园区

创新创业

科技成果转化与知识产权保护

开放合作

人才建设

附　录

索　引

Spectial Features

Media Focus

Memorabilia

Overview

Organizations

Research and Development Innovation Platform

Industrial Development

Industrial Parks

Innovation and Entrepreneurship

Transformation of Scientific and Technological Achievements and Protection of Intellectual Property

Open Cooperation

Talents Construction

Financial Services

Appendix

Indexes

中共绵阳市委关于深入贯彻习近平总书记重要讲话精神深度参与成渝地区双城经济圈建设的决定（摘要）

——中国共产党绵阳市第七届委员会第九次全体会议通过

（2020 年 7 月 29 日）

成渝地区双城经济圈建设是习近平总书记亲自谋划、亲自部署、亲自推动的国家重大区域发展战略，是党中央赋予的重大任务和时代使命。为深入贯彻习近平总书记在中央财经委员会第六次会议上的重要讲话精神，全面落实党中央和省委决策部署，深度参与成渝地区双城经济圈建设，在新的起点上加快建设中国科技城和西部现代化强市，中共绵阳市委七届九次全体会议结合市情实际进行了研究，作出如下决定。

一、充分认识深度参与成渝地区双城经济圈建设的重大意义

习近平总书记在中央财经委员会第六次会议上发表的重要讲话，思想深邃、站高谋远，深刻论述了推动成渝地区双城经济圈建设对于国家战略全局的重大意义，充分体现了顺应我国经济发展空间结构变化大势、把握高质量发展客观趋势和要求、促进国家区域协调发展的战略考量。推动成渝地区双城经济圈建设，是优化区域经济布局，在西部形成支撑和带动全国高质量发展重要增长极和新动力源的战略决策；是拓展对外开放空间，打造内陆开放战略高地的重大部署；是形成强大战略后方，构建以国内大循环为主体、国内国际双循环相互促进新发展格局的长远大计；是引领变局、开拓新局，在大变革中培育新的战略支撑、抢占有利战略位势的谋远之策；是维护国家生态安全，保护西部生态环境的必然要求。

推动成渝地区双城经济圈建设，饱含着以习近平同志为核心的党中央对成渝地区的深切关怀和殷切希望，凝结着川渝地区广大干部群众的热切期盼，是绵阳在“两个一百年”奋斗目标历史交汇期迎来的重大机遇，其战略牵引力、政策推动力和发展支撑力前所未有。绵阳深度参与成渝地区双城经济圈建设，有利于塑造区域发展新优势，构建现代产业新体系，壮大经济总量，提升发展质量，巩固成渝地区第三大经济体地位；有利于打造创新驱动新引擎，聚集创新资源要素，加强区域协同创新，加速成果转移转化，将科技资源优势转化为经济发展优势；有利于建设改革开放新高地，破除体制机制障碍，构建对外开放大通道，拓展对外开放空间，激发经济社会发展动力活力；有利于提升宜居生活新品质，增强城市承载能力，推动公共服务共建共享，厚植绿色发展优势，建设高质量发展与高品质生活相得益彰的美好家园。全市上下必须站在战略全局高度，深入学习领会习近平总书记重要讲话精神，增强“四个意识”、坚定“四个自信”、做到“两个维护”，把深度参与成渝地区双城经济圈建设作为重大政治任务和发展使命，切实增强贯彻落实国家重大战略的思想自觉、政治自觉和行动自觉。

二、准确把握深度参与成渝地区双城经济圈建设的总体要求

习近平总书记对成渝地区双城经济圈建设的总体思路、基本要求、重点任务等作出了重要指示，为新时代成渝地区高质量发展擘画了美好蓝图、提供了根本遵循。省委十一届七次全会对加快推动成渝地区双城经济圈建设作出了总体谋划部署。绵阳要抢抓重大机遇，发挥自身优势，紧紧围绕“一极两中心两地”战略目标找结合、求协作、谋发展，努力在成渝地区双城经济圈建设中展现新担当、新作为。

（一）指导思想

始终坚持以习近平新时代中国特色社会主义思想为指导，深入贯彻习近平总书记重要讲话精神，全面落实省委决策部署，坚持新发展理念，坚持高质量发展，坚持以供给侧结构性改革为主线，着力深化市场化改革、高水平开放和引领性创新，发挥比较优势，促进产业、人口及各类生产要素合理流动和高效集聚，增强区域中心城市辐射带动作用，推动在成渝地区形成高质量发展新的增长极，夯实中国科技城和西部现代化强市建设基础，为把成渝地区建设成为具有全国影响力的重要经济中心、科技创新中心、改革开放新高地、高品质生活宜居地做出绵阳贡献。

（二）发展定位

围绕服务战略全局，依托发展基础和特色优势，明确四个发展定位，加快推动把国家战略势能转化为绵阳发展动能。

——建设具有国际影响力的中国科技城。深入实施创新驱动发展战略，集聚国际国内创新资源要素，优化创新制度和政策环境，构建开放型融合发展的区域协同创新共同体，提升协同创新、基础研究、技术攻关和成果转化能力，努力打造科技创新策源地、产业创新应用场、开放创新示范区。

——建设西部内陆改革开放新高地。着力推进体制机制创新，深化要素市场化配置改革，强化改革系统集成，打造重大改革先行地；高水平扩大对外开放，优化开放环境，全方位融入国际国内分工合作，强化开放门户和枢纽功能，打造对外开放战略高地。

——建设成渝地区副中心城市。强化与成都、重庆两个国家中心城市协同联动，承接功能疏解和产业外溢，增强经济承载、人口吸纳和综合服务功能，提高城市综合竞争力，提升区域辐射带动力，打造市场主体高层次、经济聚集高强度、城市发展高能级的成渝地区副中心城市。

（三）主攻方向

围绕“一极两中心两地”战略目标，以重点

突破带动整体提升、引领全面发展。

——优先发展先进制造业。坚持高位推动、高端引领，推动制造业质量变革、效率变革和动力变革，构建先进制造产业体系，提升产业自主创新能力，打造高端先进制造业基地，建设西部先进制造强市，带动三次产业深度融合，夯实实体经济基础，推动经济高质量发展。

——着力提高科技创新能力。坚持世界眼光、全球视野，瞄准世界科技和产业发展前沿，强化企业创新主体地位，提升区域协同创新能力，搭建科技创新平台，擦亮用好科技城独特名片，共建中国西部科学城，共同打造科技创新资源密集、科技创新活动集中、科技创新实力雄厚、科技成果辐射范围广泛的科技创新中心。

——持续深化改革扩大开放。坚持改革先行、开放发展，持续深化重点领域和关键环节改革，抓好国省改革试点，破除体制机制障碍，促进各类资源要素高效配置和合理流动；建设对外开放大通道，搭建开放合作大平台，培育经济发展新动能，增强区域协同发展动力活力。

——加快建设Ⅰ型大城市。坚持高起点规划、高标准建设，统筹生产、生活、生态空间，提升功能品质，提高治理效能，涵养城市文化，增强综合服务功能，以良好的生态环境、宜居的生活优势，提升对各类人才和资源要素的集聚力，提高市民的获得感幸福感安全感。

三、大力实施深度参与成渝地区双城经济圈建设的八大行动

习近平总书记强调推动成渝地区双城经济圈建设是一项系统工程，提出要抓好加强交通基础设施建设、加快现代产业体系建设、增强协同创新发展能力、优化国土空间布局、加强生态环境保护、推进体制机制创新、强化公共服务共建共享等重点任务。绵阳深度参与成渝地区双城经济圈建设，必须系统落实重点任务，聚焦重点领域合力攻坚，加快取得突破性进展、实质性成效。

（一）实施现代产业体系构建行动

优先发展先进制造业。大力发展电子信息、汽车、新材料、节能环保、高端装备制造、食品饮料等重点产业，加快发展新型显示、智慧家庭、新型功能材料、5G、北斗卫星应用、新能源与智能网联汽车等创新产业，构建“6+6”先进制造产业体系，打造千亿级、百亿级产业集群。制定实施优势产业建链强链行动计划，围绕主导产业和龙头企业发展需求，增强制造业全产业链优势，构建良好产业生态格局。强化高端引领和创新驱动，以信息化数字化智能化赋能制造业高质量发展，夯实先进制造业发展载体，加快建设制造业高质量发展示范区和先进制造产业功能区。同步推进新兴产业规模化和传统产业新型化，打造具有国际竞争力的大企业大集团，培育“头部”企业，加大高新技术企业、科技型中小企业培育力度，推动大中小企业融通发展。支持长虹、九洲等扎根型企业转型升级，支持京东方、惠科等项目全面达产，推动威马、诺思、拓普等在建项目加快建设。

加快发展现代服务业。依托重点服务业基础优势，推动传统服务业转型升级，构建以科技服务、现代物流、现代金融、电子商务、会展业、文化旅游、健康养老、人力资源服务为重点和商贸流通业为支撑的“8+1”现代服务业体系，建设服务业创新发展示范城市和西部现代服务业强市。加快布局一批功能特色鲜明、辐射带动力强的现代服务业集聚区，推进区域服务业协同发展，引导优质企业通过连锁经营向外扩张。实施文旅融合重点工程，培育文旅经济发展主体，提升文旅服务管理水平，构建“一个枢纽基地、三条精品线路、全域旅游示范区”文旅经济发展新格局。携手成渝地区共建巴蜀文化旅游走廊，布局一批文旅重大产业项目，培育一批文旅产业基地，共同打造具有国际范、中国味、巴蜀韵的重要旅游目的地。

大力发展现代农业。围绕“做大规模、做

优品质、做响品牌”目标，加快发展粮油、畜禽水产、林果、蔬菜等重点产业，大力培育生猪、涪城麦冬、水稻种子、优质蜜柚、优质魔芋、平武天麻等主导产品，构建“6+10”现代农业产业体系。以现代农业园区建设为抓手，加快建设特色优势农产品基地、国家优质粮油和商品猪战略保障基地、国家骨干冷链物流基地。推进川猪优势特色产业集群建设。推动成渝地区双城经济圈现代高效特色农业带建设。加快发展现代都市农业。深入实施“沃野绵州”现代生态循环农业工程。

着力发展数字经济。围绕区块链、大数据、人工智能、云计算和5G等领域，发展平台经济、共享经济和体验经济，培育工业互联网、物联网、大数据、数字创意和数字内容等产业，实施企业上云工程，促进数字经济与实体经济融合。推动制造业、农业、服务业向数字化、网络化和智能化转型，建设一批数字化车间、智能生产线、智能工厂、智能园区，开展智能交通、智能医疗、智能教育等行业试点。加快新型数字基础设施建设。前瞻布局战略性新兴产业和未来产业，共建国家数字经济创新发展试验区。

加强区域产业协作。加强与成渝地区产业协作，聚焦电子信息、汽车及零部件、新能源新材料、医药健康等重点领域，高质量承接成渝地区产业转移，补齐建强产业链，争创承接产业转移示范区。完善信息对接、权益分享和收入分成等政策措施，推动建设产业合作园区。

（二）实施协同创新能力提升行动

共建中国西部科学城。鼓励在绵大院大所发展孵化器、产业园，推动核科学技术、空气动力技术、激光技术等再研发和在绵转化。强化基础研究源头创新和关键领域自主创新，推动在核科学技术、空气动力技术等科技领域保持领跑优势。争取一批国家重大科技专项、重大科技基础设施、重大创新平台和重要科研机构落地绵阳，持续壮大国家战略科技力量。加强与成渝地区科研院所、高等院校、研发机构等合作，谋划布局一批高水平技术创新中心、制造业创新中心。突出企业主体地位，深化政产学研用深度融合，建立健全关键核心技术攻关新型体制，强化市场导向的科技成果转化。加快建设国家创新型城市和国家双创示范基地。以“一核两区三基地”为载体，高水平建设中国（绵阳）科技城，与西部（成都）科学城、西部（重庆）科学城协同发展，共建中国西部科学城，打造成渝绵“创新金三角”，推动建设具有全国重要影响力的科技创新中心。

深化科技协同创新。围绕在绵科研院所、高等院校布局配套项目和科技成果转移转化基地，建设中物院配套产业园、中国燃气涡轮研究院配套产业园。实施重点工业企业研发机构全覆盖行动，支持企业联合科研院所、高等院校共建高水平研发机构。支持行业龙头企业、高新技术企业、科技型中小企业等开展协同创新，建立科技基础资源、科研仪器和工业设备共享共用机制，探索产业创新共同体模式。建设国家技术标准创新基地绵阳区域中心，围绕核技术应用、磁性材料、空管、北斗卫星应用、智能制造、应急电源等领域，推出一批两用通用化标准成果。推进国家两用技术交易中心和四川大型科学仪器共享平台等市场化运营。支持中国空气动力研究与发展中心建设中国科技城超算中心，向成渝地区乃至全国开放数据资源。

营造良好创新生态。强化系统集成、高效协同，开展新一轮全面创新改革试验。深化科研人员激励计划、科技成果所有权使用权处置权收益权等改革，探索试点科研事业单位区别于其他事业单位的管理方式。推进成德绵国家科技成果转移转化示范区建设，打造具有科技城特色的成果转移转化示范地。构建覆盖科技创新全过程的财政资金支持引导机制，持续推广应收账款质押融资，完善信贷风险补偿机制。用好两院院士重大科技成果在川转化基金。健全“创业苗圃+孵化器+加速器+科技园区”阶梯型孵化体系，加强孵化载体跨区域交流合作，支持孵化机构在绵发展。加快发展科技信息服务，参与共建巴蜀科技云服务平台。实施严格的知识产权保护制度，推动知识产权市场化运营，建设知识产权强市。支持和鼓励跨区域创新创业活动。

（三）实施交通基础设施畅通行动

拓展对外开放通道。按照“四向拓展、全域开放”要求，加快构建内畅外联、通江达海的现代综合交通运输体系。加快建设成兰铁路，新开工绵遂内铁路，规划论证重庆至遂宁全绵阳至兰州高铁、成都至巴中铁路（绵阳段）、西成客专新通道（成都经绵阳至广元段）、绵阳经巴中至万源铁路并争取纳入国家相关规划，打通绵阳通往关中平原城市群、中原城市群、京津冀城市群出川大通道。扩建绵阳南郊机场，建设与成都和重庆国际航空枢纽优势互补的骨干机场。推进机场迁建前期工作，争取纳入国家“十四五”规划。加快建设北川、三台通用机场，有序推进江油、盐亭、平武通用机场建设。加快G5成绵扩容、绵阳至九寨沟、绵阳经苍溪至巴中、中江经三台至遂宁、平武至广元等高速公路建设，抓紧开工G5绵广扩容，积极推进三台经大英至犍为、盐亭至南江、盐亭至茂县等高速公路前期工作，规划研究G93绵遂扩容等项目。加快建设成德绵大道、德绵大道，协调推进贯通绵中金简城际快速通道。

畅通内部交通运输网络。加快G347、S205、S209等国省干线提档升级项目建设。推进绵安北等市到县快速通道建设，推动安州与绵阳主城区公交一体化，强化江油、三台等与中心城区城市交通网络衔接。有序推进S415等山区公路改善工程、普通国省道大中修和“四好农村路”建设。规划研究城市轨道交通和绵阳西、绵阳南等综合客运枢纽，促进城际交通与城市交通有效衔接。

建设现代物流体系。加快皂角铺铁路物流基地建设。推动中国（绵阳）科技城科技物流产业园铁路专用线尽快开工。完善货运枢纽及站场，加强互联互通，推进传统货运枢纽向现代物流中心、物流园区转型升级。打造绵阳铁路物流港，强化多式联运，探索与成都国际铁路港、德阳国际铁路物流港一体化运营。大力发展临港经济，共同打造临港经济带。

加快新型基础设施建设。推进5G基础网络加快建设，支持长虹、58所等龙头企业和科研院所打造一批工业互联网平台。加快推进中国科技城大数据中心、绵阳·华为数字经济联合创新中心、中国联通下一代互联网宽带运用国家工程实验室（绵阳）和北川5G网联无人机应用示范基地等项目建设。健全信息安全保护体系。构建新能源充电桩网络。推动传统基础设施升级和智慧化智能化改造。统筹推进水利等基础设施补短板，加快武引二期灌区工程、引通济安、开茂水库等水利项目建设，推进唐家山、祠堂湾、新华等水库枢纽工程前期工作，力争纳入国省“十四五”规划。

（四）实施国土空间布局优化行动

优化国土空间利用。统筹推进国土空间规划编制，打破行政区划与传统城乡结构，以新区建设为抓手优化城市空间，以产业发展为牵引优化经济空间，以城乡融合为重点优化城镇空间，以生态宜居为目标优化生活空间，推动构建新型城乡空间体系。系统开展资源环境承载力评价和国土空间开发适应性评价，建立空间留白机制。优化立体空间利用，加强地下空间开发利用，推进低空空域协同管理试点。落实工业、现代服务业和现代农业重点产业规划及空间布局方案，推进产业集群发展和特色发展。提升产业用地效能，开展园区“亩均效益”综合评价。强化交通枢纽周边存量用地功能复合化利用。加强与成渝地区城市国土空间规划对接，强化跨区域重大规划制定协同，推动规划实施有效衔接和信息共享。

推动市县协同发展。落实“一核两翼、三区

协同”区域发展战略和产业布局规划，深化各县（市、区）、园区相互之间全方位、多层次区域合作，打造优势互补、协同发展、各具特色的区域经济板块。支持协同发展现代产业，打造协调联动的特色产业带和特色产业集群，构建具有绵阳特色的现代产业体系。支持协同建设基础设施，持续打好交通建设攻坚大会战，统筹推进跨区域交通、水利和环保等基础设施建设。支持协同构建现代城镇体系，强化综合承载和辐射带动能力，增强县域发展动力活力。支持协同抓好生态环境保护，合力打好污染防治攻坚战，坚定不移走生态优先、绿色发展之路。支持协同补齐公共服务短板，加大公共服务网络共建共享，统筹推进优质教育资源、医疗资源、文化资源等共通共用。鼓励搭建合作载体、实施合作项目，支持绵阳经开区与三台、绵阳科创区与游仙共建产业园区。

推动城乡融合发展。坚持以人的城镇化为核心，推进国省级重点（特色）小城镇建设。深化户籍制度改革，建立健全教育、医疗、住房保障等制度机制，完善推进户籍制度改革配套措施，引导农业人口有序向城镇转移，推进农业转移人口市民化。深化农村集体产权制度改革，规范农村集体资源资产入市交易，发展壮大农村集体经济。推动城乡基础设施统一规划、统一建设、统一管护。推进城乡基础金融服务均等化，鼓励金融机构提高农村地区信贷分配额度比重。

（五）实施城市发展能级跃升行动

拓展城市发展空间。高起点谋划城市发展布局，争取中心城区按照“300平方公里、300万人口”进行规划建设，扩展园城、产城融合发展区域规划面积，拉开城市骨架，扩大城市规模，力争2035年跨入Ⅰ型大城市行列。坚持高标准、高水平规划建设省级新区，推动在高质量发展、全面创新改革、区域协同发展、高水平对外开放等方面发挥引领示范作用，为深度参与成渝地区双城经济圈建设提供重要支撑。

增强城市承载能力。坚持新区有机生长、组团协调发展、旧城双修更新同步推进，加快构建“一城双心、组团协调”的现代化大城市格局，不断提升城市人口、产业和消费等集聚能力和带动能力。把规划建设的省级新区作为提升城市综合承载能力的载体，推动基础设施互联互通，完善城市公共服务设施配套，打造与老城区功能互补、融合互动的科技新区、产业新区和城市新区。完善城市组团，优化空间布局、强化生活功能、深化基础建设、活化交通联动，实现组团内部产城融合、组团之间协调发展。有序推进棚户区和老旧小区改造，改善旧城基础设施，优化老城区公共资源配套和商业布局，推动行政办公、公共服务、专业市场、工业、仓储等功能向城市新区疏散转移，实现旧城有机更新。

提升城市宜居品质。塑造城市风貌，融入更多科技元素，打造“景观化”“绵阳范”城市家具。创新公园绿地建设模式，构建城市公园体系。差异化布局商务中心、文体中心、社区生活服务中心、人才公寓，优化义务教育、医疗卫生及公办幼儿教育等公共资源布局，满足多样化、品质化、个性化需要，解决好交通拥堵、停车难等问题，提升生活舒适度和便利性。广泛开展全民健身运动，配套完善各类体育设施。用好用活文物“非遗”、历史文化街区、历史文化建筑、三线建设遗址等优秀传统文化资源，提高城市文化艺术水平，丰富城市精神文化生活。高质量建设全国文明城市，深入开展爱国卫生运动，提高公民文明素质和社会文明程度。培育跨境消费、定制消费、户外消费等消费新业态，发展首店经济、小店经济、夜间经济和周末经济，引导发展直播电商、社交电商。推进信息共享和数据开放，加快智慧城市建设。

（六）实施生态环境保护协同行动

开展生态共建。统筹山水林田湖草系统治理，协同推进长江上游生态保护修复，强化水源涵养补给生态功能，加快涪江、安昌江及其他重要河流生态廊道建设。推进大规模绿化绵州行动，实施林业重点工程，加强森林保护和森林经营，推进国家森林城市建设，申建国家储备林基地，建设环城森林带。强化湿地保护和恢复。开展水土流失综合治理和矿山生态恢复治理。推动大熊猫国家公园及社区入口建设，强化野生动植物和生物多样性保护，完善自然保护区、重要水源地、风景名胜区等生态空间，切实加强保护和利用，依法清理整治探矿采矿、水电开发和工业建设等项目，通过分类处置方式予以解决。支持创建国家生态文明示范县。

推进环境共保。共建生态环境分区管控制度，对接区域统一保护标准和环境准入政策。实施重点生态功能区产业准入负面清单制度。深化跨流域跨区域生态环境保护合作，建立健全常态化生态补偿机制，全面落实河（湖）长制，开展跨区域水污染联防联治，加强污水处理设施提标改造。参与成渝地区大气污染联防联控，开展区域大气污染成因分析，协同制定重污染天气应急启动标准，实施分区管控、精细化管理。加强耕地土壤环境分类管理，协同实施耕地土壤环境治理保护重大工程，探索开展土壤污染治理与修复试点。参与区域危险废物转移监管，配套建设危废处置中心，支持工业固体废弃物处理设施建设，提高无害化处置和综合利用水平。推进生态环境数据共享，提升联合应对突发环境事件应急监测能力。协同推进生态环境保护联合执法。

加强绿色低碳发展。推进绿色制造，培育壮大节能环保、清洁生产、清洁能源产业，因地制宜发展绿色高载能产业。加强资源综合利用，推动再生资源回收行业转型升级，实施“清洁能源替代”工程，支持新能源技术研发，促进太阳能、风能和生物质能等开发利用。强化能源和水资源消耗、建设用地等总量和强度“双控”，高效节约集约利用资源，协同探索生态产品价值实现路径和转化模式，争创全国绿色发展示范区。探索水权、排污权、用能权和碳排放权等初始分配与跨区域交易制度。落实清洁生产审核，扩大绿色产品消费。推进绿色生活创建行动，加强生态文明宣传教育，倡导简约适度、绿色低碳的生活方式。

（七）实施体制机制创新深化行动

破解区域协同发展体制机制障碍。探索开展经济区和行政区适度分离改革试点。探索一体建设的组织管理机制，推动重大规划和重大项目统一编制、联合报批、共同实施。探索共建共享的公共资源配置机制，推动金融、能源、电信、医疗、卫生等跨行政区布局、建设和使用，推进“县管校用”改革。探索市场主导的产业协作机制，推广运用“总部+基地”“研发+转化”“头部+配套”等互动模式，促进产业合理分工、高效协作。构建一流的营商环境培育机制，探索数字政府建设机制，建设法治政府和服务型政府，深化“放管服”改革，继续实施重点招商项目和重点企业“服务绿卡”制度，推进企业集群注册登记，加快社会信用体系建设，推动营商环境市场化、法治化、国际化。探索互利共赢的利益联结机制，推动跨行政区财政协同投入，以及新设企业形成的税收增量属地方收入部分跨地区分享。支持游仙开展成渝地区双城经济圈建设县域集成改革试点。

深化要素市场化配置改革。推进土地要素市场化配置，积极争取土地管理制度改革试点，建立健全城乡统一的建设用地市场，推动不同产业用地类型合理转换，盘活存量建设用地，支持建设用地资源向重点区域倾斜，探索建立建设用地、补充耕地指标跨区域交易机制。推进资本要素市场化配置，加强金融服务体制机制创新，推动金融服务一体化，引进银行、保险、证券等各类优质金融机构到绵阳设立分支及功能性机构，鼓励符合条件的银行机构和企业参与绵阳法人银行机构增资扩股。提升直接融资水平，推进企业上市挂牌辅导培育，鼓励符合条件的企业发行银行间债务融资工具、企业债和公司债。共建金融生态环境，强化金融监管合作和风险联防联控。深化财税体制改革，加强财政与金融互动，推进税收征管一体化和办税便利化。加快发展技术要素市场，建立市场化社会化科研成果评价制度，提高技术转移专业服务能力。加快培育数据要素市场，加强数据资源整合，改革数字资产配置方式，建设大数据资源中心，争取开展数字资产企业融资试点。深化电力体制改革，扩大电力市场化交易规模，争取专线供电、直供电试点。引导劳动力要素有序流动，建立基本公共服务与常住人口挂钩机制，推动公共资源按常住人口规模配置。

提升对外开放实效。深化区域合作与发展联动，探索建立联动招商机制，协同开展双向集群招商、产业链互补招商，共同策划举办投资推介或项目对接活动。认真落实绵阳市与重庆北碚区“推动成渝地区双城经济圈建设合作三年行动计划”。高水平建设绵阳高新区、绵阳经开区两个国家级产业园区，加快建设游仙高新区、江油高新区和安州工业园区、三台工业园区等省级开发区，支持涪城申建省级园区，促进扩能升级、提质增效。建好中德等国别产业园区、中国（绵阳）跨境电商综合试验区和绵阳综合保税区。推动中国（绵阳）科技城纳入中国（四川）自由贸易试验区扩区范围，建设以技术贸易为特色的自由贸易新片区。争取开展国家服务贸易创新发展试点。做大做强绵阳企业进出口联盟，加快外贸转型升级基地建设，持续优化进出口结构。扩大铁路、机场口岸开放合作，参与共建“一带一路”进出口商品集散中心、对外交往中心，推进技术、装备和服务等加快“走出去”。深化文化、教育、医疗和体育等领域国际交流。提升科博会专业化高端化国际化水平，推动科博会、西博会和重庆军博会、智博会等重大博览会展活动共建共享。协同建立通关便利、认证认可、标准计量等互认机制。

（八）实施公共服务共建共享行动

强化公共服务。加大援企减负稳岗力度，支持多渠道灵活就业，协同开展就业创业服务，做好高校毕业生、退役军人、农民工等重点群体就业创业工作，保障困难群众就业和再就业。支持在绵高等院校建设，共建区域教育联盟，参与产教联盟建设，鼓励成渝地区高等院校和科研院所在绵办学，统筹发展职业教育，推动基础教育合作，推进资源共享和校企深度合作。共建文体赛事协同联办机制。拓展文化建设途径、丰富文化服务形态，推动博物馆、文化馆、图书馆和科技馆等互联共享。引进国际国内知名医院在绵建立分院。努力打造国家级医用卫生产业基地。加强中医合作，健全中医产业链条，加快中医药强市建设。健全重大公共卫生应急管理体系，提升公共卫生应急能力，完善应急联动机制，参与国家级联控中心建设。推进养老、失业保险关系无障碍转移接续，实现区域内异地门诊医疗直接结算。争取开展应对人口老龄化工作综合创新试点。推动户籍便捷迁移、居住证互通互认。推行住房公积金互认互贷，促进公租房保障范围常住人口全覆盖。协同完善社会救助制度。巩固脱贫攻坚成效，健全解决相对贫困长效机制，接续推进全面脱贫与乡村振兴有效衔接。

深化城乡基层治理。扎实做好乡镇行政区划和村级建制调整改革“后半篇”文章，进一步优化资源配置、提升发展质量、增强服务能力、提高治理效能，不断释放改革红利。切实加强党的基层组织建设，精心做好村、社区换届选举工作。深化街道管理体制改革。深化城乡接合部城镇社区治理。强化对基层权力运行的制约和监督，持续整治群众身边的不正之风和“微腐败”。深化法治绵阳建设，抓好全国市域社会治理现代化试点，加强区域执法司法联动，参与建立跨区域司法协作联席会商制度。深化平安绵阳建设，完善区域一体化、立体化治安防控体系，建立健全平安联创机制和网络综合治理体系，搭建城市智慧治理平台，加强交界地区城镇管理联动。加强防灾减灾救灾能力建设和重点行业领域安全生产风险防控，建立区域安全联防联动机制，健全城乡基层公共安全体系。

四、切实凝聚深度参与成渝地区双城经济圈建设的强大合力

坚持和加强党的全面领导，建立健全高效的组织体系和工作机制，增强主体意识，落实主体责任，加快构建上下联动、左右协同、多方参与、共同推进的良好局面。

（一）加强组织领导

成立绵阳市深度参与成渝地区双城经济圈建设暨推进区域协同发展领导小组，切实强化议事协调、统筹谋划职能，组织研究重大政策、重大规划、重大项目，协调解决跨区域合作的重大问题。领导小组下设办公室，负责领导小组日常工作。设立专项工作组，制定专项工作方案，加大对上争取力度，推动将党中央和省委战略部署转化为具体规划、具体项目和具体政策，布局建设一批产业发展、科技创新和区域协同等重大平台，规划实施一批基础性、支撑性和引领性的重大项目，谋划推进一批破除体制性障碍、机制性梗阻、政策性问题的重大改革。市直相关部门、县（市、区）、园区要落实工作力量，明确专人专责，确保务实推进。

（二）健全推进机制

认真落实川渝党政联席会议和常务副省（市）长协调会议议定事项。建立市（州）层面协调机制，加强与周边城市和成渝地区重点城市合作。建立市领导常态化联系机制，对牵头的重点任务开展定点联系、现场办公、蹲点调研和实地督导。建立项目化清单化责任落实机制，跟进衔接国家规划纲要、“十四五”规划和重大专项规划，细化制定实施意见及行动方案，逐项推动重点任务落实。建立考核评价和激励奖惩机制，把重点任务和重大事项纳入综合目标考评内容，定期开展督查通报、跟踪分析和效果评估，将结果作为领导班子和领导干部综合评价、奖惩任免的重要参考。

（三）激发市场主体活力

坚持“非禁即入”，扩大民营资本参与领域和范围。搭建综合服务平台，面向民营企业开展项目推介、银企对接，建立民营企业参与成渝地区双城经济圈建设的政策支持、要素保障和长效服务机制。鼓励民营企业跨区域并购重组、参与重大基础设施和民生工程建设，共建区域产业创新平台。争创全国民营经济示范城市。完善构建亲清政商关系的政策措施。支持个体工商户发展，积极帮助个体工商户解决租金、税费、社保、融资等方面难题，提供更直接更有效的政策帮扶。争取央属企业到绵阳设立区域总部、布局科研平台、建设产业基地。深化国有企业改革，支持市属国有企业跨区域开展各类资本和项目合作。争取各类投资基金到绵阳投资、设立分支机构，探索与成渝地区城市联合设立政府投资专项资金，引导更多海内外资本积极投入。

（四）强化人才支撑

抓好企业家队伍建设，弘扬企业家精神，营造企业家健康成长环境，引进现代企业管理团队和高精尖管理人才，聚集和培育一批高素质企业家。注重创新型人才队伍建设，鼓励企事业单位、科研院所等加强院士专家工作站、博士后工作站和外国专家工作站建设与合作，培养各类创新人才和专业团队。加强创业人才队伍建设，鼓励科研人员兼职创新、在职或离岗创办企业，推动创新人才带专利、带项目、带团队创业，支持返乡人员、退役军人、高校毕业生和各类“创客”自主创业。加快技能人才队伍建设，构建产教训融合、政企社协同、育选用贯通的高技能人才培育体系，完善技能人才评价办法措施，健全高技能人才政府补贴制度，拓宽高技能人才发展空间。健全高层次人才引育留用机制。探索组建科技城人才发展集团。争创国省人才管理改革试验区，在税收政策、科研项目管理、外籍人才准

入等方面先行先试，健全人才工作制度体系，推动专项人才政策和人才工作制度改革。加快发展人力资源服务业，建好中国（绵阳）科技城人力资源服务产业园和中国国际人才市场（绵阳）分市场。建立人才柔性流动机制，开展人才联谊活动，参与建设成渝人才交流大市场。建立干部挂职交流机制，在交通建设、产业发展、科教创新、文旅融合等方面加大挂职交流力度。

（五）调动各方积极参与

纵深推进全面从严治党，持续营造良好政治生态，深入整治形式主义、官僚主义，着力锻造忠诚干净担当的高素质专业化干部队伍。推动新一轮思想大解放，深入开展“抓落实作表率”行动，加大容错纠错和澄清保护力度，激励广大党员干部担当作为、真抓实干。强化人大立法保障、监督督促等职能。发挥政协协商议政、民主监督作用。支持民主党派、工商联和无党派人士积极献计出力。发挥工会、共青团、妇联、科协、社科联和贸促会等群团组织桥梁纽带作用。推动建立区域商会联盟，支持行业组织、商（协）会、产业联盟、创新联盟、专家智库、学术社团和海智基地等开展多领域跨区域合作。鼓励企业、科研院所和高等院校参与组建区域协同发展研究联盟。加强宣传引导和政策解读，增进社会共识，激发公众参与，凝聚最广泛最深厚的建设力量。

绵阳：科创助推新发展

7 月 19 日，在位于绵阳的大型科学仪器共享平台大厅的屏幕上，一组数据勾画出该平台的成长轨迹：网聚科学仪器 5000 多台、服务产品 1.1 万余项、共建单位 200 余家、累计签约服务 3000 余次……大型科学仪器共享平台运营负责人陈俊岗说：“我们将共享经济理念引入科技创新领域，将科研院所的仪器设备资源与中小企业研发需求对接，实现了政府、科研院所和中小企业三赢。”

近年来，中国（绵阳）科技城吹起了一股“共建共享风”，打通了科技成果转化的“最后一公里”，为支撑“中国创造”提供了重要力量。

去年，四川旭虹光电科技有限公司成功突破制备屏幕保护玻璃关键技术难题。“我们将继续加大新产品研发，对产品进行升级换代。一方面超越国际上同类产品的性能，另一方面把产品扩大到其他的领域。”公司研发总监宫汝华说。

在绵阳，像旭虹光电这样受益于科技创新发展、全面创新改革试验的企业还有很多。

今年 4 月，绵阳科学技术奖励大会如约而至，梳理获奖项目发现：2018 年度绵阳市科技进步奖中，由企业牵头和参与完成项目占 13 项，占比 50%，企业创新实现大提升。

近年来，随着一系列政策举措综合发力，高新技术企业已成为绵阳技术创新、研发投入、科研组织、成果转化的主体。去年，绵阳市企业研发投入达到 46.2 亿元，同比增长 21%，企业研发投入占全市研发投入比重达到 34.1%，同比提高 4.3 个百分点。

搭载体、强保障、给支撑，中心问题环节也在抓紧突破。从一开始，中国（绵阳）科技城就紧扣体制机制，从制约发展最关键的问题抓起。

今年 2 月，中国（绵阳）科技城加快发展动员大会召开，并印发《中国（绵阳）科技城加快发展三年行动方案（2018—2020年）》，确立实施创新主体培育、创新生态营造、创新活力激发、创新产业壮大、开放合作深化、发展环境优化“六大工程”，破解科技城建设中的难点、堵点。

与此同时，今年3月，四川省委省政府专门出台了《关于推进中国（绵阳）科技城加快发展的意见》，从简政放权、产业发展、城市建设等6个方面，提出了20项支持政策事项，全力推进科技城建设提速。

中国（绵阳）科技城科技智谷科技园区应运而生，并相继规划建设了5G科技园、卫星应用科技园、核技术应用科技园、生物科技园、信息安全科技园等八大科技园区，成为科技城集中发展区科技新区的核心支撑。

在开园仪式上，有一个值得关注的焦点——绵阳发展人工智能和5G的春天来了：通过持续推进5G网络建设和相关产业发展，绵阳现已建成5G站点126个，培育相关企业20余家，5G产业规模达到65亿元，成为中国移动全国首批“精品千兆示范城市”，5G产业生态圈正加速形成。

“我们在绵阳挂牌之后，会把5G的研发工作和产品设计研发放在绵阳，开展面向5G、人工智能和行业结合的新产品研发，也会在绵阳促进一些技术应用的落地。”中国移动（成都）产业研究院副院长赵立君说。

在科技城集中发展区建设和园区发展上实现新突破，是解决好科技与经济发展“两张皮”问题的基本路径。推动科技城加快发展，最终要落在产业发展上。

“科技城是绵阳的金字招牌。”绵阳市委书记刘超说，要推动科技城建设工作与时俱进、不断创新，更好地为国家实施创新驱动发展战略和建设创新型国家探索路径、积累经验。

（原载《人民日报》2019年7月30日第12版“壮丽70年 奋斗新时代”专栏）

1月

2日　中国移动绵阳分公司完成城区5G核心网络独立建设，并在万达商圈、园艺山孵化园两个区域开通5G基站，标志着中国（绵阳）科技城进入5G时代。

▲位于中国（绵阳）科技城循环经济产业园的餐厨废弃物资源化利用和无害化处理项目、污水处理厂污泥处置项目建成投运。

▲绵阳2018“双创”人才高峰论坛（“双创”人才创业导师签约仪式）在科创区举行。

▲绵阳佳禧印染有限责任公司成为全国首批通过《印染行业规范条件（2017版）》的6家企业之一，也是全国中部、西部地区唯一通过的企业。

3日　《绵阳全面深化改革报告（2014—2018）》正式出刊。

▲市环保局发布消息，全市城区2018年环境空气有效监测352天，达标279天，其中优90天，良189天，与2017年相比，重度污染天数减少5天，城区所监测的六项指标浓度呈现“四降两升”。

4日　全省首家“无人车管所”在高新区普明南路东段106号投入启用，并提供24小时自助服务。

5日　市不动产登记中心企业批量业务自助申报服务区投入试运行，企业批量件申请业务实现“零排队、零等候”。

8日　四川九洲空管科技有限公司、四川铁骑力士实业有限公司、新希望六和股份有限公司分别牵头主持或参与完成的“猪抗病营养技术体系创建与应用”等项目在2018年度国家科学技术奖励大会上均获得国家科技进步二等奖。

▲国务院办公厅印发《关于推广第二批支持创新相关改革举措的通知》，在全国推广第二批23项全面创新改革经验。四川入选8项，数量位列8个试验区第一，其中绵阳贡献4项，经验质量数量均位列全省第一。

▲《中国（绵阳）科技城年鉴》被“中国知识资源总库和中国年鉴全文数据库”收录。

9日　市委经济工作会议召开，部署全市2019年经济工作。

10日　2019天府宝岛工业设计大赛“锦绣四川·丝绸之源”丝绸产品创新设计专题赛（绵

阳）新闻发布会在成都举行。

11 日　绵阳市机构改革动员部署大会召开。会议对完成全市机构改革各项任务进行动员和部署，全市机构改革工作全面启动实施。

12 日　国家电器安全质量监督检验中心通过国家市场监管总局现场审查与考核，成为西南地区唯一一家电器安全综合性检测机构。

15 日　中科西奥电梯有限公司、四川雪宝乳业集团有限公司等 17 家绵阳企业入选 2018 年度四川省高成长型中小企业培育名单，数量位居全省第一。

▲绵阳市兰明路（兰亭十三厨餐饮管理有限公司）、叶根军（四川长虹电器股份有限公司）、刘志刚（四川九洲电器集团）、赵平武（绵阳市中医医院）入选 2018 年享受国务院政府特殊津贴人员名单。

▲四川长虹在美国拉斯维加斯举行的国际消费电子展上摘得 5 项大奖：ARTIST 电视获年度全球最佳智能电视工业设计大奖，长虹 CHiQ 三色 4K 激光电视 C7UT 获年度全球最佳技术进步奖，并拿下年度全球消费电子 TOP50、年度消费电子领先品牌 TOP10、年度全球电视品牌 TOP10。同时，长虹 8K 双屏电视 ARTIST 在该展上首发亮相。

16 日　曾长期在绵阳工作的“两弹一星”功勋奖章得主、国家最高科学技术奖及改革先锋奖章获得者于敏去世，享年 93 岁。

▲绵阳市中小企业融资服务网——“绵荟融通”在线融资对接平台推广运用暨支持民营、小微企业融资工作会议在三台县召开，标志着该平台宣传推广活动在全市正式启动。

17 日　位于绵阳科技城（北川）通航产业园的北川通用机场正式获得中央军委批复场址审查意见，成为四川第 3 家获得中央军委批复选址的通用机场。

▲2018 绵阳市信贸合作暨保单融资专题培训会召开。

18 日　雷丁野马战略重组签约仪式在成都举行，至此雷丁汽车正式入主野马汽车。

22 日　全市外贸重点企业座谈会在市商务局召开。

23 日　《2019 年全市经济工作要点》经市委常委会会议审议并原则通过。

▲市政府新闻办发布 2018 年绵阳市国民经济社会运行情况：2018 年全市实现地区生产总值 2303.82 亿元，总量位居四川第二位。

▲绵阳京东方第六代 AMOLED（柔性）生产线项目（生产区）等 10 个工程项目获 2018 年度“绵州杯”优质工程称号。

24 日　市商务局发布信息：2018 年，全市实现外贸进出口 259.9 亿元，总额首次突破 200 亿元大关，居全省第二位，完成省政府下达绵阳市外贸进出口目标任务的 210.6%，同比增长 126.1%，分别高于全国、全省平均增速 116.4、96.9 个百分点。

27 日　《绵阳市制造业核心竞争力提升七个行动计划》正式印发。

28 日　中国（绵阳）科技城党工委管委会办公室正式挂牌。新组建的科技城党工委管委会办公室作为市委、市政府推动科技城建设发展的统筹协调机构，负责科技城建设综合协调、政策研究、规划制定、改革创新以及集中发展区建设等重点工作。

30 日　“绵阳市 2019 年春节综艺晚会”在虹苑剧场举行，该晚会为全国首场电信 5G 高清直播城市春晚。

▲一环路南段和一环路南段东延线试通行。

2 月

11 日　全省首部 5G 公交车投放市政协七届四次会议会场外展示。该车由中国电信绵阳分公司联合华为公司及长虹、长虹爱联、九洲、野马汽车、西科大等共同打造，融入九洲北斗、长虹

8K、爱联、福德机器人等“绵阳造”技术成果，是全国领先的基于5G网络下的科技应用产品。

12日 绵阳市第三水厂扩建（三期）工程开工，工程设计日供水能力10万立方米，估算总投资2.88亿元。

18日 四川九洲教育投资管理有限公司的《依托企业集团的“三融合”高技能人才培养体系构建》获得第二十五届全国企业管理现代化创新成果终审结果二等奖。

19日 科技城集中发展区建设领导小组第六次会议召开。会议听取各专项工作组2018年工作推进情况及2019年工作打算，审议《科技城集中发展区建设2019年工作要点》《2019年科技城集中发展区建设目标任务督查考核办法》等文件；审议科技城集中发展区基础设施、招商引资、产业培育、用地保障、资金保障等有关事项。

20日 中国科技城加快发展动员大会召开。会议学习贯彻习近平总书记对绵阳科技城建设的重要指示精神，落实中央、省委关于科技城建设的各项决策部署特别是省委、省政府《关于推进中国（绵阳）科技城加快发展的意见》，传达市委、市政府《中国（绵阳）科技城加快发展三年行动方案（2018—2020年）》，部署推动科技城加快发展的“六大工程”。

21日 市政府新闻办、市经信局举行的“奋进新时代·促进民营经济加快发展”系列专题新闻发布会第1场在绵阳广播电视台举行，对全市民营经济健康发展大会精神和“民营经济33条”贯彻落实情况进行介绍和解读。

22日 绵阳市2019年春送岗位——返乡人才就业创业专场招聘洽谈会在五一广场举行。

▲国网绵阳供电公司联合中国银行绵阳分行举行企业客户网上缴纳电费推广会暨“国网中银E费通”产品推介会。

26日 全市优化营商环境大会召开，印发《进一步优化营商环境任务清单》，对优化营商环境35条政策措施进行逐项分解，逐一明确牵头领导、牵头单位、参与单位。

27日 由市政府新闻办和市经信局共同举行的“奋进新时代·促进民营经济健康发展”系列专题新闻发布会第2场在绵阳广播电视台举行，相关部门从降低企业税费、用工、用地、用能及物流成本5个方面简要介绍全市相关政策措施贯彻落实情况。

28日 《中国（绵阳）科技城加快发展三年行动方案（2018—2020年）》经市委常委会会议审议并原则通过。

▲长虹美菱“全面薄”冰箱新品发布会在安徽合肥举行。

▲北川泛美航空科技城项目一期完成主体建设。

▲生活垃圾焚烧发电二期工程正式开工建设，该项目位于绵阳市涪城区玉皇镇的中科绵投循环经济产业园内，预计垃圾处理能力达1500吨/日，约54万吨/年。

3月

1日 由绵阳市牵头，与遂宁市、资阳市、内江市共同组建的绵遂内铁路有限责任公司正式挂牌成立。

▲由市政府新闻办和市金融工作局共同举办的“奋进新时代·促进民营经济健康发展”系列专题新闻发布会第3场在绵阳广播电视台举行，相关部门围绕“缓解民营企业融资难、融资贵”问题，介绍全市降低民营企业融资门槛的相关政策措施贯彻落实情况。

▲全市化工产业转型发展推进工作大会召开。

▲全市金融服务民营企业暨“绵荟融通”融资平台运用推广会召开。

4日 全市财税工作会议召开。

▲绵阳市供水规模最大的市政供水加压站——青义供水加压站建成并投入试运行。

5日 由市政府新闻办和市经信局共同主办

的“奋进新时代·促进民营经济健康发展”系列专题新闻发布会第 4 场在绵阳广播电视台举行。相关部门以“支持民营经济市场主体发展壮大”为主题，结合各自工作，简要介绍全市相关政策措施贯彻落实情况。

6 日 由市政府新闻办和市经信局共同主办的“奋进新时代·促进民营经济健康发展”系列专题新闻发布会第 5 场在绵阳广播电视台举行，相关部门介绍全市在提升企业创新能力、加强企业人才引进培育、提升企业管理水平、支持质量品牌建设、支持市场拓展、激发民间投资活力及发展混合所有制经济等方面采取的措施及落实情况。

7 日 《绵阳市通信基础设施专项规划（2017—2035）》《绵阳科技城集中发展区核心区（安昌河以北片区）控制性详细规划局部优化调整方案》经市规委会 2019 年第 1 次会议审议并原则通过。

▲绵阳市第十六次社科优秀成果颁奖大会暨市社科联七届四次理事会召开。

▲由市政府新闻办和市经信局共同主办的“奋进新时代·促进民营经济健康发展”系列专题新闻发布会第 6 场在绵阳广播电视台举行，相关部门围绕“切实优化营商环境”主题，对全市优化营商环境工作推进情况和相关政策落实情况进行介绍。

▲新版工商营业执照在全市正式启用，四川省金英木业有限公司成为全市首家领取新执照的企业。

8 日 由市政府新闻办和市经信局共同主办的“奋进新时代·促进民营经济健康发展”系列专题新闻发布会第 7 场在绵阳广播电视台举行，相关部门围绕“保护民营企业合法权益”主题，介绍全市优化民营经济法治环境，保护民营企业合法权益等方面的措施和成效。

9 日 第四届海峡两岸文昌文化交流活动在梓潼县举行。

▲“大蜀道·靓梓潼”第二届“文昌杯”华语诗歌大赛颁奖晚会在梓潼举行。

▲第四届海峡两岸经贸交流活动投资恳谈会在梓潼县举行，会上签订投资合作协议 61.8 亿元。

11 日 省委、省政府印发《关于推进中国（绵阳）科技城加快发展的意见》，对今后一段时期推进中国科技城加快发展作出具体规划和明确要求。

11—22 日 市政府新闻办召开“牢记嘱托 践行使命 奋力推进中国科技城加快发展”系列专题新闻发布会（共 6 场），相关部门围绕《中国（绵阳）科技城加快发展三年行动方案》中“创新主体培育工程”“创新生态营造工程”等进行介绍，并回答媒体提问。

15 日 信用让消费更放心——“3·15”国际消费者权益日新闻发布会在市市场监督管理局召开。

16 日 北川举行县域数字普惠金融指数发布暨普惠金融发展论坛。论坛发布“县域数字普惠金融指数”，并宣布北川为“县域数字普惠金融指数”永久发布地。

18 日 中国（绵阳）科技城工业技术研究院举行成果发布会，发布由四川特飞科技股份有限公司研发、设计、制造的“TX-40 无人机复合多旋翼系统”。

▲2019 中国西部人力资源管理论坛暨科创区第二期科创大讲堂在科技城创新中心举行，该论坛还对全市重点人才项目——中国（绵阳）科技城人力资源服务产业园进行推介。

19 日 绵阳综合保税区申建工作专题会议召开。

▲2019 年绵阳市“科技之春”科普宣传月启动仪式在江油举行。

21 日 全国爱卫办公布 2018 年国家卫生城市（区）、县城（乡镇）复审结果，绵阳市、绵阳市科学城分别被重新确认为国家卫生城市（区）、国家卫生县城（乡镇）。

22日 全市化工危险化学品行业领域安全生产专项整治行动工作会议召开。

23日 省、市人民政府先后印发《2019年全省重点项目名单》《2019年全市重点项目名单》，绵阳市共有232个项目列入省市重点项目名单，总投资逾3300亿元，其中绵阳京东方第6代AMOLED（柔性）生产线、惠科第8.6代薄膜晶体管液晶显示器件生产线、诺思（绵阳）微系统项目、绵阳固态共享电池项目、绵阳科技城集中发展区核心区综合管廊及市政道路工程、武都引水第二期灌区工程6个项目被列入全省前100个重点推进项目名单。绵阳市重点项目196个，总投资1696.81亿元，年度计划投资285.08亿元。

23—31日 市委副书记、市长元方率绵阳市政府代表团赴俄罗斯、英国、荷兰考察访问，其间开展系列友好交流、项目洽谈、投资促进活动，重点推介第七届中国（绵阳）科技城国际科技博览会；见证俄罗斯肖尔科瓦农化股份有限公司与绵阳市利尔化学签署产品长期供应协议；与英国史密斯集团签署产业合作备忘录。

25日 全市一体化政务服务平台市本级事项认领率达99.21%，位居全省第一；网办率96.65%，位居全省第二；乡镇、村组基础信息全省第一个通过审核且准确率100%。

▲绵阳市28个项目获2018年度四川省科学技术奖，获奖项目数占全省1/10，位居全省第二位。

26日 市委召开常委会会议，学习贯彻《中共四川省委四川省人民政府关于推进中国（绵阳）科技城加快发展的意见》，审议绵阳市落实有关政策事项责任分工方案；审议并原则通过《关于加快服务业发展建设西部现代服务业强市的意见》等文件。

▲《绵阳市关于推进创业担保贷款支持创业就业工作的实施意见》印发，该意见围绕4个方面，提出13条政策措施，以创业带动就业，助力大众创业、万众创新，支持劳动者自主创业、自谋职业。

27日 绵阳市2019年第一季度重大项目集中开工仪式在游仙区四川移柯物联网智慧产业园项目建设现场举行，集中开工项目77个、总投资466.75亿元。

▲绵阳威马自动驾驶技术中心项目签署仪式举行，威马自动驾驶技术中心正式落户绵阳安州区。

28日 宝马集团授权绵阳新晨动力机械有限公司王子发动机高功率版量产仪式在绵阳举行。

▲全市制造业智能化发展专题推进会在游仙区召开。

29日 网络安全人才培养和安全运营服务研讨会暨奇安信企业安全集团绵阳基地1周年成果汇报会在绵阳举行，共议网络安全人才培养新模式。

4月

1日 以“绵古创新之印”为主题概念的绵阳城市标识（LOCO）正式出炉并召开推广应用培训会。

4日 2019天府宝岛工业设计大赛“锦绣四川·丝绸之源”丝绸产品创新设计专题赛颁奖典礼在盐亭县体育馆举行。

5日 以“拜谒华夏之母·寻根丝绸之源”为主题的第四届海峡两岸嫘祖文化交流活动暨2019（己亥）年华夏母亲嫘祖故里祭祖大典在盐亭举行。

▲2019四川省丝绸产业招商暨绵阳市（盐亭县）投资推介会在盐亭举行。

9日 “eBay·E青春”人才培养计划启动仪式在西财天府学院举行。

10日 市委、市政府印发《中国（绵阳）科技城加快发展三年行动方案（2018—2020年）》，明确科技城加快发展的指导思想、工作目标、重点任务、保障措施等。

▲科技城集中发展区建设领导小组印发《科技城集中发展区建设2019年工作要点》

11日 绵阳市与中国工程物理研究院举行工作交流座谈会，围绕深化院地合作、共同推动中国（绵阳）科技城加快发展等作交流。

12日 加快推动绵遂区域协同发展座谈会在遂宁举行，绵阳市政府、遂宁市政府签署《加快推动绵遂区域协同发展合作协议》。

▲工研院举行成果发布会，展示发布四川自胜机电设备有限责任公司研发的玄武岩纤维复合材料板簧。

15日 全市营商环境评价指标体系培训会召开。

▲《2019年全市就业创业服务工作要点》印发。

▲威马汽车Living技术系统矩阵在上海发布。

15—17日 哪吒祖庭朝圣暨第六届海峡两岸哪吒民俗文化交流系列活动在江油市举行。

16日 中国（绵阳）科技城集中发展区投资推广会在成都举行。

▲市政府与华为软件技术有限公司在成都签署战略合作协议。

18日 中国（绵阳）科技城检验检测联合体成立。

▲中外知名企业四川行——2019长虹供应商代表大会在绵阳举行。

18—22日 2019（第八届）绵阳之春国际车展暨川西北汽车文化节在绵阳国际会展中心举行。

19日 绵阳市科学技术奖励大会召开。

22日 绵阳市与省委外办就提升绵阳对外开放合作水平和办好第七届中国（绵阳）科技城国际科技博览会在成都举行工作座谈会。

▲长虹成为“NBA中国官方市场合作伙伴”。

23日 全市民营经济和中小企业发展领导小组第一次会议召开，研究全市民营经济、中小企业发展事宜，并审议《2019年绵阳市民营经济和中小企业发展工作要点》《绵阳市民营经济和中小企业发展领导小组议事规则》等事项。

24日 《绵阳城市地名总体规划（2018—2020年）》出台。

▲《绵阳市水利系统优化营商环境若干措施》出台。

▲四川省国大水泥有限公司等7家绵阳市水泥熟料生产企业全面实现超低排放，标志着绵阳市全面完成水泥企业超低排放改造。

25日 加快推动绵广协同发展座谈会在广元举行，双方签署《加快推动绵广协同发展合作协议》。

▲绵阳市2019年知识产权宣传周活动暨四川（绵阳）知识产权公共服务平台揭牌仪式在科技城创新中心二期举行。

26日 《绵阳市压缩房产交易和不动产登记办理时间优化营商环境实施方案》《绵阳市促进返乡下乡创业二十五条措施》由市政府第65次常务会议审议并原则通过。

28日 平武县等17个国家级贫困县经省政府第26次常务会议批准，退出贫困县序列。

▲全市经济运行分析会召开。

▲西北工业大学副校长何国强一行到绵阳考察，与市政府举行工作会谈，围绕校地合作进行交流，并前往国家两用技术交易中心、长虹控股公司、九洲集团进行参观考察。

5月

1日 绵阳市全面实施社保费率新政策，全市企业和机关事业单位基本养老保险单位缴费比例由19%降至16%；继续阶段性降低失业保险、工伤保险费率，其中失业保险总费率降至1%（用人单位缴费费率降至0.6%，职工个人缴费费率降至0.4%），工伤保险缴费费率在现行基准费率基础上下调50%。

▲市中心医院、市三医院、绵阳四〇四医

院、市中医医院、江油市人民医院、三台县人民医院等医院试点检验检查结果互认。

5 日　市政府与华强方特公司在深圳举行工作会谈，就推动华夏历史文化科技产业园建设等事宜进行座谈交流。

6 日　市委副书记、市长元方率队在深圳市开展投资促进活动，先后前往中国平安保险（集团）股份有限公司等企业考察，分别与企业高层座谈交流，宣传推介绵阳投资环境和科技城建设有关情况，并就深化交流合作等事项进行沟通对接。

▲市政府与中国工商银行四川省分行签署全面战略合作协议，工行四川省分行拟为绵阳提供累计不少于 800 亿元的意向性融资，支持绵阳重大项目建设、重点企业发展。

7 日　中国（绵阳）科技城核医学中心建设专题会议召开。

▲胡波（维修电工）技能大师工作室、韩仕军（汽车维修工）技能大师工作室、邓涛（设备维修）技能大师工作室、童春（焊工）技能大师工作室、王鹏（新能源汽车技术）技能大师工作室共 5 家工作室被确定为第 5 批绵阳市技能大师工作室。

▲绵阳市住房公积金服务中心在全国住房公积金数据平台正式环境中上链 4454 万条公积金业务明细数据，标志着绵阳市住房公积金服务中心完成全国住房公积金数据平台接入工作。

▲中物院与市政府院地协同创新合作项目签约仪式在绵阳举行。

10 日　“中国可信云计算社区”绵阳峰会暨绵阳师范学院优炫网络空间安全学院揭牌仪式在绵阳师范学院举行。

▲工研院举行成果发布会，展示发布绵阳从云科技有限公司自主研发的“从云优学”便携式辅助教育机。

12 日　中央电视台《新闻联播》节目头条以《“两弹城”：穿越半个世纪的两弹精神》为题，聚焦位于绵阳市梓潼县的中国“两弹城”，报道“两弹城”以及在此隐姓埋名、为国铸剑的“两弹一星”功臣们的红色往事。

15 日　经省专家服务中心评审和公布，中国（绵阳）科技城新增高级工程师 206 人。

17 日　科技城 5G 智造联盟成立并召开第一次会员代表大会。

▲绵阳机场一期候机楼 5GWiFi 信号全覆盖工程完工，标志着绵阳机场打造科技城 5G 智慧空港正式启动。

20 日　四川省建设绵阳科技城领导小组第 20 次会议在成都召开，会议由省委副书记、省长尹力主持，会议听取省直部门、绵阳市推进绵阳科技城建设相关情况和第七届中国（绵阳）科技城国际科技博览会筹办情况汇报，审议《2019 年绵阳科技城建设重点工作安排》，安排部署近期重点工作。

▲市委书记刘超与到绵阳考察的奥地利交通创新技术部技术转让与安全研究司司长格诺德·格林一行举行会见，并邀请奥地利担任第七届科博会主宾国。

▲绵阳市全面推广原产地证书自助打印功能。利尔化学股份有限公司通过自助打印取得原产地证书，此为绵阳市首份企业自助打印的原产地证书。

▲绵阳市优化营商环境建设专题培训班在浙江大学华家池校区开班。

21 日　奥地利共和国驻成都总领事馆向第七届中国（绵阳）科技城国际科技博览会组委会发来《确认函》，表示奥地利将担任第七届科博会主宾国，并组织政府、企业及科研院所代表参加科博会。

▲《科技城集中发展区核心区科技之心区域控制性详细规划调整方案》《绵兴路道路提升改造方案》等经绵阳市城乡规划委员会 2019 年第 2 次会议审议并原则通过。

▲绵阳科技城科技服务有限责任公司与四川

科瑞软件有限责任公司战略合作签约暨中国（绵阳）科技城软件登记与评测服务中心授牌仪式在科技城创新中心举行。

22日 华夏历史文化科技产业园建设专题会召开。

▲绵阳市先进制造业企业高质量发展专题会召开。

▲江油木匠彭朝云发明的“木材天然效果弯曲和接头隐形加工工艺”获得第三届中国（上海）国际发明创新展览会银奖。

▲四川首台家庭医生签约小助智能机器人手亮相游仙经济试验区社区卫生服务中心。

23日 绵阳市“灰黄创意——品牌视觉新媒体”“蜂鸟体育服务”2个项目在“创青春”首届成都平原经济区青年创新创业大赛总决赛中获得铜奖。

▲国家两用技术交易中心遂宁工作站成立。

24日 绵阳市孵化器合作组织在经开区南湖“双创”园成立。

▲绵阳市新材料产业跨领域合作专题对接会召开。

28日 省财政厅、省发改委、省统计局会同省级有关部门（单位）对2018年度县域经济发展成效进行考核测算，产生31个县域经济发展强县、先进县、进步县候选县。其中绵阳市涪城区、三台县、北川羌族自治县、平武县、安州区入围。

▲总投资30亿元的中南高科·绵阳安州擎动未来汽车产业园项目开工仪式在安州区界牌镇举行。

▲2019年校企协同育人暨绵阳人才队伍建设研讨会在绵阳职业技术学院举行。

▲《中国（绵阳）科技城年鉴（2018）》出版发行。

29日 绵阳市第一批市级中小企业公共服务示范平台和市级小型微型企业创业创新基地名单出炉：绵阳科技城中科创新育成中心等13家平台获“绵阳市中小企业公共服务示范平台”称号，万生126文化创意园等21家基地获“绵阳市小型微型企业创业创新示范基地”称号。

▲绵阳市实施“四川省科技扶贫产业技术服务与示范（科技特派员）”项目启动仪式在安州区举行。

30日 绵阳市第二季度环境新闻发布暨西南生态环境先进技术研发与应用中心上线仪式及项目发布会召开。截至5月29日，全市环境空气有效监测149天，优良天数131天，优良天数同比增加27天。

6月

3日 《绵阳市服务业重点产业2019年度行动方案》印发。

▲2019绵阳企业进出口联盟平台推介及外贸综合业务知识培训会召开。

5日 总投资6亿元的“七全友连纳米涂料绵阳生产线”项目和“磐汨建筑新材料绵阳生产线”项目落户科创区。

10日 《绵阳市加快重点项目建设开展基础设施领域补短板三年行动实施方案》出台。

▲《绵阳市科技和金融结合信贷融资风险补偿基金管理办法》出台。

11日 《“绵阳育才计划”实施办法（试行）》《“绵阳英才卡”制度实施办法（试行）》经市人才工作领导小组2019年第一次会议审议并原则通过。

▲科创板培训暨投融资对接会在创新中心二期举行。

13日 2019年“全国大众创业万众创新”活动周绵阳分会场启动仪式举行。

13—15日 市委书记刘超率绵阳代表团在西班牙访问，其间，代表团考察长虹华意压缩机巴塞罗那有限公司。

14日 第5届中国科技城大学生毕业设计

大赛决赛在长虹技术中心举行。

15日 中国首个钙华展览馆在西南科技大学国家大学科技园内落成。

18日 《绵阳市财政金融互动和鼓励企业直接融资市级财政奖补资金管理办法》出台。

▲绵阳市第3期四川青年创业促进计划项目申报启动。

19日 全市5G产业发展专题研究会召开。

20日 长虹Q6A电视在中国消费品（俄罗斯）品牌展上获得“中国家电电子消费品创新奖”。

21日 2019届四川省大学生乡村振兴创意设计大赛（首届）在绵阳启动。

22日 中国（绵阳）科技城人力资源服务产业园大型专场招聘会在创新中心二期举行。

24日 第一届海峡两岸大禹文化交流活动暨2019（己亥）年大禹诞辰祭祀典礼新闻发布会在绵阳举行。

▲四川省新型显示产业投资推介会在广州举行。会上，绵阳市有8个项目举行集中签约。

25日 2019“知识产权服务万里行”四川（绵阳）暨“天府知识产权万企行”在创新中心二期举行。

▲科技城集中发展区（涪城区属范围）土地出让投资推介会举行。

▲第二届全国创业培训讲师大赛（绵阳分赛）在中国科技城创客俱乐部——创业蜂巢开赛。

26日 绵阳市创业引领者专项活动暨第二届全国创业培训讲师大赛绵阳分赛在科创区创新中心开赛。

▲长虹以品牌价值1572.89亿元，在第16届世界品牌大会2019年《中国500最具价值品牌》分析报告中排名第24位，再度实现跨百亿增长。

27日 绵阳市2019年第二季度重大项目在涪城区集中开工，集中开工项目74个，总投资超过190亿元。

▲绵阳入选中国移动首批“精品千兆示范城市”。

29日 中科绵投医疗废物集中处置中心投运仪式在涪城区玉皇镇坚堡梁村举行。

7月

1日 市政府召开专题会议，研究推进绵阳市与5G产业领军企业深化合作事宜。

▲绵阳市作为全国16个首批电子社保卡试点城市之一，累计签发20万张电子社保卡。

2日 绵阳市5G产业发展工作座谈会召开。

3日 中国（绵阳）科技城首届企业暑期开放日活动在绵阳京东方光电科技有限公司举行。

▲四川长虹电器股份有限公司、四川旭虹光电科技有限公司、四川铁骑力士实业有限公司、四川光友薯业有限公司等123家绵阳企业在2019四川企业诚信建设者峰会上入选四川省诚信示范企业名单，同时，九洲电器集团、川西电缆被授予“四川诚信示范企业九鼎奖”。

4日 绵阳科技城集中发展区核心区综合管廊及市政道路建设工程PPP项目银团贷款签约仪式举行。

8日 第一届海峡两岸大禹文化交流活动暨2019（己亥）年大禹诞辰祭祀典礼在北川羌族自治县永昌镇禹王广场举行。

9日 市政府与中国移动（成都）产业研究院战略合作协议签约仪式暨中国（绵阳）科技城科技智谷科技园区开园仪式在中国（绵阳）科技城5G科技园举行，仪式上，中国（绵阳）科技城科技智谷科技园揭牌，中国移动（成都）产业研究院绵阳分院暨科技城5G智造联盟授牌。

▲绵阳美科电子设备有限责任公司研发、制造的“泌尿系统创新医疗器械”产品在中国（绵阳）科技城工业技术研究院产品成果发布会上展示、发布。

11日 绵阳市社会信用体系建设领导小组会议审议并原则通过《绵阳市社会信用体系建设工作考核细则》。

12日 全省县域经济发展大会召开。涪城获"县域经济发展强县"称号，三台、北川、平武获"县域经济发展先进县"称号，安州获"县域经济发展进步县"称号。

13日 四川樊华建设（集团）有限公司与中国移动绵阳分公司正式签订合作协议，共同将樊华广场建设成绵阳首个5G商业示范街。

▲长虹发布国内首款8K量产电视——2019年度CHiQ系列旗舰新品ARTIST。

▲绵阳市农业科学研究院院长王秀全入选2019年四川"最美科技工作者"。

15日 绵阳京东方第6代AMOLED（柔性）生产线量产及交付仪式举行。

▲《绵阳市加快5G发展的实施意见》经市政府第71次常务会议审议并原则通过。

▲《绵阳市2019年深化供给侧结构性改革重点工作方案》印发。

▲《中国（绵阳）科技城智能制造产业基地项目投资协议》由江油市政府与新松机器人投资有限公司签署。该项目包含"一园、一社区"2个子项目，总投资20亿元。

▲绵阳企业进出口联盟海外展示平台在迪拜长虹中东展示中心揭牌。

18日 2019年（第33届）电子信息百强企业榜单发布，长虹集团位居第7位，九洲集团位居第41位。

▲以"秉承家国情怀，不忘初心使命"为主题的全国重点高校学子中国（绵阳）科技城感知行活动在绵阳举行。

19日 中国（绵阳）科技城核医学中心（一期）项目招商推介会在绵阳举行。

23日 2019年绵阳"最美科技工作者"名单由市委宣传部、市科协、市科技局共同发布。骆云志、白克义、张猛、李桂蓉等10名绵阳优秀科技工作者获得该荣誉称号。

▲绵阳市退役军人就业创业促进中心成立仪式暨"创业绵阳"退役军人就业创业微论坛在中国科技城创客俱乐部举行。

25日 第七届中国（绵阳）科技城国际科技博览会新闻发布会在北京举行。

26日 2019年四川省"服务型制造进企业"主题活动在游仙高新技术产业园区举办。

▲市政府与省经济合作局在绵阳举行工作座谈会，并签署《支持中国（绵阳）科技城集中发展区招商引资工作战略合作协议》。

29日 绵阳市异地远程评标系统在市政务服务和公共资源交易服务中心正式上线运行。

30日 绵阳成为全国医疗联合体建设试点城市。

▲四川省第二届"天府杯"创业大赛绵阳赛区决赛在绵州酒店举行。

31日 第七届中国（绵阳）科技城国际科技博览会动员大会召开。

8月

1日 长虹智能制造产业园智慧显示终端项目主体厂房封顶。

5日 "落实减税降费政策 优化税收营商环境"税企恳谈会由市税务局和市工商联举办，会上公布：2019年1—6月，全市减税降费总额58.11亿元，办理各类减免税54.69亿元，同比增长17.71%，减税规模居全省第二位。

▲绵阳·华为数字经济联合创新中心在高新区揭牌。

6日 全市重点外贸进出口企业座谈会召开。

▲第七届科博会重要活动之一的2019中国创新创业大赛技术融合专业赛（绵阳协同创新大赛）初赛正式启动。

8日 绵阳惠科第8.6代薄膜晶体管液晶显示器件项目主体厂房封顶。

▲市公安局出入境支队召开新闻发布会，公布绵阳市全面复制推广国家移民管理局促进服务自贸区建设的12条移民与出入境便民政策措施，推动全市引进外籍高层次人才，吸引外国人到绵阳创新创业。

12日 中国（绵阳）科技城工业技术研究院举行产品成果发布会，展示和发布绵阳小苹果电子科技有限公司研发的汽车主动防撞毫米波雷达产品。

14日 绵阳国土空间规划实施评估经验被自然资源部选入《市县国土空间开发保护现状评估先行先试探索分享（第二期）》，并在“中国国土空间规划”公众号上刊载发表。

15日 企业开办协同服务平台在绵阳正式上线。该平台属全省首创。

▲绵阳电网最高负荷、日电量再创新高。最高负荷218.3万千瓦，同比增长6.8%；日电量3930万千瓦时，同比增长6.5%。

19日 《绵阳市区域协同发展2019年行动计划》出台。

▲2019（己亥）年华夏中医始祖岐伯拜祭典礼在盐亭县茶亭乡举行。

20日 绵阳市与东软集团在绵阳签署战略合作协议。

▲第七届中国（绵阳）科技城国际科技博览会宣传工作动员会召开。

21日 《绵阳市加快5G发展的实施意见》正式印发。

▲全市人才主题系列活动首个县市区专场——中国科技城（游仙）人才嘉年华2019启动仪式举行。

▲全市招商引资重大项目政银企对接会召开。

22日 全市县域经济发展大会召开。江油市、游仙区、三台县、北川羌族自治县被评为2018年全市县域经济发展先进县市区。

23日 以“北川通航、自由飞翔”为主题的2019“大禹杯”中国国际飞行器设计挑战赛选拔赛（北川站）暨四川省航空航天模型锦标赛新闻发布会在北川举行。

26日 第七届科博会展览及会场搭建全面启动。

▲安州区麦思威尔年产2.5万吨水性纳米及石墨烯高端特种涂料项目主体结构完工并封顶。

28日 四川长虹电器股份有限公司、四川九洲电器集团有限责任公司等单位获中国质量协会表彰的“全面质量管理推进40周年杰出推进单位”。

29日 绵阳市文化和旅游发展大会召开，会上，《大力发展文旅经济加快建设文化强市旅游强市的实施意见》印发。

30日 市属国有企业改革发展座谈会召开。

▲2019中国创新创业大赛技术融合专业赛（绵阳协同创新大赛）在科技城创新中心二期举行颁奖仪式。

9月

2日 2018年全省公民科学素质抽样调查结果出炉。调查报告显示，2018年绵阳市具备科学素质的公民比例达到8.1%，较2017年增长0.8个百分点，连续2年排名全省第二位。

▲第七届科博会安保动员部署会召开。

▲全市首家县级融媒体中心——北川羌族自治县融媒体中心在北川揭牌。

3日 全国总工会创业促进就业现场会在绵阳召开。

▲四川省第三届文化旅游新技术应用大会在绵阳市北川羌族自治县举行。

▲绵阳市文化旅游新技术孵化（产业）园在北川开园。

4日 省委书记、省人大常委会主任彭清华前往绵阳江油市、安州区调研。

▲第七届中国（绵阳）科技城国际科技博览会媒体见面会举行。

▲市委副书记、市长元方会见由奥地利驻成都总领事馆总领事马丁·阿尔格亚率领的第七届科博会主宾国奥地利代表团一行。

▲市委副书记、市长元方，市人大常委会主任马华会见俄罗斯联邦总统首席经济顾问格拉济耶夫·谢尔盖一行。

▲市人大常委会主任马华会见参加第七届科博会的澳大利亚等国驻成都总领事馆客人。

▲2019侨智精英科博行·侨智精英助力中国（绵阳）科技城创新发展圆桌会议在绵阳举行。

▲全省核与辐射应急管理培训班在绵阳开班。

▲绵阳入选DT财经《2019中国青年理想城报告》中最吸引年轻人生活的100座城市榜单，排名第70位，是省内除成都以外唯一上榜的地级市。

▲中国金属资源利用有限公司、四川铁骑力士实业有限公司、四川富临实业集团有限公司、四川好医生药业集团有限公司、四川六合特种金属材料股份有限公司、四川美乐集团实业有限公司、四川新艾潇商贸有限公司、四川兴力达集团实业有限公司、四川东材科技集团股份有限公司9家绵阳企业入围省工商联发布的“2019四川民营企业100强”榜单。

4—6日 大型采访活动“走进中国科技城·百家党媒绵阳行”举行。

5日 以“科技创新·深化改革·开放合作”为主题的第七届中国（绵阳）科技城国际科技博览会在绵阳会展中心开幕。

▲第七届科博会期间重要活动之一——九三学社中央第5期青年骨干培训班暨第五届全国青年论坛在绵阳市委党校开幕。

▲第七届中国（绵阳）科技城国际科技博览会最重要的活动之一、以“创新·融合·发展：在变革中实现共赢”为主题的中国科技城创新发展论坛在绵阳举行。

▲第七届科博会奥地利科技日活动暨主宾国活动启动仪式举行。

▲第七届科博会引进国（境）外智力专场活动在创新中心二期举行。

▲中国（绵阳）5G产业创新发展高峰论坛在创新中心二期举行。

▲中国航发四川燃气涡轮研究院主题日活动在会展中心A馆举行，活动现场，中国航发四川燃气涡轮研究院发布微型晶体测温技术、示温漆产品等相关信息，并与部分意向性合作企业、院校举行签约仪式。

▲市委副书记、市长元方先后会见俄罗斯奥布宁斯克市市长萨普萨·弗拉季斯拉夫、日本庄原市市长木山耕三等到绵阳参加第七届科博会的国外城市嘉宾。会见期间，绵阳市与日本庄原市签署《建立友城关系30周年纪念合作项目协议书》、与韩国昌原市签署《建立友好城市关系协议书》、与意大利卢卡市签署《谅解备忘录》、与阿塞拜疆苏姆盖特市签署《建立友好合作关系备忘录》。

▲由四川移动、四川互慧软件有限公司和绵阳市第三人民医院联合开发的5G救护车在科博会室外展场亮相。

▲基于5G技术的消防无人机亮相科博会中国移动展区。

▲农业病虫害防治无人机、医院陪护智能机器人、针对消防监测的魔镜平台、5G+8K高清ITV、智能垃圾分类回收机亮相科博会高新技术产业馆（A馆）中国电信绵阳分公司展区。

▲省科技厅、省统计局联合发布2018年四川省科技经费投入统计公报。据该公报数据显示，2018年绵阳市共投入研究与试验发展（R&D）经费152.4亿元，占全省研究与试验发展经费总数的1/5，是全省唯一一个研究与试验发展经费投入超过百亿元的地级市。研究与试验发展经费投入强度达6.61%，稳居全省第一位，高出全省平均水平4.8个百分点。

6日 第七届科博会投资推介暨采供对接大会在绵阳举行，签约项目105个，投资金额

923.75 亿元；其中绵阳市签约项目 53 个，投资金额 678.1 亿元。

▲第七届科博会俄中科教论坛暨优质项目推介大会在长虹技术中心举行。

▲第七届科博会 2019 第一届新型智慧城市发展论坛在绵阳举行。

▲海智精英绵州行废弃物深度资源化利用产业发展论坛在绵阳举行。

▲“信息安全专题论坛”在中国（绵阳）科技城软件产业园举行。

▲2019“创客中国”国际中小企业创新创业大赛项目发布暨资源对接会举行。

▲中国（绵阳）新型显示产业高峰论坛在创新中心二期举行。

▲第七届科博会“北斗+”融创未来主题论坛在绵阳举行。

▲全省 2019 年文化和旅游重点项目集中开工（绵阳分会场）在绵阳市江油李白文化产业园桃花山汤泉酒店项目举行。本次集中开工七彩枫林旅养小镇等 8 个项目，总投资 54.19 亿元。

7 日　全球知商（绵阳）高峰论坛在绵阳举行。

8 日　第七届中国（绵阳）科技城国际科技博览会成果发布会举行。

9 日　2019 年成德绵知识产权跨区域执法协作工作会在广汉市召开，标志着三地建立起知识产权跨区域执法协作机制。

▲以“北川通航自由飞翔”为主题的 2019“大禹杯”中国国际飞行器设计挑战赛选拔赛（北川站）在北川航空飞行营地开幕。

▲中国（绵阳）科技城工业技术研究院举行产品成果发布会，展示和发布四川万兆羊机电科技有限公司“电磁脉冲生物菌肥反应釜系统”成果。

11 日　市政府与中信医疗健康产业集团签署战略合作协议，双方拟在生物医药、智慧医养、文化旅游等领域加深合作。

12 日　2019 年“创客中国”四川省中小企业创新创业大赛暨第二届“创客天府”创新创业大赛绵阳区域赛举行。

▲2019 年绵阳市“质量月”活动启动仪式在游仙区举行。

▲2019 小陶戏·儿童戏剧展暨童博会在绵阳会展中心开幕。

16 日　绵阳市 2019 年国家网络安全宣传周活动启动仪式在游仙举行。

17 日　绵阳市落实《四川省中长期青年发展规划（2017—2025 年）》实施工作联席会议第一次全体会议暨工作推进会召开。

19 日　以“礼赞共和国、智慧新生活”为主题的全国科普日活动在涪城区万达广场举行。

▲绵阳市首期行政处罚信息信用修复培训会召开。

20 日　市政府等主办的“文昌杯”两岸青年巴蜀文化创意设计大赛启动仪式在成都天艺浓园艺术博览园举行。

▲2019 绵阳高新智造电子电器工业设计大赛在高新区开赛。

23 日　绵阳市 2019 年第三季度重大项目集中开工，集中开工项目 69 个，总投资 230 亿元。

▲四川长虹与三星堆达成合作，并联名推出潮 TV 等跨界产品。

▲诺思（绵阳）微系统基地项目主厂房首榀钢梁吊装仪式在游仙区举行。

▲2019 年度绵阳市企业家年会暨企业转型升级论坛在创新中心二期举行。

24 日　独角兽领袖联盟座谈会在绵阳举行。

25 日　北川羌族自治县原副县长兰辉、中国工程物理研究院高级科学顾问（退休）胡仁宇被中央宣传部等联合授予“最美奋斗者”称号。

▲绵阳市“十四五”规划编制工作会议召开。

▲第五届四川华侨华人社团大会考察团到绵阳参观考察。

26日 “2019年四川省节能环保品牌推广全川行（绵阳站）”活动在市委党校举行。

▲绵阳市代表队参加四川省第七届农民工技能大赛获得1块金牌、1块银牌、5块铜牌，总成绩列全省第二。

27日 绵阳南郊机场T2航站楼建设项目获省政府正式批复同意实施。

▲四川省政府公布《关于北川通用机场工程可行性研究（代立项）报告的批复》，同意实施北川通用机场项目。

▲下一代互联网宽带业务应用国家工程实验室绵阳分实验室在四川九州电子科技股份有限公司正式挂牌成立。

29日 “中美经贸摩擦应对和国际知识产权保护”培训班在绵阳举行。

10月

8日 绵阳市地方政府债券申报发行工作专题会议召开。

9日 工研院举行成果发布会，展示和发布四川伟博震源科技有限公司研发的地质勘探新型高能环保气爆人工震源。

11日 四川九洲电器集团有限责任公司四川省航电系统产品轻量化设计与制造工程实验室、四川长虹电源有限责任公司四川省轨道交通列车用蓄电池系统技术工程实验室、四川省绵阳西南自动化研究所四川省特种计算机嵌入式控制技术工程实验室、中国工程物理研究院材料研究所四川省氘氚燃料循环工程实验室获批建设省级工程实验室。至此，全市省级工程实验室（工程研究中心）共19家。

▲2019江油“一带一路”李白文化节新闻发布暨文旅推介会在成都举行。

▲科技城集中发展区城市家具建设样板示范段现场会召开。

13日 “两弹一星”国防科技科普基地（梓潼）、中国酱文化博览园（江油）入选第十一批省级科普基地名单。

14日 绵阳市与奥地利共和国上奥地利州代表团座谈会在成都举行。

▲四川中烟绵阳卷烟厂“张宝维修电工技能大师工作室”被认定为2019年度国家级技能大师工作室。

14—17日 首届四川省专家智力服务基层论坛在绵阳举行。

15日 绵阳市“天府科技云服务”工作动员会召开，安排部署全市“天府科技云服务”平台推动工作。

▲全市“涉金融案件”专项执行动员大会召开。全市两级人民法院范围内开展为期3个月的“涉金融案件”集中执行专项活动。

19日 绵阳“胸痛中心全市模式”战略合作签约暨启动仪式在绵阳召开，绵阳成为全国第23个、四川省首个落地“胸痛中心全市模式”的城市。

24日 四川九洲电器集团有限责任公司“实施产品可靠性增长的实践经验”在中国质量协会主办的“2019年全国质量标杆福建行”活动中获评“2019年全国质量标杆”称号。

25日 绵阳市“信易贷”工作动员会召开。

30日 工信部公布第四批国家级工业设计中心名单以及通过复核的第一批、第二批国家级工业设计中心名单。绵阳企业科瑞达电子技术有限公司被认定为第四批国家级工业设计中心，四川长虹电器股份有限公司技术中心进入通过复核的第一批、第二批国家级工业设计中心名单。

▲第三届“四川工匠杯”职业技能大赛主赛场决赛在绵阳国际会展中心举行。

▲中国（绵阳）科技城中科院创新园智能制造与产业升级高峰论坛在绵阳举行。

31日 中国首批5G商用城市名单出炉，绵阳被中国电信集团、中国移动通信集团列入“大名单”，成为西部地区唯一入选的非省会地级市。

▲中国（绵阳）科技城5G商用启动仪式举行，并为绵阳电信首个5G企业用户、首个5G+VR用户授牌。四川爱联科技成为全省首个5G企业用户，绵阳市民孙墨成为绵阳首位5G+VR商用用户。

▲绵阳移动中国（绵阳）科技城移动5G商用发布会在富乐山国际大酒店西川会议厅举行。

▲全市发改系统创新平台建设工作座谈会召开，对12家市级工程实验室进行授牌。

11月

1日 2019江油“一带一路”李白文化节在江油市开幕。

▲“绵州金英荟”暨全市第一季人才金融对接会召开。

▲绵阳市跨境电商高峰论坛在高新区跨境电商产业园举行。

6—11日 第九届绵阳国际汽车展暨2019绵阳车主嘉年华在绵阳国际会展中心举行。

9日 市重点项目、绵阳市首家“一站式”服务二手车交易市场——四川车车二手车市场在经开区正式开业。

10日 绵阳市在省内率先开展营商环境监测评价工作。

11日 绵阳“高新杯”青年创新创业大赛总决赛举行。

▲绵阳市发布江油市含增石材产业园基础设施建设项目等11个2019年基础设施补短板领域向民间资本推介项目。

13日 创新型高科技企业路演与培训专场暨绵阳路演中心试运行启动仪式举行。

▲绵阳会展业专题培训会举行。

14日 “央企走进中国科技城（绵阳）”暨助推区域经济高质量发展峰会在绵阳举行。

▲“数字经济建设引领新时代”高峰论坛活动在绵阳科技城创新中心二期举行。

15日 新希望六和150万头生猪全产业链基地项目签约仪式在绵阳举行。

▲绵阳市所有高速公路收费站ETC门架安装及车道改造工程完成，至此全市高速公路收费站实现ETC全覆盖。

19日 长虹“双创”智能制造工业园项目最大体量主体结构封顶。

20日 “硅基氮化铝工艺及电声学磁声学应用中心”揭牌仪式在科创区创新中心举行。

21日 中国（绵阳）科技城创新产业投资推介会在深圳举行。

▲韩国江原道原州市教育交流团到绵阳考察交流，与绵阳市签署《促进教育文化交流合作协议书》。

22日 2019年“绵州育才计划”拟命名人选名单由市人才工作领导小组2019年第三次会议审议并通过。

▲长虹“新能源材料实验室”揭牌仪式在成都举行。

25日 绵阳市交通重大项目集中开工举行。本次集中开工交通重大项目18个，总里程417千米，总投资超过190亿元。

27日 外企看四川——马来西亚企业家走进绵阳工作座谈会举行。

▲四川东方绝缘体材料股份有限公司的电工用聚酯薄膜入选第四批国家制造业单项冠军产品。同时，四川旭虹光电科技有限公司的高铝超薄触控屏保护玻璃位列通过第一批制造业单项冠军复核名单。

28日 四川省特聘专家服务工作站（绵阳）挂牌仪式暨第四届中国创新挑战赛（绵阳科技城）技术需求对接活动在高新区举行。

29日 市住房专项维修资金清算平台推介会召开。会议推介的“绵阳市住房专项维修公众服务平台”是全省建成的首个网络住房维修资金清算平台。

12 月

1 日　绵阳市台沃科技集团股份有限公司入选农业农村部、国家发展改革委等 8 个部门联合公布第 6 批农业产业化国家重点龙头企业名单。

4 日　全市绿色金融服务绿色发展启动会召开。

▲绵阳市“12315”呼叫平台与全国“12315”平台完成对接，标志着全市市场监管部门将原质监、食药、知识产权等热线统一整合至“12315”热线，实现“一号对外、集中接听”接受投诉和号码集中管理。

6 日　“绵向未来·阳帆起航”哈尔滨工业大学专场推介暨招聘会举行。

▲“奋进新时代　工匠铸绵州”2019 年中国科技城校企合作高峰论坛在科创区举行。

9 日　绵阳机场发展座谈会、绵阳机场年旅客吞吐量突破 400 万人次暨祥鹏航空战略合作协议签约仪式先后举行。

▲“绵阳市房屋租赁服务平台”正式上线，开启绵阳市住房租赁签约、备案的新模式，实现网上全程办理。

▲“首届中国科技城法治创新大赛”颁奖典礼在游仙举行。

▲中国（绵阳）科技城工业技术研究院举行产品成果发布会，发布绵阳麦思威尔科技有限公司研制的水性石墨烯重防腐涂料。

▲长虹系统集成筹备组组长刘东、AI 实验室首席科学家展华益、原型平台首席专家刘柏良等入选首批成都市“蓉贝”软件人才名单。

10 日　2019 年“绵州育才计划”入选者名单由市委组织部等 12 个部门联合发布，125 名人才入选该名单，包括绵州杰出科技工作者、绵州创新领军人才、绵州金融菁英等。

11 日　全市项目投资工作推进会召开。

12 日　全市服务业重点企业座谈会召开。

▲西北大学与绵阳中学、南山中学签署《优质生源基地建设协议》。

13 日　《绵阳市打赢蓝天保卫战等十个实施方案》《绵阳市声环境功能区划方案》经市政府第 81 次常务会议审议通过。

▲市委组织部、市人才工作领导小组办公室印发《绵阳市深度融入成都平原经济区人才一体化发展实施方案》。

▲“2019 绵阳市暖冬电商购物节暨农特产品产销对接活动”启动。

14 日　绵阳市电子健康卡“一卡（码）通”项目启动仪式举行。

▲2019 年绵阳市第四届青少年机器人创客大赛暨第 35 届绵阳市青少年科技创新大赛终评展示活动在绵阳高新区火炬实验小学举行。

15 日　中国科技城激光产业园项目签约仪式在绵阳举行。

16 日　10 时 30 分，绵阳电网 2019 年度售电量突破 100 亿千瓦时大关，这是绵阳电网年度售电量首次突破 100 亿千瓦时大关，创下历史新高。

17 日　2019 年绵阳市人才工作大会暨“绵州英才荟”主题人才活动在市委党校举行。

▲全市“天府科技云服务”平台培训会举行。

18 日　绵阳市与华为公司深化战略合作协议签约仪式暨鲲鹏生态长虹天宫系统应用示范工程发布会在绵阳举行。

▲绵阳市 2019 年第四季度重大项目集中开工。此次集中开工项目 68 个、总投资 204 亿元。

▲第四届中国创新挑战赛（绵阳科技城）现场挑战赛暨颁奖仪式在绵阳高新区举行。

▲绵阳市华夏母亲嫘祖国家纪念公园被中国侨联确认为第七批“中国华侨国际文化交流基地”。

19 日　全市“春雷行动 2020”暨知识产权保护执法行动部署会召开。

20 日　中国科技城加快发展动员大会在绵阳召开。

21日 “光辉典范永耀苍穹——朱光亚生平事迹展”巡展在中物院科技馆开幕。

▲中国（绵阳）科技城协同创新发展研讨会在市委党校召开。

22日 全市第2期行政处罚信息信用修复培训会举行，对全市有行政处罚信息的近100家相关企业（单位）进行培训。

23日 磁性材料产业园竣工投产。

25日 16时50分，北京星途探索科技有限公司自主研发的“中国科技城之星”商业亚轨道运载火箭在酒泉卫星发射中心首飞成功，开启绵阳民营商业航天元年。

▲全市首个“民营企业护航中心”在涪城区正式挂牌成立。

26日 全市拟上市企业座谈会召开。

▲绵阳机场T2航站楼奠基仪式举行。

▲九绵高速LJ19标木皮隧道双线隧道正式贯通。该隧道为整个九绵高速全线首个贯通的隧道。

27日 绵阳市被中宣部版权管理局授予“全国版权示范城市”称号，成为全国第12个、四川省第2个获此称号的城市。

▲作为全省民族地区首个立项的通航机场项目——北川通用机场正式开工建设，建设周期为3年。

▲市政府与惠科股份有限公司在绵阳举行工作会谈，双方围绕加快推进合作项目建设等进行交流。

▲绵阳市教体局与德阳市教育局、遂宁市教体局、广元市教育局签署区域教育协同发展合作协议。根据协议，四市拟在校际合作、名师合作、教学资源共享、区县对口合作4个方面展开合作。

28日 国务院扶贫开发领导小组办公室公示一批扶贫典型案例，其中绵阳市北川羌族自治县的《“衢鲜森牵手羌妹子”——北川—柯城打造“共享+”东西部电商扶贫新模式》作为电商精准扶贫典型案例入选，并在全国推广。

▲中国共产党绵阳市第七届委员会第八次全体会议暨市委经济工作会议举行。全会审议通过《中共绵阳市委关于学习贯彻党的十九届四中全会精神的意见》《中共绵阳市委关于深入贯彻落实党的十九届四中全会精神、推进城乡基层治理制度创新和能力建设的意见》《中国共产党绵阳市第七届委员会第八次全体会议决议》，总结市委七届六次全会以来市委常委会的工作，对2020年经济工作进行安排部署，表彰建设中国科技城和西部现代化强市的先进集体和先进个人。

30日 安州区通过国家知识产权强县工程试点县验收。

▲高新区国家知识产权示范园区启动仪式举行。

▲绵阳市生态环境局和绵阳市商业银行联合推出“环保贷”业务，小微企业单户最高可贷1000万元。

▲安州区七一实验小学机器人战队在上海参加2019赛季全球青少年人工智能中国总决赛中获得小学组冠军和季军两项大奖。

31日 全市民营经济和中小企业发展领导小组会议召开。

▲绵阳市高新区与长虹三杰新能源有限公司在绵阳签署新能源电池项目合作协议。

▲全省地级市首家专科儿童医院——绵阳市儿童医院举行落成仪式。

▲绵阳市“引通济安”工程开工仪式在北川擂鼓镇举行，标志着“引通济安”工程正式进入实质建设阶段。

▲“互联网医院远程诊断服务站”授牌仪式在绵阳市中心医院举行，市中心医院成为绵阳首家互联网医院。

综 述
Overview

绵阳市情

【位置面积】 绵阳市位于四川盆地西北部，涪江中上游地带。东邻广元市青川县、剑阁县和南充市南部县、西充县，南接遂宁市射洪县，西接德阳市罗江县、中江县、绵竹市，西北与阿坝藏族羌族自治州和甘肃省文县接壤。地理坐标为：北纬30°42′—33°03′、东经103°45′—105°43′。全市呈北西南东条带状展布，东西宽约144千米，南北长约296千米，辖区面积20256.88平方千米（绵阳市第二次全国土地调查数据）。按地貌主要类型分，山区占61.0%，丘陵区占20.4%，平坝区占18.6%。

【地形地貌】 绵阳市地势为西北部高，东南部低，地形起伏很大。西北部面对四川盆地的首列山脉，为北东南西向的龙门山脉，海拔1000—3000多米；其西面的岷山山脉和北面的摩天岭山脉，海拔多在3000米以上。最高点为平武县与松潘县接壤的岷山山脉第二峰（当地俗呼“雪包顶”），海拔为5440米。东南部属四川盆地盆中丘陵，一般海拔400—600米，最低点位于三台县建中镇郪江河谷短沟口，海拔307.2米。最高点与最低点高差达5132.8米。地貌明显受控于地质构造。西北部因分别受龙门山北东向褶皱断裂与岷山南北向构造、摩天岭东西向构造的影响，山脉走向呈北东南西向、与南北向和东西向；山地的形态亦与地质构造和岩性有关。东南部处在扬子准地台川北台陷、川西台陷和川中台拱的接合部位，由于地台基底坚硬，地质历史时期地壳以升降运动为主，地层受各时期水平运动的影响较轻，有一些舒缓宽阔的褶皱，地层一般倾角不大，形成岗岭起伏的丘陵、台地、方山地貌。

【山脉·名山】 绵阳境内主要有岷山山脉、摩天岭山脉、龙门山脉三大山脉。岷山山脉南北走向，长200余千米，北接川甘两省边境的西倾山，南至茂县城北与龙门山脉相连，是岷山山脉北段。摩天岭山脉东西走向，为四川和甘肃两省界山。龙门山脉属四川盆地西北部的盆周山地，南北走向，在绵阳境内又分后龙门山、龙门山、茶坪山［详见《绵阳市志（1840—2000）》］。绵阳境内主要有九龙山、千佛山、观雾山、云罗山、窦圌山、七曲山、西山、富乐山、牛头山、凤凰山、三台山、天台山、高山等名山，城区最高山为边堆山，边堆山也是绵阳和四川境内重要古文化遗址。

【河流水系】 绵阳境内有涪江水系、白龙江水系、西河水系。有涪江、虎牙河、夺河流水系补河、平通河、通口河、芙蓉溪、安昌河、凯江、梓江、魏城河、弥江、青江、西河等大小河流和溪沟3000余条，河网密度为每平方千米1.48千米。涪江为绵阳母亲河，发源于四川松潘县境内岷山雪宝顶北麓。涪江从西北向东南由川西北高山区进入盆地丘陵区，流经平武、江油、绵阳城区、三台、射洪、遂宁、潼南至重庆市合川区钓鱼城下汇入嘉陵江，全长670千米。

【市徽·市树·市花】 1989年7月15日，绵阳市第一届人民代表大会常务委员会第27次会议，听取市政府秘书长高显齐受市政府委托所作的《关于绵阳市徽图案征集情况的汇报》《市政府初步确定的一号市徽图案的说明》。经过审议，决定用“绵阳”二字拼音字头“MY”，环抱原子核的两条电子运转轨迹，象征科技兴绵所组成的红底、黄字、金边圆形图案为绵阳市徽图案。1989年11月19日，绵阳市第一届人大常委会第29次会议审议通过市政府《关于市树为香樟树、市花为月季花的建议》，从此，绵阳市市树为香樟树，市花为月季花。

【城市标识】 绵阳城市标识（LOGO）创意设计工作由绵阳市委宣传部于2017年年底启动，北京知行堂品牌管理有限公司中标后，结合城市历史发展脉络和中国科技城建设的创意思路，最终形成创意设计方案——“绵古创新之印”。“绵古创新之印”于2019年4月1日正式出炉，以“绵”字的回文印为主要视觉符号，既是一个字，也像一方印，还是一颗代表科技智慧的集成电路芯片。绵阳作为中国唯一以“绵”字作为城市名称的地级市，其LOGO的创意设计源于唐《元和郡县图志》中描述绵阳的“东据天池，西临涪水，形如北斗，卧龙伏焉”16个字。城市标识（LOGO）形似集成电路芯片，以S（Science）科学创新、E（Ecology）绿色发展、G（Gate）巴蜀门户、M（Mianyang）富乐绵阳4个字母组成特色“文化子系统”，从历史格局、人文精神、文化底蕴、科技创新等不同层次诠释解读绵阳城市的独特个性。

MIANYANG
中国 四川 Sichuan China
绵陽

图1 绵阳城市标识——“绵古创新之印”

【人口】 2019年，全市户籍总人口为5312929人，比2018年减少49048人，减少率为9.15‰；总户数2028197户，平均每户2.6人。其中男性人口2722471人，占总人口的51.24%；女性人口2590458人，占总人口的48.76%。男女性别比为105：100。总人口中城镇人口1879066人，比2018年增加6391人，城镇人口占总人口数的35.37%；乡村人口3433863人，比2018年减少55439人，乡村人口占总人口数的64.63%。全市出生人口52320人，比2018年减少61人，其中男性26767人，占总出生人口的51.16%；女性25553人，占总出生人口的48.84%。出生男女性别比为104.75：100；出生率为9.85‰。死亡和重户注销户籍人口90261人，其中男性46675人、女性43586人，死亡和重户注销率为16.99‰。出生与死亡相抵，自然减少37941人，自然减少率为7.14‰。迁入人口28403人，其中省内迁入22370人、省外迁入6033人；迁出人口39510人，其中迁往省内27579人、迁往省外11931人。迁入与迁出相抵，机械减少11107人，机械减少率为2.1‰。城区（涪城区、游仙区、安州区、高新区、经开区、科教创业园区、仙海区、科学城办事处）总人口1745104人，比2018年增加758人，增长率为0.43‰。其中城镇人口1054201人，比2018年增加4577人。绵阳城区出生19788人，死亡和重户注销户籍人口25194人，自然减少5406人。迁入20989人，其中省内迁入17590人、省外迁入3399人；迁出14825人，其中迁往省内10662人、迁往省外4163人，机械增加6164人。

【民族】 2019年，绵阳市有53个民族，有少数民族常住人口18.63万人、流动人口5万人。少数民族人口最多的是羌族，有14.3万余人。53个民族有汉族、羌族、藏族、回族、土家族、苗族、彝族、满族、壮族、布依族、侗族、蒙古族、瑶族、傣族、白族、黎族、哈尼族、仡佬族、朝鲜族、傈僳族、水族、佤族、土族、畲族、拉祜族、仫佬族、景颇族、维吾尔族、布朗族、纳西族、锡伯族、达斡尔族、高山族、哈萨克族、毛南族、德昂族、怒族、俄罗斯族、赫哲族、京族、基诺族、阿昌族、柯尔克孜族、撒拉族、普米族、鄂温克族、独龙族、珞巴族、东乡族、裕固族、塔塔尔族、鄂伦春族、门巴族。年底，经省政府批复同意，撤销水田羌族乡，将其所属行政区域划归古城镇管辖，至此，全市共有北川羌族自治县桃龙藏族乡，平武县木皮藏族乡、平南羌族乡、木座藏族乡、黄羊关藏族乡、土城藏族乡、徐塘羌族乡、泗耳藏族乡、锁江羌族乡、虎牙藏族乡、白马藏族乡、旧堡羌族乡、阔达藏族乡，盐亭县大兴回族乡14个民族乡。

【方言】 绵阳市境内分为两种方言：无入声方言，以绵阳城区方言为代表，包括涪城区（高新区、经开区、科教创业园区）、游仙区、安州区、科学城、江油市、平武县、北川羌族自治县、梓潼县、三台县等地的城关话，有20个声母、36个韵母、阴阳上去4个调类、1033个音节，与四川方言的代表语音成都话基本相同。入声方言，以盐亭县城关话为代表，包括盐亭各乡镇及三台县的石安、富顺、塔山等乡镇的方言，有20个声母、38个韵母、阴阳上去入5个调类。

【行政区划】 2019年，绵阳市辖5县3区1市。5县为三台县、盐亭县、梓潼县、平武县、北川羌族自治县，3区为涪城区、游仙区、安州区，1市为江油市。10月，根据省委、省政府《关于推进乡镇行政区划调整改革的指导意见》精神，全市启动乡镇行政区划调整改革。12月，乡镇行政区划调整改革完成后，全市有乡镇（街道）166个，其中乡31个（民族乡14个）、镇122个、街道13个。

涪城区：6个镇、7个街道办事处

游仙区：10个镇、4个街道办事处

安州区：9个镇、1个乡

江油市：22个镇、1个乡、1个街道办事处

三台县：31个镇、2个乡

盐亭县：14个镇、2个乡（1个民族乡）、1个街道办事处

梓潼县：15个镇、1个乡

平武县：6个镇、14个乡（12个民族乡）

北川羌族自治县：9个镇、10个乡（1个民族乡）

【建置沿革】 绵阳建城有2220余年的历史，是四川省历史文化名城。绵阳市境历史上最早的县以上政权建置为汉高祖六年（前201）建置的广汉郡。广汉郡领有13县，郡治乘乡，乘乡在今梓潼县境。广汉郡在今市境内设涪县（后沿称巴西

郡、巴西县、绵州、金山郡、绵阳县、涪城区和游仙区)、梓潼县、郪县(今三台县)、刚氐道(今平武县)。汉安帝元初二年(115),为镇压少数民族反抗,益州刺史部和广汉郡均迁至涪县(今市区)。元初三年(116),州、郡皆迁出市境。东汉末年,刘备据蜀,建安二十二年(217)分广汉郡北部地区设梓潼郡(治梓潼县),建兴三年(225)分广汉郡东部地区设东广汉郡(治雒县,今三台县境)。自此,市境相沿各代均有州、郡、府等县以上政区建置。两晋和南北朝300余年间,由于战争频繁,政区建置变化较大,市境内先后设置过潼州、新州、龙州3州,梓潼、巴西、巴西梓潼、潼川(又称潼州、东川)、北阴平、阴平、新巴、江油、新城(后改为昌城)、始平(先名始平僚,后改为涪城、安城)、西宕渠、北宕渠(后改为盐亭)、高渠13个郡,以及40余个县。从隋代后,政区建置逐渐稳定,形成市境中部以今市区为治地的绵州,东南部以三台县城为治地的梓州—潼川府,西北部以江油、平武两县为中心的龙州—龙安府3个政权建置中心。1913年,废州立县,称绵阳。1935年,川政统一,市境内只有今市区成为四川省第十三行政督察区治地。1949年12月25日,绵阳解放。中华人民共和国成立后,1950年1月20日,绵阳行政督察专员公署成立,辖绵阳、安县、绵竹、德阳、梓潼、罗江、广汉、什邡、金堂、彰明10个县。1953年3月10日,撤广元专区,划入广元、昭化、剑阁、青川、平武、北川、江油、旺苍8个县,辖18个县;1953年7月4日,广汉、什邡、金堂3个县划出,专区辖15个县;1958年10月18日,并入原遂宁专区遂宁、蓬溪、潼南、中江、三台、射洪、盐亭7个县,辖21个县(此前江油、彰明2个县于1958年9月5日合并);1959年3月22日,昭化、罗江2个县被撤销,分别并入广元县和德阳县,专区辖19个县;1968年7月8日,改专区设地区;1976年2月4日,因分绵阳县筹建绵阳县级市,地区辖19个县、1个市;1977年9月24日,潼南县划出,地区辖18个县、1个市;1978年4月25日,绵阳县并入绵阳市,地区辖17个县、1个市;1983年8月18日,分绵阳地区建德阳市,德阳、绵竹、中江3个县划出,绵阳地区辖14个县、1个市;1985年2月8日,绵阳地区被撤销,分别建立绵阳、广元、遂宁3个市。绵阳市辖7个县、1个区(原县级绵阳市改置为市中区);1988年2月24日,江油市建立,绵阳市辖6县1市1区;1992年10月,撤销绵阳市市中区,分设涪城、游仙两区。2002年,绵阳市辖涪城、游仙2个区,三台、安县、梓潼、盐亭、北川、平武6个县;2003年7月,撤销北川县,成立北川羌族自治县。2016年5月20日,安县撤县改区,至此,绵阳辖涪城、游仙、安州3个区,三台、盐亭、梓潼、北川、平武5个县,代管江油市和省政府科学城办事处,直辖绵阳高新技术产业开发区、科教创业园区、经济技术开发区、仙海水利风景区。

【国土资源】 2019年,绵阳市面积20256.88平方千米(绵阳市第二次全国土地调查数据),占全省总面积的4.2%。全市耕地44.41万公顷,园地3.68万公顷,林地117.83万公顷,草地3.36万公顷,城镇村及工矿用地11.9万公顷,交通运输用地2.63万公顷,水域及水利设施用地7.15万公顷,其他土地11.61万公顷。

【矿产资源】 绵阳发现的矿种有铁、锰、铅锌、钨、金、银、磷、硫、水晶、方解石、石灰石、白云石、膨润土、玻璃用石英砂岩、天然气等56种,矿产地400余处,其中黑色金属73处、有色金属25处、贵金属70处、非金属矿产200余处。探明储量的有26个矿种,具备工业矿床规模的74处。2019年年末,全市有29个矿种得到开发利用。储量在全省占有重要地位的矿种有:平武的锰矿,三台、盐亭的膨润土,江油的水泥配料用页岩、玻璃用石英砂岩、冶金用白云岩。以县市区论,平武的矿产资源以金属矿产为主,主要有金、铁、锰、铅锌矿；其他县市区以非金属矿为主，如江油市有石灰石、硫铁矿，安州区有石灰石、磷块岩，北川有石灰石、硅石、饰面用板岩，三台、盐亭有膨润土，涪城、游仙有砖瓦用页岩等。全市的天然气总量居全省第三。天然气在全市广泛分布，除平武、北川、安州外，均有产出。

2019年，全市探矿权68个，勘查矿种16种；采矿权279个，其中大型矿山5个、中型矿山13个、小型矿山261个、开发利用矿产29种，矿山总数近350个。水泥用灰岩、玻璃用砂岩、砖用页岩和饰面石材等主要矿产的开采量均有增长，原矿总产量约1200万吨，原矿产值约10亿元。全年延续变更登记29宗，收取采矿权延续（含延续变更）价款294.85万元；市级注销登记2宗。

【水资源】 绵阳位于四川盆地西北边缘，全市水资源相对丰富，境内有大小河流52条，连同溪、沟共计3000余条，均属嘉陵江水系。2019年，全市平均降水量为977.02毫米，降水总量为197.79亿立方米，与常年平均值219亿立方米相比减少9.7%，同比减少27.7%。全市地表水资源量106.8亿立方米，折合径流深为517毫米，同比减少30.8%，比常年减少12.4%。地下水资源量23.42亿立方米，重复计算量23.24亿立方米，水资源总量109.84亿立方米（常年为122.9亿立方米，2018年为151.4亿立方米），比常年减少10.6%，同比减少27.5%；全市每平方千米产水量54.2万立方米，人均水资源量为2261立方米。全市建有大型水库（电站）3座、中型水库14座，年末蓄水总量114412万立方米，比年初减少2376万立方米。

2019年，全市总供水量为18.83亿立方米，其中地表水占95.5%。总耗水量为9.79亿立方米，总耗水率为52%。全市人均用水量386.1立方米，万元GDP用水量为77.64立方米，农业亩均用水量403.57立方米，万元工业增加值用水量为27立方米。

2019年，绵阳市主要河流评价河长483千米，评价结果：全年期Ⅱ类水域414千米，占评价河长85.7%，Ⅲ类水域69千米，占评价河长14.3%；汛期Ⅱ类水域414千米，占评价河长85.7%，Ⅲ类水域69千米，占评价河长14.3%；非汛期Ⅱ类水域414千米，占评价河长85.7%，Ⅲ类水域69千米，占评价河长14.3%。

【野生动物资源】 2019年，全市已知的脊椎动物有5纲32目109科791种，有无脊椎动物2门6纲33目241科1258种。绵阳是长江上游重要生态屏障区，是全球34个生物多样性热点地区之一、全国野外大熊猫主要栖息地之一，大熊猫及其栖息地保护管理在四川占有重要地位，是大熊猫“野外种群数量最多、遗传多样性最丰富、密度最大、栖息地质量最优且相对集中和完整”的岷山大熊猫核心分布区。分布有大熊猫、川金丝猴等国家一级重点保护野生动物18种，小熊猫、亚洲黑熊等国家二级重点保护野生动物60种。全市有野生大熊猫418只，数量位居全国第一，占岷山片区的62.8%，平武县是全国大熊猫分布最多的县，约占全国野生大熊猫的1/5，有“天下大熊猫第一县”之称。

【野生植物资源】 2019年，全市已知的低等植物有菌类植物亚门和地衣植物亚门的真菌纲、子囊菌纲中的13目60科149属497种，高等植物有苔藓植物门、蕨类植物门、裸子植物门和被子植物门4门中的9纲66目260科1366属3972种。有珙桐、红豆杉等国家一级重点保护野生植物11种，水蕨、四川红杉等国家二级重点保护野生植物38种。

【农业资源】 2019年，全市耕地面积44.41公顷，完成“第三次全国农作物种质资源普查与收集行动”，征集、收集到526份种质资源，其中粮食作物130份、经济作物104份、蔬菜206份、果树73份、牧草绿肥13份。完成农田建设管理职能职责划转，实行统一规划布局、建设标准、组织实施、验收评价、上图入库的“五统一”机制，组织实施高标准农田建设，完成2018年度全市高标准农田建设面积约1.98万公顷。截至年底，全市建成高标准农田18.87万公顷。农用化肥施用量（折纯）197879吨，其中氮肥91617吨、磷肥49588吨、钾肥10565吨、复合肥46109吨；农药使用量达4444吨。

【气候条件】 2019年，全市气候总体较好，年内光热总量正常，降水总量接近常年，气象灾害总体偏轻，除“9·13”大暴雨天气过程以外，未出现大范围、持续性的暴雨洪涝灾害，气象灾害总体偏轻，属于风调雨顺年景。年内天气气候条件对交通、旅游、电力等其他行业也较为有利。全市平均气温16.6℃，较常年（下同）偏高0.4℃。全市平均降水量907.2毫米，偏少6%。年降水日数117—152天。全市有5次暴雨天气过程，分别是“6·5”暴雨（6月5日）、“7·29”暴雨（7月29日）、“8·2”暴雨（8月2日）、“8·5”暴雨（8月5—6日）和“9·13”大暴雨（9月10—14日）。全市平均日照时数1011.8小时，偏少10%。

【环境质量】 2019年，全年市城区环境空气质量综合指数3.85，同比下降0.15，改善程度位列全国168个重点城市第19位。优良天数为325天，优良天数率89%，位列全省第10位，同比上升5位，同比增加5.4%，改善程度位列全省第2位，优良天数率是“十三五”以来首次超额完成目标任务。PM2.5平均浓度为37.6微克/立方米，位列全省第13位，同比上升2位，同比下降6.5%，改善程度位列全省第5位。县市区、园区空气质量达标数由2018年的4个增加到7个。纳入国家、省级考核的7个地表水监测断面水质优良率达100%，土壤环境质量总体稳定，辐射环境质量保持良好，危险废弃物环境安全总体可控，城区区域环境、道路交通噪声质量整体较好。绵阳市生态环境质量实现稳中趋好。全市环境空气监测采用24小时自动监测形式，城区共设4个国控环境空气自动监测站点，分别位于富乐山、市人大、高新区和三水厂，城区日均浓度为4个测点平均值，监测项目为二氧化硫（SO_2）、二氧化氮（NO_2）、可吸入颗粒物（PM10）、细颗粒物（PM2.5）、一氧化碳（CO）、臭氧（O_3）。环境空气中SO_2平均浓度为5.3微克/立方米，NO_2平均浓度29.6微克/立方米，CO日均值的第95百分位数

图2 水清天蓝绵阳城

2019 年绵阳市功能区声环境质量达标情况表

表 1

功能区类别	1 类		2 类		3 类		4 类	
	昼	夜	昼	夜	昼	夜	昼	夜
达标点次	4	4	20	20	8	8	8	0
监测点次	4	4	20	20	8	8	8	8
达标率（%）	100	100	100	100	100	100	100	0

2019 年绵阳市城区环境空气质量监测结果情况表

表 2

单位：微克/立方米，CO 单位为毫克/立方米

点位	SO_2（年均值）	NO_2（年均值）	PM10（年均值）	CO（日均值第 95 百分位数）	O_3（日最大 8 小时值的第 90 百分位数）	PM2.5（年均值）	环境空气质量综合指数	有效监测天数	达标天数	达标率（%）
富乐山	4.0	18.8	46.9	1.0	136.6	31.0	3.19	343	317	92.4
市人大常委会	6.1	34.1	58.0	1.1	125.2	38.5	3.95	350	312	89.1
高新区	5.9	33.6	64.1	0.8	146.7	42.3	4.17	331	273	82.5
三水厂	5.4	31.7	65.8	1.2	138.0	38.7	4.09	344	299	86.9
城区 *	5.3	29.6	58.6	1.0	137.0	37.6	3.85	365	325	89.0

说明：1. 数据为实况数据

2. 城市环境空气评价执行《环境空气质量标准》（GB3095—2012）及其修改单

3.环境空气质量综合指数是描述城市环境空气质量综合状况的无量纲指数，综合考虑 6 项污染物的污染程度。环境空气质量综合指数越大，表明综合污染程度越重

为1.0毫克/立方米，O_3日最大8小时滑动平均值的第90百分位数为137微克/立方米，PM10平均浓度58.6微克/立方米，PM2.5平均浓度37.6微克/立方米。参照《环境空气质量标准》（GB 3095—2012）及其修改单，全年城区环境空气有效监测365天，达标天数为325天，达标比例为89%。全年市区降水PH均值为5.71，酸雨发生的频率为22.9%，属于非酸雨区。全市境内涪江及其支流水质总体较好，国、省、市控断面Ⅰ—Ⅲ类水质占总体水质比例为100%，较2018年持平。涪江、梓江、凯江、安昌江、通口河、芙蓉溪年均水质均能达到或优于划定的水域类别要求。城区2处市级集中式饮用水水源地、各县市区9处县级集中式饮用水水源地水质状况均良好，符合《地表水环境质量标准》（GB 3838—2002）相关要求，达标率100%。全市功能区声环境质量监测点位有10个，主要有住宅行政办公区、商业混杂区、工业集中区、主要交通干线两侧4类。监测结果显示：全年除4a类交通干线两侧夜间声环境质量超标以外，其他各类功能区的昼间、夜间均能达到相应标准要求。城区区域噪声共有238个监测点位，昼间噪声1年监测1次。全年昼间平均等效声级为56.6分贝，质量状况等级为三级（一般），与2018年相比，下降0.2分贝，质量等级保持不变。城区道路交通噪声布设监测点64个，昼间噪声一年监测1次。全年道路交通噪声昼间平均等效声级为69.7分贝，质量状况等级为二级（较好），与2018年相比，下降0.6分贝，质量等级上升一级。

【经济环境概况】　2019年，全市围绕全面建成小康社会、率先建成全省经济副中心的目标，推进科技城建设，完善现代化产业体系，强化项目投资，深化改革开放，统筹推进区域协同发展，实施“三大攻坚”，改善民生福祉，全市经济持续平稳运行。全年全市实现地区生产总值2856.2亿元，总量居全省第2位，同比增长8.1%，分别高于全国、全省2个、0.6个百分点。三次产业结构优化调整为10.6∶40.3∶49.1。社会消费品零售总额达1276.53亿元，同比增长11.1%。打造“四向拓展、全域开放”立体全面开放新格局。全年新签约5亿元以上项目68个，国内省外到位资金780.97亿元，到位外资2亿美元，继续保持全省第2位。

2019年，全市第一产业增加值302.45亿元，同比增长2.9%；第二产业增加值1151.3亿元，同比增长8.0%；第三产业增加值实现1402.41亿元，同比增长9.4%。现代农业发展。全年粮食总产230.5万吨，同比增长0.4%；油料总产44.48万吨，同比增长1.9%。经济作物种植面积达26.7万公顷，建成各类林业产业基地44.8万公顷、高标准农田1.98万公顷。做好非洲猪瘟防控，新建标准化代养场97个，改扩建养殖场25个，全市原种猪存栏量3.1万余头，居全省第1。新增“三品一标”（无公害农产品、绿色食品、有机农产品和农产品地理标志）112个，总数达698个；建成各类休闲农业经营主体1900家，带动农户40万户。先进制造业提质增效。六大重点产业产值同比增长10.2%，电子信息及新一代信息技术同比增长7.8%，汽车产业同比减少7.7%，新材料产业同比增长17.9%，节能环保产业同比增长29.8%，高端装备制造产业同比增长19.2%，食品产业同比增长10.2%。战略性新兴产业占规模以上工业总产值比重达39%以上。鲲鹏生态长虹天宫系统应用示范工程正式发布；长虹空调生产基地搬迁及扩能升级等87个项目竣工投产；新增规模以上企业108家。实施服务业发展“513”工程，即推动中国（绵阳）科技城科技物流产业园等50个重大项目建设，培育长虹佳华等100家重点企业，打造美乐等30个重点品牌。全市实现网络交易额3000亿元，同比增长5.14%。绵阳成为全国家政服务业提质扩容领跑者行动试点城市。全年接待游客7000万人次；实现旅游总收入718亿元，同比增长10%。存贷款余额均居全省第2位。全年组织1.6万余家企业开展各类促销活动800余场次，实现销售额870亿元。

2019年，全市坚持以项目为中心抓经济建设工作，出台《绵阳市加快重点项目建设开展基础设施领域补短板三年行动实施方案》，每季度坚持召开项目投资工作现场会和举行重大项目集中开工，累计开工重大项目288个，总投资1091亿元。项目管理持续加强，全市纳入项目管理信息系统监测的项目共计1696个，总投资9530.1亿元，推动902个项目建设。全年全市固定资产投资增速13.6%，居全省第2位。其中232个独立省市重点项目完成投资675.63亿元，投资完成率达105.4%；重大产业项目完成投资399.49亿元，投资完成率128.5%。全年参加全省重大活动15场，自主策划举办招商引资活动18场。推动在谈重点产业项目620个、计划投资总额6612.94亿元，其中工业项目370个、服务业项目232个，工业和服务业产业在在谈项目中占主导地位。新签约项目243个，其中5亿元以上项目68个。引进国内省外到位资金780.97亿元，完成年度目标任务130.16%，总额连续4年稳居全省第二位；引进外资2.19亿美元，完成年度目标任务2亿美元的109.28%，总额连续2年保持全省第二位。促成华为公司、均和集团、正邦集团、首开集团等500强企业，以及东软集团、艾华集团、新松机器人等一批行业领军企业到绵阳投资合作；引进拓谱集成电路、国奥源干细胞、恒奥电子5G通信等科技型创新型项目134个；引进腾达光学薄膜、虹美薄膜、赫日新能源汽车动力总成等面板显示和汽车配套项目68个。

2019年，全市出口贸易逆势增长，全年实现出口总额70.58亿元，同比增长7.8%，居全省第4位。全市有重点外贸企业25家，通过分类管理、精准指导，25家企业进出口比重占全市90%以上。全市出口产品质量提高，全年实现高新技术产品出口34.92亿元，同比增长13.48%，占全市出口比重达49.48%。全市新增外贸备案企业135家，外贸备案企业总数达1287家。全年实现进出口总额209.05亿元。

2019年，全市推进供给侧结构性改革。41项年度重点工作任务持续推进，房地产市场去化周期处于合理区间。国资国企、招投标等重点领域改革持续推进。印发《绵阳市进一步优化营商环境工作方案》，召开全市优化营商环境大会，推出“优化营商环境35条”，深化“放管服”改革，市本级1654个政务服务事项“最多跑一次”比例达99.7%，企业开办、不动产登记、一般工程建设项目审批时间分别压减至2个、2.5个、80个工作日以内，进出口整体通关时间分别压减44.03%、52.6%；深入实施企业全程电子化登记，办理发放全程电子化登记营业执照1.3万余张，居全省第1位；实施要素稳价保供措施，一般工商业电价在2018年降价基础上再降10%，累计降低全社会用电成本4.42亿元。全年减免税费99.73亿元；城市综合信用指数位列全国261个地级市第26位，省内持续保持第2位。新登记市场主体5.06万户，新增企业1.34万家，新增数量均居全省第2位。

2019年，全市城镇职工养老保险参保130.71万人，失业保险参保41.13万人，工伤保险参保54.23万人，城乡居民养老保险参保224.74万人。全市城镇居民人均可支配收入37454元，同比增长8.8%；城镇居民家庭户均就业人口为1.53人；城镇居民人均生活消费支出25026元，同比增长9.5%。农村居民人均可支配收入17735元，同比增长10.1%；农村居民人均生活消费支出13992元，同比增长10.4%。全市实现城镇新增就业约5.55万人，其中城镇失业人员再就业约1.31万人，就业困难人员再就业4173人。

【信息化建设概况】 2019年，科技城加快通信基础设施建设，推动数字经济加快发展，《绵阳市信息通信基础设施建设管理暂行办法》《绵阳市加快5G发展的实施意见》等先后出台，《绵阳市通信基础设施专项规划（2017—2035)》获批。建设中国（绵阳）科技城科技园，成立中国移动（成都）产业研究院绵阳分院和科技城5G智造联盟。召开5G产业发展推进工作会议，举办长虹供应商代表大会，参加四川省新型显示产业投资推介会，组织科博会电子信息企业布展和新型显示论坛；与华为公司召开工作座谈会，促成绵阳·华为数字经济联合创新中心建设、鲲鹏生态长虹天宫系统应用示范工程落地；与中国移动、联通开展全面战略合作，推动下一代互联网宽带业务应用国家工程实验室绵阳分实验室、中国移动（成都）5G产业研究院绵阳分院项目揭牌。加快基础网络建设，全年科技城固定电话用户111万户，同比增长1.9%，移动电话用户604万户，同比增长10.6%。固定互联网宽带接入用户185万户，同比增长19.9%。通信基站总数2.41万个，3G/4G基站1.8万个，NB-LoT基站近4000个，完成对市域范围内的NB组网，并可提供NB-LoT物联网接入业务。城域出口带宽超4T，通信基础设施建设各项主要指标稳居全省第二。打造5G智慧城市，作为西部地区唯一非省会地级市成为中国电信集团、中国移动通信集团全国首批5G商用城市，建成5G基站超800个，实现对中心城区、重要交通枢纽、党政办公场所、市内核心商圈、重点高校科研院所以及重点工业园区和重点景区的覆盖。科技城在国内首次采用5G+高清技术直播城市春晚，建成全国首个5G网络覆盖的支线机场，运行全国首辆5G公交车，开通5G街区，以智慧物流信息数据中心为核心，打造科技物流产业园。强化大数据管理，全年科

图3 10月31日，中国（绵阳）科技城5G商用启动仪式举行

技城夯实大数据网络基础，推进提速降费和电信普遍服务，在全省率先建成“全光网城市”“千兆城市”，城镇平均接入带宽近100兆；城镇3G/4G覆盖率达97%，实现城镇、高速公路、高铁全覆盖，城域出口带宽达3T。绵阳市电子政务外网实现国家、省、市、县、乡镇5级连通；有政务云平台、房产交易和不动产协同平台、工程建设项目审批业务协同平台、建设企业开办业务协同平台、全民健康信息互联网平台等各类信息平台。

【工业概况】 2019年，全市规模工业增加值同比增长10.0%，高于全国4.3个百分点，高于全省2个百分点，位居全省第三位。规模以上工业企业实现主营业务收入2858.74亿元，盈亏相抵后利润总额126.24亿元，同比增长14.7%，高于全省4.3个百分点。规模工业企业总数达到1052家，居全省第三位。全市工业占地区生产总值的比重达到30.26%，成为支撑经济增长的重要引擎。形成以电子信息、汽车、新材料、节能环保、高端装备制造、食品饮料六大重点产业和新型显示、智慧家庭、新型功能材料、5G、北斗卫星应用、新能源与智能网联汽车六大创新产业为支撑的较为完备的现代工业体系。六大重点产业产值同比增长10.2%，占全部工业比重达68.6%。全市共有工业园区13个，其中国家级园区3个、省级工业园区8个。全市先进制造业态水平体现在智能化、绿色化、服务化水平等方面。全市重点领域数字化研发设计工具普及率达60%，关键工序数控化率达46%，建有数字化生产线（车间）/智能工厂的企业占比达13%；拥有智能制造系统集成方案供应商5家。全年工业投资同比增长26.5%，较全社会固定资产投资增速高12.9个百分点；技改投资同比增长16.9%。年内京东方项目量产交付，惠科项目提前封顶。10个省重大标志性项目、13个省政府重点项目及31个省经信厅重点项目持续推进，均超额完成全年投资任务。

【交通概况】 2019年，全市持续推进交通建设攻坚大会战，全年累计完成投资144亿元，其中高速公路完成投资65.65亿元，干线公路完成投资20.98亿元，农村公路完成投资36.81亿元。全市公路通车里程达20194.56千米，其中高速公路413千米、一级445.41千米、二级909.32千米、三级1121.36千米、四级15245.89千米、等外级2059.58千米。全市有客运站66个、营运汽车1.92万辆；公路客运量3280.11万人，周转量214555.68万人千米；公路货运量8496.86万吨，周转量912915.19万吨千米。全年实施高速公路项目6个，其中在建项目5个，为九（寨沟）绵（阳）高速、广（元）平（武）高速、国道5号线成（都）绵（阳）扩容高速、中（江）遂（宁）高速和绵（阳）苍（溪）高速。根据新颁布的《四川省高速公路网规划》，全市高速公路规划总里程增长37%，突破1000千米。全年实施新改建干线公路项目21个、总里程396千米，实施农村公路项目414个。农村公路建设结合省市“四好农村路”创建工作，推动打造高品质农村公路，衔接精准扶贫、产业发展、乡村振兴、文旅发展等规划。全市9个县市区全部提前实现乡镇和建制村通硬化路“两个100%”目标（100%的建制乡通柏油路、100%的建制村通硬化路），520个省定贫困村通硬化路率全部达100%。

2019年，全市铁路在建项目有成兰铁路（安州区段），完成年度投资25636万元，完成率达128.18%。绵遂内铁路项目预可研报告通过审查，项目成立绵遂内铁路公司，开展前期招商引资筹备工作。皂角铺铁路物流基地项目进入全面建设阶段，完成年度投资2.83亿元。绵阳客站全年发送旅客851.31万人，较2018年784.47万人增加66.85万人，同比增长8.5%。直通人数110.28万人，较2018年增加3.61万人，同比增长3.4%。

2019年，绵阳南郊机场年旅客吞吐量自通航以来首次突破400万人次，达到415.937万人次，同比增长5.6%，完成目标任务总量的101.5%；位列全国239个机场第49位，西南地区第8位，四川省第2位。民航航班起降3.13万架次，同比增长3.3%，位列全国17位（含训练等其他飞行）。货邮吞吐量8860.4吨，同比增长16.8%，位列全国62位。航班平均客座率81.72%，同比增长2.4%。夏航季实现通航城市43个，开通航线55条，有执飞航空公司21家，新开5个航点；冬航季新开北京大兴、腾冲航线，恢复徐州航线。实现航线网络通达全国所有省会城市（除受地理位置和高铁影响的成都、重庆、贵阳、西安外）。机场货运综合楼项目开工建设，T2航站楼项目举行奠基仪式。北川通用机场正式获批立项建设。

图4　12月9日，绵阳机场2019年旅客吞吐量突破400万人次庆祝活动现场

【教育与人才概况】 2019年，全市共有各级各类学校1481所（高等教育学校14所、普通高中33所、普通初中182所、小学406所、幼儿园815所、特殊教育学校7所、中等职业学校24所），共有在校学生872694人（高等教育149404人、普通高中105216人、普通初中146022人、小学283527人、幼儿园145644人、特殊教育学校930人、中等职业学校41951人），有教职工65196人（高等教育9965人），其中教师44682人（普通高中10077人、普通初中11198人、小学13704人、幼儿园7833人、特殊教育学校150人、中等职业学校1720人）全年全市各级各类学校教育经费投入总额（地方）105.96亿元，较2018年增长9.17亿元，同比增长9.47%。优先将各学段建档立卡贫困家庭学生全部纳入学生资助政策范围，实现从学前教育到高等教育建档立卡贫困家庭学生资助全覆盖。减免2.26万名家庭经济困难在园幼儿保教费，为7.82万名家庭经济困难寄宿学生发放生活补助，免除3.34万名除艺术类相关表演专业外的中职学生学费，为2.56万名普通高中家庭经济困难学生发放国家助学金，免除2.56万名非民族自治地区普通高中家庭经济困难学生学费，为8901名中职学校家庭经济困难学生发放生活补助，为9539名地方属普通高等学校家庭经济困难学生发放国家助学金，为754名市属普通高校优秀学生发放国家励志奖学金。全市规划建设公办幼儿园28所（独立园8所、附设园20所），开工28所，完工10所。

2019年，全市加快人才发展制度建设，制定《关于分类推进人才评价机制改革实施方案》《绵阳市深度融入成都平原经济区人才一体化发展实施方案》等政策。创新推进重点人才工程，鲜明服务产业导向，实施“科技城人才计划”，资助71个团队、8040万元。实施“绵州育才计划”，遴选培育首批125名人才。举办“绵州金英荟”暨第一季人才金融对接活动，定向推介“创业贷”“税贷通”等人才金融特色产品，现场授信2.3亿元。出台《中国（绵阳）科技城人力资源服务产业园扶持政策（试行）》。举办“绵向未来 阳帆起航”主题校园招聘活动。建立“绵州英才卡”制度，新配建100套高品质人才公寓。国家科研人员激励计划试点在《人民日报》、中央电视台《新闻联播》宣传报道，全市人才工作经验被中央组织部《组工通讯》刊发。出台《“绵州育才计划”实施办法（试行）》，支持范企事业单位（在绵阳的科研院所、高校）在职人员涉及杰出人才、领军人才、青年拔尖人才三大类14个项目。

2019年，全市共初定和确认初级、中级职称1190人，新办理各类职称证书3126本；受理审核中级、高级专业技术职务申报材料1176份。组织开展9个系列（专业）高级专业技术职务任职资格评审工作，共评审通过1587人。开展2019年科技城人才计划产业技术培育团队“卓越计划”项目申报工作，推荐41个创新团队，获批37个，获得资金资助3350万元。台沃科技集团股份有限公司和绵阳市中心医院获批四川省博士后创新实践基地。四川九洲电器有限责任公司高级工程师刘志刚入选2019年国家重大人才工程人选。建成各级技能大师工作室102个，涵盖机械、电子、纺织、“非遗”等行业和领域，基本实现区域、行业全覆盖各级技能大师工作室累计培训技能人才3.7万余人次，其中高技能人才0.9万人次。全年参加职业技能鉴定总人数为4.67万人，参加鉴定人数同比减少20.94%，经考核鉴定获得职业资格证书总人数为3.33万人。

【商贸概况】 2019年，全市实现社会消费品零售总额1276.53亿元，居全省第2位，同比增长11.1%，增速居全省第3位。全市1070家限额以上企业（单位）实现社会消费品零售总额402.44亿元，同比增长12.7%。按销售所在地分，城镇市场实现消费品零售总额816.70亿元，同比增长10.6%；乡村市场实现消费品零售额459.83亿元，

图5　7月15日，绵阳企业进出口联盟海外展示平台在迪拜长虹中东展示中心正式揭牌

同比增长11.9%。按消费形态分，全市餐饮业实现零售额230.76亿元，同比增长13.9%。全市商品零售实现零售额1045.78亿元，同比增长10.5%。全市发展“节庆经济”“会展经济”，挖掘假日消费潜力，开展“迎春购物月”“消费促进月”“暑期经济促销”等消费主题月活动和新春年货购物节、国际车展、农博会及茶文化节等专题节会活动；引导商贸流通企业开展节假日促销，围绕汽车、家电、建材、通信器材、服装鞋帽等热点商品，在周年庆等专属时点和“双十一”“双十二”等节点，开展优惠让利、延时经营、优质服务、表演走秀、网络营销等线上线下促销活动。组织2.04万家企业（品牌）开展促销活动931场次，实现销售额874.07亿元；组织83家企业参加“川货全国行”活动28场次，实现现场及协议成交额近10亿元。发展夜间经济，举办“魅力绵阳·城市夜宴购物节”系列活动，引导城区重点综合体和零售企业通过延时经营、打折促销等方式吸引夜间消费人群。

2019年，全市围绕国家电商示范城市建设，持续推进电子商务规模化、品牌化、品质化发展，加快建设中国西部电商城。全年实现电商网络交易额3038.64亿元，同比增长4.71%，稳居全省第2位；实现网络零售额189.71亿元，同比增长31.58%。新增规模以上电商企业36家，重点电商企业总数达250家。全市网商总数8.52万家，直接带动就业10.33万人。新引进培育跨境电商企业37家。跨境电商园区入驻智易家、有芯电子、慧聪网、光彩国际、海贸通等电商及创新创业企业300余家，实现销售服务收入突破80亿元，其中阿拉丁公司取得eBay西南区唯一优选服务商认证。打造“绵阳造”电商品牌，全市实物型网络零售额实现112.43亿元，全省排名第2位。其中以长虹、美菱为代表的3C数码类产品实现网络零售额达70.83亿元。发展新零售、智能配送等服务，促进交通出行、居住空间、文化娱乐等民生领域数字化发展，鼓励实体店向智能化、多样化商业服务综合体转型。科创区电子商务基地、涪城区千亿电商产业集聚区、游仙区中国科技城绵阳电商谷获批省级电子商务示范基地。游仙区获批成为2019年省级电商示范县。

2019年，全市实现出口总额70.58亿元，同比增长7.8%，居全省第4位。全市有重点外贸企业25家，进出口比重占全市90%以上。新增外贸备案企业135家，外贸备案企业总数达1287家。实现高新技术产品出口34.92亿元，同比增长13.48%，占全市出口比重达49.48%。全市主要出口市场有136个国家和地区，进出口产品涵盖电子信息、精细化工、新材料、机械制造和服装纺织等20个大类、1400多个品种。全市对外投资企业总数达62家，累计投资总额达15.85亿美元，居全省第2位。组织245家企业参加“万企出国门”系列展会，达成意向成交额5.3亿美元。建设对外交流合作平台，引导企业对接绵阳西尼可非洲投资贸易平台、东盟投资贸易平台等对外贸易投资平台，带动全市服装纺织等优质产品“走出去”。“绵阳企业进出口联盟”海外展示推广平台在迪拜挂牌运营，12家绵阳企业率先签约入驻，成交额达200余万美元。全年全市进出口产品涉及全球62个国家和地区，涉及化工、塑料制品、毛皮、服装纺织和矿产品以及饮料、酒等15大类，近500个品种；进口贸易额138.47亿元，同比下降28.83%，位居全省第2位。全市共有外资企业136家，其中新增外资企业13家，完成合同外资25929万美元。外资企业主要投资来源地为韩国。新设企业以服务业行业企业为主，涉及文化、旅游、康养、商贸等行业。

（市方志中心）

科技城概览

【概况】　2019年2月20日，中国科技城加快发展动员大会在绵阳召开，会议动员全市上下统一思想、拼搏实干，推进中国科技城加快发展。3月11日，省委、省政府印发《关于推进中国（绵阳）科技城加快发展的意见》，对今后一段时期推进中国科技城加快发展作出具体规划和明确要求。4月10日，市委、市政府印发《中国（绵阳）科技城加快发展三年行动方案（2018—2020年）》，明确科技城加快发展的指导思想、工作目标、重点任务、保障措施等。5月20日，省建设绵阳科技城领导小组第20次会议在成都召开，审议《2019年绵阳科技城建设重点工作安排》，安排部署近期重点工作。9月5—8日，第七届中国（绵阳）科技城国际科技博览会在绵阳举办，全国政协副主席、九三学社中央常务副主席邵鸿出席并宣布科博会开幕。12月28日，市委七届八次全会暨市委经济工作会议举行，会议对建设中国科技城和西部现代化强市的先进集体和先进个人进行表彰。全年中国（绵阳）科技城贯彻习近平总书记关于绵阳科技城建设的重要指示精神，落实省委、省政府《关于推进中国（绵阳）科技城加快发展的意见》，组织实施《中国（绵阳）科技城加快发展三年行动方案（2018—2020年）》，推动创新主体培育、创新生态营造、创新活力激发、创新产业壮大、开放合作深化和发展环境优化“六大工程”落地落实。全年科技城范围内实现地区生产总值2011.61亿元，同比增长8.6%；规模以上工业增加值同比增长10%；全社会固定资产投资同比增长14%；社会消费品零售总额实现937.98亿元，同比增长11%。引进“科技城人才计划”团队71个，资助资金8040万元。实施“绵州育才计划”，开展系统人才培育。全市科技创新综合水平指数达75.78%，同比增长2.89%；研发经费投入强度达6.61%。全省推广的第三批14条全创经验中，绵阳贡献8条。

【中国科技城加快发展动员大会】　2019年2月20日，中国科技城加快发展动员大会在绵阳召开。会议贯彻习近平总书记对绵阳科技城建设的重要指示精神，落实中央、省委关于科技城建设的各项决策部署特别是省委、省政府《关于推进中国（绵阳）科技城加快发展的意见》，动员全市上下统一思想、坚定信心，牢记使命、拼搏实干，推进中国科技城加快发展。市委书记刘超、科技部成果转化与区域创新司副司长杨咸武、省科技厅副厅长陈学华出席大会并讲话，中国工程物理研究院、西南科技大学、四川长虹电子控股集团有限公司作交流发言。市委副书记、市长元方主持大会。会议强调，科技城建设承载着习近平总书记的关怀，承载着中央和省上的重托，承载着各界各方的期待，绵阳市要把科技城建设摆在发展全局的核心位置，强化责任导向，突出目标导向，坚持问题导向，在工作力量、资源要素等方面向科技城建设倾斜，凝聚智慧和力量，发扬创新精神，采取有力举措，拿出过硬办法，以科技城加快发展的实在成效，回应各方关切、回报各级厚爱，为国家实施创新驱动、建设创新型国家贡献更多“绵阳力量”。绵阳市四套班子领导，绵阳军分区政委，市人民法院院长、市人民检察院检察长；市四套班子秘书长、副秘书长，科管委专职副主任；各县市区、园区、市级各部门主要负责人，驻绵阳部队，科研院所、高校、企业、金融机构及有关单位代表300余人参加大会。

【省委省政府印发《关于推进中国（绵阳）科技城加快发展的意见》】 2019年3月11日，四川省委、省政府正式印发《关于推进中国（绵阳）科技城加快发展的意见》（以下简称《意见》）。《意见》是省委、省政府针对科技城单独出台的支持政策，规格高、力度大、操作性强，体现省委、省政府对科技城建设的重视和推进科技城加快发展的决心。《意见》对今后一段时期推进中国科技城加快发展的总体要求、基本原则、发展目标、重点任务、支持政策事项、组织保障等多个方面，均进行科学具体的规划，制定长远发展的目标，提出明确细致的要求。根据《意见》，总体目标细化分为3个阶段。明确到2020年，地区生产总值突破2800亿元，力争达到3000亿元，争创全省经济副中心迈出坚实步伐；到2025年，地区生产总值突破4500亿元，力争达到5000亿元，实现高质量发展，力争率先建成全省经济副中心；到2030年，成为全国一流、国际知名的创新型城市。此外，《意见》还锁定培育创新主体、营造创新生态、激发创新活力、壮大创新产业、扩大开放合作和优化发展环境6个方面的重点任务，并在简政放权、产业发展、城市建设、成果转化、财税金融、土地能源6个方面，提出20项支持政策事项，为中国科技城建设提档升级。

相关链接：2018年8月23日，省委召开研究支持中国（绵阳）科技城建设专题会议，原则同意提请会议审议的支持政策和事项，要求梳理完善省级层面支持政策，并起草《关于推进中国（绵阳）科技城加快发展的意见》。

【市委市政府印发《中国（绵阳）科技城加快发展三年行动方案（2018—2020年）》】 2019年4月10日，市委、市政府正式印发《中国（绵阳）科技城加快发展三年行动方案（2018—2020年）》（以下简称《三年行动方案》）。《三年行动方案》是落实习近平新时代中国特色社会主义思想和党的十九大精神，实施创新驱动发展战略，履行好党中央、国务院赋予中国（绵阳）科技城的重大历史使命，叫响擦亮中国（绵阳）科技城金字招牌，为加快建设全省经济副中心和推动治蜀兴川再上新台阶做出更大贡献；是根据省委、省政府《关于推进中国（绵阳）科技城加快发展的意见》精神而制定的，明确科技城加快发展的指导思想、工作目标、重点任务、保障措施等。其中细化和明确创新主体培育工程、创新生态营造工程、创新活力激发工程、创新产业壮大工程、开放合作深化工程、发展环境优化工程六大工程的具体目标、任务及措施。（曾卫民）

科技城发展优势

【概况】 中国（绵阳）科技城建设有着众多优势条件，组织保障方面，上有国家建设绵阳科技城部际协调领导小组、四川省建设绵阳科技城领导小组，绵阳市本级有科技城党工委和管委会专门的领导和管理机构。政策支持方面，国家和省相继出台支持绵阳科技城建设相关政策，绵阳市出台多项政策。区位优势方面，绵阳处于“一带一路”倡议沿线和长江经济带重要支点，位于成都、重庆、西安等城市构建的三大角区域及成渝经济区的腹心地带，是成都平原城市群的重要节点城市，具有以航空、高速公路、高铁、铁路为一体的快捷交通网络。发展基础方面，有中物院等国家级科研院所18家、西南科技大学等高校14所，聚集“两院”院士28人、各类专业技术人才23.7万人。研究与试验发展（R&D）经费支出占地区生产总值（GDP）比重达6.61%，居全国城市前列。

【科技优势】 2019年，科技城拥有中国工程物理研究院等国家级科研院所18家、西南科技大学等高等院校14所、国家级和省级重点实验室29个、国家级和省级工程技术研究中心28家、国家级和省级企业技术中心93家、国家级和省级工程研究中心（工程实验室）24家，在绵阳的科研院所单位有“两院”院士28人。省部共建环境友好能源材料国家重点实验室获批国家级科研项目18项，授权发明专利12项，科研成果转化3项，获得四川省科技进步奖等各类奖项7项。国家遥感中心绵阳科技城分部获批在西南科技大学组建，核废物与环境安全省部共建协同创新中心挂牌成立。科技城研究与试验发展经费达152.4亿元，R&D经费支出占GDP比重达6.61%，居全国城市前列，其中企业研发经费投入占比35.2%，较2018年增长1.1个百分点。科技创新综合水平指数达75.78%。高新技术产业主营业务收入实现1861亿元，新增科技型中小企业超过1000家，居全省前列；其中新增上升规模纳入统计企业超过60家，技术合同认定登记额超过12.9亿元。绵阳“科创助推新发展”经验以头条形式被《人民日报》“壮丽70年　奋斗新时代”专栏关注。科技服务业发展和科技服务业重点企业培育工作。出台《绵阳市科技服务业2019年度行动方案》，促进科技服务业发展，全年科技服务业营业收入增速超过20%。加强科技创新服务平台建设，市场化运营国家两用技术交易中心、四川大型科学仪器共享平台。国家知识产权示范城市建设完成验收，新增专利申请量9557件，新增专利授权量5760件，发明有效发明量5918件，均位居全省第二。每万人发明拥有量突破12件。中国工程物理研究院、西南科技大学、绵阳迪澳药业分别参与完成的3个科技项目均获得国家科技进步二等奖；科技城有26个项目获得四川省科技进步奖，其中一等奖3项、二等奖5项、三等奖18项。

【产业优势】 2019年，科技城坚持把产业发展作为经济发展的核心，优先发展先进制造业、加快发展现代服务业、大力发展现代农业，促进三次产业协调发展，推动产业提升能级。出台制造业核心竞争力提升7个行动计划，打造具有科技城特色和核心竞争力的先进制造业集群，促进制造业向中高端发展。工业以电子信息、汽车、新材料、节能环保、高端装备制造、食品饮料六大重点产业和新型显示、智慧家庭、新型功能材料、5G、北斗卫星应用、新能源与智能网联汽车六大创新产业为支撑，规模工业增加值占全市GDP的比重达30.26%。规模工业增加值同比增长10.0%，位居全省第3位。规模以上工业企业实现主营业务收入2858.74亿元。全年新增规模工业企业114家，规模工业企业总数累计达1052家，位居全省第3位。科技城产业创新能力持续提升，其中工业总产值4亿元以上重点企业建立研发机构占比达97.39%，1亿元以上企业建立研发机构占比达95.77%。电子信息是科技城主导优势产业，着力于工业基础高级化和产业链现代化，聚焦新一代信息技术，以推动新型显示、智慧家庭、5G创新产业发展为主攻方向，围绕相关先进制造产业功能区建设，培育一批高成长型优势企业，加快培育壮大电子信息产业集群。全年科技城电子信息产业实现规模工业总产值780亿元，同比增长7.8%；新增规模企业15家，企业总数达105家；本地配套率达17%。长虹控股、九洲集团分别名列“中国电子信息百强企业”第7位、第41位。总投资465亿元的京东方项目实现量产交付，惠科、诺思等一批百亿级重大产业项目加快建设。围绕5G发展，编制出台《绵阳市加快5G发展的实施意见》《绵阳市加快5G发展2019年度工作计划》《新一代网络技术产业培育方案》和《新型显示和集成电路产业培育方案》等，培育5G产业企业，抢占5G产品市场。科技城推动产业向园区聚集，有工业园区13个，其中有绵阳高新技术产业开发区、绵阳经济技术开发区、绵阳出口加工区3个国家级开发区，游仙高新区等8个省级工业园区。省级以上工业园区数量居全省第二位。出台《优化市与市辖区（园区）权责关系的实施意见》等，明确9方面27项权责关系。游仙高新区获批省级新型工业化示范基地，三台工业园区、盐亭经济开发区获批四川省特色产业基地。全市产业园区聚集规模以上企业821家，规模以上工业总产值1775.7亿元，同比增长11.7%，园区产业集中度达84%。

【区位优势】 绵阳位于成都、重庆、西安“西三角”腹心地带，是“一带一路”和长江经济带结合部和连接线上的重要支点城市，境内建有宝成铁路、西成客专、成绵乐城际铁路等。科技城逐步形成“内部贯通、外部联通”的西部区域性综合交通枢纽，并建有二类铁路口岸、集装箱货栈和出口加工区。2019年，全市铁路运营里程达264千米，铁路在建项目有成兰铁路（安州区段）；《绵遂内铁路预可研报告》通过审查，项目正式进入实质性推进阶段。建有成绵、成绵复线、绵广、绵遂、成巴、绵西高速公路。全年实施高速公路项目6个，其中九（寨沟）绵（阳）高速、广（元）平（武）高速、国道5号线成（都）绵（阳）扩容高速、中（江）遂（宁）高速和绵（阳）苍（溪）高速5个项目在建。截至年底，全市高速公路通车里程413千米，建成和在建总里程726千米。绵阳南郊机场年旅客吞吐量达到415.937万人次，是通航以来首次突破400万人次；开通直达43个城市的55条航线，有执飞航空公司21家，是四川第二大机场。绵阳南郊机场T2航站楼正式开工；北川通用机场获准立项并开工建设，约700平方千米本场空域纳入全省第二批空域改革试点。

【政策优势】 党中央、国务院和四川省委、省政府及绵阳市委、市政府高度重视绵阳科技城建设，构建起国家、省、市三级政策体系。党中央、国务院成立由科技部牵头、共19个国家部委组成的科技城建设部际协调小组，批准科技城执行中关村政策和国家自主创新示范区先行先试政策，批准成为国家自主创新示范区联席会议成员，被确定为“系统推进全面创新改革试验区”，在技术深度融合发展上先行先试。四川省政府赋予科技城19项省级经济管理权，出台《关于加快推进绵阳科技城建设的指导意见》《支持绵阳科技城加快建设政策措施》等支持科技城加快建设的10条政策措施，明确对科技城土地利用实施单列管理，支持规划建设科技城集中发展区，举办中国科技城国际科技博览会。省财政安排科技人才发展专项基金，支持开展股权激励和科技成果转化奖励试点。绵阳市政府制定《关于加快建设科技型中小企业发展的决定》《绵阳科技城“千英百团”聚才计划高层次人才引进实施细则（试行）》等30余项政策文件。2019年，省委、省政府印发《关于推进中国（绵阳）科技城加快发展的意见》，对今后一段时期推进中国科技城加快发展作出具体规划和明确要求，并在简政放权、产业发展、城市建设、成果转化、财税金融、土地能源6个方面，提出20项支持政策事项，为中国科技城建设提档升级。其中下放投资项目管理权，明确提出，为推进中国（绵阳）科技城加快发展，支持绵阳市政府享有省政府和省投资主管部门授权的项目备案、核准、审批和节能审查权限，需省级层面综合平衡外部条件和国家有明确要求的项目除外；享有《国家产业结构调整指导目录》中鼓励类项目的省级认定权限，按照国家有关规定办理国家鼓励类内资项目进口设备免税确认书。召开省建设绵阳科技城领导小组第20次会议，审议《2019年绵阳科技城建设重点工作安排》，安排部署近期重点工作；市委、市政府印发《中国（绵阳）科技城加快发展三年行动方案（2018—2020年）》，明确科技城加快发展的指导思想、工作目标、重点任务、保障措施等。

【人才优势】 2019年，科技城有各类专业技术人才23.7万人；在绵阳科研单位新增中国科学院院士2人，新增国省人才工程入选者31人、团队2个。实施“科技城人才计划”“绵州育才计划”，出台绵州英才卡等“人才新政”，资助创新创业团队共71个，资助资金8040万元。新引进海外人才161人、博士228人、硕士2170人。打造“绵州金英荟”人才金融合作品牌，设立9家人才金融特色机构，推出22款人才金融产品。国家科研人员激励计划试点完成，试点经验被《人民日报》专题刊登。分类推进8个重点领域人才评价机制改革。

（曾卫民）

科技城发展规划

【概况】 2019年，科技城按照“建设新城、完善组团、提升老城”的总体思路，统筹推进城市规划工作，城乡规划体系持续完善。全年共开展规划编制（修编）12个，小地块规划调整项目5个，调整研究面积约138.5平方千米。推进《绵阳市国土空间总体规划（2020—2035)》《绵阳市游仙区七星坝片区控规（修编)》《绵阳市涪城区青义镇控制性详细规划》《绵阳市综合交通规划修编》《绵阳市慢行系统专项规划》《绵阳市停车设施专项规划》等规划的编制工作；完成《科技城集中发展区核心区（安昌河以北）部分区域（科技智谷片区）控制性详细规划调整》《绵阳市涪城区龙门镇镇区控制性详细规划》《科技城集中发展区石马滨江片区控制性详细规划》《高新区部分区域控制性详细规划调整》《经开—小枧片区控制性详细规划调整》5个规划的编制工作。《科技城集中发展区核心区科技之心片区控制性详细规划调整》通过市规委会审议。

【《绵阳市国土空间总体规划（2020—2035年)》】 2019年，全市自然资源和规划系统推进《绵阳市国土空间总体规划》编制，拟定《绵阳市国土空间总体规划（2020—2035）编制工作方案》。做好国土空间规划实施评估工作，围绕省下达的指标体系，对全市各类规划执行情况进行全面评估，形成《绵阳市国土空间规划实施评估报告》。绵阳市将协调好国土空间高水平保护、高质量发展的国家要求与提升城市经济活力等地方诉求间的关系，作为审视国土空间开发保护现状的重要出发点。评估工作中，结合国家要求和绵阳使命，以高质量发展为目标，通过“安全、创新、协调、绿色、开放、共享”6个维度审视全局。以量化指标体系为主要措施，结合“多规”核心内容和城乡治理工作重点，开展全方位、多角度的分项对标，在解决问题和发挥优势的双重导向下，对城市发展现状与自然资源的开发保护情况形成全面、科学的分析。建立起发展理念与规划落实之间的高度对应关系，为新一轮国土空间规划解决问题提出对策。评估指标体系构建过程中，立足建设中国（绵阳）科技城的特色目标，提出“转移转化科技成果数量”“孵化平台面积”“企业专利申请量”等特色指标，用于评估科技创新推动经济发展的成效与问题。针对市域均值与市区水平差距较大（如城乡协调类、绿色生产效率类）的实际情况，在总体评估的基础上，增加对区县细分指标的研究，认识绵阳资源利用的效率水平，并为下阶段的整体格局、国土空间规划提供依据。相关工作受到自然资源部、四川省肯定，国土空间开发保护现状评估“绵阳经验”被省自然资源厅选为全省典范向自然资源部报送并在全国推广。

【《科技城集中发展区核心区（安昌河以北）部分区域（科技智谷片区）控制性详细规划调整》实施】 2019年3月，《科技城集中发展区核心区（安昌河以北）部分区域（科技智谷片区）控制性详细规划调整》（以下简称《规划调整》）通过市规委会审议；3月11日至4月23日在绵阳市城乡规划局网站、《绵阳日报》、公交站台及现场进行公示；9月19日经市人民政府批复实施。《规划调整》旨在强化科技城集中发展区核心区高端科研服务与科研创新孵化、转化功能，于2018年11月经中国（绵阳）科技城金家林总部经济试验区管委会商请，市政府批复同意，由市自然资源和规划局开展具体规划调整工作。调整方案于2018年12月通过专家评审。调整范围位于绵阳市金家林绵安路（裕都大道）以南，朝阳水库周边区域，用地面积1.55平方千米。调整内容为：强化高端科研服务与科技创新孵化、转化功能，增加科研办公用地；优化裕都大道空间界面，展示科技城集中发展区核心区公共服务功能；普金路两侧优化居住用地及配套服务设施；地块开发强度、建筑高度等控制指标结合用地布局、航空限高等要求作相应微调。

【《绵阳市涪城区龙门镇镇区控制性详细规划》实施】 2019年8月22日，《绵阳市涪城区龙门镇镇区控制性详细规划》（以下简称《详细规划》）经市人民政府批复实施。2016年5月，为科学指导龙门镇镇区的规划建设，涪城区政府启动《绵阳市涪城区龙门镇镇区控制性详细规划》编制工作。该规划方案于2018年3月23日通过专家评审，2018年8月3日经市城乡规划委员会第3次会议审议并通过，2018年8月8日至9月18日在原市城乡规划局网站、《绵阳日报》、公交站台进行社会公示。《详细规划》规划范围为龙门镇镇区，西至龙界路，东临涪江，南至龙门镇镇界，北至龙界路，总面积约为993.12公顷。片区定位为绵阳市农副产品商贸物流集聚区、山水田园宜居新城。规划在该片区提出形成“一轴、两带、三心、五片”的布局结构。“一轴”即依托龙港路形成的东西向发展主轴；“两带”即依托涪江、长滩河形成的滨江景观带；“三心”即绵江公路和龙港路交汇处形成城镇综合服务中心、规划区西侧涪江沿岸形成滨水休闲服务中心、依托龙门游乐园等郊野公园形成的城镇绿心；“五片”即3个居住片区：以绵江公路为界，依托老场镇，在规划区西部形成1个居住片区，以龙港路为界，在规划区东侧形成2个居住新区；1个商贸片区：依托现状批发市场，科技城大道以南形成1个商贸片区；1个远景发展片区：龙界路以南，长滩河以西形成1个远景发展片区。

【《科技城集中发展区石马滨江片区控制性详细规划》实施】 2019年4月，《科技城集中发展区石马滨江片区控制性详细规划》（以下简称《详细规划》）通过专家评审，5月通过市规委会审议，5月29日至7月10日在市自然资源和规划局网站、《绵阳日报》、公交站台及现场进行公示，9月19日经市人民政府批复实施。《详细规划》旨在落实科技城集中发展区北翼生活服务中心功能，落实石马镇总规对用地管控的各项指标，提升石马滨江片区生态环境，强化片区城市风貌管控要求，于2018年5月应游仙区政府商请，由市自然资源和规划局开展科技城集中发展区石马滨江片区控制性详细规划编制工作。《详细规划》

规划范围东至科学城大道，南抵二环路，西至涪江，北至绵广高速，规划范围总用地面积1.28平方千米，规划范围内居住人口规模约为1.3万人。规划功能定位为“生态智城、乐居标地”。《详细规划》提出“一心、两片”的布局结构：“一心”即综合服务中心。在镇区中部依托镇政府等现有公共服务设施，构建综合服务中心。“两片”即西侧品质水岸区、东侧传统生活区。西侧结合滨水功能带的打造，建设以高档住区、购物休闲等功能为主的片区；东侧结合镇区现状，对传统生活区进行改造提升，塑造特色传统生活区。

【《高新区部分区域控制性详细规划调整》】 2019年3月，《高新区部分区域控制性详细规划调整》（以下简称《规划调整》）通过专家评审，5月通过市城乡规划委员会审议，5月30日至7月11日在市自然资源和规划局网站、《绵阳日报》、公交站台及现场进行公示，10月30日经市政府批复实施。2017年7月，应高新区管委会商请，市政府批复同意，市自然资源和规划局启动高新区部分区域的控制性详细规划调整工作。《规划调整》调整范围东至双碑中街、西至师院东路、南至飞云大道、北至普明北路，总面积约11.79平方千米，其中建设用地11.19平方千米，规划居住人口约15.14万人。功能定位为绵阳城西次中心、高新区生产生活服务中心，集商业商务、商贸会展、文化体育、生活居住于一体的城区。《规划调整》延续原高新区以绵兴路为发展轴的结构，规划形成“一轴三心”的空间结构形态。“一轴”即绵兴路综合发展轴；“三心”即永兴城市次中心、九洲体育会展中心、普明生产服务中心。

【《经开—小枧片区控制性详细规划调整》实施】 2019年3月，《经开—小枧片区控制性详细规划调整》（以下简称《规划调整》）通过专家评审，6月通过市城乡规划委员会审议，7月2日至8月13日在市自然资源和规划局网站、《绵阳日报》、公交站台进行公示，11月29日经市政府批复实施。《规划调整》旨在提升经开—小枧片区控制性详细规划的系统性、整体性，实现片区发展新目标。2017年7月，应经开区管委会、游仙区政府有关建议意见和诉求，市政府批复同意，市自然资源和规划局启动经开—小枧片区的控制性详细规划的调整工作。《规划调整》涉及范围东至绵盐路、西至绵阳机场、南至松垭镇、北至南山公园，总面积约49.71平方千米，其中建设用地41.75平方千米，规划人口40万人。报批范围北以南山路为界，东以绵盐路为界，南至丰谷酒厂，西以木龙河、金广湖公园为界。报批范围总面积约42.98平方千米。规划功能定位为先进制造业示范区、生态宜居新城。规划结构为：“一心、两轴、五区”，“一心”即城市南部片区服务中心。“两轴”即绵州大道城市发展轴、三江商业发展轴；“五区”即塘汛北产城单元区、塘汛南产城单元区、城南综合片区、小枧康养品质片区、松垭产城单元区。（孙 辉）

基础设施建设

【概况】 2019年，科技城推进以人为核心的新型城镇化，坚持“建设新区、完善组团、提升旧城”，实施城建攻坚行动，推动城市重大基础设施建设。提升城市能级，推进“引通济安”工程，持续深化安昌河、草溪河综合整治。全市科技城城建攻坚项目共计327个，实际完成投资约130.78亿元，占确保投资的118.89%；实施城镇危旧房棚户区改造项目48个，实际完成改造9726户，基本建成8180套，完成投资98.01亿元，融资34.11亿元；城建攻坚行动中心城区项目共计198个，确保完成投资73.69亿元，实际完成投资89.08亿元，占确保投资的120.88%。全年“新一环”实现主线通车，二环路工程实现全线闭合。

一环路北段东延线项目、一环路南段新建工程、安昌河综合整治项目、省道205线绵阳绕城段改线建设工程、经开区S8至绵吴路道路工程、国道108线绵阳市城区过境段工程、绵遂内铁路前期工作等有序推进。科技城持续推进交通建设攻坚大会战，先后召开交通建设攻坚大会战指挥部第9、10次会议，审议《2019年全市交通项目建设和投资计划》及重点项目推进情况，推进交通工程项目建设，全年累计完成投资144亿元，其中高速公路完成投资65.65亿元，干线公路完成投资20.98亿元，农村公路完成投资36.81亿元，其他专项完成投资3.56亿元，公路养护完成投资7.65亿元，车辆更新和场站建设完成3.14亿元。全年实施高速公路项目6个，其中有九（寨沟）绵（阳）高速、广（元）平（武）高速、国道5号线成（都）绵（阳）扩容高速、中（江）遂（宁）高速和绵（阳）苍（溪）高速5个在建项目，国道5号线绵（阳）广（元）扩容高速项目开展前期工作。截至年底，全市高速公路通车里程413千米，建成和在建总里程726千米。

【科教创新区基础设施项目（二环路四期）】 项目起于在建石马互通立交止点K35+709.445，止于绵遂高速设置单喇叭互通立交，全线长约5.12千米，设计车道为双向6车道，设计时速80千米/小时，路基宽度为32.5米。工程估算总投资约18.91亿元，2016年12月开工建设，2019年12月完工，具备通车条件。建设单位为绵投集团，施工单位为四川海峡建设有限公司，监理单位为四川元丰建设项目管理有限公司，设计单位为信息产业电子第十一设计研究院科技工程股份有限公司绵阳分公司，勘察单位为绵阳川交公路规划勘察设计院。

【一环路北段东延线项目】 项目西起游仙路附近，经游仙东路、芙蓉溪、绵阳财经学校、富乐山后，经绵阳职业技术学校与芙蓉小区中部空地，继续向东采用隧道穿越黎家大梁子，隧道向南侧绕过百芳公墓后，东止于省道205线，路线长3.76千米。项目估算总投资约11.3亿元，2018年1月开工建设，2019年12月完工，具备通车条件。建设单位为绵投集团，施工单位为中国十九冶集团有限公司（一标段）、中建力天集团有限公司（二标段）；监理单位为中鸿亿博集团有限公司（一标段）、四川城市建设监理有限公司（二标段）；设计单位为天津市市政工程设计研究院，勘察单位为天津市市政工程设计研究院。

图6　一环路北段东延线项目

图7 一环路南段新建工程

【一环路南段新建工程】 工程位于绵阳市涪城区南湖、机场片区，西起直通道（机场西路），与机场西路形成单喇叭立交形式，向东经浸水村、红星村居民点之后，以隧道形式穿越王家山（隧道长770米），终点平交绵三路（绵州大道）。道路等级为城市快速路，主线设计速度60千米/小时，全长3040米，标准路幅宽度50米。项目总投资12.1亿元，2017年4月开工建设，2019年1月完工。建设单位为绵投集团，设计单位为中国市政西南设计研究院总院有限公司，监理单位为四川建科工程管理有限公司，施工单位为重庆建工第一市政工程有限责任公司，地勘单位为四川省交通运输厅公路规划勘察设计研究院。

【一环路南段东延线工程】 工程（止于省道205线）位于绵阳市游仙区，总体布置为西起一号桥跳水台，以高架形式分叉接尖子山小净距隧道，过尖子山隧道后接尖子山道路路基段，然后以高架形式上跨省道205线后落地（距绵遂高速约610.28米），工程全长2.29千米，标准路幅宽度40.5米，双向六车道。项目总投资9.5亿元，2017年1月开工，2019年12月完工。建设单位为绵投集团，施工单位为中诚投建工集团有限公司，监理单位为四川元丰建设项目管理有限公司，设计单位为同济大学建筑设计研究院（集团）有限公司，勘察单位为四川正基岩土工程有限公司。

图8 一环路南段东延线工程

【剑南路道路改造工程（西山南路至一环路）】 项目西起西山南路口，止于一环路以东340米处，改造道路全长约960米。主要工程内容为道路拓宽改造，新建依次下穿火车货站、宝成铁路、西城客专和一环路的船槽及隧道框架，一环路高架桥桥墩置换等主体工程，以及排水、照明、绿化、交通等道路附属工程。项目总投资约3.5亿元，2017年3月开工建设，2019年12月完工。建设单位为四川嘉来建筑工程有限公司，施工单位为成都铁路工程总承包有限责任公司，监理单位为成都大西南铁路监理有限公司，设计单位为成都西南交通大学设计研究院有限公司，勘察单位为成都西南交通大学设计研究院有限公司。

【绵兴路（磨家收费站至辽宁大道段）改造提升工程】 项目西起绵阳磨家收费站，止于辽宁大道，改造范围约3.14千米。主要包括道路工程、照明工程、绿化景观工程、排水工程、立体过街设施等其他附属设施工程。项目总投资约1.5亿元，2019年5月开工建设，8月完工。建设单位为四川嘉来建筑工程有限公司，施工单位为四川嘉来建筑工程有限公司，监理单位为四川元丰建设项目管理有限公司，设计单位为江苏中设集团股份有限公司，勘察单位为绵阳市川交公路规划勘察设计有限公司。

【滨河南路道路综合改造工程（安昌桥至白衣庵）】 项目西接安昌大桥南桥头东侧下穿道路，沿安昌河南侧现有滨河南路东至南河大桥桥头，道路总长约2.5千米，规划红线宽20至25米，包括道路以及河漫滩地的整治。主要建设内容为全线道路改造、增设截水沟、长虹干道下穿工程、人行地通道等，河漫滩休闲步道、生态修复工程，沿长虹大道、小浮桥路新增350米雨水箱涵，同步实施亮化、绿化、雨污水管道等设施。项目总投资约5.8亿元，2018年11月开工建设，截至2019年年底，完成总工程量的40%。建设单位为四川嘉来建筑工程有限公司，施工单位为四川嘉来建筑工程有限公司，监理单位为四川鼎立建设项目管理有限公司，设计单位为中国市政工程西南设计研究总院有限公司，勘察单位为四川正基岩土工程有限公司。

【城南路一号桥西侧内涝点治理项目】 项目位于城南路与涪滨路交叉口处绿化带内，建设内容为一号桥旁新建一体化式泵站，包括截水沟、配水井、雨水管、一体化预制泵站和出水管等。项目总投资约1485万元，2019年5月开工建设，7月完工。建设单位为四川嘉来建筑工程有限公司，施工单位为四川嘉来建筑工程有限公司，监理单位为四川亿科项目管理有限公司，设计单位为绵阳市城市规划设计院，勘察单位为四川正基岩土工程有限公司。

【沈家坝雨污水泵站进水通道改造项目】 项目对沈家坝泵站进水通道雨污分流改造，新增虹云桥引桥下方（东津路景福花园路口）DN1800雨水管道，使相关区域雨水进入泵站。项目总投资约1120万元，2018年11月开工建设，2019年4月完工。建设单位为四川嘉来建筑工程有限公司，施工单位为四川嘉来建筑工程有限公司，监理单位为四川元丰建设项目管理有限公司，设计单位为绵阳市城市规划设计院，勘察单位为绵阳市川交公路规划勘察设计有限公司。

（刘　霖　黄　龙）

【中心城区立体过街设施建设项目】 中心城区立体过街设施项目是全市城建攻坚行动重点民生工程，于2018年经市政府城建攻坚计划文件批准建设，项目实施单位交发集团。项目计划在涪滨路与南星街丁字路口、沈家坝下街与东津路交叉口新建2座人行天桥。2019年1月和3月，2座天桥先后开工建设，均采用连续钢箱梁结构，并设置无障碍垂直升降电梯。其中涪滨路与南星街丁字路口人行天桥全长79.15米，主桥全宽4.5米，净宽4.1米，梯步宽4米，梁高1.6米，设置4部人行步梯、3部垂直升降电梯；沈家坝下街与东津路交叉口人行天桥采用10米+18米+10米连续钢箱梁跨越东津路，主桥全长41米，主桥全宽4.5米，净宽4.1米，梯步宽4米，梁高1.2米，设置2部人行步梯和2部垂直升降电梯。同年7月，项目完成建设，通过竣工验收，正式投入使用。

【城区循环交通组织及重点区域交通优化项目】 2019年，城区循环交通组织及重点区域交通优化项目经市政府批准建设，计划完成火车客站周边片区交通组织优化（包含新增电子警察等交安设施）、荷花北街和梅花东街金菊街道路病害处置及路面提升、荷花北街和梅花东街金菊街人行道改造提升、东辰一小道路渠化、巾帼大厦绿化带拆除改、世纪巴登停车场出口交通节点打通、涪江二桥路口可变车道、代家湾立交交通组织、绵阳火车站站前广场无障碍通道等工程。项目实施单位交发集团。截至年底，完成火车站广场、万达广场、荷花西街、梅花东街片区交通组织优化，金菊街道路扩宽，东辰小学、世纪巴登交通拥堵节点打通，火车站残疾人坡道应急点位，共完成投资1063万元，完成年度目标的100%。

【绵遂内铁路项目】 2019年3月，由绵阳、遂宁、内江、安岳4个市平台公司出资，共同组建成立绵遂内铁路有限责任公司，负责推进项目前期工作。6月，由省发改委组织的绵遂内铁路项目预可研评审会议在成都召开，绵阳、遂宁、内江、安岳与项目企业完成沟通对接；项目评审组专家对路线走向、场站选址作实地踏勘调研，审查通过《绵遂内铁路预可研报告》，项目正式进入实质推进阶段。6—11月，绵遂内铁路公司拓展多元化铁路融资模式，加大招商引资力度，先后与四川省铁投集团、四川省交投集团等洽谈项目合作。12月，《项目预可研报告》完成成果修订，并正式印发项目预可研评估报告。

相关链接：绵遂内铁路是四川省高速铁路路网规划中的一条重要线路，纳入《国家中长期铁路网规划》和《成渝地区城际铁路建设规划（2015—2020年）》。线路起于成兰铁路安州站，经绵阳城区、三台县，遂宁射洪县、船山区、安居区，资阳安岳县至内江，正线全长272.19千米，预估算总投资603亿元，其中绵阳市境内里程114.85千米，计划投资254.43亿元。

【引通济安工程】 绵阳市引通济安工程位于北川羌族自治县，工程利用通口河干流因地震形成的唐家山堰塞湖就近向安昌河流域调水，以丰补枯，以解决安昌河流域水源不足的问题。项目由引水工程和堰塞体泄流槽防冲护底加固工程两部分组成。取水口位于通口河唐家山堰塞坝体上游右岸1.1千米处，出水口位于擂鼓镇麻柳湾安昌河流域苏宝河右岸；引水工程隧洞进口高程695米，出口高程687米，净断面尺寸为3米×3.5米，隧洞长12.04千米，最大设计引用流量8立方米/秒，多年平均从唐家山堰塞湖调出水量8450万立方米。堰塞坝泄流槽护底加固采用2米厚C25钢筋砼面板防护，护底顶部高程698米，下游采用4米×4米×2米钢筋石笼防冲。工程估算总投资为4.43亿元，项目工期计划49个月，工程难点包括建设四川省单洞断面最小、最长的水利工程隧洞。2019年2月4日，四川省水利厅印发《关于印发绵阳市引通济安工程可行性研究报告审查意见的函》，提出下阶段应优化引水隧洞和总体布置方案。2月27日，市发改委印发《关于绵阳市引通济安工程可行性研究报告的批复》，标志着工程完成立项工作。12月，工程完成勘察、施工总承包（EPC）和监理单位招标工作。12月31日，引通济安工程开工仪式在主洞出口举行，标志着该工程进入实质性建设阶段。

（黄　龙　罗鹏程　刘　霖　严　超）

科技城集中发展区建设

【概况】 科技城集中发展区（以下简称集中发展区）位于绵阳中心城区西北部，紧邻主城区，包括涪城区、游仙区、安州区、高新区、科创区的局部区域，规划面积281平方千米，建设用地面积100平方千米。集中发展区总体定位为：未来城市新中心，与绵阳老城区共同构成“一城双中心”格局，集聚科研中心、文化体育中心、商业商务中心及国际交流中心等核心功能。聚集高端产业，布局重大科技专项及科研院所，建设研发孵化转化等创新平台，发展软件、电子商务、金融科技服务等现代服务业，打造省内领先、国内一流的创新发展示范区。发展目标为：按照“统一规划、分步实施”的原则，坚持“项目引领、产城并进、全面提速”，围绕基础设施建设和产业培育发展2个主攻方向，推进基础设施建设，培育优势特色产业，实施招商引资行动，推进建设用地保障，筹集项目建设资金，建设“绿色低碳、宜居宜业、产城一体、生态至美、科技至伟”的现代“科技新区、产业新区、城市新区”。到2020年，30平方千米核心示范区基本建成，100平方千米集中发展区主体框架基本形成。规划结构为：“一体两翼、两轴五心”。“一体”为中央创新驱动区，“两翼”为南翼、北翼，“两轴”为城市综合发展轴、科技城科创服务轴，“五心”为科技城生活服务核心、金家林生产服务核心、园艺综合服务核心、高新区服务核心、石马服务核心。其中中央创新驱动区依托科技城创新中心、教育园区、科技智谷、软件产业园等特色园区，重点聚焦现代服务业，主要发展科技园区、科技研发、总部经济、创新孵化、现代金融、电子商务、高端商业商住等产业；南翼依托国家级高新技术开发区和光电显示产业园、汽车产业园等专业园区，重点发展电子信息、汽车及零部件、新材料等产业；北翼依托中国工程物理研究院等国家级科研院所，重点发展智能制造、信息安全等产业。2019年3月，结合工作需要和机构改革，科技城集中发展区建设领导小组及各专项工作组组成人员进行充实和调整，明确市委主要领导为组长，市政府主要领导为第一副组长。同月，省委、省政府出台《关于推进中国（绵阳）科技城加快发展的意见》，从简政放权、产业发展、城市建设、成果转化、财税金融、土地能源6个方面给予20项支持政策事项，为加快集中发展区建设提供政策保障。4月，印发《科技城集中发展区建设2019年工作要点》，提出举全市之力持续实施集中发展区建设攻坚行动，并对全年科技城集中发展区的基础设施建设、产业项目建设、招商引资、用地和资金保障等提出具体目标。4月，集中发展区领导小组印发《科技城集中发展区领导小组工作规则》《2019年科技城集中发展区建设目标任务督查考核办法》，明确领导小组组长、副组长及成员组成，领导小组职责，下设6个工作组及各组工作职责等；明确集中发展区建设纳入相关县市区、园区、市直有关部门（单位）目标绩效考评内容，考评结果按相应权重计入其目标绩效考评总分。

相关链接：2014年，科技城集中发展区由省政府批准建设，并纳入国务院批复同意的《绵阳科技城“十三五”发展规划》，是科技城建设的重中之重，是绵阳城乡规划建设的重中之重，也是产业发展的战略平台和核心载体。同年2月，市委、市政府成立科技城集中发展区建设指挥部，由市委专职副书记任指挥长。2015年12月，指挥部更名为科技城集中发展区建设领导小组，明确由市委副书记、市政府市长担任组长。2018年1月，增补领导小组组成人员并成立综合协调、规划建设、招商引资、产业培育、用地保障、资金保障6个专项工作组，明确市委、市政府主要领导亲自抓、分管领导具体抓。并逐步调整优化领导小组及各专项组工作规则、重大项目对接沟通、督查考核办法等工作机制。同年，组织开展集中发展区建设攻坚行动，74个基础设施项目完成投资115.54亿元，5平方千米启动区基本建成，100平方千米范围内“四纵四横”的道路系统骨架基本形成。

【基础设施建设】 2019年，集中发展区统一规范建设标准，编制《科技城集中发展区城市家具设置规程》，修订《绵阳市市政道路建设技术导则》，解决分区实施标准不统一问题。突出重点形象，将项目划分为7个形象区，成立综合管廊、科技之心等重点项目推进专班，协调推进项目建设。坚持问题导向，针对难点问题，建立清单台账，落实专人负责、分级化解。全年实施基础设施项目99个，开工63个（含完工17个）；总投资668.2亿元，年度确保完成投资115亿元，实际完成投资106.51亿元，占年度确保完成投资的92.62%。重点项目中，东西第二干道工程在建施工；绵安第二快速通道进行管廊主体及道路施工；科技城大道二期进行道路施工，与成绵乐高铁设计单位中铁二院对接陈家山隧道下穿成绵乐高铁方案，桥梁部分开展前期工作；滨河北路、高铁大道（涪城段）道路主体基本完工；安昌河综合整治一期、草溪河综合整治京东方示范段基本完工；二环路四期项目达到通车条件；引通济安项目正式开工建设。

【产业培育发展】 2019年，科技城研究制定制造业核心竞争力提升专项行动计划，细化六大重点产业培育方案，编制《集中发展区产业培育三年行动计划（2019—2021年）》，印发《科技城集中发展区建设2019年工作要点》，确定2019年55个重点产业项目培育计划和目标任务。华拓光通信光收发模块生产等21个项目开工建设，新华内燃机整体搬迁等17个项目持续推进，京东方第6代AMOLED（柔性）生产线项目等17个项目竣工投产。实施重点企业研发机构全覆盖行动，新晨动力、中物材料获批省技术创新示范企业，科瑞达获批国家级工业设计中心。做好企业用水、用电、用气等要素保障，持续推进应急转贷资金落实。全年实施产业培育项目55个，总投资789.41亿元，计划年度完成投资206.5亿元，实际完成投资223.14亿元，完成计划的108.1%。其中40个工业项目完成投资201.73亿元，15个服务业项目完成投资21.44亿元。新培育升规企业27家，规模以上企业总数达210家，其中1亿元以上企业104家，实现规模以上工业总产值495.98亿元。

【招商引资】 2019年，集中发展区围绕先进制造业和现代服务业，开展精准专业化招商，引进青岛国奥源西部干细胞产业科技园、绵阳·华为数字经济联合创新中心等项目。落实招商“服务绿卡”制度，提高履约率、开工率和资金到位率，新签约的恒光伟力3D曲面手机屏制造等项目实现当年签约、当年开工。利用知名企业四川行、西博会、科博会等重大平台活动宣传推介科技城集中发展区，在成都举办集中发展区专场投资推广会，在深圳举办创新产业投资推介会。全年确保新签约项目90个，实际签约项目100个，完成计划的111.11%，其中5亿元以上重大项目22个；计划国内省外到位资金180亿元，实际到位资金259.32亿元，完成计划的144.07%。

【用地保障】 2019年，集中发展区完成高新区部分区域、科技智谷片区、石马镇滨河片区、青义镇和龙门镇镇区等区域控制性详细规划编制或调整，加强重点项目规划服务。统筹调剂全市建设用地指标，在市辖区国有建设用地供应计划中对集中发展区用地实行计划单列，完成重点项目用地共5批次、138.6公顷土地的规划调整。报征土地52批次、1306.67公顷，保证83个重点基础设施项目用地，推进16个储备项目开展选址、调规等前期工作。投入拆迁安置资金约25亿元，拆迁农房6000余户约1.6万余人、企业157家，迁改杆管线1600余处。

【资金保障】 2019年，科技城优化支出结构，压缩一般性支出，统筹市区财政合理安排各类专项资金，重点保障集中发展区项目建设。争取省政府给予科技城建设优惠政策，推动省上设立专项转移支付资金，落实专项人才补助政策、技术融合产业补助政策资金。申请发行政府债券，合理引导和发展基金，发挥财政资金放大效应。运用PPP、EPC和“产城融合”等新模式，引导社会资本参与项目投资建设和运营管理。全年计划筹资93.18亿元，实际筹资133.64亿元，完成计划的143.42%，其中基础设施建设筹资92.88亿元。

【科技城集中发展区建设领导小组第六次会议】 2019年2月19日，科技城集中发展区建设领导小组第六次会议召开。市委书记、科技城集中发展区建设领导小组组长刘超主持会议。会议听取各专项工作组2018年工作推进情况及2019年工作计划，审议《科技城集中发展区建设2019年工作要点》《关于调整科技城集中发展区建设领导小组组成人员有关事项的通知》《科技城集中发展区建设领导小组工作规则》《2019年科技城集中发展区建设目标任务督查考核办法》等文件和基础设施、招商引资、产业培育、用地保障、资金保障5个方面有关事项。市领导元方、付康、罗宗志、经大忠、罗蒙、廖雪梅、兰劲、谭岗、吴明禹等参加会议。

【《科技城集中发展区建设2019年工作要点》印发】 2019年4月10日，科技城集中发展区建设领导小组印发《科技城集中发展区建设2019年工作要点》（以下简称《要点》）。《要点》提出举全市之力持续实施集中发展区建设攻坚行动，加快建设“科技新区、产业新区、城市新区”，为科技城加快发展提供有力支撑。并对2019年科技城集中发展区的基础设施建设、产业项目建设、招商引资、用地和资金保障等提出具体目标。基础设施建设方面，实施市政基础设施及公共服务设施项目99个，估算总投资668.2亿元，确保完成投资115亿元。重点推进纵横干道项目、综合管廊项目的建设；完成部分骨干路网项目；启动科技城大道三期、龙界路北延线二期等项目研究工作。实现集中发展区核心区骨架路网基本形成、综合管廊项目主体建成、100平方千米主体框架局部形成。继续完善市政公共配套设施建设，配套启动核心区排洪主通道新改建工程、水电气、消防等项目，实施长虹智能制造产业园等重点项目配套设施建设。重点推进市文化艺术中心、科技城核医学中心等项目，力争2019年年底开工。启动核心区配套教育、医疗等公共服务设施项目。重点推进生态绿廊、科技之心中央公园和安昌河、草溪河综合整治项目，完成安昌河综合整治一期项目，启动综合管廊及道路两侧绿化等项目。产业项目建设方面，实施产业培育发展项目55个，估算总投资789.41亿元，计划完成投资206.5亿元；其中工业投资184.08亿元，服务业完成投资22.42亿元。培育特色产业，推进长虹智能制造产业园等在建项目加快建设进度，推动涪城齐安信企业安全集团网络空间技术融合产业园、安州中南高科擎动未来产业园等重点项目开工建设，支持京东方等建成项目尽快投产达效，力争2019年工业投资和技改投资均增长25%。重点围绕优势产业加快招大引强，完善优势产业链和产业生态圈，打造一批优势产业集群。聚焦数字家庭、新型显示、物联网、大数据等产业重点方向，推进建设一批数字化车间、智能的生产线、工厂、交通、医疗等行业试点示范，推动数字经济与实体经济融合发展。持续开展新型智慧城市建设，启动绵阳智慧大脑建设。招商引资工作方面，确保新签约项目90个，国内省外到位资金180亿元。加大招商引资力度，围绕电子信息、汽车等重点产业，依托京东方、威马等龙头企业，有针对性地开展配套招商、延链招商，促进同类产品、同类企业扎堆形成集群。聚焦先进制造业和现代服务业，力争全年引进5亿元以上项目22个。用地和资金保障方面，根据基础设施和产业项目建设需要，对上争取用地指标，做好项目用地报征，落实拆迁安置工作，加强土地统征储备，多渠道争取和筹措建设资金93亿元。特别是科技之心配套地块、科技智谷等重点项目用地，依法做好项目建设征地拆迁群众安置补偿等工作，为重点项目推进创造条件。加强建设资金筹集，根据财政收入水平和财力水平，科学编制2019年集中发展区建设筹资计划，提高财政资金引导效率，抢抓国家政策机遇，加大对上争取力度，吸引社会资本投入，强化资金筹集，并加强资金使用工作监督。

【刘超督导城建攻坚和科技城集中发展区基础设施建设攻坚项目推进情况】 2019年5月22日，市委书记刘超到游仙区、涪城区、高新区、安州区等地，督导城建攻坚和科技城集中发展区基础设施建设攻坚项目推进情况。调研中，刘超先后到滨河北路项目、核心区东片区基础设施项目、综合管廊项目、草溪河和安昌河综合整治项目、绵阳市儿童医院项目、金家林幼儿园项目等建设一线，了解基础设施推进情况，并强调要按照“建设新区、完善组团、提升旧城”的总体思路，同步推进新区有机生长、组团协调发展、旧城双修更新，拓展城市空间、优化城市布局、完善城市功能、提升城市品质，加快建设“一城双心、组团协调”现代化大城市。付康、罗蒙等市领导，相关区（园区）、部门、企业负责人参加有关督导。

【元方调研科技城集中发展区5G科技园和部分企业】 2019年6月27日，市委副书记、市长元方分别前往科技城集中发展区5G科技园、叁迪光学科技有限公司、龙华光电薄膜股份有限公司调研。元方强调要强化园区引领、企业带动，加快构建5G创新链、产业链和应用链，抢占5G产业发展先机，为绵阳经济高质量发展注入新动能。市领导杨学宁，市政府秘书长吴明禹参加调研。

【综合管廊等项目银团贷款签约】 2019年7月4日，绵阳科技城集中发展区核心区综合管廊及市政道路建设工程PPP项目银团贷款签约仪式举行，由农业银行绵阳分行、建设银行绵阳分行、中国银行绵阳分行组成的贷款银团分别与中建科发管廊公司签署贷款合同，将提供本金金额不超过56.77亿元的贷款，用于综合管廊项目建设。农业银行四川省分行副行长林庆，副市长、科技城党工委副书记、管委会副主任罗蒙出席仪式。综合管廊及道路PPP项目是截至2019年年底以来四川省投资规模最大的PPP项目，也是国内最大规模的装配式综合管廊项目，总投资81.27亿元，包括4条装配式地下综合管廊、1座综合管廊监控中心和附属市政道路。该项目于2017年开工建设，由中建集团承建。

【核心区综合管廊及市政道路建设工程（PPP）项目】 核心区综合管廊及市政道路建设工程（PPP）项目总投资约81.27亿元，其中综合管廊37亿元、市政道路44.27亿元。项目于2017年11月签订协议，2018年年初开工建设，建设内容包括33.65千米的4条地下综合管廊及32.02千米的市政道路，即绵宏路（原绵安快速第二通道）、绵泰路（原创业大道西延线）、科教大道（原永青路）、龙界路。管廊总体长度33.35千米，管廊建设区域内的电力、通信、给水、污水（局部段入廊）、燃气、中水管等市政管线统一纳入管廊内，同步建设1座综合管廊监控管理中心，以统筹各类市政管线规划、建设和运营管理。市政道路包括道路、排水、照明、桥梁、隧道、交通、景观等。2019年，完成管廊主体3.37千米，移交管廊

图9　安昌河综合整治项目一期工程

基坑4.15千米，完成投资26.8亿元。该项目是迄今为止四川省投资规模最大的PPP项目，是迄今为止国内最大规模的装配式综合管廊项目，也是全国首创的分片式预制装配式城市地下综合管廊项目，作为国家第四批示范项目，被财政部列入国家级PPP财政项目库。

【安昌河综合整治项目一期工程】　安昌河综合整治项目一期工程为省级民生工程，估算总投资7.95亿元，起于安昌河与草溪河交汇处，向北止于界牌镇已建堤防。主要建设内容：建设总长约13.4千米的生态堤防及配套设施，其中安州区段536米，高新区段9.72千米，涪城区段3.12千米；建设生态湿地1处、水景观蓄水闸坝3处；建设两岸绿地景观共92.98万平方米。2017年9月开工建设，2019年12月完工。

【草溪河综合整治工程】　草溪河综合整治工程起于高新区河边镇穿心店村一组晏家堰，止于磨家镇观音堂村六社的二号桥（安昌河与草溪河汇

图10　草溪河综合整治工程

合处）。2018年2月项目开工建设。项目全长约18千米，综合整治面积约为213公顷，河道两侧绿地面积约124公顷，打造生态河堤左右两岸36千米，项目总投资13亿元，分3个标段建设。2019年，草溪河综合整治项目完成科技城箱涵桥至师院4.5千米范围内的所有水利和市政工程，完成晏家堰至科技城箱涵桥3.3千米范围30%水利工程，完成飞云大桥至丰谷酒厂的堤防部分施工，完成该段约30%的水利工程。年度完成投资约4亿元。

【中国（绵阳）科技城核医学中心项目】 中国（绵阳）科技城核医学中心项目于2019年6月开工，位于涪城区金家林，总用地面积约27.73公顷，总建筑面积约27.5万平方米，分2期建设。其中一期占地约17.47公顷，总建筑面积约19.8万平方米，总投资18.5亿元，主要建设核医学诊疗中心、医技综合楼、健康管理中心等；二期建设核医学研发中心、核医学康养中心、放射治疗中心等。

【科技城大道二期工程】 科技城大道二期工程包括涪城区段、安州区段、科技城涪江大桥、游仙区段，全长13.46千米。其中涪城区段9.6千米，由涪城区实施建设；安州区段长约360米（由安州区委托涪城区实施，2段起于裕都大道，止于科技城涪江大桥西侧，总投资22亿元。游仙区段全长2.36千米，由游仙区实施建设，起于科技城涪江大桥东侧，止于绵广高速科学城收费站，总投资6.4亿元。科技城涪江大桥由交发集团实施建设（未开工）。截至2019年年底，涪城区段完成500米示范段开挖及软基处理，进行盖板涵施工及龙门段土方回填。游仙区段与成绵乐高铁设计单位中铁二院对接陈家山隧道下穿成绵乐高铁方案。

【绵盛路（原滨河北路）道路建设工程】 绵盛路（原滨河北路）道路建设工程沿安昌河连接涪城区、高新区、安州区，东起涪城区菩提寺大桥，经科技之心公园到安州区先林大桥，总长度约8.4千米（安州区3.15千米、高新区1.33千米、涪城区3.92千米），红线宽度24米，同步建设道路附属配套设施（含绿化）。其中涪城区段东起菩提寺大桥，西至八家堰大桥，总投资3.8亿元。长度约2.53千米，红线宽度24米，同步建设道路附属配套设施（含绿化）；高新区段东起八家堰大桥，西接安州区界，长1.33千米、宽24米，同步建设道路附属配套设施（含绿化）；总投资1.42亿元。2017年5月，项目开工。2019年，工程基本完工，达到通车条件。

【科慧大道（原高铁大道）西段道路建设工程】 科慧大道（原高铁大道）西段道路建设工程北起裕都大道，南跨越安昌河接滨河南路，长度约5.3千米，红线宽度40米，同步建设附属配套设施（含绿化）及跨安昌河大桥，总投资9.455亿元。2017年5月，项目开工；2019年，道路部分基本完工，达到通车条件。

【科技城集中发展区核心区西片区支路网】 科技城集中发展区核心区西片区支路网位于裕都大道南侧，京昆高速西侧。共计17条道路，总长约18.45千米，红线宽度20—60米。同步建设道路附属配套设施（含绿化）。2019年，1—6号支路路面完成98%，7—15号支路、涪金西路路面完成12%。

【东西第二干道工程】 涪城区段西起涪城区界，东至教育园区，长约3.7千米，红线宽度40米，同步建设道路附属配套设施（含绿化）。安州区段位于核心区西北部，西起塔九路，东至安州区界。长度约2.76千米，红线宽度40米。同步建设道路附属配套设施（含绿化）。截至2019年年底，涪城段软基处理完成总量的50%；安州段基本完成路基土石方工程。（曾卫民　黄　龙）

特色产业园

【概况】 2019年，科技城按照“特色化、专业化、集约化、市场化”要求，聚焦电子信息、汽车、新材料、节能环保、高端装备制造等特色先进制造产业，规划建设新型显示、智慧家庭、新型功能材料等11个产业功能区，使之成为科技城创新产业主阵地、创新驱动主引擎、体制改革先行区、高质量发展示范区，打造具有国际竞争力的先进制造业基地和具有全球影响力的产业科技创新高地。

【科技智谷科技园】 2019年7月9日，中国（绵阳）科技城科技智谷科技园区开园仪式在中国（绵阳）科技城5G科技园举行。中国（绵阳）科技城科技智谷科技园区位于绵阳市规划的科技城核心区中央创新区，规划建设5G科技园、卫星应用科技园、核技术应用科技园、信息安全科技园、生物科技园、国家大学科技园、中关村科技园和中科院科技园八大科技园区。年内，5G科技园10万平方米载体完成建设，完成中科院科技园、中关村科技园、大学科技园等载体规划面积9万平方米，科技园载体面积累计达到20万平方米。全年完成中国移动成都研究院绵阳分院、3D曲面屏、板载光子、圣丹纳科技等18个科技园项目签约，签约投资124亿元，落地项目13个，其中5个项目投入运营。

5G科技园。5G科技园位于科技智谷C区，规划面积约33公顷。首期利用10万平方米专业楼宇，发展定位为建立5G产业联盟，推动行业龙头企业联合科研院所、高等院校在园区设立分院，建设5G测试实验室、技术中心等研发平台，打造5G研发企业核心聚集区；围绕5G产业链，打造中国（绵阳）科技城5G产业集群，带动大数据、云计算、数字呼叫等关联产业发展；发展工业互联网、车联网、智慧医疗、智慧城市、智慧能源、智能电网、智慧金融等产业，打造5G应用示范区。

卫星应用科技园。卫星应用科技园位于科技智谷A区，规划面积约66公顷。发展定位为建设以卫星应用研发、大数据及工程技术服务为主的产业研发中心。以商业卫星集成装配研制为重点，建设卫星导航、物联网、卫星通信等为主的卫星终端设备生产示范基地；以应急管理中心、智慧管网中心等应用示范为重点，搭建卫星数据

图11 5G科技园

服务中心、航天成果转化中心、航天技术培训中心等功能平台。

核技术应用科技园。核技术应用科技园位于科技智谷C区，规划面积约33公顷。发展定位为以国家重点实验室、工程技术中心为依托，建设核技术产业研发示范区；建设核技术科技园、中国（绵阳）科技城核医学中心及核医学基地；组建核医学产业发展联盟，推动形成核技术研发、生产、配送、应用及人才培养为一体的核医学产业链。

生物科技园。生物科技园位于科技智谷B区，规划面积约66公顷。发展定位为聚焦生物科技研发、生物制造、生物技术应用三大领域，引进生物科技研制基础支撑平台和共性技术平台；培育竞争力强的龙头企业和创新力强的中小企业，形成具有国际影响力的产业集群和优势产业链。

信息安全科技园。信息安全科技园位于科技智谷A区，规划面积约33公顷。发展定位为构建信息安全终端、芯片、软件研发为一体的安全系统产业平台；建设网络安全、信息化技术人才培训为主的技术培训产业中心；建立网络安全、云安全、应用安全、大数据安全为主的信息安全应用产业基地。

中关村科技园。中关村科技园位于科技智谷C区，首期选址金家林总部城6万平方米专业楼宇，中心城区专业楼宇4万平方米。发展定位为集聚创新型孵化器、产业加速器及高等学校、科研院所等，设立孵化器载体，搭建高新技术成果转化服务平台；聚焦5G、人工智能等科技前沿产业，科技金融、生物医药等新兴产业，打造绵阳与北京协同创新和成果转化聚集区。

国家大学科技园。国家大学科技园位于科技智谷D区，规划面积约66公顷。发展定位为以西南科技大学为依托，建设高新技术成果孵化基地、创新创业人才培养基地、制度创新试验基地；建立孵化区、科技贸易区及人才家园。集聚科技要素，吸引投资银行、风险投资公司、科技创业投资公司等金融机构，实现技术资本和金融资本相融合、研究开发和实际生产相融合、开发队伍和经营队伍相融合，促进科技成果商品化、产业化。

中科院科技园。中科院科技园位于科技智谷C区，首期选址金家林总部城2万平方米专业楼宇。发展定位为承接中科院各类官方机构的科研技术成果转化、交易、产业化的产业承载、创新创业、投资孵化等功能为一体的创新服务平台。

【科技城软件产业园】 科技城软件产业园成立于2013年11月，规划建设面积约53公顷，分三期建设。一期6万平方米于2014年3月建成投用建成投用，重点发展应用软件、通信网络、智能生活、电子商务服务、金融后台服务、文化创意、动漫设计、服务外包、人才培训等，致力于打造成德绵经济带软件产业发展的主体区域和产业发展核心区。园区先后被认定为“国家级科技企业孵化器”“省级科技企业孵化器”“省级信息安全产业示范园区”“省级大学生创新创业园区”“省级版权示范园区”“省级促进退役军人就业创业产业园（试点）”“市级文化产业示范园区”“市级电子商务产业园区”。园区搭建人才、金融、创新、政务、商务、生活六大服务平台，落实企业服务工作，增强园区承载力。引进专业园区运营管理公司亿达中国控股有限公司，对园区进行市场化管理运营，为园区提供产业发展服务。通过与中物院、西南科技大学、绵阳职业技术学院等科研院所的合作，采用校（院）地合作、政产学研用的模式，推动企业的创新发展。2019年，园区集聚以奇安信为代表的信息安全类企业15家，以科美光电为代表的智能制造企业17家，以虹信智远为代表的软件开发企业66家。全年园区依托奇安信公司强化信息安全产业人才的培养；通过与绵阳职业技术学院、昶信孵化器合作联合建立软件园软件学院，定向为软件企业培育人才，解决软件企业专业人才的需求；建立大学生实训基地，通过实训基地的建设为园区储备人才；以奇安信公司为依托强化信息安全产业人才的培养，举办23期网络安全特训班，培养网络安全人才1622人，为集团选拔输送997名网络安全运营服务工程师。截至年底，软件产业园有入驻企业131家，累计注册企业536家，累积认定科技型中小企业345家、高新技术企业15家，集聚人才约3000人。全年软件园实现税收5998万元。

【绵阳汽车产业园】 2015年12月，四川绵阳汽车产业园成立，与安州工业园区实行“两块牌子，一套人马”。编制《四川绵阳汽车产业园发展战略规划》，规划范围52.76平方千米（其中安州区范围内用地40.75平方千米，高新区范围内用地12.01平方千米），近期规划面积16.28平方千米，截至2019年完成开发近10平方千米。2019年，拥有汽车及零部件企业共40家，其中规模以上企业14家；总产值31.9亿元。主要以华祥机械、威马汽车等整车制造企业为龙头，带动中南高科·绵阳擎动未来汽车产业园、新华内燃机等存量项目。

【北川通航科技园】 中国科技城（北川）通用航空产业园于2014年启动建设，规划面积15平方千米，主要以建设“通航经济创新区、应急产业先行区”和“西部通航产业发展高地”为目标，依托四川北川经济开发区规划及资源，以“通用机场、航空飞行营地、无人机飞行测试基地、通航及应急产业孵化器”四大平台建设为基础，以航空旅游、航空运动、航空赛事、航空研学为切入点，发展形成航空研发制造、航空运营培训服务、航空运动旅游、航空应急救援等为一体的通航全产业链的生态产业园区。2019年，北川通用机场获批并举行开工启动仪式。北川通用机场纳入全省第二批低空空域管理改革试点（川协4号空域），获批700平方千米空域面积；按照A1类通用机场，建设1条1000米×30米的跑道，1条1000米×0.5米平行滑行道，4条垂直联络滑行道，防吹坪、停机坪、航站楼及配套设施。北川通航科技园内的北川通航产业园是全国首批四川唯一的国家级航空飞行营地示范工程。产业园结合周边旅游点将空中观光线路、地面游憩线路以及航空运动线路等组合，建设营地低空旅游带，通过航空旅游带动地面旅游，航空港消费拉动区域销售，打造集低空旅游、古羌文化体验、新业态体验于一体的航空旅游产业典范。4月，北川通航科技园内的5G网联无人机飞行测试基地建设项目正式开工建设。项目按照“立足北川、服务西南、示范全国”的专业飞行服务基地发展战略，由北川三元投资发展有限公司和成都纵横自动化技术股份有限公司投资2亿元，分2期建设具备无人机“飞行测试、检测认证、教育培训、运营服务、5G网联无人机场景应用”的一体化产业生态圈，将率先在西部地区建设专用无人机跑道、测试、培训场和公共服务平台，率先在全国建设首个利用5G网联技术对无人机控制、测试、监控等各类场景的应用示范基地。通航应急产业孵化器建设方面，改造1.2万平方米场地，建成包含通航产业展示厅、企业一站式服务平台、创业咖啡吧、职工之家（健身房）、商务洽谈室、公共会议室、培训中心、项目咨询、财务、投融资、法律等服务平台的通航专业孵化器，入驻绵阳泰立科技有限公司、四川小飞侠通用航空发展有限公司及三方服务机构19家。大美羌城——泛美航空科技城项目一期完成主体建设。四川泛美飞行职业学院取得中专及大专办学资质，入驻学生1000余人。引进以成都纵横为龙头的无人机研发制造企业。引进以四川省航空运动学校为龙头的航空运动、航空旅游项目。引进无人机整机装配龙头企业。跟踪北航无人机产业集合群合作项目和普雷恩公司比利时T300直升机产业化生产基地项目。

【长虹智能制造产业园】 长虹智能制造产业园（虹创一号工程）位于高新区，包括智慧显示终端产业、智慧能源产业及相关配套产业，总投资约55亿元（一期投资40亿元），总占地面积约86.67公顷（一期规划建设用地约58.4公顷），建筑面积约50万平方米。项目于2018年10月开工建设。2019年8月1日，长虹智能制造产业园智慧显示终端项目主体厂房封顶。智慧显示终端产业基于现代生态工业园区规划设计理念，运用IE+AT+IT技术，以平板电视整机制造为核心，配套相关零部件制造产业，构建智能制造系统，建立国内领先的数字化示范工厂。长虹智能制造产业园智慧显示终端项目占地31.04公顷，主要包括多媒体厂房、成品库房、技佳厂房等16栋，建筑项目总建筑面积约27.68万平方米，其中主厂房为框架结构的多媒体厂房，建筑面积1.22万平方米。

【长虹“双创”智能制造工业园】 长虹“双创”智能制造工业园项目位于安州工业园区，是全国第二批大众创业万众创新示范基地的项目，计划打造成集创意、研发、孵化、加速于一体的成果转化、产品创新和高成长科技创新型综合体；以“双创”新业务为依托，打造集技术研究（孵化）、产品开发、市场营销、智能制造、智慧仓储为一体的绿色新型智能化工业园区。一期工程建成后，拟形成年产智能组件产品300万套，智能家庭类产品300万台，各种智能自助终端产品10万台以上的生产能力，预计可实现产值80亿元。项目于2018年11月23日开工建设，总投资30亿元（一期总投资11.2亿元），占地51公顷，项目实行一次性规划，分三期建设。一、二期项目建设年限为2018年11月至2021年6月。2019年6月，项目一期启动建设，建筑面积22.7万平方米，主要建设12栋生产厂房、库房及配套的倒班宿舍。年内一期项目全部建筑完成主体施工，进入机电安装及装修施工阶段。11月，二期项目取得土地，完成规划许可等前期手续，进入项目建设准备阶段。

【长虹智能空调产业园】 长虹智能空调产业园是以四川长虹空调有限公司为主体形成的产业园区。2018年，长虹空调生产基地搬迁至绵阳经开区，项目总投约11亿元，集研发、设计、生产、加工、装配、仓储为一体。产业园占地约54公顷，建筑面积32万平方米，其中生产厂房22万平方米、成品物流园库房10万平方米。2019年，四川长虹空调有限公司实现工业总产值35.66亿元，实现营业收入40.25亿元。

【九洲光电线缆产业园】 九洲光电线缆产业园于2014年12月建成投产，占地约40.5公顷，主要从事航空航天线缆、裸电线与电力电缆、光缆与通信电缆、装备用电线电缆及特种电缆、光电缆组件等制造销售。园区重点推进超大容量信息传输高速数据线缆研发及产业化项目。2019年，园区实现工业总产值7.4亿元，营业收入5.1亿元，利润总额586.4万元，上缴税金1151.8万元，出口创汇59.72万美元。

【电梯产业园】 中国科技城电梯产业园，位于中国科技城集中区北翼、游仙高新区北区（石马镇），规划面积5平方千米，首期启动建设2.5平方千米。2012年规划建设。按照“集中、集聚、集约、集群”的发展思路，建设电梯整机及配套产业。2019年，园区入驻科莱电梯、绵州通力、台湾腾达、中科西奥、佛斯特电梯5家电梯整机企业，美艺包装、四川振华轿厢、四川广丰电子、九升科技4家电梯配套企业，年产值达20亿元以上。

【中电科磁性材料产业园】 中电科磁性材料产业园位于高新区，2016年11月开始建设，总投资5.1亿元，占地10公顷，建筑面积约4.7万平方米，主要从事磁性功能材料与特种器件的研制、开发、中试生产以及应用磁学基础研究，产品涵盖高性能锰锌铁氧体材料、微波毫米波单晶材料、多晶材料及器件、磁性材料专用设备和仪器制造等。项目建成达产后，形成年产1万吨软磁材料、400吨稀土永磁材料、300万件软磁器件及组件、100万件微波器件及组件生产规模。有西磁科技、西磁磁业等企业入驻园区。

（王月利　黄　兵　向　帆）

绵阳科技城建设部际协调小组

【概况】 绵阳科技城建设部际协调小组成立于2000年9月，最初成员单位有科技部、国家计委、国防科工委、财政部、教育部、建设部、信息产业部、外经贸部、人民银行、证监会10个国家部委。科技城建设部际协调小组会议原则上每两年召开一次，专题听取科技城建设汇报，研究科技城建设有关问题。至2019年，绵阳科技城建设部际协调小组共召开13次部际协调小组会议（部际协调小组第十三次会议于2017年9月16日召开），成员单位由10个增至19个。成员单位包括：科技部、国家发改委、工信部、国防科工局、财政部、教育部、民政部、自然资源部、住建部、商务部、国家卫健委、中国人民银行、国务院国资委、中国证监会、海关总署、文化和旅游部、中国科学院、军委装备发展部、军委科技委。其中科技部为组长单位。

【部际协调小组主要职责】 绵阳科技城建设部际协调小组主要职责有：协调解决绵阳科技城建设中的重大问题，支持其基础设施建设；营造有利于高新技术产业发展的政策环境；深化教育、科技体制改革；集中力量发展一批两用高技术并实现产业化；督促检查绵阳科技城建设的进展情况；完成国务院领导交办的有关事宜。

【科技部支持科技城建设】 2019年，科技部对绵阳国家农业科技园区验收和绵阳高新区“双创升级”园区建设工作给予指导和支持。对绵阳市举办第七届中国（绵阳）科技城国际科技博览会给予支持。对绵阳市落实部际协调小组第十四次会议筹备工作给予支持。

【国家发改委支持科技城建设】 2019年，国家发改委下达中央预算内资金共计57661.4万元支持科技城建设。批复绵阳富临精工机械股份有限公司为国家企业技术中心。将绵阳市列为四川省2020—2021年唯一享受国家发展改革委企业债券“直通车”激励机制的地区。绵阳市范围内的企业在2020年和2021年申请发行企业债券，不再通过省发改委转报，由发行人自行出具申请文件并直接在“国家发展改革委政务服务大厅行政审批事项申报系统”申报预约，按照预约时间到国家发改委政务服务大厅现场提交申报材料（同时抄送省发改委）。通过“直通车”机制申报的企业债券，国家发改委将按照“加快和简化审核类”的标准和要求，提高技术评估和委内审核工作效率。11月，国家发改委等3部委联合印发《关于印发全国社会足球场地设施建设重点推进城市名单的通知》，绵阳市涪城区入选，绵阳市成为全国21个重点推进城市之一，也是四川省唯一入选该名单的重点推进城市。12月，国家发改委等5部委联合印发《关于印发家政服务业提质扩容“领跑者”行动重点推进城市（区）名单的通知》，绵阳市入选成为全国32个重点推进城市之一。

【工信部支持科技城建设】 2019年，四川长虹智能制造技术有限公司、四川西南自动化研究所2个智能制造系统集成方案解决供应商项目获得工信部制造业高质量发展专项支持600万元；四川高达科技有限公司“重化工业工厂数字化绿色提升集成应用解决方案供应商”项目、四川永贵科技有限公司“产品绿色设计与制造一体化集成应用解决方案供应商”项目被工信部列入2019年国家“绿色制造系统解决方案供应商”专项，2个项目分别获得专项资金支持200万元。全年工信部授予中国工程物理研究院计算机应用研究所“网络安全技术应用示范试点项目（企事业内网集中安全监测预警平台试点）”；四川佳联印染有限公司被批准为“符合印染行业规范条件（2017年版）企业名单（第二批）”；四川科瑞达电子技术有限公司被认定为第四批国家级工业设计中心；四川九洲电器集团有限公司“实施产品可靠性增长的实践经验”被中国质量协会（工信部委托）授予“全国质量标杆”称号；永贵科技被工信部列为绿色工厂示范单位；长虹空调7款房间空气调节器、九州电子1款光网络终端被评为国家绿色设计产品；四川旭虹光电科技有限公司通过制造业单项冠军示范企业复核（2017年，该公司成为全国第一批、四川第一家制造业单项冠军示范企业），四川东方绝缘体材料股份有限公司电工用聚酯薄膜产品于成为全国第四批制造业单项冠军产品；旭虹光电、德华皮革、雪宝乳业、铜鑫铜业、靓固科技5家企业被认定为“工业企业知识产权运用试点企业”。工信部领导及相关司局负责人参加第七届中国（绵阳）科技城国际科技博览会开幕式、主论坛和专业论坛活动。

【财政部支持科技城建设】 2019年，绵阳高新区申报的打造“科技资源支撑型”创新创业特色载体项目到位中央财政支持4000万元（2018年获得中央财政“国家中小企业发展”专项资金5000万元支持，资金分3年到位）。同年，财政部支持某重大装置道路基础设施建设资金5000万元；支持绵阳制造业高质量资金11790万元。

【民政部支持科技城建设】 2019年，绵阳市作为民政工作改革创新综合观察点（全国市级层面仅有3个），建立绵阳市向民政部信息直报机制，并累计获得民政部各类资金支持6.6亿元（2017—2019年），资金补助范围涉及困难群众救助、社会福利、慈善事业、社会事务服务等方面。民政部在绵阳部署社区公共服务综合信息平台建设项目、养老服务信息惠民工程改革试点项目及公办养老机构改革试点项目3个国家级改革试点项目，通过改革试点项目的开展，提升绵阳社区建设和养老服务工作水平。支持绵阳加快推进农村养老服务体系建设，探索农村老年人日间照料中心与村卫生室“两室联建”模式，丰富服务内容，实现农村老年人全覆盖。支持和鼓励民间资本通过参资入股、收购、委托管理等方式参与养老机构改革。支持社会力量举办养老机构，逐步使社会力量成为养老服务业发展的主体，全市参与“公建民营”的养老机构7家。江油市大康镇官渡村农村社区示范创建通过民政部专家组考核验收，成为首批命名的全国示范社区（全国共104个村，其中四川省4个）。支持绵阳乡镇行政区划调整改革，全市乡镇（街道）由292个减少到166个，减幅达43%。乡镇平均面积由70.1平方千米增加到123平方千米，平均人口由1.91万人增加到3.23万人，形成3.5万人以上的重点镇、中心镇35个，其中10万人口以上的特大镇12个。

【中国人民银行支持科技城建设】 2019年，中国人民银行通过“普降+定向”降准，为绵阳市金融机构释放资金45.49亿元，并将降准资金用于支持民营小微等实体经济。向绵阳下达76.04亿元货币政策工具限额，其中支小再贷款限额27.6亿元、支农再贷款限额13.95亿元、再贴现限额34.5亿元。累计为辖内法人金融机构提供低成本资金109.59亿元，撬动金融机构累计使用货币政策工具支持民营企业1409家、小微企业1659家。支持绵阳市企业发行银行间市场债务融资工具融资。全年拓宽企业融资渠道，降低融资成本，银行间市场交易商协会批复4家绵阳市企业发行银行间市场债务融资工具40亿元，其中绵投集团、交投集团分别发行15亿元和5亿元的定向债务工具，长虹电器股份、长虹电子集团分别发行10亿元的超短期融资券。年内，落实贸易投资便利化政策，支持绵阳涉外科技型企业发展，外汇管理局新批准辖内新晨动力的跨国公司跨境资金集中运营业务，截至年底，共批复九洲、长虹、新晨3家企业，备案企业家数位居全省地市州（除成都）首位。

【国务院国资委支持科技城建设】 国务院国资委引导一批央企项目布局绵阳市以支持科技城建设。2019年，由中国建筑股份有限公司、中国建筑第二工程局有限公司、中建投资基金管理有限公司组建联合体以社会资本的方式参与的科技城集中发展区核心区综合管廊及市政道路建设工程PPP项目，被作为续建项目纳入科技城集中发展区攻坚行动项目。中铁二院作为EPC牵头方，参与科发集团为业主的科技物流产业园铁路专用线项目建设，该项目全长3.937千米，总投资约5亿元，被作为新建项目纳入全市交通攻坚行动项目。其他重点项目还有：中铁十七局集团有限公司与科发集团下属绵阳科发天达投资开发有限责任公司合作建设创新中心三期项目，项目总投资13.5亿元；中铁十八局集团有限公司、天津市市政工程设计研究院和交发集团组成联合体与绵阳市城市重点工程建设办公室签订绵阳市东西第二干道工程PPP项目合同，总投资11.6亿元；中国建筑第八工程局参与长虹智能制造产业园智慧显示终端项目建设，与长虹合作金额6.18亿元；中电熊猫信息产业集团、中电彩虹集团与长虹多媒体公司就面板供应长期开展业务合作，全年面板采购总量164.1万台，采购金额7.6亿元（不含税）；中国电科、中国电子、中航工业、中航科工、中航科技等央企及所属相关院所、企业与九洲集团及产业公司共签订科研、产品订货合同10余亿元，涵盖通信、信息系统等领域。国网四川电科院、清华四川能源互联网研究院与四川虹微技术公司开展科技研发合作，研发嵌入式宽带电力线载波通信技术和智慧负荷聚合算法，制定能源互联网家电标准，通过家电设备与电网智慧互动，实现绿色能源消费领域协同创新。中国电信四川分公司与长虹控股公司签订战略合作协议，双方在高新技术（NB-IOT、EMTC、5G、联合实验室等）、终端应用、市场渠道、行业交流等方面开展合作。长虹旗下四川爱联科技有限公司入选“科改示范企业”。截至年底，中航集团、东航集团和南航集团累计在绵阳开通航线26条，完成航班起降1.29万架次，运输旅客160.94万人次，运输货邮5166.1吨。

【海关总署支持科技城建设】 2019年，海关总署支持绵阳出口加工区整合优化为综合保税区。海关总署与绵阳市建立直接沟通交流渠道，到绵阳出口加工区实地调研，现场指导解决问题，并为出口加工区转型为综合保税区找到适合绵阳特色的路径。予以政策倾斜，推动全国通关一体化改革、税收征管改革、企业管理模式改革、加工贸易监管改革在科技城落地落实，支持科研机构和重点企业用好减免税政策。开展“智慧监管、精准服务”，坚持“一企一策”支持绵阳京东方、惠科等重大产业项目建设，帮扶长虹、利尔化学等外贸企业发展。全年实现进口整体通关时间同比压缩44.03%，出口整体通关时间同比压缩52.6%，为辖区企业减免两税1.9亿元。参与第七届中国（绵阳）科技城国际科技博览会组织工作，强化协调对接，量身定制展品通关方案，保障展品和参会人员高效通关。

【中科院支持科技城建设】 2019年，中科院成都分院与绵阳市政府在持续共建育成中心的基础上，支持双方开启新一轮院市合作。依托育成中心平台，中科绵投环保循环经济产业园、江油鑫达聚甲氧基二甲醚等重大产业化项目效益显著。中科院直属企业北京喀斯玛公司在绵阳科创区建设的喀斯玛西部商城销售额实现5.31亿元。中科院声学所与湖山电器合作开发的扩声系统环境噪声检测自动增益系统进入样品测试阶段。中科院宁波材料所与四川永贵科技在连接器技术开发方面开展合作。截至年底，由育成中心引进在绵阳签约落地的中科院系统项目共15项，总投资15244万元；中科绵投循环经济产业园垃圾焚烧发电项目等4个子项目投入使用，垃圾焚烧发电项目进入二期建设，日处理量达1200吨；中科院兰州化学物理研究所技术转让四川鑫达公司聚甲氧基二甲醚项目正式投产。中科院微电子研究所与九洲集团合作共建研究平台；中科院过程工程研究所与银河化学合作建立专家工作站；中科院成都山地所、中科院水生生物所、中科院成都生物所、中科院生态环境研究中心与育成中心合作，在绵阳共建西南环境保护先进技术研发与应用中心；中科院云计算中心与绵阳科创区在数字经济顶层设计方面达成战略合作意向；中科院北京国家技术转移中心与绵阳市涪城区达成合作，成立中科（绵阳）创新园；中科院微小卫星创新研究院也与涪城区达成合作意向，共建卫星产业园。此外，中科院还支持科技城人才培养和智库建设。选派中科院干部在绵阳挂职，支持地方建设。支持育成中心持续打造中科智库，组织开展各领域决策咨询和战略规划，为绵阳产业发展问诊把脉，截至年底，智库专家达78人。支持第七届科博会，组织中科院系统参展；支持育成中心承办科博会分论坛——2019第一届新型智慧城市发展论坛，共计300余人参会，为城市管理者、智慧城市建设专家及企业家提供交流平台。

（曾卫民）

2019 年科技城建设部际协调小组其他成员支持科技城建设事项一览表

表 3

单位名称	重点支持事项
住房和城乡建设部	支持游仙区申报全国农村住房建设试点
商务部	支持绵阳市中央外经贸发展专项资金 4100 余万元；联合其他国家部委支持绵阳市建设全国家政服务业提质扩容“领跑者”示范城市
国家卫健委	帮助绵阳市中医医院中医药传承与创新工程建设项目落实中央专项资金 2000 万元
文化和旅游部	指导和支持绵阳科技城集中发展区文化艺术中心建设、科技城“三线”建设工业遗产保护利用以及国家文化消费试点城市建设、科技城文化旅游对外交流推广、绵阳国家级旅游品牌创建工作
中国证监委	为绵阳科技城企业上市提供“即报即审、即审即过”特殊支持

四川省建设绵阳科技城领导小组

【概况】 2000年，四川省成立以省长为组长的四川省建设绵阳科技城领导小组，领导小组办公室设在省科技厅。领导小组原则上每年召开1次专题会议，研究绵阳科技城建设相关工作。2019年4月，四川省对省建设科技城领导小组成员单位进行调整，调整后的成员单位有20个，包括：省委融办、省发改委、省经信厅、省教育厅、省科技厅、省民政厅、省财政厅、省人社厅、省自然资源厅、省住建厅、省商务厅、省文旅厅、省卫健委、省国资委、省知识产权中心、成都海关、人民银行成都分行、四川证监局、中科院成都分院和绵阳市。

【四川省建设科技城领导小组第20次会议】 2019年5月20日，省委副书记、省长尹力主持召开省建设绵阳科技城领导小组第20次会议，省委副书记邓小刚，省政府秘书长张剡，以及领导小组成员单位有关负责人出席会议。会议学习贯彻习近平总书记关于绵阳科技城建设的重要指示精神，安排部署近期重点工作。听取省直部门、绵阳市推进绵阳科技城建设相关情况和第七届中国（绵阳）科技城国际科技博览会筹办情况的汇报，审议《2019年绵阳科技城建设重点工作安排》。会议强调，绵阳科技城建设是全省实施创新驱动发展战略、推进技术融合发展的重要载体，绵阳市和领导小组各成员单位要落实新发展理念，坚持问题导向目标导向，强化责任、增添措施、狠抓落实，确保中央和省委、省政府决策部署落地见效。要以重大项目建设为抓手，保障国家重大项目实施，推进技术融合改革创新试点，做好创新平台和载体建设，加快构建以企业为主体、市场为导向、产学研深度融合的技术创新体系，加快技术融合深度发展和自主创新能力提升。要聚焦“5+1”现代产业体系（“5+1”即电子信息、装备制造、食品饮料、先进材料、能源化工、数字经济）建设优化产业布局，加快产业提质增效、转型升级和成链集群发展步伐，深化区域交流开放合作，推动科技城融入“一带一路”建设和长江经济带发展，推动绵阳经济高质量发展。会议要求，领导小组办公室要加大统筹协调力度，省级相关部门要结合职能分工更加主动作为，加强工作推进和督导。绵阳市要履行主体责任，调动和发挥各方面积极性主动性创造性，保障目标任务完成。

【省发改委支持科技城建设】 2019年，省发改委安排预算内资金6.38亿元，支持绵阳科技城项目85个，推进10个国家级创新平台和19个省级创新平台（含2019年新增4个）发展。完善推进绵阳科技城加快发展的措施举措，参与制定《关于推进绵阳科技城加快发展的意见》，梳理发改部门支持绵阳科技城加快发展的政策措施，形成《四川省发展和改革委员会贯彻落实〈中共四川省委四川省人民政府关于推进中国（绵阳）科技城加快发展的意见〉有关政策措施委内责任分工方案》。会同经信厅、司法厅、省委编办和绵阳市发改委、绵阳市经信局等部门，研究推进“绵阳市政府关于恳请省政府正式授予绵阳市政府投资项目省级管理权限事项”工作。配合有关方面制定实施绵阳科技城集中发展区总体发展规划。支持绵阳科技城范围内符合政策条件的开发区扩区调位。加强能源要素保障，会同有关方面制定出台《关于落实精准电价政策支持特色产业发展有关事项的通知》，明确对大数据、新型电池、电解氢等产业用电精准电价支持政策。支持绵阳市深化全面创新改革，指导绵阳按期完成国家和省赋予的改革任务。国家授权先行先试涉及绵阳的17项改革任务、《四川省系统推进全面创新改革试验方案》涉及绵阳的38项改革任务全部完成。帮助绵阳建立“政校院企联动”的经验总结提炼机制，形成一批可复制可推广的“绵阳经验”，指导绵阳总结提炼8项改革措施作为第三批经验在全省推广。支持绵阳深化科技成果转移转化，西南科技大学被纳入四川省首批职务科技成果权属混合所有制改革试点，转让11项国家发明专利，成立9家创新创业企业。加快打通科技与金融通道，绵阳专利权质押融资新模式实现专利权质押融资贷款101笔，贷款额突破4.5亿元。拓展应收账款融资服务模式，有167家金融机构、6家核心企业和240家中小企业加入中征平台，累计实现融资206.54亿元。支持绵阳创新体系建设，全年省预算内基本建设投资支持绵阳12448万元。指导绵阳8家国家企业技术中心完成年度评价工作，15家省级工程实验室完成年度总结工作。安排省预算内基本建设资金300万元，支持四川九洲电器集团有限责任公司技术中心创新能力建设。优先支持绵阳雅丽兴科技公司年产5万吨二硫化碳循环经济等项目申报中央预算内技术改造、增强制造业核心竞争力等专项。支持绵阳推进国家科研人员激励计划试点，加强与国家发改委沟通汇报，指导绵阳市制定《绵阳市国家科研人员激励计划试点2019年工作计划》。支持四川长虹电器股份有限公司建设国家“双创”示范基地、电子信息产业工业互联网平台和信息安全体系等项目。下达中央预算内资金29403万元，支持公共体育普及工程、教育现代化推进工程、全民健康保障工程、社会服务兜底工程、文化旅游提升工程5类共26个项目建设。支持西南科技大学、九洲技师学院等改善办学条件。支持绵阳入选全国普惠托育专项行动试点，家政服务业提质扩容“领跑者”行动重点推进城市。推动绵阳培育壮大新兴产业。按照“十三五”战略性新兴产业发展规划，支持绵阳培育发展新一代信息技术、高端装备等战略性新兴产业，强化创新驱动，持续打造产业发展新引擎。支持绵阳科技城产业发展基金（有限合伙）做大规模，并向重大项目倾斜投资。在成都平原经济区融资对接暨辅导培训会上，发布绵阳市13个省重点项目，约145亿元融资需求，绵阳市省重点项目现场签约金额达28.4亿元。将绵阳塞恩新能源科技有限公司等4家企业纳入2019年“新三板”挂牌重点后备企业进行统筹培育。支持绵阳企业、科研院所和高校建立创新联盟，开展芯片设计、5G通信、石墨烯材料等多个领域核心技术攻关，建成省级以上创新平台5个。帮助绵阳争取中央预算内生态文明专项资金5800万元，支持污水垃圾处理项目建设。推荐绵阳经开区申报国家园区污染第三方治理试点。支持绵阳推进高新区、经开区、盐亭经开区、三台工业园4个省级示范试点园区循环化改造。

【省经信厅支持科技城建设】 2019年，省经信厅支持绵阳科技城建设重点项目91个，安排财政资金共2.22亿元。主要包括省级工业发展资金专项中新兴产业及高端成长型产业培育资金、技术改造与转型升级资金、产业园区产业发展引导资金等。支持绵阳引导产业聚集发展。按照《绵阳科技城“十三五”发展规划》《绵阳市工业“十三五”发展规划》《绵阳市产城融合示范区总体方案》规划部署，指导绵阳园区建设发展，优化产业布局，培育电子信息、汽车、新材料、节能环保、高端装备制造等主导产业，推进园区特色化、高端化、专业化发展。安排专项资金重点支持产业园区标准厂房、孵化器及公共服务载体建设。会同省委组织部（人才办）等5个省级部门共同组织开展四川省首批院士（专家）产业园遴选工作，遴选确定绵阳高新技术产业开发区、游仙高新技术产业园区为四川省首批院士（专家）产业园拟定对象。推进重大项目建设。推动绵阳威马汽车自动驾驶示范园试验试制中心项目落地开工，建设集自动驾驶研发、虚拟测试、场地测试为一体的自动驾驶研发、实验中心，到广东、福建等地开展产业链精准招商引资、考察洽谈。推动电子信息产业壮大发展。支持省财政安排的电子信息产业扶持专项资金向绵阳市倾斜，全年为长虹公司、惠科光电等8家企业争取到电子信息类省级工业发展资金4131万元。协调省集成电路和信息安全产业投资基金等基金公司，到光联科技5G光连接器及芯片等项目考察。组织绵阳市重点企业参加“中国电子信息博览会”“2019(首届)四川省电子信息产业链合作大会”。培育企业高质量发展。帮助科技城企业进行产业结构调整、企业创新管理提质增效。全年大企业大集团及中小企业专项资金支持绵阳科技城企业项目14个，支持金额1575万元。截至年底，培育专精特新企业109家、高成长型中小企业51家、行业“小巨人”企业4家、国家专精特新小巨人企业1家、国家级创新创业示范基地3家、省级小企业创业示范基地17家，绵阳科技城科技企业孵化器总面积达1.4万平方米，入孵企业达116家以上。推动创新能力建设。推进科技城建立完善产学研用体系，搭建科技与产业对接平台，推动科技成果商品化、资本化、产业化。推动科技城建立一批产业创新联盟，推动高校、院所和企业围绕技术、标准、市场环节，展开务实合作。全年新认定省级企业技术中心10家，总数达85家；新增省级技术创新示范企业3家，总数达4家。支持长虹、九洲等企业建设智能工厂(车间)，鼓励企业参与智慧城市、信息惠民工程建设，开发智能基础设施、产品、技术和设备等。推进长虹智慧制造产业园、通用航空产业园等特色产业园建设发展。推进“双创”工作。指导绵阳市创建国家级和省级小型微型企业创业创新示范基地。在绵阳市举办2019年“创客中国”四川省中小企业创新创业大赛暨第二届“创客天府”创新创业大赛绵阳区域赛。

【省教育厅支持科技城建设】 2019年，省教育厅支持和推进构建与科技城相适应现代教育体系。协调教育部在博士硕士点建设、省级一流学科建设、应用型博士硕士专业学位改革等方面对科技城予以重点倾斜支持。支持国家重点实验室、国家级协同创新中心、省部级重点实验室(工程中心)、哲学社科重点研究基地等国省级重大科技创新基地在科技城高校布局建设。联合教育部共同支持高校与院所、企业合作，探索建立科技城高层次人才培养新机制和新模式。通过平台和机制建立，协同聚集省内外高校创新资源服务科技城发展。对绵阳的学前教育发展、义务教育化解大班额、高考综合改革给予专项支持，下达绵阳学前教育中央和省专项补助5862万元、地方债6497万元；义务教育化解大班额3059万元、高考综合改革226万元；统筹中央和省级资金，实施中等职业教育质量提升工程，投入绵阳中等职业学校7273万元。支持绵阳科研院所与知名高校在研究生培养等方面开展多种形式合作。教育部与四川省人民政府签订相关合作协议，共同支持四川高校与科研院所、企业开展合作，联合探索建立中国(绵阳)科技城人才培养新机制、新模式。发挥科技城研究生培养单位较多等优势，突出以导师互聘、课程互选、实验室开放、项目合作等多种形式，持续重点推进研究生教育“培养机制”改革，加大高层次创新人才联合培养。在研究生招生计划方面予以重点倾斜支持，全年支持西南科技大学硕士、博士研究生招生计划增加103人。支持西南科技大学和绵阳师范学院等院校建设。争取到教育部认定西南科技大学环境安全协同创新中心为首批省部共建协同创新中心(全国仅6个)，支持西南科技大学深化与绵阳科技城产学研合作。将西南科技大学列入《教育部与四川省人民政府共建双一流高校战略合作协议》中有关内容。争取国家支持将绵阳师范学院列入相关专项支持计划，推进学校按照国家相关要求加快建设。支持绵阳职业技术学院、四川中医药高等专科学校和四川幼儿师范高等专科学校等高校深化改革。投入140万元高职教育创新发展专项资金支持绵阳职业技术学院电子软件与信息服务专业建设，支持四川中医药高等专科学校申报取得“口腔医学”国控专业。支持西南科技大学与中国科技大学对接，推动高层次人才培养、学科建设、科研协同攻关等方面合作，形成《2019年度中国科技大学对口支援西南科技大学工作清单》；西科大拉丁美洲研究中心与中科大人文社科学院签订战略合作协议，展开联合科研合作。支持绵阳师范学院与北京优炫软件股份有限公司合作建设网络空间安全学院，校企合作培养网络人才；支持电子科技大学与绵阳企业开展项目合作。

【省科技厅支持科技城建设】 2019年，省科技厅支持筹备召开省建设绵阳科技城领导小组第20次会议；会同省级有关部门、绵阳市初步拟制部际协调小组第十四次会议方案，落实会议筹备工作；推进省委省政府《关于推进中国（绵阳）科技城加快发展的意见》（以下简称《意见》）贯彻落实。根据省建设绵阳科技城领导小组办公室第20次会议精神，将《意见》落实情况纳入省委、省政府工作督察和年度目标考核体系，科技厅制定《意见》落实情况考核细则，并牵头对相关责任单位进行考核，将考核意见按要求报送至省政府督查室。细化《意见》中涉及科技厅的支持政策事项，印发工作任务分工表，提出19条具体措施。会同绵阳市组织开展《绵阳科技城“十三五”发展规划》评估和“十四五”发展重大课题研究工作，筹备科技城“十四五”发展规划专业机构招标工作。支持绵阳创建国家创新型城市，加快建设绵阳高新区国家“双创”升级示范园区，确定“双创”升级项目30个；举办第四届中国创新挑战赛（绵阳科技城）。安州·长虹“双创”产业园一期主体工程完工。西南科技大学国家大学科技园项目“双创”中心开工建设。建成各类孵化机构超过60家，新增面积3万平方米，总面积超过100万平方米，入驻企业和服务机构超过4200家。新增国省级重点实验室2家，新增国省级工程技术研究中心7家，新增国省级企业技术中心11家，新增国省级工程技术研究中心4家。全市科技创新综合水平指数达到75.78%，同比增长2.89%。全市研究与试验发展经费达152.4亿元，研发经费投入强度达6.61%。承办第七届中国（绵阳）科技城国际科技博览会。

【省财政厅支持科技城建设】 2019年，省财政厅提出8条支持科技城加快的新举措；对省委、省政府《关于推进中国（绵阳）科技城加快发展的意见》涉及财政厅的8项工作任务实行“清单化”管理。加大财政转移支付补助力度，在均衡性转移支付补助中单列下达绵阳科技城发展补助资金9800万元，支持绵阳市科技城发展统筹用于集中区内基础设施、重大产业项目建设。下达绵阳科技城人才发展专项资金5000万元，统筹用于高端人才引进与培养。下达绵阳科技城科技博览会经费2000万元，支持绵阳市举办专业化、国际化、市场化的科技展会。支持中国（绵阳）科技城符合条件的基础设施、城乡社会事业和生态环境保护建设项目申报中央基建投资等有关补助资金。下达绵阳市中央预算内投资3.25亿元，其中市本级0.79亿元。加大地方债券发行，支持绵阳市及科技城重点项目建设，全年下达绵阳市新增债务限额63.9亿元，较2018年增加17.7亿元。支持绵阳市将省政府下达的新增债务限额用于科技城重点项目建设。加大产业基金支持，督促协调省创新创业投资引导基金设立绵阳富达创新创业股权投资基金，基金规模3亿元，完成投资项目11个，投资额1.1亿元。协调绵阳市加入高层次人才基金，支持绵阳市引进高层人才，为绵阳科技城发展提供人才支撑。鼓励绵阳市梳理优势产业项目库，对接参与四川省区域协同发展投资引导基金并组建区域子基金，推进绵阳科技城重大项目建设。会同人民银行成都分行、省发改委、经信厅等单位印发《四川省财政金融互动奖补资金管理办法》，对企业加大财政贴息力度。落实股权融资、债权融资奖补政策，全年省级财政兑现奖补资金约5.4亿元，支持企业股权融资、债券融资及其他多渠道融资。缓解中小企业融资压力，下达中小企业发展专项资金2315万元，支持重点项目32个。会同省级有关部门支持绵阳建设科技金融试点城市建设。推广专利权质押融资新模式。会同省级知识产权、金融主管部门联合下发《推广“专利权质押融资新模式”工作方案》，要求在省内扩大试点第一批全面创新改革试验经验“专利权质押融资新模式”成果。支持绵阳市加大试点示范和开放合作。配合科技厅、省发改委等单位出台扩大职务发明知识产权归属和利益分享制度改革试点范围、“双创”升级版政策。推进成德绵国家科技成果转移转化示范区建设等。支持绵阳开展国家科研人员激励计划试点，跨层级联合推进落实试点政策。支持绵阳高新区、经开区创建国家“双创”示范基地，打造“双创”升级版。支持绵阳市符合条件的园区创建省级高新技术产业开发区。支持中国工程物理研究院等参与创建国家实验室。支持绵阳市建设院士产业园和技术转化中心，优先在绵阳市实施院士团队科技成果转移转化项目。支持绵阳高校、科研院所开展职务发明知识产权归属和利益分享制度改革试点。

【省人社厅支持科技城建设】 2019年，省人社厅督促指导绵阳市用好用活《四川省扩大高等学校科研院所医疗卫生机构人事自主权十条政策》和《四川省激励科技人员创新创业十六条政策》等人才新政。配合省委组织部等研究制定四川省促进人才深度融合发展措施，围绕建立工作会商机制、畅通双向流动渠道、加大人才引进、创新协同育人模式、搭建协同创新平台、支持科技成果转化、创建人才特区、完善服务保障等方面提出具体措施。支持绵阳高校和科研院所采取年薪制、协议工资制、项目工资制等分配方式引进紧缺或高层次人才，所需薪酬计入当年单位（绩效）工资总额，不作为（绩效）工资总额基数。允许在绵阳的国省重大人才专家破格申报正高级专业技术职称。根据绵阳科技城产业发展需要下放高级职称评审权，在绵阳市组建中小学和中等专业学校教师、基层卫生、电子信息、机械、材料、化工等9个专业副高级职称评审委员会，高评委数量位居全省市州第一。利用博士后制度平台，为绵阳集聚高层次人才。长虹电子集团、九洲电器集团、绵阳市农科院等5家单位获批设立国家博士后科研工作站；四川省银河化学股份有限公司、台沃科技集团股份有限公司等12家单位获批省级博士后创新实践基地。支持绵阳创建中国工程物理研究院培训中心国家级高技能人才培训基地；累计给予张宝（维修电工）国家级技能大师工作室、陈本富（美发）省级技能大师工作室共540万元经费补助。支持绵阳科技城建设人力资源服务产业园。在绵阳科技城举行首届四川省专家智力服务基层论坛。

【省自然资源厅支持科技城建设】 2019年，省自然资源厅指导绵阳市国土空间规划编制，预测绵阳市人口规模，划定城市开发边界。保障绵阳科技城项目用地。指导绵阳市修改和调整土地利用总体规划约100公顷。支持绵阳市符合条件的基础设施、产业发展等重大项目列入省重点项目清单，年度用地计划指标按相关规定予以安排解决。在下达2019年土地利用年度计划指标时，单列安排中国（绵阳）科技城用地。创新土地审批方式。在绵阳市开展土地审批方式创新改革试点，对省政府负责的涪城、游仙、安州辖区农用地转用、土地征收审批事项，省政府依法委托绵阳市政府行使审批权。

【省住建厅支持科技城建设】 2019年，省住建厅指导绵阳市优化完善城市交通网络，确保高铁大道、滨河北路、集中发展区核心区东、西片区支路网等重点项目持续推进。指导绵阳市完善海绵城市建设5年滚动编制计划，紧扣海绵城市建设理念，加快海绵城市建设进度。绵阳市确定

102个海绵城市建设项目，总投资286.9亿元，其中海绵设施投资71.32亿元。完成以绵阳市委党校、三江六岸景观带、小枧湿地公园等为代表的项目50余个，建成海绵城市建设面积约26平方千米。指导绵阳市因地制宜推进综合管廊建设。全年综合管廊开工里程18千米，形成廊体总长度2.47千米。指导绵阳市深化绿地系统规划，加强城内绿地系统与城外生态空间的统筹融合，完善城市绿地空间形态，提升公园绿地服务半径覆盖率。做好城市生态修复工程，优化城市内外生态空间格局。绵阳市共入库工程项目12个，建设规模约1982公顷，竣工和在建项目7个，建设规模约1029公顷，占入库项目总规模的52%。

【省商务厅支持科技城建设】 2019年，省商务厅协调推进绵阳出口加工区整改升级为综保区工作，会同省级相关部门加强与国家相关部门的协调沟通，争取商务部作为协同部门对绵阳综合保税区申建工作的支持。持续推进服务业重点项目建设，支持绵阳市建设中国科技城（绵阳）科技物流产业园建设项目等服务业重点项目。推动电商与社交电商等融合新业态发展。引导涪城区千亿电商集聚区、科创区电商基地、游仙区电商谷3个省级电商示范基地创新发展模式，构建产业协同发展新生态。动员绵阳市参加2019川货电商节暨电子商务发展峰会。支持绵阳市游仙区作为省级电子商务产业发展示范县500万元，支持举办水果网购节暨名特优产品展示展销会活动。支持绵阳开展对外投资合作，全年新增境外投资企业5家，备案中方投资额1.01亿美元。专项安排对外投资合作资金492万元支持绵阳科技城加强对外投资合作。支持科技城承接外向型制造产业转移，促进绵阳科技城对外贸易转型升级。支持绵阳加工贸易发展专项资金400万元。帮助协调新晨动力、绵阳京东方、九州电子、九洲电器集团等企业争取国家进口贴息资金1418.3万元。指导绵阳京东方、新晨动力、富临精工、龙华光电薄膜、绵阳美能和九洲电器集团等7家企业向国家申报2020年度进口贴息项目，申报进口总额18.5亿美元。专项安排内贸流通服务业发展促进资金项目500万元。专项安排443万元服务贸易扶持资金，支持绵阳科技城发展服务贸易。

【省卫健委支持科技城建设】 2019年，省卫健委将四川省科学城医院创建“三级甲等”综合医院纳入2019年度四川省医院等级评审计划。支持四川省科学城医院组建核医学科，创建成为川西北地区首家配置PET/CT的医院。支持中国（绵阳）科技城新增建设省医学重点学科（专科）7个，中国（绵阳）科技城共建成省医学重点学科（专科）54个，总数居全省第二。组织对绵阳核医学中心建设方案进行集中评估指导。

【省文旅厅支持科技城建设】 2019年，省文旅厅下达170万元财政资金用于文化旅游新技术孵化产业园建设和第三届新技术应用大会。9月，联合绵阳市人民政府、科学技术厅在北川召开“第三届四川省旅游业新技术应用大会”，并举行绵阳文化旅游新技术孵化（产业）园开园仪式。产业园引进泛美航空、四川纵横、北京金石莲华、绵阳特飞等以“通航新技术+旅游”为特色的高新技术项目14个，签约资金90亿元。

【省国资委支持科技城建设】 2019年，省国资委与绵阳市国资委组织召开推动省属国有企业参与绵阳科技城建设对接座谈会议，省属13家企业与绵阳市属11家企业开展合作需求对接。起草《关于进一步推动省属国有企业参与中国（绵阳）科技城建设的实施方案》，在深化合作机制、建立上下衔接的“十四五”规划体系、推动已签约项目落地落实、协调提供融资支持、参与中国（绵阳）科技城产业项目建设、参与绵阳市基础设施建设方面细化行动措施。全年四川发展、川投集团、铁投集团、能投集团、交投集团等省属企业参与绵阳基础设施项目建设9项，其中有绵阳高新区永兴镇玉龙院片区统建安置房及配套路网建设项目、能投集团配气门站至江彰大道连接管道工程项目2个新开工项目。

【省知识产权服务促进中心支持科技城建设】2019年，省知识产权服务促进中心推进实施科技厅、发改委、教育厅等8个部门联合印发的《关于扩大职务科技成果权属混合所有制改革试点的指导意见》，加强对绵阳市第二批试点单位西南科技大学、四川铁骑力士集团的工作指导，推动开展职务发明知识产权归属和利益分享制度改革。全年西南科技大学共实现20多项高价值专利转让。推广“贷款+保险保障+财政风险补偿”的专利权质押融资新模式。建立专利质押融资项目需求库、评估机构库、担保机构库、知识产权金融服务团队库。完成《四川省知识产权质押融资风险补偿基金管理办法》修订。举办2019天府知识产权峰会，现场签约项目21个，签约金额32亿元。全年省级知识产权专项资金共补贴近500万元。指导支持绵阳高新区申报国家知识产权示范园区，安排专项资金30万元支持绵阳高新区开展知识产权产业导航工作。安排专项资金80万元支持绵阳市游仙区东林镇开展知识产权特色小镇建设，组织召开知识产权特色小镇建设推进会。

【成都海关支持科技城建设】 2019年，成都海关关长、党委书记王文喜参加第七届科博会，并到绵阳出口加工区了解整合转型情况，到重点企业进行实地调研，要求成都海关加强政策研究，配合地方政府做好绵阳出口加工区整合转型为综合保税区工作，落实总署、成都海关各项改革部署，用好优惠政策服务重点项目，支持科技城发展。帮助绵阳落实科博会相关筹备工作特别是海关总署参会领导邀请等工作。建立专家指导机制，对绵阳出口加工区转型优化为绵阳综合保税区的政策、预评、申报、建设等进行全流程跟进指导。加强政策宣讲和入区项目指导，帮助绵阳争取海关总署相关司局支持，指导绵阳市加强与其他部委相关部门的联系，加快会签流程。支持重点项目及重点企业建设。对绵阳京东方AMOLED柔性显示面板项目实施个性化定制式服务。支持利尔化学、长虹等骨干企业发展。支持科技城跨境电商发展，支持在绵阳跨境电商监管平台开展进口直购业务。支持科研院所科技创新研发。贯彻落实《海关全面深化业务改革2020框架方案》，争取试点工作和推广应用。推广通关一体化改革配套措施。鼓励企业采用“电子支付”“汇总征税”“自报自缴”模式，缓解企业资金占用压力。推广《海关专用缴款书》企业自助打印功能，提升涉税报关单快速处置效率。扩大融资担保公司担保（企业征信担保）、关税保证保险、总担保等适用范围，针对不同企业制定个性化担保方案，推进关税担保方式创新。引导企业采取适合自身的报关模式，压缩货物整体通关时间。推动“单一窗口”信息共享、业务协同和流程优化，确保国际贸易“单一窗口”标准版海关主要申报业务全覆盖。

【中国人民银行成都分行支持科技城建设】 2019年，中国人民银行成都分行运用货币政策工具引导金融机构加强信贷支持，引导商业银行创新科技金融产品和服务。联合四川知识产权服务促进中心等部门推动知识产权质押融资持续扩大。支持商业银行创新投贷联动模式，提升科技信贷服务质效。持续推进小微企业应收账款融资行动，支持供应链上科技型中小企业融资。指导人民银行分支机构开展应收账款“甘泉行动”，实现中国银行/绵阳商行——中征平台——长虹集团三方系统直连，构建长虹电器、九洲电器等12条在线全流程融资服务链条。支持金融机构运用纳税信息、大数据等创新产品，推出设备仪器贷等多款面向科技型企业的重信用、轻抵押金融产品。发挥银行间债券市场融资作用，推出创新创业金融债和“双创”专项债务融资工具。推动“科技和金融结合”工作，会同科技厅等部门推进科技和金融结合试点工作，将绵阳市列入首批促进科技和金融结合试点地区。指导绵阳中支会同绵阳市相关部门联合印发《关于进一步推动科技金融专营组织机构创新发展的意见》，引导金融机构完善金融服务体系，加强科技专营支行建设，加大科技型企业首贷户培育。配合做好科技型中小企业贷款风险补贴等采集互动奖补资金的申报工作，撬动更多银行信贷资金和保险资金服务于科技型企业。支持涉外企业用足用好跨境人民币业务政策。引导金融机构强化涉外企业辅导培育，对接跨境结算需求，开发贴近涉外企业实际需要的跨境人民币结算产品，将跨境人民币开展较少或尚未开展的企业纳入重点辅导对象，拓展新客户，寻找业务突破点。创新跨境人民币融资产品，指导中国建设银行、中国工商银行为长虹集团办理风险参贷业务，支持九洲集团开展跨境人民币双向资金池业务。

【中科院成都分院支持科技城建设】 2019年，中科院成都分院促成中科系统相关单位与绵阳市开展合作。中科院金属研究所与四川永贵科技有限公司在气路转角块焊接开裂方面开展合作；中国科学院宁波材料所与四川永贵科技有限公司合作开发连接器银基镀层性能测试分析及技术，并在高可靠连接器电沉积银基镀层技术开发、博士后工作站等方面达成合作意向；中科院上海应用物理研究所与绵阳西磁磁电有限公司多个项目达成合作；中科院上海应用物理研究所与绵阳博格科技在磁铁组件等方面达成合作；中科院过程工程研究所与四川东材科技集团股份有限公司在阻燃材料方面达成战略合作。中国科技大学、西南石油大学与绵阳游仙区合作开展安全技术评估工作。中科院过程工程研究所与四川银河化学股份有限公司合作成立院士工作站；中科院水生生物所、成都山地所与绵阳育成中心、西南科技大学、绵阳师范学院、绵阳市生态环境保护协会联合成立西南生态环境先进技术研发与应用中心；中国科学院微电子研究所与四川九洲电器集团公司共同搭建研究平台。四川鑫达新能源科技有限公司引进中科院兰州化学物理研究所技术，打造聚甲氧基二甲醚生产线正式投产。中科院微电子所与四川豆萁科技有限公司联合开展存储器产品研发并实现量产。中科院成都生物所与四川康昕生态有限公司合作的聚谷氨酸（γ-PGA）高效有机肥制备技术研发与示范项目正式投产。协调中科院物联网研究发展中心、中科院上海高等研究院与四川长虹电子系统有限公司在绵阳合作共建新型智慧城市研究院。促成绵阳育成中心与亚士臣科技、创梦孵化器、金发科技、容创孵化器等7家孵化器在联合打造双创载体、信息交流、企业服务等方面达成战略合作。促成绵阳育成中心举办新型智慧城市论坛、新能源产业专题对接会、西南生态环境应用研发中心项目发布会、农村生活污水治理工作对接会等专业论坛（会议）7次，联合科技局、工研院、高新区、科创区等举办第五届中国科技城大学生毕业设计大赛、电子电器工业设计大赛、“不忘初心　科普未来”大型科普活动等竞赛、科普类活动4次，促成绵阳育成中心与162家本地企业开展对接合作。组织中科院系统参展第七届中国（绵阳）科技城国际科技博览会。（曾卫民）

科技城党工委和管委会

【概况】 2019年，科技城党工委、管委会坚持以习近平新时代中国特色社会主义思想为指导，贯彻落实习近平总书记对绵阳科技城建设的重要指示精神，按照中央、省、市关于科技城建设的各项决策部署，谋划科技城加快发展体系架构，制定《中国（绵阳）科技城加快发展三年行动方案（2018—2020年）》，实施创新主体培育、创新生态营造、创新活力激发、创新产业壮大、开放合作深化、发展环境优化“六大工程”，凝聚各方力量推动科技城加快发展驶入“快车道”。全年科技城范围内实现地区生产总值2011.61亿元，同比增长8.6%；规模以上工业增加值同比增长10%；全社会固定资产投资同比增长14%；社会消费品零售总额实现937.98亿元，同比增长11%。

【机构改革和职能配置】 2019年3月，根据《绵阳市机构改革方案》和《绵阳市机构改革实施意见》，市委办公室印发《中国（绵阳）科技城党工委管委会办公室职能配置、内设机构和人员编制规定》，明确科技城党工委、管委会是市委、市政府的派出机构，科技城党工委、管委会办公室是科技城党工委、管委会的办事机构。科技城党工委管委会办公室的主要职责是：落实党中央、国务院，省委、省政府，市委、市政府关于科技城建设的方针政策和决策部署，拟订科技城建设中长期发展规划并组织实施；组织开展科技城建设发展战略、重大问题的调查研究，提出科技城建设体制机制改革建议，拟订有关政策措施；负责编制科技城建设阶段性行动方案和年度工作计划，对工作任务实施目标管理；承担科技城集中发展区建设的统筹协调工作；负责联系绵阳科技城建设部际协调小组、省建设绵阳科技城领导小组等相关单位，承担部际协调小组、省领导小组等会议的筹备工作，统筹协调会议重要决策部署的贯彻落实；统筹协调科技城建设重大政策、重大事项、重大项目等对上争取工作；负责联系市内科技城建设重点单位，承担相关协调服务工作；完成部际协调小组、省领导小组，市委、市政府和科技城党工委、管委会交办的其他任务。科技城党工委、管委会不再保留综合办公室、经济发展局等3个内设机构，部分原有职能调整到市委融办、市发改委。

相关链接：2007年，四川省委、省政府出台《关于加快推进中国（绵阳）科技城建设的意见》及配套文件《关于印发〈中国（绵阳）科技城管理机构组建方案〉和〈赋予中国（绵阳）科技城的经济管理权限〉的通知》，批准组建成立科技城管理委员会，赋予科技城部分省级经济管理权限。同年9月24日，中共中国（绵阳）科技城工作委员会、中国（绵阳）科技城管理委员会（以下简称科技城党工委、管委会）正式成立。2009年12月，市委、市政府印发《〈中国（绵阳）科技城党工委、管委会主要职责内设机构和人员编制规定〉的通知》，明确科技城党工委、管委会设综合办公室、经济发展局等3个内设机构。

【《中国（绵阳）科技城加快发展三年行动方案（2018—2020年）》推动落实】 2019年，科技城党工委、管委会根据《中国（绵阳）科技城加快发展三年行动方案（2018—2020年）》（以下简称“三年行动方案”），按照年度细化分解三年行动方案，制定《中国（绵阳）科技城加快发展2019年工作要点》及《六大工程专项小组2019年工作计划》。履行牵头抓总、综合协调和督促落实职责，推动建立“六大专项工程”的“五个一”工作推进机制，召开2次科技城建设联席会议。6个专项小组分别建立定期联席会议、任务统筹推进、工作目标考核等工作制度，以“清单制+责任制+督考制”协同推进139项具体工作任务实施。加强督查督导，对照年度工作目标要求，对139项任务逐一进行核对评估，确保各项工作按计划推进。

相关链接：

"六大专项工程"：创新主体培育工程、创新生态营造工程、创新活力激发工程、创新产业壮大工程、开放合作深化工程、发展环境优化工程。

"五个一"工作推进机制：一专项工程、一市级领导、一牵头单位、一工作专班、一实施方案。

【国省支持绵阳科技城建设政策措施推进落实】 2019年，科技城党工委、管委会起草《省委、省政府关于推进中国（绵阳）科技城加快发展的意见》（以下简称《意见》）并推动正式印发，将《意见》贯彻落实情况纳入省委、省政府督查考核工作范围。制定并印发《意见》责任分工方案，并将20项支持政策事项细化分解为75项具体工作，会同市委绩效办开展专项督查，每月收集汇总支持政策事项落实情况，督促相关工作加快推进。

【重要会议筹备】 2019年，科技城党工委、管委会推进绵阳科技城建设部际协调小组第十四次会议筹备工作，制订会议建议方案并上报国务院审批；推动召开省建设绵阳科技城领导小组第20次会议，审议印发《2019年绵阳科技城重点工作安排》《第七届中国（绵阳）科技城国际科技博览会总体方案》，对全年科技城建设重点工作进行安排部署。

【科技城集中发展区建设推进】 2019年，科技城党工委、管委会负责筹备召开集中发展区建设领导小组第六次会议，研究制定集中发展区建设年度工作要点和各专项小组工作计划，印发工作规则、目标任务督查考核办法等文件。组织召开联络员会议16次，形成工作专报14期、问题清单8期，开展专项督查督办3次。99个基础设施项目完成投资106.51亿元，"引通济安"工程开工建设，综合管廊、高铁大道、滨河北路等项目顺利推进，安昌河综合整治一期、草溪河综合整治示范段基本完工。59个产业项目完成投资223.14亿元，长虹智能制造产业园完成试生产，"科技智谷"5G科技园等八大科技园正式开园，京东方柔性面板生产线项目量产交付。新签约项目100个，其中5亿元以上重大项目22个，国内省外到位资金259.32亿元。

【绵阳科技城"十四五"发展规划编制前期工作】 2019年，科技城党工委、管委会组织启动科技城"十三五"发展规划实施情况评估工作，并形成评估报告初稿。制定印发绵阳科技城"十四五"发展规划编制工作方案，完成专业编制机构的政府采购工作，启动科技城"十四五"发展方略重大课题研究工作。 （曾卫民）

人大代表调研与视察

【概况】 2019年，市七届人大常委会围绕加快建设中国科技城重大部署，把推动科技城建设作为履职担当的首要任务，持续深入实施监督，发挥地方国家权力机关的作用，为加快建设中国科技城和西部现代化强市贡献人大力量。

【视察与调研】 2019年，市人大常委会领导和人大代表到科技城集中发展区、京东方等重大项目工地和部分科研院所，就科技成果转化、全面创新改革试验和推进科技城集中发展区建设等方面工作进行视察调研。6月13日，市人大常委会主任马华带队到高新区京东方绵阳第6代AMOLED（柔性）生产线项目、维谛技术（绵阳）有限公司、长虹智能制造产业园等地进行专题调研，了解项目建设、企业发展等情况，提出要聚力做强重点产业，依托现有资源优势和产业基础，加大招商引资力度，着力激发创新活力等建议。6月14日，市人大常委会主任马华带队到涪城区惠科8.6代薄膜晶体管液晶显示器件生产线项目、中国（绵阳）科技城5G科技园和卫星应用科技园等地进行专题调研，对涪城区作为绵阳市主城区、科技城集中发展区核心区提出要增强使命感和责任感，践行新发展理念，推进项目建设，优化营商环境，发挥区位优势，争做高质量发展“排头兵”，推动科技城集中发展区加快建设等建议。8月2日，市人大常委会召开《中华人民共和国促进科技成果转化法》执法检查动员会，安排部署有关工作；8月27—28日，市人大常委会副主任黄正良、李川萍分别带领执法检查组，先后到涪城区、游仙区、安州区、江油市和高新区、经开区、科创区等地，就贯彻实施《促进科技成果转化法》情况开展执法检查，听取有关工作情况汇报，与有关部门和企业代表座谈交流，提出完善激励机制，发挥企业主体作用和政府促进作用，壮大创新创业人才队伍、畅通技术转化通道，让更多科技成果转化为现实生产力等意见建议。市人大常委会组织常委会组成人员、各级人大代表专题调研科技城集中发展区基础设施建设，督促“引通济安”工程加快建设进程，保障提升集中发展区的产业承载能力。10月11日，市人大常委会带领调研组，调研科技之心片区产城融合项目推进情况，听取科技城集中发展区建设情况的报告，提出严格执行规划，高效率推进、高标准实施，打造精品工程等意见，推动和促进科技城集中发展区建设取得阶段性进展。11月5日，市人大常委会主任马华带队到北川视察“引通济安”工程推进情况。市人大常委会组队视察九绵高速、省道205绕城改线等项目建设情况，助力交通攻坚大会战，督促加快建设对外开放合作通道。强化科技城建设法制保障，《四川绵阳科技城条例》被列入省人大常委会2020年立法调研计划。

【会议审议】 2019年，市人大常委会坚持从计划执行、政策落实和规划实施等方面，督促工作落实，支持加快推进中国科技城建设。6月21日，市七届人大常委会第23次会议听取和审议市人民政府关于全市民营经济发展情况、2018年度全市行政事业性国有资产管理情况和农村土地“三权分置”改革情况的报告；审查批准绵阳市2019年市本级预算调整方案。8月30日，市七届人大常委会第24次会议听取和审议市人民政府关于2018年市级财政决算（草案）的报告，并审查批准2018年市级财政决算；听取和审议市人民政府关于2019年1—6月国民经济和社会发展计划执行情况、2018年市级预算执行和其他财政收支审计工作、2019年1至6月预算执行情况的报告。10月23日，市七届人大常委会第25次会议听取市人大常委会执法检查组关于检查《中华人民共和国促进科技成果转化法》实施情况的报告；听取市人民政府关于科技城集中发展区建设情况的报告。12月27日，市七届人大常委会第26次会议表决通过市人大常委会关于批准绵阳市2019年市级预算调整方案的决议；听取市人民政府关于2018年市级预算执行和其他财政收支审计查出问题整改情况、2019年度乡村振兴战略实施情况、2018年度全市国有资产管理情况的报告；听取市人民政府关于交通建设攻坚大会战推进情况的报告。

（刘治林）

政协委员调研与建议

【概况】 2019年，市政协围绕科技城加快发展，协调全国政协领导到绵阳出席科博会，推动九三学社“第五届全国青年论坛”、国家知识产权局“知识产权助推科技城高质量发展论坛”在绵阳举办，协同全国政协、省政协在绵阳开展技术融合产业、进一步推动智能装备产业发展等协同调研视察，引导委员通过大会发言、提案、社情民意信息等形式，就科技城集中发展区核心区建设、科技城产业集聚发展、企业创新主体培育、构建电子信息产业谷、标准化建设引领制造业强市等建言献策，助力科技城动能转换、产业升级。

【邵鸿出席科博会及九三学社第五届全国青年论坛】 2019年9月5日，全国政协副主席、九三学社中央常务副主席邵鸿出席“第七届中国（绵阳）科技城国际科技博览会”并宣布开幕。在绵阳期间，邵鸿还出席九三学社中央第五期青年骨干培训班暨第五届全国青年论坛开幕式，调研科技城建设和李白文化传承保护工作。

【陈放到绵阳开展进一步推动智能装备产业发展调研】 2019年5月22日，省政协副主席陈放到绵阳开展进一步推进智能装备产业发展专题调研。陈放一行到旭虹光电、长虹智能制造产业园、长虹多媒体公司等地，对全市智能装备制造业发展现状、产业规模、技术装备、研发能力、配套体系等情况进行实地调研并进行座谈交流。

【全市政协系统助推全面创新改革试验工作会议】 2019年4月18—19日，全市政协系统助推全面创新改革试验工作会议在江油召开。会议传达中央、省、市有关全创、科技城建设等方面重要指示和文件精神，总结2018年度市政协系统助推全创工作，安排部署2019年度工作，表扬2018年度助推全面创新改革试验工作先进单位。

【“立足产教融合办好职业教育”专题协商】 2019年9月24日，市政协召开“立足产教融合办好职业教育”专题协商会。参会委员围绕做好顶层设计、优化生态培育环境、强化供需对接、加强职业教育能力建设、营造良好舆论氛围等提出建设性意见建议。

【加快科技成果转化情况调研】 2019年10月15—16日，市政协教科卫体委带队赴东材集团、嘉泰工业设计、长虹集团、铁骑力士等企业，了解科技成果转化相关工作，并进行座谈交流。

【绵阳华夏文化科技产业园项目推进情况视察】 2019年3月27日，市政协副主席田荣华带领部分市政协委员和相关部门人员专题视察绵阳华夏历史文化科技产业园项目推进工作。委员们就项目融资渠道、旅游设施配套、旅游资源整合、宣传推广等提出有针对性的意见建议。

【全市5G推进情况视察】 2019年8月29日，市政协副主席郭兴林带领部分市政协委员专题视察绵阳移动公司5G发展建设情况。委员们就科学规划布局、加大推进力度、强化宣传引导等提出意见建议。

【“企业创新主体培育”视察监督】 2019年12月5日，市政协党组副书记、副主席胡安虎带领科技、经济等界别委员到游仙区、经开区、科创园区等地，开展“加强企业创新主体培育”视察监督。参与视察委员围绕当前全市培育企业创新主体推进落实、加快产业转型升级等方面建言献策。

【2019年绵阳市重点投资项目推进情况视察】 2019年12月18日，市政协副主席兰劲带队视察全市重点项目推进情况。委员们深入军洲智慧、新敏雅电池、鸿星尔克西部鞋服产业园三台制造基地等项目，了解项目推进情况及投产项目生产情况。

【关于用好用活革命老区政策助推科技城建设的建议】 2019年，市政协七届四次会议第5号提案，由赵丽蓉委员提出。建议：加强对政策的研究和梳理；抢抓机遇，加强政策运作落实；加大联合协作力度，形成向上争取政策的合力；

加大人才队伍建设。

【关于重在落实发展民营经济政策措施的建议】 2019年，市政协七届四次会议第26号提案，由廖艺徽委员提出。建议：探索“谁出政策谁兑现”模式；将民营经济政策落实工作作为对县区和市级部门年度工作的重要考核内容；防止政策“踏空”；推动民营经济法制化；市政务服务中心加挂绵阳市民营经济服务中心牌子；搞好追踪和监督；建立民企联系制。

【关于科技城产业集聚发展的建议】 2019年，市政协七届四次会议第85号提案，由民进绵阳市委提出。建议：围绕产业发展打造西部科技创新中心；围绕千亿产业目标打造产业集群；围绕国家战略推动产业国际化合作；围绕加快建设中国科技城和西部现代化强市优化产业空间布局；争取国家将更多技术融合改革试点先行先试任务放到绵阳实施。

【关于支持绵阳经开区与三台县合作共建绵阳科技城集中区发展区南区的建议】 2019年，市政协七届四次会议第96号提案，由三台县委员小组提出。建议：高起点编制合作共建园区规划；加大合作共建园区资金扶持力度；加强合作共建园区用地保障力度；深化合作共建园区体制机制改革；全市招引项目向合作共建园区倾斜。

【关于构建科技城电子信息产业谷的建议】 2019年，市政协七届四次会议第133号提案，由致公党市工委提出。建议：遴选专业机构问诊把脉开处方；提升部门创新服务水平增活力；引导企业参与强动力；出台实施产业政策添助力。

【关于加快中国科技城物流产业园建设的建议】 2019年，市政协七届四次会议第234号提案，由漆青委员提出。建议：完善科技城物流产业园的产业规划；在科技城物流产业园实行全市物流项目的统筹落地；理顺科技城物流产业园的管理模式；改善科技城物流园城市配送软环境。

【绵阳惠科重大项目建设问题建议】 2019年，涪城区政协反映，惠科项目是绵阳市引进的重大项目，按推进计划，建设任务重，工期安排紧，通过走访调研发现，基建招标、消防审查两大问题制约着项目建设进程。建议：参照重庆、滁州惠科项目模式，“在项目指挥部、审计等部门的全程监督见证下，由项目公司自主招标，必要时可委托第三方中介机构审计后期工程”开展招标；参照滁州惠科项目模式，以市消防部门会议纪要方式通过消防审查。（黄国旗）

研发创新平台
Research and Development Innovation Platform

概　述

【概况】　2019年，科技城实施科技创新规划，推动企业成为创新决策主体、研发投入主体、创新活动主体和成果应用主体。实施高新技术企业数量质量双提升行动，高新技术企业新增68家，总数达340家；高新技术产业主营业务收入达1861亿元。实施科技型中小企业提质增效工程，精准“滴灌”，科技型中小企业总量保持在1万家以上，新增上升规模纳入统计企业68家。全年新增国家级企业技术中心1家，国家级企业技术中心总数达9家；新增省级企业技术中心10家，省级企业技术中心总数达84家；新增市级企业技术中心27家，市级企业技术中心总数达119家；科技城各级企业技术中心总数达212家，数量及总数均居全省第二。新认定市级制造业创新中心8家；新认定省级工程实验室4家，省级工程实验室共19家；新认定省级工程技术研究中心1家，省级工程技术研究中心共23家；有国家级和省级工程技术中心共28个，其中国家级5个、省级25个。30个重大产业核心技术攻关项目和20个科技成果产业化项目推进实施，缸内直喷中小功率组合凸轮轴等5种产品通过省级新产品鉴定。新晨动力、中物材料、旭虹光电获省技术创新示范企业，省技术创新示范企业总数达4家；雪宝乳业、铜鑫铜业等5家企业被工信部认定为“工业企业知识产权运用试点企业”，“工业企业知识产权运用试点企业”总数达13家；四川科瑞达电子技术有限公司被认定为国家级工业设计中心（第四批），全市国家级工业设计中心达2家。科技城有中物院等重点科研单位18家。全年科技城持续推进创新资源开放共享，市场化运营国家两用技术交易中心、四川大型科学仪器共享平台，全年实现技术合同登记12.8亿元。

【市级工程实验室授牌】　2019年10月31日，全市发改系统创新平台建设工作座谈会召开，向绵阳市高速光器件光电集成封装技术工程实验室等12家实验室授予市级工程实验室。新授牌的12家市级工程实验室是经自主申报、专家评审、竞争择优等方式予以确定，经市发改委批准设立的。12家市级工程实验室所依托的企业、高校和科研院所均为在科技城相关产业领域中有明显的创新

2019年科技城新授牌市级工程实验室一览表

表4

序号	工程实验室名称	依托单位
1	绵阳市高速光器件光电集成封装技术工程实验室	四川九州光电子技术有限公司
2	绵阳市5G高速光收发模块工程实验室	绵阳市光联科技有限公司
3	绵阳市柔性AMOLED显示技术工程实验室	绵阳京东方光电科技有限公司
4	绵阳市自主可控计算机产品研发工程实验室	四川省绵阳西南自动化研究所
5	绵阳市电子产品轻量化设计与制造工程实验室	四川九洲电器集团有限责任公司
6	绵阳市网络通讯磁性器件工程实验室	四川经纬达科技集团有限公司
7	绵阳市光纤及电连接器工程实验室	四川永贵科技有限公司
8	绵阳市光学偏光薄膜材料工程实验室	四川龙华光电薄膜股份有限公司
9	绵阳市水性纳米及石墨烯涂料工程实验室	绵阳麦思威尔科技有限公司
10	绵阳市特殊环境机器人与智能装备技术工程实验室	西南科技大学
11	绵阳市轨道交通列车用蓄电池系统技术工程实验室	四川长虹电源有限责任公司
12	绵阳市优质生猪良种繁育工程实验室	四川铁骑力士实业有限公司

资源优势，有较好的技术研发、系统集成和工程化能力，有先进的研发试验基础设施配套条件，在全市同行业中有显著影响力。

【科瑞达成为国家级工业设计中心】 2019年12月13日，第三届中国工业设计展览会在武汉举行，在同期举办的国家级工业设计中心授牌仪式上，四川科瑞达电子技术有限公司被国家工信部授予第四批“国家级工业设计中心”，成为同批次中四川省唯一获得认定的企业。国家级工业设计中心是经工信部认定的工业设计创新能力强、特色鲜明、管理规范、业绩突出、发展水平居全国先进地位的企业工业设计中心或工业设计企业，代表国家对企业工业设计中心综合实力的最高认可。科瑞达是国家高新技术企业、省级工业设计企业，是专业从事产品设计、技术研发的工业设计企业，与中国工程物理研究院等科研院所开展合作，先后参与完成重大项目300余项，获得65项国家发明、实用新型、外观专利及软件著作权。科瑞达开展的3D打印机、激光清洗系统、AGV小车、智能迎宾机器人、植保无人机等产品均实现量产。

【绵阳佳禧印染通过《印染行业规范条件（2017版）》】 2019年1月2日，工信部官网公告，绵阳佳禧印染有限责任公司成为首批通过《印染行业规范条件（2017版）》的6家企业之一，成为全国中部、西部地区唯一通过的企业。绵阳佳禧印染有限责任公司成立于2007年1月，是国家高新技术企业、省级企业技术中心、省级工程技术研究中心、四川省2017年度高成长型中小企业，主要从事特殊迷彩面料的研发和制造，产品供应全球86个国家。

（杨　文）

2019 年科技城国家级工程技术研究中心一览表

表 5

序号	机构名称	依托单位	验收（获批）时间
1	国家烟气脱硫工程技术研究中心	四川大学、中国工程物理研究院	2005 年验收
2	国家城市污水处理及资源化工程技术研究中心	中国工程物理研究院	2010 年验收
3	国家核技术工业应用工程技术研究中心	中国工程物理研究院	2009 年验收
4	国家绝缘材料工程技术研究中心	四川东材科技集团股份有限公司	2011 年验收
5	国家空管监视与通信系统工程技术研究中心	四川九洲电器集团有限责任公司	2018 年验收

2019 年科技城省级工程技术研究中心一览表

表 6

序号	研究中心名称	序号	研究中心名称
1	四川省核技术应用工程技术研究中心	13	四川省数字内容保护工程技术研究中心
2	四川省磁性材料工程技术研究中心	14	四川省水处理及资源化工程技术研究中心
3	四川省新型绝缘材料工程技术研究中心	15	四川省燃气轮机燃烧工程技术研究中心
4	四川省马铃薯工程技术研究中心	16	四川省精密超精密加工工程技术研究中心
5	四川省机床数控工程技术研究中心	17	四川省特种工装印染工程技术研究中心
6	四川省风能工程技术研究中心	18	四川省新能源汽车驱动系统工程技术研究中心
7	四川省生物质资源利用与改性工程技术研究中心	19	四川省特种门窗工程技术研究中心
8	四川省空中交通管制系统工程技术研究中心	20	四川省工业控制系统安全工程技术研究中心
9	四川省功能杂环化合物工程技术研究中心	21	大数据与智能系统工程技术研究中心
10	四川省家电产品绿色制造工程技术研究中心	22	四川省光学偏光薄膜材料工程技术研究中心
11	四川省氢同位素工程技术研究中心	23	航空发动机及燃气轮机叶轮机械工程技术研究中心
12	四川省杂交水稻商业化制种工程技术研究中心		

2019 年科技城新增企业技术中心一览表

表 7

序号	技术中心名称	级别
1	绵阳富临精工机械股份有限公司技术中心	国家企业技术中心
2	四川长虹教育科技有限公司技术中心	省级企业技术中心
3	四川奇石缘科技股份有限公司技术中心	省级企业技术中心
4	绵阳迪澳药业有限公司技术中心	省级企业技术中心
5	四川代代为本农业科技有限公司技术中心	省级企业技术中心
6	四川爱联科技有限公司技术中心	省级企业技术中心
7	四川神龙粮油有限公司技术中心	省级企业技术中心
8	四川九洲防控科技有限责任公司技术中心	省级企业技术中心

续表 7

序号	技术中心名称	级别
9	四川海格恒通专网科技有限公司技术中心	省级企业技术中心
10	绵阳美能材料科技有限公司技术中心	省级企业技术中心
11	绵阳新华内燃机股份有限公司技术中心	省级企业技术中心
12	绵阳华通磁件技术有限公司技术中心	市级企业技术中心
13	四川昊宇龙星科技有限公司技术中心	市级企业技术中心
14	绵阳金信诺环通电子技术有限公司技术中心	市级企业技术中心
15	绵阳仙特米业有限公司技术中心	市级企业技术中心
16	四川高达科技有限公司技术中心	市级企业技术中心
17	中科西奥电梯有限公司技术中心	市级企业技术中心
18	绵阳飞腾精密机械科技有限公司技术中心	市级企业技术中心
19	四川翔风科技有限公司技术中心	市级企业技术中心
20	江油立航金属材料有限公司技术中心	市级企业技术中心
21	四川御咖食牧业有限公司技术中心	市级企业技术中心
22	四川省三台县波特兰商品砼有限公司技术中心	市级企业技术中心
23	四川福欣食品有限公司技术中心	市级企业技术中心
24	四川惠泉生物科技有限公司技术中心	市级企业技术中心
25	绵阳一康制药有限公司技术中心	市级企业技术中心
26	四川建丰林业有限公司技术中心	市级企业技术中心
27	北川瑞辉科技有限公司技术中心	市级企业技术中心
28	四川福德机器人股份有限公司技术中心	市级企业技术中心
29	绵阳富乐源机械科技有限公司技术中心	市级企业技术中心
30	四川美丰化工科技有限责任公司技术中心	市级企业技术中心
31	四川久远化工技术有限公司技术中心	市级企业技术中心
32	绵阳富邦电控设备有限公司技术中心	市级企业技术中心
33	绵阳市鑫科源环保科技有限公司技术中心	市级企业技术中心
34	绵阳禾本生物工程有限公司技术中心	市级企业技术中心
35	四川光发科技有限公司技术中心	市级企业技术中心
36	四川恒泰环境技术有限责任公司技术中心	市级企业技术中心
37	四川长虹电子系统有限公司技术中心	市级企业技术中心
38	绵阳德虹电器有限责任公司技术中心	市级企业技术中心

2019 年科技城新认定制造业创新中心一览表

表 8

序号	牵头单位	创新中心名称
1	四川华丰企业集团有限公司	绵阳光电互连创新中心
2	四川长虹电器股份有限公司	绵阳激光显示技术创新中心
3	绵阳高新区恒奥电子科技有限公司	绵阳分布式智慧能源系统创新中心
4	绵阳铜鑫铜业有限公司	绵阳有色金属材料再生利用创新中心
5	绵阳佳联印染有限责任公司	绵阳先进印染技术创新中心
6	台沃科技集团股份有限公司	绵阳生态肥精准定制创新中心
7	四川东材科技集团股份有限公司	绵阳先进绝缘材料创新中心
8	四川六合特种金属材料股份有限公司	绵阳某专项用高温合金创新中心

（杨　文　王月利）

国家级企业技术中心

【概况】　2019年，科技城完成国家级企业技术中心评价工作，国家级企业技术中心总体运行良好。11月，九洲电器集团有限责任公司国家企业技术中心通过国家发改委2017年度运行评价（综合评分89.8分），获得国家企业技术中心创新能力建设省预算内资金300万元。12月，国家发改委发布2019年（第26批）新认定国家企业技术中心名单，绵阳富临精工机械股份有限公司获评成为国家级企业技术中心。至此，科技城共有9家国家级企业技术中心。同时，国家发改委发布2019年国家企业技术中心评价结果，四川长虹电子控股集团有限公司、四川九洲电器集团有限责任公司等国家企业技术中心被评为良好，优良率位居全省前列。

【绵阳富临精工机械股份有限公司技术中心】

绵阳富临精工机械股份有限公司技术中心（以下简称技术中心）依托单位为绵阳富临精工机械股份有限公司（以下简称富临精工），位于绵阳市涪城区高端装备制造产业园凤凰中路37号。富临精工成立于1997年11月，2010年成为股份有限公司，注册资本49730万元。专业从事新能源汽车领域精密液压零部件、电磁驱动部件、电子驱动部件、电动汽车驱动系统及部件、智能驾驶系统关键零部件的研发、制造与销售。2004年，富临精工技术中心成立，设立设计部、工艺部、试验室等科室，建立技术中心组织架构及相关管理制度并运行。2006年，技术中心被认定为绵阳市企业技术中心。2011年，技术中心被认定为“四川省企业技术中心”。2019年12月，技术中心被认定为国家企业技术中心（第26批）。技术中心以技术创新委员会、专家咨询委员会为支撑，以5

2019 年科技城国家级企业技术中心一览表

表 9

序号	国家级企业技术中心名称	序号	国家级企业技术中心名称
1	四川长虹电子集团有限公司技术中心	6	四川铁骑力士实业有限公司技术中心
2	四川九洲电器集团有限责任公司技术中心	7	四川好医生药业集团有限公司技术中心
3	四川东材科技集团股份有限公司技术中心	8	四川省银河化学股份有限公司技术中心
4	绵阳新晨动力机械有限公司技术中心	9	绵阳富临精工机械股份有限公司技术中心
5	利尔化学股份有限公司技术中心		

个专业研究室、1个中试中心、1个基础技术研究室、1个产学研合作平台和1个综合管理服务平台为主体。有研究开发人员258人，其中高级工程师25人，博士学历29人、硕士学历59人。技术中心专家咨询委员会聘请外部专家37人。公司根据汽车新技术发展方向进行产业布局，技术中心对应组建精密液压、电磁驱动、电子驱动、电动汽车驱动系统及先进传感器5个产品技术创新团队，1个基础研究技术研究团队，开展对应基础技术研究和产品设计开发；组建1个中试中心团队，对应试验技术研究，产品试验，通用技术检测，支持多个研发平台的共性试验检测需求。自建研发机构中设置有精密液压、电磁驱动、电子驱动、电动汽车驱动系统、先进传感器等产品技术研究室，建有中试技术及基础技术等共性技术研究室，中试研究中心拥有各类实验、检测及中试设备近600台（套），21间专业试验室，具备产品从概念设计到批量生产全过程的试验验证能力。中试研究室按照IATF 16949及ISO 17025标准及要求构建运行及管理体系，试验、检测设备每年更新，处于行业领先水平，仪器、试验装置、中试设备原值达2.59亿元。在产学研合作方面，正式立项基础研究项目共有11个，基础研究项目投入费用达到245.7万元。技术中心下设产学研合作平台，专门推进产学研工作，与中国科学院、上海交大、电子科大等高校和科研院所合作，建立长期稳定战略合作关系。（杨　文）

省级企业技术中心

【概况】 2019年11月6日，科技城有迪澳药业、美能材料、新华内燃机、爱联科技、代代为本、海格恒通、九洲防控、奇石缘、神龙粮油、长虹教育10家企业技术中心通过由省经信厅、省发改委、省科技厅、省财政厅、国家税务总局四川省税务局、成都海关6部门联合认定，成为省级企业技术中心。至此，科技城共有省级企业技术中心84家，数量位居全省第二。

【绵阳迪澳药业有限公司技术中心】 绵阳迪澳药业有限公司技术中心依托单位为绵阳迪澳药业有限公司（以下简称迪澳药业）。迪澳药业成立于2014年，位于绵阳市盐亭县，注册资金1000万元。主要经营原料药、植物提取物、中药提取物等，产品销售欧美等国家和地区。2014年，迪澳药业成立企业技术中心，承担新技术、新产品开发、对外产学研合作，负责指导和解决生产中的技术难题等重任。关键核心技术获得国家授权专利7项，其中发明专利3项、实用新型4项。技术中心与四川大学、湖南大学、湖南农科院等高校、科研机构开展产学研项目合作，并牵头与四川大学等单位联合起草制定国际商务标准《植物提取物橙皮苷（药品级）》，与湖南大学合作的“柑橘绿色加工与副产物高值利用产业化关键技术”项目获得2019年度国家科学技术进步奖二等奖。

【绵阳美能材料科技有限公司技术中心】 绵阳美能材料科技有限公司技术中心依托单位为绵阳美能材料科技有限公司（以下简称美能材料）。美能材料是一家专业从事中空纤维膜及相关产品研究、开发及制造的高新技术企业。2013年，美能材料组建企业技术中心。美能材料拥有NIPS、TIPS制造技术及中空纤维膜和膜组件的生产线，拥有年生产能力500万平方米的聚偏氟乙烯（PVDF）和聚醚砜（PES）材质的微滤/超滤膜及年生产20万台的家用水处理设备生产线。公司生产、供应超滤膜产品，并可提供膜污染分析及专业清洗方案、膜产品技术交流与技术培训、膜污染原因分析与解决建议、工程现场技术指导及紧急处理措施建议。2019年，美能材料企业技术中心共开展12项项目研发，其中有2项基础研发；申请专利10余项。

【绵阳新华内燃机股份有限公司技术中心】 绵阳新华内燃机股份有限公司技术中心依托单位为绵阳新华内燃机股份有限公司（以下简称新华内燃机）。新华内燃机成立于1950年3月，是专业从事发动机及整车零部件集研发、生产、销售、技术服务的国家高新技术企业。主营业务有汽车发动机零部件及车用电机两大类，主导产品包括传统机加零部件、注塑产品、电机产品等三大类共计30多个品种规格系列，年生产各类汽车零部件能力达250万台（套）。截至2019年年底，公司技术中心自主研发UP28系列电子真空泵电机、491Q系列发动机、TZ系列发动机、4A塑料油轨、CE系列塑料进气歧管等系列产品，掌握4A塑料油轨制备技术、新型车用电子水泵冷却技术、CE塑料进气歧管制备技术等汽车零部件应用领域技术。公司获授权专利22项，获受理专利7项，形成科技成果30项，成果转化率为85%左右。

【四川爱联科技有限公司技术中心】 四川爱联科技有限公司技术中心依托单位为四川爱联科技有限公司（以下简称爱联科技）。爱联科技专业从事物联网无线连接领域无线通信模组和传感器产品的研发、制造与销售，建有中西部最大规模贴片加工（SMT）生产线和国内最大规模自动化无线检测平台（AOT），具备各类模组1200万片/月的产能。公司的物联网无线通信模组产品的国内市场占有率稳居全国第一，是国内最大的物联网模组及物联网感知应用终端的研发与智能制造基地，成为中国物联网无线连接行业的隐形冠军。爱联科技技术中心是公司核心科研开发机构拥有160余项自主知识产权，软件著作权11项，建有物联网IOT竞争力实验室和检测中心，拥有物联网无线通信实验检测设备。与华为、海康威视建立协同创新战略合作机制，与京东、四川电信等共同建立物联网应用联合实验室。与四川电子科技大学、四川大学、西南科技大学等科研院所等单位建立产学研合作。

【四川代代为本农业科技有限公司技术中心】 四川代代为本农业科技有限公司技术中心依托单位为四川代代为本农业科技有限公司（以下简称代代为本）。代代为本成立于2010年，位于三台县芦溪工业集中区，致力于川产地道药材产业化发展，获得省级农业产业化经营重点龙头企业、科技型中小企业等称号。2013年，代代为本组建企业技术中心，建立以黄璐琦为首席专家的院士（专家）工作站，并牵头成立四川省麦冬产业技术研究院，联合北大药学院等科研院所构建涪城麦冬产业化研发平台，制定中药材大品种川麦冬培育方案。联合北大药学院、成都中医大等科研院所，构建川麦冬全产业链研发平台，是成都中医药大学就业实践与教学实习基地、西南交通大学新品系选育研究基地。截至2019年年底，累计参与制定四川省地方标准2项；作物新品种审定证书1个；授权专利34项，其中授权发明专利13项。探索形成“公司+基地+专业合作社+农户”的地道药材产业化运营模式和相关管理模式，以地道药材全产业链数字化管理云平台（AMS-ERP）为工具，实现中药农业全程动态追溯。全年开展研发项目8项，授权发明专利1项，软件著作权10项。

【四川海格恒通专网科技有限公司技术中心】 四川海格恒通专网科技有限公司技术中心依托单位为四川海格恒通专网科技有限公司（以下简称海格恒通）。海格恒通致力于350兆数字集群通信系统建设和网络组网。截至2019年年底，海格恒通技术中心拥有正式职工126人，其中高级职称6人、中级职称7人，专职从事技术开发人员63人。技术中心技术带头人先后获国家科技进步奖、绵阳市科技进步奖等重大奖项。全年研发投入金额2509万元。

【四川奇石缘科技股份有限公司技术中心】 四川奇石缘科技股份有限公司技术中心依托单位为

四川奇石缘科技股份有限公司（以下简称奇石缘）。奇石缘是从事工业物联网及大数据采集的设备供应商和系统方案解决服务商，业务涵盖交通安全监测、智慧环保、智能环卫、工民建大型结构物健康监测、智能制造等领域。2003年，奇石缘成立，注册在绵阳科创园区创业服务中心。技术中心成立于2012年，2018年通过绵阳市企业技术中心认定，2019年通过四川省企业技术中心认定。2019年，技术中心人员共45人，其中博士2人，高级职称6人、中级职称8人；技术中心研发设备原值达437.83万元；全年投入研发费用共计696.99万元。技术中心累计完成国家级科研项目4项，省级科研项目9项，市级、区级科研项目10项，获得授权自主知识产权57项（其中发明专利5项）；获得省部级科技一等奖1项、市级科技进步二等奖2项，四川省成果鉴定1项，有2项创新产品获得四川省首台套产品认证。

【四川神龙粮油有限公司技术中心】 四川神龙粮油有限公司技术中心依托单位为四川神龙粮油有限公司（以下简称神龙粮油）。神龙粮油成立于2002年6月，主要从事食用植物油脂油料、饼粕饲料、食用油小包装容器生产等综合性食品加工与生产。2010年，组建企业技术中心，下设专家技术委员会、专家咨询委员会、技术中心办公室、技术工艺小组、产品研发小组、质量控制小组、实验室。截至2019年，技术中心有研发与实验发展人员32人，建立科学决策机制、组织管理体系、投入保障机制、人才激励机制、合作机制等规范运行体系。技术开发以自主研发为主，科研院校合作为辅，针对重点技术攻关难题聘请行业资深专家、教授共同攻关。技术中心配置有罗维朋比色仪、气相色谱仪、近红外分析仪试验及研发检测设备近70台（套）。

【四川长虹教育科技有限公司技术中心】 四川长虹教育科技有限公司技术中心依托单位为四川长虹教育科技有限公司（以下简称长虹教育）。技术中心是长虹教育的核心研发机构。技术中心与电子科大、西南交大等多所学校开展产学研合作，联合开发多款智慧教育产品。截至2019年，有研发人员54人，其中外部专家5人、专职技术研发人员49人，研发人员中93%以上具有本科及以上学历。拥有云交互技术、多系统融合技术等技术，自主知识产权70余项，其中发明专利2项、实用新型专利14项、软件著作权51项。自主研发的“云智能交互教学系统项目”获得2019年绵阳市科学技术进步奖三等奖。 （王月利　陈　洁）

2019 年科技城省级企业技术中心一览表

表 10

序号	所属区域	省级企业技术中心名称	序号	所属区域	省级企业技术中心名称
1	涪城区	四川华丰企业集团有限公司技术中心	9	高新区	四川长虹模塑科技有限公司技术中心
2	江油市	四川矿山机器（集团）有限公司技术中心	10	高新区	四川长虹器件科技有限公司技术中心
3	经开区	禾大西普化学（四川）有限公司技术中心	11	科创区	四川科瑞软件有限责任公司技术中心
4	高新区	四川省绵阳市丰谷酒业有限责任公司技术中心	12	高新区	四川光友薯业有限公司技术中心
5	三台县	绵阳佳禧印染有限责任公司技术中心	13	三台县	绵阳佳联印染有限责任公司技术中心
6	高新区	四川金发科技发展有限公司技术中心	14	游仙区	绵阳开元磁性材料有限公司技术中心
7	涪城区	四川绵阳三力股份有限公司技术中心	15	涪城区	四川龙华光电薄膜股份有限公司技术中心
8	游仙区	四川丰泰包装股份有限公司技术中心	16	高新区	四川长虹新能源科技股份有限公司技术中心

续表 10

序号	所属区域	省级企业技术中心名称	序号	所属区域	省级企业技术中心名称
17	三台县	四川三台力达泵业有限公司技术中心	45	高新区	绵阳高新区恒奥电子科技有限公司技术中心
18	科创区	四川九洲光电科技股份有限公司技术中心	46	高新区	四川长虹技佳精工有限公司技术中心
19	三台县	四川省三台县固锐实业有限责任公司技术中心	47	游仙区	中国核工业二四建设有限公司技术中心
20	高新区	际华三五三六实业有限公司技术中心	48	游仙区	四川中油天能科技有限公司技术中心
21	高新区	四川灵通电讯设备有限公司技术中心	49	江油市	四川清香园调味品股份有限公司技术中心
22	高新区	四川长虹包装印务有限公司技术中心	50	江油市	江油市长祥特殊钢制造有限公司技术中心
23	三台县	四川三台剑门泵业有限公司技术中心	51	涪城区	四川永贵科技有限公司技术中心
24	三台县	鸿凯双泰（四川）零部件有限公司技术中心	52	经开区	绵阳华晨瑞安汽车零部件有限公司技术中心
25	江油市	四川六合特种金属材料股份有限公司技术中心	53	游仙区	绵阳市维博电子有限责任公司技术中心
26	科创区	四川九州电子科技股份有限公司技术中心	54	经开区	四川绵阳好圣汽车零部件制造有限公司技术中心
27	高新区	绵阳华瑞汽车有限公司技术中心	55	游仙区	太极集团四川绵阳制药有限公司技术中心
28	高新区	绵阳高新区三阳塑胶有限责任公司技术中心	56	高新区	四川九州光电子技术有限公司技术中心
29	游仙区	四川兴事发门窗有限责任公司技术中心	57	经开区	四川旭虹光电科技有限公司技术中心
30	三台县	台沃科技集团股份有限公司技术中心	58	高新区	绵阳高新区天力机械有限责任公司技术中心
31	游仙区	雅化集团绵阳实业有限公司技术中心	59	高新区	四川经纬达科技集团有限公司技术中心
32	游仙区	四川湖山电器股份有限公司技术中心	60	经开区	四川长虹电源有限责任公司技术中心
33	高新区	四川九洲线缆有限责任公司技术中心	61	游仙区	绵阳铜鑫铜业有限公司技术中心
34	三台县	三台县启明星磷酸盐有限公司技术中心	62	江油市	攀钢集团江油长城特殊钢有限公司技术中心
35	梓潼县	四川圣迪乐村生态食品股份有限公司技术中心	63	高新区	四川安和精密电子电器有限公司技术中心
36	江油市	四川皇龙智能破碎技术股份有限公司技术中心	64	涪城区	中九建工集团有限公司技术中心
37	科创区	四川九洲空管科技有限责任公司技术中心	65	高新区	四川绵阳德鑫机械有限公司技术中心
38	盐亭县	四川金和新型建材有限公司技术中心	66	高新区	四川隆盛科发实业有限公司技术中心
39	科创区	四川久远环境技术有限公司技术中心	67	高新区	绵阳惠利电子材料有限公司技术中心
40	高新区	绵阳西磁磁电有限公司企业技术中心	68	平武县	四川中物材料股份有限公司技术中心
41	游仙区	四川科莱电梯股份有限公司技术中心	69	经开区	绵阳海立电器有限公司技术中心
42	高新区	新希望六和股份有限公司技术中心	70	江油市	四川鑫鼎新材料有限公司技术中心
43	经开区	四川雪宝乳业集团有限公司技术中心	71	经开区	四川同舟化工科技有限公司技术中心
44	涪城区	四川海瑞尔包装集团有限公司技术中心	72	经开区	四川瑞可达连接系统有限公司技术中心

续表 10

序号	所属区域	省级企业技术中心名称	序号	所属区域	省级企业技术中心名称
73	科创区	四川九洲北斗导航与位置服务有限公司技术中心	79	三台县	四川神龙粮油有限公司技术中心
74	涪城区	四川利尔作物科学有限公司技术中心	80	游仙区	四川海格恒通专网科技有限公司技术中心
75	经开区	四川长虹教育科技有限公司技术中心	81	科创区	四川九洲防控科技有限责任公司技术中心
76	科创区	四川奇石缘科技股份有限公司技术中心	82	安州区	四川爱联科技有限公司技术中心
77	盐亭县	绵阳迪澳药业有限公司技术中心	83	科创区	绵阳美能材料科技有限公司技术中心
78	三台县	四川代代为本农业科技有限公司技术中心	84	安州区	绵阳新华内燃机股份有限公司技术中心

国家地方联合工程研究中心（实验室）

【概况】 2019年，科技城有2家国家地方联合工程研究中心（工程实验室），分别为四川东材科技集团股份有限公司“发电与输变电设备绝缘材料国家地方联合工程研究中心”、四川九洲电器集团有限责任公司“基于北斗的多模式智能信息技术研究与应用国家地方联合工程实验室”。

【发电与输变电设备绝缘材料国家地方联合工程研究中心】 发电与输变电设备绝缘材料国家地方联合工程研究中心（以下简工程研究中心）以四川东材科技集团股份有限公司为依托。2017年12月，经国家发改委批复同意命名为发电与输变电设备绝缘材料开发与应用国家地方联合工程研究中心。工程研究中心致力于研发具有远距离、大容量、低损耗输电能力、环保清洁的输电系统设备绝缘材料及中高压输变电、特高压输变电、核电发电与输变电设备绝缘材料。2019年，工程研究中心自主研发新产品成果转化20项，实现成果转化收入17691.13万元，参与新产品、新技术研究39项，研发投入3342万元，参与国家、省、市级科研项目7项，发表学术论文9篇。获得省部级以上科学技术奖励1项（功能性PET聚酯材料关键技术研究及产业化获得中国石油和化学工业联合会科技进步奖）。全年工程研究中心主持（参与）国家标准制定5项。申请发明专利 12项，获得授权 4项。“芯片封装与高速PCB用特种马来酰亚胺树脂”“耐湿热无卤阻燃聚丙烯薄膜”“PET模切用硅胶保护膜”3项产品获得东材科技“技术创新奖”，给予相关研究人员奖金11万元；新产品成果转化9项获得东材科技“新产品技术绩效奖”，给予相关研究人员奖金73.01万元。工程研究中心测试实验室先后为TUV欧联检测技术服务有限公司、安德里茨（中国）有限公司、中物院、西科大等单位提供检测服务37次，主要测试项目包括表面电阻率、体积电阻率、介电损耗、介电常数、弯曲强度、冲击强度、红外光谱、热失重、阻燃性及氧指数等。东材科技特高压输变电用绝缘结构件专业技术团队入选2019年绵阳科技城人才“卓越计划”团队，获得资金支持100万元。

【基于北斗的多模式智能信息技术研究与应用国家地方联合工程实验室】 基于北斗的多模式智能信息技术研究与应用国家地方联合工程实验室（以下简称实验室）以四川九洲电器集团有限责任公司为依托，整合四川省北斗卫星导航产业联盟优势资源，2016年获国家发改委批复创建。实验室针对多种模式位置感知及工程化应用，研究服务平台架构、定位终端融合技术、位置服务技术等。实验室打造位置服务体系架构研究平台、终端技术研究平台、位置计算与服务技术研究平台、测试验证平台4个子平台，突破云位置服务体系架构设计技术、基于位置的数据分析技术、伪距差分技术等12项关键共性技术，完成研发、试验、测试等场地适应性改造2508平方米，购置数字示波器、频谱分析仪等仪器设备75台（套），完成“羲和系统室内外无缝定位产业化及示范测试床建设”等3项工程化项目。实验室以技术开发为核心，推动北斗应用终端与位置服务的推广应用，在交通、旅游、安全监测领域实现产值超1.2亿元，利润超过2000万元，带动产业链上下游产值超3亿元。2019年，实验室有专职人员122人。实验室在实验室能力建设提升和技术、产品研发上共投入811万元，其中能力设备软件投资220万元、研发投入590万元。实验室获得国家、省部、市级奖项2项，发表《室内外无缝定位坐标集成处理方法研究》等论文5篇，获得发明专利申请1项，软件著作权6项。立项开展“北斗三号短报文应用项目”，跟踪“北二”各用户升级换代需求，持续跟踪“北三”各芯片比测情况，形成基于“北三”的接收机板卡、天线、整机等设备；引进新团队，开展激光探测方向产品研制，主要面向能源开采、建设开发、安全监测等用户，替代同类进口产品。开展“基于北斗的多级指挥调度技术”“多源数据融合与处理技术”“完好性监测预警技术”等核心技术研究工作。

（杨　文）

国家级和省级重点实验室

【概况】　2019年，科技城有科技部和四川省共建环境友好能源材料国家重点实验室、科技部和教育部共建西南科技大学国家大学科技园、空气动力学国家重点实验室等国家级重点实验室，有先进建筑材料四川省重点实验室、特殊环境机器人技术四川省重点实验室、工程材料与结构冲击振动四川省重点实验室等省级重点实验室。新增国家遥感中心绵阳科技城分部（属国家级重点实验室）。其中依托高校建立的国家级重点实验室有6个，省级重点实验室有25个。

【国家遥感中心绵阳科技城分部】　国家遥感中心绵阳科技城分部依托单位为西南科技大学，联合共建单位为中国工程物理研究院电子工程研究所和应用电子学研究所、中物院成都科学技术发展中心、九洲集团、九洲卫星导航投资有限公司等。2019年，经科技部国家遥感中心批准设立。分部建成后，主要针对空天地集成化研究与应用的关键性、基础性问题，通过校企联动、校地联动等协同发展。

【工程材料与结构冲击振动四川省重点实验室】工程材料与结构冲击振动四川省重点实验室位于西南科技大学，依托单位为西南科技大学和中国工程物理研究院总体工程研究所，占地面积4500平方米，仪器与设备价值5838万元。研究领域所属的主要学科包括土木工程、力学、材料学以及地质工程等，主要服务行业为土木工程等。主要研究方向及研究内容为：工程材料与结构的动态损伤和破坏行为，主要涉及工程材料的动态损伤及破坏性能研究；工程结构的动态损伤及波动效应研究；岩土结构动力灾变机理研究；多尺度数值模拟及复杂工程结构数值建模技术研究。工程结构振损机理与监测控制，主要涉及工程结构在振动载荷作用下的损伤机理；工程结构抗震加固、减隔振应用技术；振动荷载作用下工程结构全寿命周期评价体系与监测；工程结构声振耦合分析及降噪控制。先进工程结构体系设计方法，主要涉及：新型材料力学及吸能特性；先进结构体系研发。

【生态安全与保护四川省重点实验室】 生态安全与保护四川省重点实验室于2011年6月经四川省科技厅批准成立，依托单位为绵阳师范学院，其前身是成立于2006年的“生态安全四川省高校重点实验室”。研究方向为：围绕山地平原交错带的生态安全和生态保护，以“盆周山地”，尤其是龙门山断裂带为重点研究区域，开展创新研究，为山地平原交错带的生态安全和保护提供理论支撑、技术支持和人才培养平台，致力于服务国家和地方的生态文明建设和可持续发展需求，为区域生态安全保障、生态环境保护与治理提供科技支撑。其中重点研究方向为：生态安全风险评价、受损生态系统恢复重建、野生动植物保护与资源可持续利用。（李芝军　杨进平）

省级工程实验室（研究中心）

【概况】 2019年，科技城新增四川省航电系统产品轻量化设计与制造工程实验室、四川省轨道交通列车用蓄电池系统技术工程实验室、四川省特种计算机嵌入式控制技术工程实验室、四川省氘氚燃料循环工程实验室4家省级工程实验室，总数达19家。全年19家省级工程实验室研发费用支出共2.4亿元，有专职研发人员1051人，有效发明专利数达312件。提出发明专利申请113件，发表论文130篇，获国家级科技奖励1项，获省部级科技奖励12项。

【四川省航电系统产品轻量化设计与制造工程实验室】 建设单位为四川九洲电器集团有限责任公司，总投资1800万元。该工程实验室围绕智能装备产业技术进步及科技成果转化，聚焦航电系统产品复合材料零件轻量化设计、仿真与制造、智能仿真系统等关键共性技术，突破航电系统产品轻量化设计与仿真、轻合金和复合材料加工成型等瓶颈制约，带动航电装备产业创新发展。拥有研发场地面积2635平方米、专职研发人员82人，相关研发设备原值1859.5万元。主持或参与标准40余项。在产品轻量化设计、仿真与制造领域拥有有效发明专利等自主知识产权10余项。与电子科技大学、四川大学等省级以上创新平台建设建设单位签订产学研用合作协议。

【四川省轨道交通列车用蓄电池系统技术工程实验室】 建设单位为四川长虹电器股份有限公司，总投资3008万元。该工程实验室围绕轨道交通用动力蓄电池系统产业发展中的影响蓄电池性能的一致性和安全性等问题，建设动力蓄电池、系统集成、试验检测等研发平台，开展轨道交通装备用锂电池系统关键工艺装备技术能力提升，突破锂电池、电源系统装配制造工艺关键技术。拥有场地面积3000平方米、专职研发人员70余人，相关研发设备原值3826万元。主持或参与行业标准19项。拥有有效发明专利17项、实用新型专利58项。产品通过中铁局和国际铁路认证，与省级以上创新平台建设单位签订产学研用合作协议10余个。购置主要设备仪器及软件43台（套），建设电源系统工程、蓄电池工程、信息化管理等3个研究室，1个检验检测中心，1条中试线。

【四川省特种计算机嵌入式控制技术工程实验室】 建设单位为四川省绵阳西南自动化研究所，总投资1925万元。该工程实验室围绕自主可控计算机产业发展中的存在的共有基础技术研究不足、计算机软硬件系统及整机核心技术匮乏、产品工程化试制手段落后等瓶颈问题，通过对自主可控计算机相关设计开发与仿真、测试试验以及工程化试制条件的建设，开展自主可控计算机软硬件系统、整机设计、生产试制等相关技术研究，突破自主可控计算机可靠性设计，通用接口设计，工程化试制测试验证等关键技术。研究所拥有研发场地面积3.58万平方米、专职研发人员400余人，相关研发设备原值超1亿元。拥有授权专利156项、发明专利112项，科技成果约490项。

与省级以上创新平台建设单位签订产学研用合作协议2个。购置主要设备仪器及软件17台（套），建设硬件设计与仿真、软件基础适配、系统设计与仿真、产品六性设计与仿真等4个研究室、2条中试车间。（罗　欢）

2019 年科技城省级工程实验室一览表

表 11

序号	省级工程实验室名称	依托单位
1	计算机网络及应用四川省工程实验室	中国工程物理研究院计算机应用研究所
2	四川省基于北斗的多模式位置感知及服务工程实验室	四川九洲电器集团有限责任公司
3	四川省发电与输变电设备绝缘材料工程实验室	四川东材科技集团股份有限公司
4	四川省激光增材制造工程实验室	四川三阳激光增材制造有限公司
5	四川省电子标识芯片技术与应用工程实验室	四川凯路威电子有限公司
6	四川省互联网健康服务融合工程实验室	西南科技大学
7	四川省农作物专用配方肥工程实验室	台沃科技集团股份有限公司
8	四川省废旧轮胎胶粉功能化及应用工程实验室	绵阳锐洋新材料技术开发有限公司
9	四川省杂环农药工程实验室	利尔化学股份有限公司
10	四川省数字音响应用技术工程实验室	四川湖山电器有限责任公司
11	四川省平板电视智能制造工程实验室	四川长虹电器股份有限公司
12	四川省特种装备数字化制造技术工程实验室	四川省绵阳西南自动化研究所
13	四川省水泥基绿色建筑材料工程实验室	西南科技大学
14	四川省非金属矿粉体改性与高质化利用技术工程实验室	西南科技大学
15	四川省光波导分路器集成技术工程实验室	四川思迈科技有限公司
16	四川省航电系统产品轻量化设计与制造工程实验室	四川九洲电器集团有限责任公司
17	四川省轨道交通列车用蓄电池系统技术工程实验室	四川长虹电器股份有限公司
18	四川省特种计算机嵌入式控制技术工程实验室	四川省绵阳西南自动化研究所
19	四川省氘氚燃料循环工程实验室	中国工程物理研究院材料研究所

（罗　欢）

国家两用技术交易中心

【概况】　国家两用技术交易中心（以下简称交易中心）由科技部授牌，是全国唯一的两用技术交易平台，2016年5月26日揭牌运营。交易中心以推进科技成果、科技资源进行交易和转移转化为目标，构建技术交易服务规则,开展技术交易服务。先后获评“2016四川十大改革转型发展案例”“四川省技术转移示范机构”“四川省第十批省级科普基地”等荣誉称号。2019年，交易中心以“建分中心为抓手，加快建立布点全国两用技术交易体系，把绵阳打造为全国技术交易核心枢纽”思路，通过分中心、工作站等形式开展跨区域技术交易服务，集聚全国资源，推动两用资源共享、共用，促进技术交易。加强对分支机构的有效管理。汇聚资源，服务企业。交易中心利用在资源对接方面的优势，促进技术转移转化、服务科技企业，先后建立山东、广东分中心及遂宁、张家口工作站，签约建设泉州分中心，发挥交易中心区域辐射带动作用。交易中心技术融合成果展示基地通过省科技厅评估，被评为2019年度优秀科普基地。全年交易中心收入654.1万元，税收约30.86万元。截至年底，交易中心累计收录各类成果2.7万项，征集企业技术创新需求2800余项，吸纳评估评价师及各类专家1500余人，服务企业500余家，培育30家企业实现技术成果转移。

【分支机构建设】 2019年，交易中心加强对分支机构建设和全国体系的布局，建成河北、山东、广东、泉州、成都5个分中心，河北张家口、四川遂宁等工作站。河北分中心为加强技术转移人才队伍建设，主办2019年第二期河北省技术经理人培训班。泉州分中心项目在第十七届中国·海峡项目成果交易会上签约。遂宁工作站、张家口工作站正式签约设立。广东分中心正式挂牌运营。山东分中心举行揭牌仪式，并举办2019第一届“圆桌咖啡”沙龙，为企业、政府机构、高校院所、服务机构及其他相关单位搭建的沟通交流平台。青岛西海岸新区技术交易市场与山东开来资本管理股份有限公司签署合作协议，发挥各自业务优势，提供投融资服务、科技金融服务等金融业务，以及共同举办投融资活动、组织项目路演辅导等投融资相关活动，支持新区科技型中小微企业的融资发展。

【技术交易服务】 2019年，交易中心完善技术交易体系建设，结合技术交易规则、流程，完善科技成果挂牌交易、公示、需求对接流程等，聚焦业务，开展技术交易、需求对接等服务。利用线上交易平台，累计收录科技成果3.07万项、企业1.36万家，征集技术创新需求3004项，吸纳各类专家1500人。新增科技成果3132项、企业422家、创新需求111项，引入专家9人。与院所、高校对接，征集可交易项目、成果。通过活动推广，开展需求挖掘、项目对接，组织日常成果对接活动40次，为120余家企业提供对接服务。先后举办5场“戎易汇”技术交易系列活动。

【创新创业服务】 2019年，交易中心运营管理中国（绵阳）科技城技术融合创客空间，新增入驻项目团队7家，毕业企业3家，组织专家一对一咨询10次。交易中心自开办以来，累计入驻创客团队40家，毕业企业27家，签约服务创客专业机构11家，聚集创业导师43人。

【展示展览服务】 2019年，交易中心展示两用先进技术，征集来自北京、河北、山东、四川等地，涵盖先进制造、航空航天、节能环保、新材料、电子信息等领域展品400台（套）；参观团队累积超过1100个，参观人员超过2万人次。

【国家两用技术交易中心遂宁工作站正式设立】 2019年5月23日，国家两用技术交易中心遂宁工作站正式设立。绵阳科技城工创科技有限公司、遂宁明川零贰零科技有限公司负责人共同签署国家两用技术交易中心遂宁工作站合作协议。协议约定，双方发挥各自人才和资源优势，释放两用技术交易中心专业服务能力，解决遂宁民营企业资质缺乏、信息不对称、渠道不畅通等问题，利用绵阳科技城丰富科技资源优势，促进两用技术成果转移转化，形成绵遂两地技术协同、产业互补的良好局面。

【2019年度绵阳市技术转移示范机构培训会举行】 2019年7月12日，绵阳市技术转移示范机构培训会在绵阳创新中心二期4号楼举行。培训会由市科技局主办，国家两用技术交易中心承办。培训会邀请科技部火炬中心副研究员郭曼、

陕西稼轩律师事务所高级合伙人曹鹏等专家授课。专家先后对国家科技成果转移转化政策进行解读，通过案例分析，介绍科技成果转化过程中可能遇到的法律问题，讲解促进成果转化的主要路径及技术转移创新发展模式。绵阳市科技局副局长陈光明、国家技术转移西南中心副主任吴小军等出席活动。成都、德阳、泸州、绵阳等地科技行政职能部门、技术转移示范机构、孵化器、产业园区、科研院所、高校等从事市场管理和科技成果转化相关人员130余人参加培训。培训会还设立技术经纪人签约咨询，现场有20余名与会者与交易中心签署技术经纪人合作协议。

【"戎易汇"技术交易系列活动第一期——生物与新医药产业专题对接会】 2019年3月28日，2019年"戎易汇"技术交易系列活动第一期——生物与新医药产业专题对接会在科创园区创新中心二期4号楼举行。本次对接会旨在为绵阳地区生物、新医药企业提供零距离接触的机会，满足企业产品推介、项目对接、投融资等需求，促成企业交流，实现资源共享。对接会由市科技局、中国（绵阳）科技城工业技术研究院主办，国家两用技术交易中心、绵阳高新区国家生物医药专业孵化器承办，四川生物医药公共服务平台、泰豪匠星医药产业发展投资基金协办。绵阳市中心医院、禾大西普化学（四川）有限公司、四川九渊医药科技有限公司等40余家单位近80人参加对接会。绵阳高新区国家生物医药专业孵化器副主任杨海明在对接会上对生物医药专业孵化器作介绍。四川州立生物科技有限公司与西南科技大学生命科学与工程学院、国家两用技术交易中心与四川中医药高等专科学校等8家合作单位现场签约。四川曼赛思医药、九渊医药、四川州立生物、禾大西普等企业介绍公司的产品、项目，寻求合作机会。绵阳市中心医院、绵阳市第三人民医院就医药专利转让与相应企业形成初步合作意向。泰豪匠星医药产业发展投资基金发布企业融资需求。德阳九为蓝谷生物医药平台、成都生物新医药孵化平台等企业达成合作意向。

【"戎易汇"技术交易系列活动第二期——新能源产业专题对接会】 2019年5月30日，2019年"戎易汇"技术交易系列活动第二期——新能源产业专题对接会在创新中心二期4号楼举行。本次对接会旨在促进新能源产业合作，缩短供应链，推动资源对接。对接会由市科技局、中国（绵阳）科技城工业技术研究院主办，国家两用技术交易中心、绵阳科技城中科创新育成中心承办，四川省新能源产业促进会、中国科技城（绵阳）新能源汽车产业联盟支持。四川久远投资控股集团有限公司、西南科技大学材料科学与工程学院、四川蜀旺新能源股份有限公司等30余家单位近50余人参会。四川网赢孵化器管理有限公司、四川省新能源产业促进会与国家两用技术交易中心现场签约。锂电池管理及电源系统测试技术、瑞可达新能源连接系统等12个项目作现场发布。精一天使公社等投资机构作现场宣讲。

【"戎易汇"技术交易系列活动第三期——电子信息产业专题对接会】 2019年7月31日，2019年度"戎易汇"技术交易系列活动第三期——电子信息产业专题对接会在创新中心二期4号楼举行。本次活动旨在为绵阳电子信息类企业提供合作机会，为投融资机构寻找到项目资源。对接会由市科技局、中国（绵阳）科技城工业技术研究院主办，国家两用技术交易中心、绵阳科技城工创科技有限公司、成都市电子信息行业协会承办，四川九洲电器集团有限责任公司、国家两用技术交易中心遂宁工作站协办。四川九洲电器集团有限责任公司、四川鼎鸿物联网科技有限公司、四川威纳尔特种电子材料有限公司等30余家单位近70人参加对接会。成都市电子信息行业协会、北京中金浩资产评估有限公司与国家两用技术交易中心现场签约。四川威纳尔特种电子材料有限公司等7家企业展示企业优质项目、核心技术等。现场有合作意向的企业和投融资机构对项目进行咨询，并达成合作意向。

【“戎易汇”技术交易系列活动第四期——先进制造与工业自动化专题对接会】 2019年9月26日，2019年“戎易汇”技术交易系列活动第四期——先进制造与工业自动化专题对接会在创新中心二期4号楼举行。本次对接会旨在为成德绵地区先进制造、工业自动化领域企业和服务平台提供交流机会，达成企业产品推介、项目对接、融资等需求。对接会由市科技局、中国（绵阳）科技城工业技术研究院主办，国家两用技术交易中心、成都科学技术服务中心、德阳装备制造工业云、绵阳新三板企业家协会承办，绵阳科技城中科创新育成中心等协办。海尔家电产业集团、四川凯盟自动化设备有限公司、德阳智造工程技术有限公司、京润盈池股权基金、绵阳金慧通股权投资基金管理有限公司等70余家单位近100人参会。会上，交易中心、德阳装备制造工业云平台负责人先后对各自平台作介绍。德阳装备制造工业云与成都自动化研究会、交易中心与德阳智造工程公司现场签约。四川零点自动化公司、德阳智造工程公司、东莞汉扬自动化有限公司、福德机器人等10家企业作产品和项目展示及交流。东莞汉扬自动化与海尔家电产业集团、四川零点自动化达成初步合作意向。西南交通大学电气工程学院教授华泽玺的“变配电所无人值守系统”项目受到京润盈池股权基金、赛伯乐投资、四川省智造投资促进联盟等多家投资机构关注，并达成初步投资合作意向。

【“戎易汇”技术交易系列活动第五期——新材料产业专题对接会暨2019年度优秀技术经纪人表彰会】 2019年12月24日，“戎易汇”技术交易系列活动第五期——新材料产业专题对接会暨2019年度优秀技术经纪人表彰会在创新中心二期4号楼举行。本次对接会旨在加强新材料产业之间相互合作、交流，促进企业、投资机构、高校衔接，助推新材料行业技术和成果的转移转化。对接会由市科技局、中国（绵阳）科技城工业技术研究院主办，国家两用技术交易中心、成都新材料产业研究院承办。四川东材科技集团股份有限公司、四川九洲线缆有限责任公司、四川航龙航空工业有限公司等企业70余人参会。对接会表彰2019年度优秀技术经纪人，为优秀技术经纪人屈卫波等颁发证书。成都新材料产业研究院和国家两用技术交易中心，成都朗途科技有限公司和四川鸿森达铝业科技有限公司现场签约。绵阳和理科技有限公司、西南交通大学、成都拓利科技股份有限公司等4家单位发布新材料项目，专家从项目的技术、市场及投资方向等方面进行点评。成都朗速科技有限公司和四川创投富达投资管理有限公司作宣讲。 （李芝军）

四川省两用技术再研发中心

【概况】 四川省两用技术再研发中心（以下简称再研发中心）是中国（绵阳）科技城工业技术研究院经四川省科学技术厅批准，依托区域内创新资源打造的专业从事技术到产品研发的开放式技术支撑平台，是采用虚拟研究所、注册工程师模式构建的新型研发机构。主要从事技术成果向产品转化、产品化技术拓展市场应用及产品规模生产工艺、装备、制造规范、标准等研究，推进先进技术双向应用，为中小企业提高创新产品供给。再研发中心聚集清华大学、同济大学等20余所大学，中科院、中物院等14家科研机构，长虹、九洲等30余家企业的创新资源；拥有3200平方米研发基础场地、1.6万余平方米成果转化基地，建立完善的网络基础设施、研发办公装备，拥有125台（套）通用研发设施，建立成套的电子装备、结构装配试制条件及测试环境，形成较为系统的再研发体系，可支撑中心产品研发、产品试制、产品分析测试，面向中小企业开放服务。主要为企业提供产品研发、技术评估评价、工程咨询、需求对接、成果发布与企业宣传服务、检验检测及认证服务、专利等相关服务。2019年，再研发中心加强再研发队伍建设，新引进研发团队5个，入驻团队达18个，登记在册工程师超过100人；引导和推动再研发中心活动开展，启动36项再研发任务，推出再研发成果28项。推出再研发成果转化，全年共推进14项再研发成果规模化生产，推进1.6万平方米的再研发成果转化基地建设，推进创新成果落地转化。通过发展，吸引吉林、湖北、河南等41个地区的科研机构、创新平台参观交流。

【“面对面”走访交流活动】 2019年，再研发中心为提升服务质量，推动建设，加强与各研发团队（企业）的交流与合作，对通美能源、星宇科技、美科电子3家团队（企业）开展“面对面”走访交流活动，到团队办公现场，通过座谈、走访、参观团队第一生产车间、基地；及时跟踪了解各研发团队（企业）的需求和发展情况，剖析发展难点问题，谋划破解对策举措，助力团队（企业）提振信心。实现中心与团队（企业）之间携手合作、功能互补、共建共赢。

【“新动能”走进院所大企业活动】 2019年，再研发中心开展“新动能”活动。通过搭建再研发团队、企业与大型骨干企业、科研院所的交流合作平台，推进需求对接和输出对接，带动企业之间的信息交流，促进再研发团队、企业和院所协同创新、共同发展。组织长虹、涡轮院、西南科大等4场对接专场活动。（李汶航）

绵阳科技城中科创新育成中心

【概况】 绵阳科技城中科创新育成中心（以下简称育成中心）是由绵阳市人民政府与中国科学院成都分院共同组建成立的民办非企业单位，是中科院系统与绵阳市开展科技合作交流与技术创新的桥梁纽带。截至2019年年底，由育成中心组织引进中国科学院在绵阳布局项目超过130项，签约总金额达197亿元。其中由育成中心直接牵头引进签约的项目共60余项，涉及电子信息、新能源新材料、物联网集成应用、高效生态农业等重点产业领域。在平台建设和创新服务能力建设方面，育成中心共推动在绵阳建设产学研协同创新平台近10个，共建联合实验室及产业联盟合作体25个；举办大型学术论坛、成果对接会议10余次，开展院企对接300余场，服务企业100余家。

【新签约项目】 2019年，育成中心在新材料领域达成中科院金属研究所与四川永贵科技有限公司、中科院宁波材料所与四川永贵科技有限公司、中科院上海应用物理研究所与绵阳西磁磁电有限公司、中科院上海应用物理研究所与绵阳博格科技有限公司、中科院过程工程研究所与四川东材科技集团股份有限公司分别在焊接技术、磁器件、阻燃材料等方面的9个项目合作。在电子信息领域达成中科院微电子所与四川九洲电器集团公司1个项目合作。环保领域达成中科院物理研究所与绵阳京东方光电科技有限公司1个项目合作，合同金额30万元。技术服务方面达成中国科技大学、西南石油大学与绵阳游仙区在安全技术评估工作方面的1个项目合作。在创新平台建设方面达成中科院过程工程研究所与四川银河化学股份有限公司，中科院水生生物所、成都山地所与绵阳育成中心、西南科技大学、绵阳师范学院、绵阳市生态环境保护协会，中国科学院微电子研究所与四川九洲电器集团公司分别在铬盐生产、建设院士工作站、成立西南生态环境先进技术研发与应用中心、电子设备测试方面的3个项目合作。

【重大项目进展】 2019年，中科绵投环保循环经济产业园全部投入使用。该项目由中科实业集团与绵阳水务集团投资共建。年内医疗废弃物处置项目投产，标志着生活垃圾焚烧发电、市政污泥处理、餐厨废弃物处理、医疗废弃物处理4个子项目全部投入使用。其中生活垃圾焚烧发电日处理量达到1500吨。四川鑫达新能源科技有限公司引进中科院兰州化学物理研究所技术打造的聚甲氧基二甲醚生产线正式投产，并更换升级设备，完成所有生产设备的调试。由中科院微电子所与四川豆萁科技有限公司联合开发的NOR闪存芯片产品项目实现量产。销售收入和产值均超2000万元。喀斯玛西部商城实现销售额5.31亿元。由中科院成都生物所与四川康昕生态有限公司合作的聚谷氨酸高效有机肥制备技术研发与示范项目正式投产。

【科研转化平台与成果交流平台建设】 2019年，育成中心持续打造新型科研转化平台。协调中科院物联网研究发展中心、中科院上海高等研究院与四川长虹电子系统有限公司合作在绵阳共建新型智慧城市研究院，并共同承办第七届科博会2019第一届新型智慧城市论坛。与亚士臣科技、创梦孵化器、金发科技等多家孵化机构达成战略合作，联合打造“双创”载体。举办新型智慧城市论坛、农村生活污水治理工作对接会等专业论坛（会议）7次。联合工研院、高新区、市科技局等承办大学生毕业设计大赛、电子电器工业设计大赛、“不忘初心 科普未来”等竞赛（科普）类活动4次。搭建成果展示交流平台，组织中科院系统参展第七届中国（绵阳）科技城国际科技博览会。 （曾卫民）

中国（绵阳）科技城工业技术研究院

【概况】 中国（绵阳）科技城工业技术研究院（以下简称工研院）于2012年11月成立，是隶属于中国（绵阳）科技城管理委员会管理的事业单位，是政府引导、产学研结合、面向市场的集应用技术开发、技术成果转化、公共技术服务、新兴企业孵化、创新人才集聚功能“五位一体”的新型研发机构，是国家中小企业公共服务示范平台、四川省技术转移示范机构、四川省科技成果评价服务联盟副理事长单位，享有科技创新进口免税资格。2019年，工研院联合科创区打造绵阳科工产业园。通过资本与技术结合、地产与项目协同，对入园企业研发生产、成果推广、投资发展进行支持。与高新区、安州工业园等产业园区签订战略合作协议，开展科技成果转化和产业培育。有硕士研究生8人，高级工程师3人、工程师7人，四川省科技进步奖评审专家1人、四川省创业导师5人，拥有孵化器从业人员证书10人，获得四川省科技进步奖2人。控股工创科技、工创华融2家公司。设有4000万元的发展专项资金。

【体制机制建设】 2019年，工研院落实科技部《关于促进新型研发机构发展的指导意见》，确立构建面向市场的新型研发机构管理体系。学习国家、省、市事业单位改革发展的支持政策，实地考察青岛市工业技术研究院等4个新型研发机构，分析组建模式和运营方式，致力于建立新型研发机构。调研全市基金和运行情况，分析工研院投资模式的优势和弊端，联合九洲集团、久远集团和东兴资本等4家单位，共同组建绵阳市君融股权投资基金，总规模超3亿元。

【再研发项目实施】 2019年，工研院推进再研发项目实施。再研发中心注册工程师超过100人，入驻团队达到12家，实施智能输液监控系统等再研发项目36项，取得再研发产品成果28项，规模化生产产品15项。其中智能输液监控系统在国内各大医院上线应用，膀胱扫描仪销往美国。

【成果转移转化模式创新】 2019年，工研院依托国家两用技术交易中心（以下简称交易中心），新建广东、泉州2个分中心，遂宁、张家口2个工作站，实现技术交易额14.07亿元。交易中心在全国建立山东、河北、广东、泉州、成都等5家分中心，服务覆盖京津冀、胶东半岛、成渝经济圈、粤港澳大湾区、海西经济区，形成布点全国两用技术交易体系雏形。举行科技成果发布会12场，累计向社会发布12家院所企业的成果30项。其中电磁脉冲生物菌肥反应釜系统受到国内多家企业关注，获得178台（套）的意向订单。组织中国创新创业大赛技术融合专业赛。承办2019中国创新创业大赛技术融合专业赛（绵阳协同创新大赛），征集到423家单位的520个参赛项目。组织第五届科技城大学生毕业设计大赛，征集到西南科技大学、电子科技大学、绵阳师范学院等9所高校的78项作品参赛。帮助"一种多功能智能旋转标识柱的设计"等50余项历年参赛作品在绵阳实现成果转化。

【项目孵化服务】 2019年，工研院通过中小企业考察和服务，累计遴选攀丰智能制造、麦斯威尔等项目103项，孵化快合技术、撼地大数据等公司12家，举办培训对接活动21场，服务超2000人次。争取科技、工信、人才等系统项目支持，累计申报绵阳科技城制造业孵化综合服务平台等项目15个，立项7项，到位资金69.5万元。其中"大功率动力锂电池组状态协同估计关键技术及产业化"等2个项目，分获省科技进步一等奖、三等奖。组织高技术产业联盟活动，对接西南科大和长虹等单位，实施"联盟新动能+"系列活动4场，举办服务活动7场，累计服务企业200余家，培训人数350余人次。

【新业务培育与拓展】 2019年，工研院拓展项目先进性评审、检验检测服务、咨询评价等新业务。参与第七届科博会项目先进性审查，共评审新型显示技术、北斗导航、高端智能装备制造、航空航天、新能源、先进制造、电子信息等领域的参展企业412家，参展展品1769项，A、B、C、D类展品10572件。联合中物院计量测试中心、绵阳市质检所等18家检验检测，组建中国（绵阳）科技城检验检测联合体，开展检验检测服务，提供计量校准、产品检验和测试及认证等基础技术服务。成员单位绵阳市质检所、绵阳市软件评测中心联合承担绵阳市交通运行监测与应急指挥系统（二期）项目；沃达检测公司、市质检所联合完成三台县17个麦冬种植乡镇的麦冬干品检测和土壤多效唑检测。开展咨询评价业务，完成麦思威尔公司、绵阳卷烟厂的成果评价。其中麦斯威尔公司的"水性石墨烯重防腐涂料的制备与产业化技术"完成成果登记，并通过绵阳市科技进步奖初评。（李汶航　李芝军）

产业发展
Industrial Development

概　述

【概况】　2019年，《绵阳市制造业核心竞争力提升七个行动计划》（以下简称《七个行动计划》，2018年12月17日经市政府第57次常务会议审议并原则通过）正式印发。《七个行动计划》包括《绵阳市制造业智能化发展行动计划》《绵阳市制造业绿色化发展行动计划》《绵阳市制造业服务化发展行动计划》等7个计划，旨在推动全市制造业智能化发展、绿色化发展、服务化发展、本地配套率提升、质量品牌培育、制造业单项冠军企业培育、创新能力提升，解决制造业发展的薄弱环节和突出问题，打造具有科技城特色和核心竞争力的先进制造业集群，促进制造业向中高端发展。全年科技城以电子信息、汽车、新材料、节能环保、高端装备制造、食品饮料六大重点产业和新型显示、智慧家庭、新型功能材料、5G、北斗卫星应用、新能源与智能网联汽车六大创新产业为支撑，规模工业增加值占全市GDP的比重达30.26%。全市规模工业增加值同比增长10.0%，高于全国（5.7%）4.3个百分点，高于全省（8.0%）2个百分点，位居全省第3位。规模以上工业企业实现主营业务收入2858.74亿元；盈亏相抵后利润总额126.24亿元，同比增长14.7%，高于全省4.3个百分点。全年新增规模工业企业114家；规模工业企业总数累计达1052家，位居全省第3位。全年科技城工业投资同比增长26.5%，较全社会固定资产投资增速高12.9%，高于四川省平均增速18.9%，居四川省第3位；技改投资同比增长16.9%，高于四川省平均增速11.8%。工业投资连续38个月、技改投资连续36个月实现两位数以上增长。

【产业结构】　2019年，科技城六大重点产业发展呈现“五升一降”趋势。六大重点产业产值同比增长10.2%，占全部工业比重达68.6%，同比提升1.1个百分点。其中电子信息产业同比增长7.8%，占规模工业总产值比重为29.3%。汽车产业同比下降7.7%，占规模工业总产值比重为7.2%，占比同比下降1.4个百分点。节能环保产业同比增长29.8%，占规模工业总产值比重为8.0%，占比同比提高1.7个百分点。高端装备制造产业同比增长19.2%，占规模工业总产值比重为2.4%。新材料产业同比增长17.9%，占规模工业总产值比重为10.0%。食品产业同比增长10.2%，占规模工业总产值比重为11.8%。

【产业园区发展】 2019年，科技城共有13个工业园区，其中有绵阳高新技术产业开发区、绵阳经济技术开发区、绵阳出口加工区3个国家级开发区；有江油高新区、游仙高新区、安州工业园区、绵阳科技城科教创业园区、三台工业园区、北川经济开发区、梓潼经济开发区、盐亭经济开发区8个省级开发区；省级以上工业园区数量仅次于成都，居全省第二位。建设有高新区数字视听产业示范基地等2个国家新型工业化产业示范基地，以及经开区电子信息产业示范基地、江油高新区特钢产业示范基地、安州工业园区汽车产业示范基地、游仙高新区节能环保产业示范基地4个省级新型工业化产业示范基地。全年工业园区经济规模占全市84%以上，工业园区成为全市工业经济发展的主要平台和重要引擎。

【产业创新能力提升】 2019年，科技城工业总产值4亿元以上重点企业建立研发机构占比达97.39%，同比提高6.39个百分点；1亿元以上企业建立研发机构占比达95.77%，同比提高6个百分点。富临精工获批成为国家企业技术中心；新增省级企业技术中心10家，省级企业技术中心总数达85家；新增市级企业技术中心27家，市级企业技术中心总数达119家；新认定市级制造业创新中心8家。新认定省级工程实验室2家（四川九洲电器集团有限责任公司四川省航电系统产品轻量化设计与制作工程实验室、四川长虹电源有限责任公司四川省轨道交通列车用蓄电池系统技术工程实验室），省级工程实验室共19家；新认定省级工程技术研究中心1家（四川龙华光电薄膜股份有限公司四川省光学偏光薄膜材料工程技术研究中心），省级工程技术研究中心共23家。30个重大产业核心技术攻关项目和20个科技成果产业化项目推进实施，缸内直喷中小功率组合凸轮轴等5种产品通过省级新产品鉴定。新晨动力、中物材料、旭虹光电获省技术创新示范企业，省技术创新示范企业总数达4家；雪宝乳业、铜鑫铜业等5家企业被工信部认定为“工业企业知识产权运用试点企业”，“工业企业知识产权运用试点企业”总数达13家；四川科瑞达电子技术有限公司被认定为国家级工业设计中心（第四批），国家级工业设计中心总数达2家（2015年，长虹获评国家工业设计中心的企业，成为科技城首家国家级工业设计中心）。新增旭虹光电、德华皮革、雪宝乳业、铜鑫铜业、靓固科技共5家企业被工信厅认定为“工业企业知识产权运用试点企业”，科技城“工业企业知识产权运用试点企业”总数达13家，总数居全省第二。

【先进制造业发展水平】 2019年，科技城制造业向智能化、绿色化、服务化方向发展。制造业智能化水平。科技城重点领域数字化研发设计工具普及率达60%，关键工序数控化率达46%，建有数字化生产线（车间）/智能工厂的企业占比达13%；拥有智能制造系统集成方案供应商5家（国家级2家、省级1家、市级2家）；有四川龙华光电薄膜股份有限公司、四川永贵科技有限公司、中科西奥电梯有限公司、四川长虹精密电子科技有限公司、绵阳京东方光电科技有限公司共5家省级示范智能车间建设优秀企业。持续推进华丰高可靠精密连接器智能工厂等7个国家级智能制造试点示范项目及绵阳京东方第六代AMOLED柔性面板智能工厂、长虹精密电子电子组件智能制造数字化车间等21个在建省级智能制造试点示范项目及长虹智能制造产业园项目。制造业绿色化水平。新增长虹、九洲8款产品获评国家级绿色设计产品，科技城国家级绿色设计产品总数达11款。永贵科技创建成为国家级绿色工厂，科技城国家级绿色工厂总数达4家。长虹电器成为国家级绿色供应链示范单位。绵阳锐洋新材料技术开发有限公司、四川龙华光电薄膜股份有限公司、绵阳市建诚化工有限公司等16家企业创建成为省级绿色工厂，四川九州光电子技术有限公司创建成为省级绿色供应链。制造业服务化水平。组建并运营中国（绵阳）科技城软件登记与评测服务中心。完成《绵阳市工业设计产业发展情况调研报告》，筹办“服务型制造进企业”主题活动暨发展服务型制造专题推进会、天府宝岛工业设计大赛、“锦绣四川·丝绸之源”丝绸产品创新设计专题赛（绵阳）。培育10个省级服务型制造示范企业（项目、平台）和2家培育市级工业设计中心（企业），70%以上规模企业开展服务型制造，佳联印染等110余家企业开展个性化定制。新增四川绵阳鼎鑫智能装备有限公司、四川恒泰环境技术有限责任公司等8家省级服务型制造示范企业。

2019 年科技城新认定省级服务型制造示范企业一览表

表 12

序号	企业名称	序号	企业名称
1	绵阳锐洋新材料技术开发有限公司	9	四川龙华光电薄膜股份有限公司
2	绵阳市建诚化工有限公司	10	四川铁骑力士实业有限公司
3	四川美丰化工科技有限责任公司	11	绵阳铜鑫铜业有限公司
4	江油拉豪双马水泥有限公司	12	绵阳长林食品股份有限公司
5	江油红狮水泥有限公司	13	四川赛卓药业股份有限公司
6	绵阳一康制药有限公司	14	四川清香园调味品股份有限公司
7	四川绵阳岷山实业集团有限公司	15	四川兰兰食品有限公司
8	绵阳海立电器有限公司	16	四川长虹模塑科技有限公司

2019 年科技城省级绿色工厂一览表

表 13

序号	企业名称	序号	企业名称
1	四川绵阳鼎鑫智能装备有限公司	5	四川恒泰环境技术有限责任公司
2	江油市合纵机电设备有限公司	6	绵阳润森乾宇农业发展有限公司
3	四川伴农动保生物技术有限公司	7	四川零点自动化系统有限公司
4	四川铁鹰机械制造有限公司	8	四川皇龙智能破碎技术股份有限公司

【先进制造企业培育】 2019年，科技城先进制造业企业结构优化，继续实施大企业大集团培育“领航计划”，在大企业大集团培育方面取得成效，新增50亿元以上企业1家（铁骑力士）、30亿元以上企业5家（铜鑫铜业、六合特材、中科城环保、银河化学、利尔化学）、10亿元以上企业10家（龙华光电、四川环龙、豪意木业、爱创科技、仙特米业、启明星磷化、开元磁材、佳联印染、鸿翔特殊钢、红狮水泥）。四川长虹电子控股集团有限公司、四川九洲电器集团有限责任公司、四川铁骑力士实业有限公司、四川富临实业集团有限公司4家企业入选四川大企业大集团100

强名单。东材科技等9家企业入选四川省民营企业100强，四川科伦实业集团有限公司入选中国民营企业制造业500强，铁骑力士入选中国民营企业100强。长虹电子、九洲电器分列2019年电子信息百强企业第7位、第41位。长虹新增中国驰名商标1件，好医生参与制定《中医药—天麻药材》国际标准，东材科技等单位主导和参与制定的11个国家标准正式发布。实施中小企业培育“涌泉计划”。全市规模工业企业总数达1052家，居全省第3位。佳禧印染上榜全国首批专精特新“小巨人”企业榜单。长虹电子、九洲电器等15家企业成长为全省制造业企业100强，绵阳市金久电气有限公司等17家企业进入全省高成长型中小企业培育名单，纳入全省培育的行业“小巨人”和高成长型中小企业数量均居全省第一。制定《绵阳市制造业单项冠军企业培育“登峰计划”实施细则》和单项冠军企业培育2019年工作计划，继续实施制造业单项冠军培育“登峰计划”。旭虹光电通过国家第一批制造业单项冠军企业复核，四川东方绝缘体材料股份有限公司的电工用聚酯薄膜被认定为第四批国家制造业单项冠军产品，全市单项冠军企业总数2家，排名全省第2。全年纳入单项冠军市级培育库企业名录5家（江油核宝纳米材料有限公司、四川神光石英科技有限公司、绵阳佳禧印染有限责任公司、长虹网络科技有限责任公司、长虹激光显示科技公司）。

科技城入围“2019 四川民营企业 100 强”企业一览表

表 14

序号	企业名称	序号	企业名称
1	中国金属资源利用有限公司	6	四川美乐集团实业有限公司
2	四川铁骑力士实业有限公司	7	四川新艾潇商贸有限公司
3	四川富临实业集团有限公司	8	四川兴力达集团实业有限公司
4	四川好医生药业集团有限公司	9	四川东材科技集团股份有限公司
5	四川六合特种金属材料股份有限公司		

科技城入围“2019 四川省制造业企业 100 强”企业一览表

表 15

序号	企业名称	序号	企业名称
1	四川长虹电子控股集团有限公司	9	四川双马水泥股份有限公司
2	四川九洲电器集团有限公司	10	四川东材科技集团股份有限公司
3	四川波鸿实业有限公司	11	四川六合锻造股份有限公司
4	四川铁骑力士事业有限公司	12	四川长林肉类食品集团公司
5	四川好医生药业集团有限公司	13	四川开元磁性材料有限公司
6	绵阳铜鑫铜业有限公司	14	绵阳佳联印染有限责任公司
7	绵阳新晨动力机械有限公司	15	四川兴事发门窗有限责任公司
8	利尔化学股份有限公司		

科技城入围“四川省高成长型中小企业培育名录”企业一览表

表 16

序号	企业名称	序号	企业名称
1	绵阳市金久电气有限公司	10	四川省中兴药业有限公司
2	四川才子软件信息网络有限公司	11	四川新华康生物科技有限公司
3	四川昊宇龙星科技有限公司	12	江油启明星氯碱化工有限责任公司
4	绵阳伟成科技有限公司	13	江油市众森农业科技有限公司
5	绵阳裕达电子科技有限公司	14	四川翠微新型建材有限公司
6	绵阳市靓固建设工程有限公司	15	四川陆亨能源科技有限公司
7	绵阳市朝育机械有限公司	16	四川南联环资科技股份有限公司
8	三台县都宏水业有限公司	17	四川铁鹰机械制造有限公司
9	四川省柏均机械制造有限责任公司		

【产业项目服务】 2019年，科技城继续完善项目推进机制，落实项目专员、台账管理等制度，推进重大项目建设。组织诺思（绵阳）微系统一期等22个项目参加四川省2019年第一季度重大项目集中开工。推进诺思（绵阳）微系统基地一期等87个项目开工建设，惠科第8.6代薄膜晶体管液晶显示器件生产线等78个项目加快建设，华丰连接器产业园等112个项目竣工投产，京东方项目量产交付、惠科项目提前封顶。推进10个省重大标志性项目、13个省政府重点项目及31个省经信厅重点项目建设，超额完成全年投资任务。落实“民营经济33条”“优化营商环境35条”“服务绿卡”和改进服务工业企业九条措施，服务项目建设。为龙华薄膜“凤凰膜都”产业园二期等6个项目安排市招商引资和工业技改扩能重点项目建设用地周转资金1.05亿元。加强对上协调汇报，争取省级技改专项资金支持6776万元，同比增长98.2%。推荐5G基站用表贴环形器/隔离器产业化等41个项目申报2020年工业强基工程重点方向，上报项目数量居四川省第一。围绕六大重点产业转型升级、六大创新产业加快发展、先进制造产业功能区建设，聚焦关键领域和薄弱环节，出台《绵阳市加快重点项目建设开展基础设施领域补短板三年行动实施方案》，从十大方面梳理出重点项目902个，引导企业持续开展技术改造，提高生产效率，提升产品市场竞争力。

【产业创新能力提升】 2019年，科技城企业创新平台建设、关键核心技术攻坚及科技成果转移转化取得成效，产业创新能力持续提升。企业创新平台建设。科技城工业总产值4亿元以上重点企业建立研发机构占比达97.39%，同比提高6.39个百分点；1亿元以上企业建立研发机构占比达95.77%，同比提高6个百分点。富临精工获批成为国家企业技术中心；新增爱联科技等省级企业技术中心10家，全市省级企业技术中心总数达85家；新增市级企业技术中心27家，全市市级企业技术中心总数达119家；新认定市级制造业创新中心8家。新认定省级工程实验室2家（四川九洲电器集团有限责任公司四川省航电系统产品轻量化设计与制作工程实验室、四川长虹电源有限责任公司四川省轨道交通列车用蓄电池系统技术工程实验室），全市省级工程实验室共19家；新认定省级工程技术研究中心1家（四川龙华光电薄膜股份有限公司四川省光学偏光薄膜材料工程技术研究中心），全市省级工程技术研究中心共23家。新晨动力、中物材料、旭虹光电获省技术创新示范企业，全市省技术创新示范企业总数达4家。新增旭虹光电、德华皮革、雪宝乳业、铜鑫铜业、靓固科技共5家企业被工信厅认定为“工业企业知识产权运用试点企业”，全市“工业企业知识产权运用试点企业”总数达13家，总数居全省第二。率先在全省范围内开展市级制造业创新中心建设，8家完成建设方案评审，华丰光电中心被认定为科技城首家市级制造业创新中心。关键核心技术攻坚及科技成果转移转化。东材科技太阳能发电用功能化聚酯薄膜材料关键技术与应用研究等30个重大产业核心技术攻关项目和办公平台自主可控关键技术等20个科技成果产业化项目推进实施，四川蜀旺新能源新型热电联供光伏光热系统及绵阳华晨瑞安缸内直喷中小功率组合凸轮轴等5种产品通过省级新产品鉴定。

【制造业与互联网融合发展】 2019年，科技城抓住工业互联网启动发展的关键期、规模化扩张的窗口期、抢占主导权的机遇期，推进制造业与互联网融合。推动长虹公司“四川电子信息产业集聚区工业互联网平台试验测试”项目，该项目是四川省唯一入选的工业互联网平台项目，该项目面向制造业数字化、网络化和智能化需求，围绕底层基础平台、工业互联网平台、面向制造的服务、面向产品的服务和工业互联网门户等内容，构建起海量数据采集、汇集和分析体系。针对本地工业企业龙头进行调研，探索由龙头企业牵头，地方政府支持，推动建设区域性工业互联网平台。

【“两化深度融合·千家企业上云”工程】 2019年，全市为推动“两化深度融合·千家企业上云”工程，与绵阳电信联合承办绵阳市“两化深度融合·千家企业上云”工作会议，对《绵阳市工业互联网实施方案》和《绵阳市“两化深度融合·千家企业上云”行动计划（2018—2020年）》进行宣贯和解读，就工业互联网、企业上云作针对性培训，提高企业和政府管理部门对工业互联网、企业上云的认识，引导、支持企业在研发设计、生产制造、运维管理等方面的能力向云端迁移、需求向云端购买。

【“两化融合管理体系贯标”工作】 2019年，全市新增四川长虹新能源科技股份有限公司、四川长虹教育科技有限公司、四川九州光电子技术有限公司、四川九洲北斗导航与位置服务有限公司、中国核工业二四建设有限公司、四川翔风科技有限公司、绵阳市瑞丰机电制造有限公司、四川省银河化学股份有限公司、四川旭虹光电科技有限公司9家“四川省两化融合管理体系贯标试点企业”，在省内地市级位列第一。

【企业信息化重点项目试点建设】 2019年，四川长虹佳华信息产品有限责任公司“基于AR技术的智慧养老服务系统”等7个重点项目获评“2019四川省数字经济与实体经济融合创新示范项目”。四川长虹电子控股集团有限公司“工业互联网企业内网网络化改造行业推广服务平台项目”中标工信部“2019年制造业高质量发展专项”。工信部2019年制造业“双创”平台试点示范项目中，四川德华皮革制造有限公司“德华皮革智能生产系统研发及示范项目”获批工信部2019年制造业“双创”平台试点示范项目试点（基于互联网的孵化能力开放平台类）。中国（绵阳）科技城工业技术研究院“绵阳科技城制造业孵化综合服务平台”获批工信部2019年制造业“双创”平台试点示范项目试点（“双创”平台+研发设计模式创新类）。全年全市基于5G建设同步开展全国首次5G+智能制造等18项试点应用。

【“两新”产业发展】 2019年，科技城实施科技创新规划，推动企业成为创新决策主体、研发投入主体、创新活动主体和成果应用主体。通过加快科技型企业培育发展，实施科技型中小企业提质增效工程，精准“滴灌”，服务企业，推进企业上档升级。通过实施高新技术企业数量、质量双提升计划，实现高技术企业发展实现新突破。开展重点工业企业研发机构全覆盖行动，推动构建以企业为主体、市场为导向、产学研相结合的科技创新平台建设。全年全市高新技术企业总数达340家，高新技术产业主营业务收入达1861亿元。四川省光学偏光薄膜材料工程技术研究中心、四川省大数据与智能系统工程技术研究中心、四川省航空发动机及燃气轮机叶轮机械工程技术研究中心等获省科技厅批复建设。科技城围绕市委、市政府决策部署，坚持以突出创新驱动、优化产业布局、推进项目建设、强化企业培育、抓好要素保障等为重点，推进战略性新兴产业加快发展，战略性新兴产业呈现持续稳定发展态势。科技城纳入统计的战略性新兴产业企业总数达351家，较2018年增加59家。战略性新兴产业产值占全市工业比重达到39.2%，同比增长1%。其中新一代信息技术产业是科技城战略性新兴产业领域的第一大产业，具备人才、技术优势和产业基础，代表企业长虹、九洲分别排名2019年中国电子信息百强企业第7位和第41位；高端装备制造产业主要集中在航空发动机、卫星及应用、轨道交通装备、智能制造装备等领域，科技城在航空发动机方面具有较深厚技术沉淀和较强研发能力，在卫星及应用领域，九洲集团是中国卫星导航定位协会副会长单位，四川省北斗卫星导航产业联盟理事长单位，具有一定规模和技术水平的产业体系；新材料产业主要集中在新型功能材料及先进结构材料领域，以西磁磁电、东材科技、旭虹光电、攀长钢、龙华薄膜为代表企业，拥有国家绝缘材料工程技术研究中心、国家磁性产品质量监督检验中心等新材料领域研发机构。

（陈　洁　王月利　秦雯雯）

相关链接：“两新”产业指高新技术和战略性新兴产业。高新技术产业主要包括信息技术、生物技术、新材料技术三大领域；战略性新兴产业主要包括节能环保、高端装备制造、新一代信息技术、生物、新材料、新能源、新能源汽车等产业。

2019年科技城营业收入上1亿元的高新技术企业一览表

表17

序号	企业名称	序号	企业名称
1	四川九洲电器集团有限责任公司	10	四川东方绝缘材料股份有限公司
2	攀钢集团江油长城特殊钢有限公司	11	四川爱联科技有限公司
3	利尔化学股份有限公司	12	四川长虹技佳精工有限公司
4	绵阳铜鑫铜业有限公司	13	四川九州电子科技股份有限公司
5	绵阳新晨动力机械有限公司	14	四川长虹新能源科技股份有限公司
6	四川省银河化学股份有限公司	15	四川长虹电源有限责任公司
7	四川长虹网络科技有限责任公司	16	四川六合特种金属材料股份有限公司
8	绵阳富临精工机械股份有限公司	17	绵阳高新区恒奥电子科技有限公司
9	四川长虹模塑科技有限公司	18	四川九洲空管科技有限责任公司

续表 17

序号	企业名称	序号	企业名称
19	四川华丰企业集团有限公司	49	绵阳华瑞汽车有限公司
20	绵阳佳联印染有限责任公司	50	绵阳伟成科技有限公司
21	四川安和精密电子电器有限公司	51	绵阳新华内燃机股份有限公司
22	四川东材科技集团股份有限公司	52	四川长虹智慧健康科技有限公司
23	四川九州光电子技术有限公司	53	四川长虹智能制造技术有限公司
24	西南应用磁学研究所	54	四川省三台县波特兰商品砼有限公司
25	绵阳美能材料科技有限公司	55	绵阳西磁磁电有限公司
26	四川龙华光电薄膜股份有限公司	56	四川同舟化工科技有限公司
27	四川长虹教育科技有限公司	57	四川省羌山农牧科技股份有限公司
28	四川九洲线缆有限责任公司	58	绵阳华晨瑞安汽车零部件有限公司
29	四川旭虹光电科技有限公司	59	四川梓潼林江苎麻纺织有限责任公司
30	四川佳运油气技术服务有限公司	60	四川清香园调味品股份有限公司
31	四川湖山电器股份有限公司	61	四川天雄药业有限公司
32	四川利尔作物科学有限公司	62	四川灵通电讯有限公司
33	四川省绵阳西南自动化研究所	63	绵阳捷智科技股份有限公司
34	四川永贵科技有限公司	64	四川金发科技发展有限公司
35	四川保和新世纪线缆有限公司	65	四川鑫元瑞科技有限公司
36	四川雪宝乳业集团有限公司	66	四川华拓光通信股份有限公司
37	四川经纬达科技集团有限公司	67	四川九洲视讯科技有限责任公司
38	四川圣迪乐村生态食品股份有限公司	68	四川绵阳华元航升环保科技有限公司
39	四川威斯卡特工业有限公司	69	绵阳正能新能源技术有限公司
40	绵阳市攀丰智能制造有限公司	70	四川九洲北斗导航与位置服务有限公司
41	际华三五三六实业有限公司	71	江油三丰汽轮机材料有限公司
42	绵阳佳禧印染有限责任公司	72	绵阳宁瑞电子有限公司
43	好医生药业集团有限公司	73	绵阳开元磁性材料有限公司
44	雅化集团绵阳实业有限公司	74	四川省科学城天人环保有限公司
45	绵阳高新区鸿强科技有限公司	75	四川长虹电子系统有限公司
46	四川虹信软件股份有限公司	76	江油星联电子科技有限公司
47	江油市长祥特殊钢制造有限公司	77	绵阳市维博电子有限责任公司
48	四川光友薯业有限公司	78	四川惠泉生物科技有限公司

续表 17

序号	企业名称	序号	企业名称
79	绵阳虹瑞科技有限公司	83	四川绵阳德鑫机械有限公司
80	四川超声印制板有限公司	84	四川恒泰环境技术有限责任公司
81	四川中物材料股份有限公司	85	四川泰虹科技有限公司
82	四川瑞可达连接系统有限公司	86	四川省江油市蜀玉实业有限公司

（秦雯雯）

2019 年科技城产值超 1 亿元新兴产业企业一览表

表 18

序号	企业名称	序号	企业名称
1	四川长虹电子控股集团有限公司	22	四川欣达复合材料有限公司
2	四川九洲电器集团有限责任公司	23	绵阳海立电器有限公司
3	绵阳金循环金属材料有限公司	24	江油中化炉窑工程有限公司
4	好医生药业集团有限公司	25	四川湖山电器股份有限公司
5	绵阳铜鑫铜业有限公司	26	四川旭虹光电科技有限公司
6	四川六合特种金属材料股份有限公司	27	四川九洲线缆有限责任公司
7	中科城环保集团股份有限公司	28	四川超声印制板有限公司
8	攀钢集团江油长城特殊钢有限公司	29	四川经纬达科技集团有限公司
9	四川东材科技集团股份有限公司	30	绵阳建诚恒瑞集团有限公司
10	维谛技术（绵阳）有限公司	31	四川九州光电子技术有限公司
11	绵阳富临精工机械股份有限公司	32	四川安和精密电子电器有限公司
12	四川爱创科技有限公司	33	太极集团四川绵阳制药有限公司
13	四川科莱电梯股份有限公司	34	四川中油天能科技有限公司
14	四川九州电子科技股份有限公司	35	四川艾格瑞特模具科技股份有限公司
15	绵阳开元磁性材料有限公司	36	四川新金鑫照明科技有限公司
16	四川龙华光电薄膜股份有限公司	37	绵阳中研磨具有限责任公司
17	江油市鸿翔特殊钢有限公司	38	绵阳京东方光电科技有限公司
18	四川永贵科技有限公司	39	四川代代为本农业科技有限公司
19	四川兴事发能源科技有限公司	40	四川长虹电子部品有限公司
20	四川兴事发门窗有限责任公司	41	绵阳得润电子有限公司
21	四川爱联科技有限公司	42	绵阳市万欣测控技术有限公司

续表 18

序号	企业名称	序号	企业名称
43	四川保和新世纪线缆有限公司	73	禾大西普化学（四川）有限公司
44	四川利尔作物科学有限公司	74	江油市长祥特殊钢制造有限公司
45	台沃科技集团股份有限公司	75	四川翠微新型建材有限公司
46	绵阳华正电子科技有限公司	76	绵阳市中邦节能玻璃有限公司
47	绵阳美能材料科技有限公司	77	太极集团.四川天诚制药有限公司
48	四川华西动物药业有限公司	78	四川惠泉生物科技有限公司
49	四川新为橡塑有限公司	79	四川天丰节能板材有限公司
50	四川云亳堂药业有限公司	80	四川清贝科技技术开发有限公司
51	四川铁鹰机械制造有限公司	81	四川恒泰环境技术有限责任公司
52	绵阳邦立精工科技有限公司	82	绵阳高新区鸿强科技有限公司
53	四川虹锐电工有限责任公司	83	绵阳朗迪新材料有限公司
54	宏源地能热泵科技有限公司	84	绵阳宁瑞电子有限公司
55	绵阳普思电子有限公司	85	绵阳市聚合新材料有限公司
56	四川蜀特炉业有限公司	86	绵阳路博润滑油脂有限公司
57	江油星联电子科技有限公司	87	四川农大高科农业有限责任公司
58	绵阳四联电子科技有限公司	88	四川昊宇龙星科技有限公司
59	四川同一热能设备有限公司	89	四川鑫鼎新材料有限公司
60	四川天雄药业有限公司	90	绵阳锐达精密电子有限公司
61	四川江油中坝附子科技发展有限公司	91	绵阳西磁磁电有限公司
62	四川三台力达泵业有限公司	92	绵阳科勤环保科技有限公司
63	四川威邦科技发展有限公司	93	四川矿山机器（集团）有限责任公司
64	四川省三台县固锐实业有限责任公司	94	江油殷田电子科技有限公司
65	绵阳捷智科技股份有限公司	95	绵阳龙兴科技有限公司
66	四川华拓光通信股份有限公司	96	四川自胜机电设备有限责任公司
67	绵阳神农药业有限公司	97	绵阳瑞邦新能源有限公司
68	四川思迈科技有限公司	98	四川同舟化工科技有限公司
69	四川鑫元瑞科技有限公司	99	江油市瑞隆精密材料有限公司
70	四川开元创亿生物科技有限责任公司	100	四川东卓昌和新材料科技有限公司
71	四川维德通信技术有限公司	101	绵阳市盛宇新材料有限公司
72	江油市重鑫特种金属材料有限公司	102	四川沃姆斯科技有限公司

续表 18

序号	企业名称	序号	企业名称
103	四川惠百民石化机械制造有限公司	132	四川绵阳海天电子科技有限公司
104	四川兴盛源药业有限公司	133	绵阳同成智能装备股份有限公司
105	绵阳天明新能源科技有限公司	134	绵阳市久华机电科技有限公司
106	绵阳市攀丰智能制造有限公司	135	绵阳虹润电子有限公司
107	四川瑞可达连接系统有限公司	136	四川绵阳华元航升环保科技有限公司
108	绵阳华通磁件技术有限公司	137	绵阳迪澳药业有限公司
109	四川沃姆斯能源技术有限公司	138	四川新华康生物科技有限公司
110	北川蓝星特种玻璃有限公司	139	盐亭盈基生物质能源开发有限公司
111	北川天讯新材料有限公司	140	绵阳虹瑞科技有限公司
112	绵阳市维博电子有限责任公司	141	四川腾达电梯制造有限公司
113	中科国兴（绵阳）科技有限公司	142	中科西奥电梯有限公司
114	绵阳灵通电讯设备有限公司	143	绵阳市天捷能源有限公司
115	绵阳东兴绝缘制品有限责任公司	144	四川高达科技有限公司
116	四川特锐祥科技股份有限公司	145	四川仁智新材料科技有限责任公司
117	四川诚帆科技发展有限公司	146	绵阳立德电子股份有限公司
118	绵阳蓝奥重型机械制造有限公司	147	绵阳市东辰磁性材料有限公司
119	绵阳市均益农业科技开发有限公司	148	四川中物材料股份有限公司
120	四川聚能核技术工程有限公司	149	四川同路农业科技有限责任公司
121	绵阳流能粉体设备有限公司	150	绵阳德华磁材有限公司
122	绵阳天力特种玻璃有限公司	151	绵阳一康制药有限公司
123	绵阳市琪瑞蓝星玻璃有限公司	152	绵阳市远达新材料有限公司
124	绵阳正能新能源技术有限公司	153	江油市光巨新材料科技有限公司
125	绵阳绵欣数码科技有限公司	154	四川泰虹科技有限公司
126	四川奇石缘科技股份有限公司	155	四川天濠药业有限公司
127	江油三丰汽轮机材料有限公司	156	绵阳麦科迪威科技有限公司
128	四川英志新能源股份有限公司	157	四川南联环资科技股份有限公司
129	四川国豪种业股份有限公司	158	四川九洲防控科技有限责任公司
130	四川国沃生物科技有限公司	159	绵阳市振华科技有限公司
131	绵阳西磁科技有限公司		

【《绵阳市制造业智能化发展行动计划（2018—2020年）》】 2019年1月27日，《绵阳市制造业智能化发展行动计划（2018—2020年）》正式印发，是《绵阳市制造业核心竞争力提升七个行动计划》之一。《绵阳市制造业智能化发展行动计划（2018—2020年）》结合全市企业智能制造水平发展现状，提出全市制造业智能化发展主要目标：到2020年，智能制造发展基础和支撑能力明显增强，传统制造业重点领域基本实现数字化制造，有条件、有基础的重点产业智能转型取得明显进展；智能制造生态体系初步形成，制造业智能化水平明显提升。重点任务：推进制造过程智能化，加快存量装备智能化改造，加快智能工厂（车间）建设；培育发展智能装备和产品，推动实施一批智能制造项目，加强产业关键技术攻关；开展智能制造试点示范，推进智能制造示范园区建设，开展智能制造新模式应用试点示范；建立健全智能制造支撑体系，推进智能制造公共平台建设，加强智能制造应用服务体系建设，加强智能制造产品标准、质量和品牌建设。

【《绵阳市制造业绿色化发展行动计划（2018—2020年）》】 2019年1月27日，《绵阳市制造业绿色化发展行动计划（2018—2020年）》正式印发，是《绵阳市制造业核心竞争力提升七个行动计划》之一。《绵阳市制造业绿色化发展行动计划（2018—2020年）》结合全市制造业绿色发展现状，提出制造业绿色化发展主要目标：到2020年，构建以绿色产品、绿色工厂、绿色园区、绿色供应链和绿色关键技术研发等为主的绿色制造体系，制造业绿色发展水平、可持续发展能力显著提升。重点任务：发展绿色产品，创建绿色工厂，推进绿色园区建设，强化绿色供应链管理，加强绿色关键技术研发。

【《绵阳市制造业服务化发展行动计划（2018—2020年）》】 2019年1月27日，《绵阳市制造业服务化发展行动计划（2018—2020年）》正式印发，是《绵阳市制造业核心竞争力提升七个行动计划》之一。《绵阳市制造业服务化发展行动计划（2018—2020年）》结合全市服务型制造发展现状，提出服务型制造发展目标：到2020年，服务型制造水平提升，对企业提质增效和转型升级的促进作用增强。重点任务：开展创新设计提升行动、客户价值提升行动、制造效能提升行动、服务模式创新行动。

【《绵阳市制造业本地配套率提升行动计划（2018—2020年）》】 2019年1月27日，《绵阳市制造业本地配套率提升行动计划（2018—2020）》正式印发，是《绵阳市制造业核心竞争力提升七个行动计划》之一。《绵阳市制造业本地配套率提升行动计划（2018—2020）》结合全市企业本地配套现状，提出主要发展目标：全市规模以上工业企业配套采购率在2017年基础上每年提升4%,到2020年本地配套率达32.5%，实现主要配套产品本地采购。重点任务：搭建产品信息平台、开展配套对接活动、企业“牵手”活动、产业配套招商。

【《绵阳市制造业质量品牌培育行动计划（2018—2020年）》】 2019年1月27日，《绵阳市制造业质量品牌培育行动计划（2018—2020年）》正式印发，是《绵阳市制造业核心竞争力提升七个行动计划》之一。《绵阳市制造业质量品牌培育行动计划（2018—2020年）》结合全市制造业质量品牌和竞争力现状，提出主要目标：引导支持制造业加强质量品牌管理和建设，到2020年，全市制造业质量和效益显著改善，品牌和产业集群区域品牌数量、质量整体跃升。重点任务：实施品牌培育工程、质量标杆工程、质量信誉工程、区域品牌工程、对标提升工程、标准引领工程。

【《绵阳市制造业单项冠军企业培育“登峰计划”(2018—2020年)》】 2019年1月27日，《绵阳市制造业单项冠军企业培育“登峰计划”(2018—2020年)》正式印发，是《绵阳市制造业核心竞争力提升七个行动计划》之一。《绵阳市制造业单项冠军企业培育“登峰计划”（2018—2020年)》结合全市制造业企业发展现状，提出主要目标：到2020年，筛选40家以上有优势、有潜力的企业，纳入全市制造业单项冠军企业培育名录库；力争国家制造业单项冠军培育企业、单项冠军示范企业累计达到3家等。重点任务：按照分类施策、分步实施、梯度培育的原则，对有潜力的企业实施“夏尔巴行动”，对有实力的企业实施“冲顶行动”。

相关链接：“夏尔巴行动”：夏尔巴之名取自夏尔巴人，夏尔巴人是居住在喜马拉雅山脉的民族，为攀登喜马拉雅山珠穆朗玛峰的登山者充当向导，以“喜马拉雅山上的挑夫”著称。“夏尔巴行动”即政府发挥向导和挑夫作用，帮助企业攀登行业高峰的过程。“冲顶行动”：登山运动术语，指攀登高山过程中，在适应性训练、运输和建营等一系列登顶前准备工作就绪后，向顶峰的冲击。“冲顶行动”即有条件的企业在做好各方面准备后，冲击行业顶峰的过程。

【《绵阳市制造业创新能力提升行动计划（2018—2020年)》】 2019年1月27日，《绵阳市制造业创新能力提升行动计划（2018—2020年)》正式印发，是《绵阳市制造业核心竞争力提升七个行动计划》之一。《绵阳市制造业创新能力提升行动计划（2018—2020年)》结合全市制造业企业创新现状，提出制造业创新能力提升主要目标：企业创新主体地位加强，重点企业研发机构全覆盖，创新体系建设日趋完善，产业技术创新能力增强。重点任务：加大企业创新主体培育力度，集聚和用好科技创新资源，强化重大产业技术攻关，加速创新成果转移转化。

【九洲电器集团等企业获得九鼎奖】 2019年7月3日，由省发改委、省经信厅、省工商联共同指导，省市场经济诚信建设促进会主办的2019四川企业诚信建设者峰会在成都市举行。会上8家企业被评为“四川省诚信示范企业九鼎奖”，738家企业被评为“四川省诚信示范企业”，这是全省首次评选“四川省诚信示范企业”。绵阳市共有120余家企业入选，占全省1/6。其中绵阳市的四川九洲电器集团有限责任公司、四川省川西电缆有限责任公司共2家企业被授予“四川诚信示范企业九鼎奖”。

【四川省2019年“服务型制造进企业”（绵阳站）主题活动】 2019年7月26日，由省经信厅主办，市经信局、工业云制造（四川）创新中心有限公司承办的2019年四川省“服务型制造进企业”主题活动在游仙高新技术产业园区举办。省经信厅分管负责人、省经信厅生产性服务业处负责人、市经信局分管负责人、市经信局相关科室、各县市区（园区）工信局（经发局）分管负责人、承担生产性服务业工作的相关股室负责人、市服务型制造相关重点企业负责人参加。省经信厅总经济师李堂兵出席活动并致辞。市经信局党组成员、副局长肖元书主持活动。工业云制造（四川）创新中心有限公司经理周汉宾就云制造和重装云作宣讲。四川大学戈鹏教授围绕服务型制造主题授课。四川科瑞达电子技术有限公司、四川快益点电器服务连锁有限公司、雅化集团三台化工有限公司、四川杰邦科技有限公司负责人分享企业服务型制造经验。

（陈　洁　王月利）

电子信息产业

【概况】 2019年，科技城电子信息产业着力于工业基础高级化和产业链现代化，聚焦新一代信息技术，以推动新型显示、智慧家庭、5G创新产业发展为主攻方向，围绕相关先进制造产业功能区建设，培育一批高成长型优势企业，提升产业核心竞争力，促进产业高端化、智能化、绿色化、服务化和集群化发展，加快培育壮大以“芯—屏—智—物”（即芯片—新型显示—智慧终端—物联网）为主体的电子信息产业集群。全年科技城电子信息产业实现规模工业总产值780亿元，同比增长7.8%；新增规模企业15家，企业总数达105家；本地配套率达17%，较2018年提升3个百分点。新增企业技术中心7家，长虹、九洲在中国电子信息百强企业排名分别为第7位和第41位，开元磁材、九洲线缆、华丰3家企业入选2019年中国电子元件企业百强。长虹被第十六届世界品牌大会2019年《中国500最具价值品牌》分析报告认定品牌价值为1572.89亿元。九洲集团位列2019年四川企业技术创新发展能力100强、研发经费投入100强、发明专利拥有量100强榜首；其“实施产品可靠性增长的实践经验”获评2019年“全国质量标杆”。全年召开5G产业发展推进工作会议，举办长虹供应商代表大会，参加四川省新型显示产业投资推介会，组织科博会电子信息企业布展和新型显示论坛；与华为公司召开工作座谈会，促成绵阳·华为数字经济联合创新中心建设、鲲鹏生态长虹天宫系统应用示范工程落地；与中国移动、联通开展全面战略合作，推动下一代互联网宽带业务应用国家工程实验室绵阳分实验室、中国移动（成都）5G产业研究院绵阳分院项目揭牌，推进电子信息化产业项目集聚科技城。

【电子信息产业发展规划】 2019年，《绵阳市电子信息产业及新一代信息技术产业2019年度工作计划》印发，明确全年任务目标、重点工作、工作措施和考核目标。围绕新型显示、数字家庭、集成电路、网络通信等重点产业，开展产业研究，编写《2019年电子信息产业链招商指南》。围绕5G产业、新型显示和集成电路产业、新一代网络技术产业展开专题调研，调研相关企业，邀请企业专家座谈，梳理产业发展情况，编制出台《绵阳市加快5G发展的实施意见》《绵阳市加快5G发展2019年度工作计划》《新一代网络技术产业培育方案》和《新型显示和集成电路产业培育方案》。针对新型显示、智慧家庭、5G、网络信息安全、集成电路5个创新产业开展调研，形成5个产业分析报告。做好《绵阳市加快5G产业发展策略研究》课题，实地调研5G产业相关企业和运营商近10家。

【科技城新一代信息技术发展】 2019年，科技城强化顶层设计，出台《绵阳市加快5G发展的实施意见》，明确5G建设的目标、任务，提出支持政策。科技城5G产业发展基础坚实，拥有长虹、九洲、恒盛、华丰、华拓、光联科技、九州电子、九州光电子、华正和爱联科技等26家规模以上5G相关企业。全市5G产业规模以上工业企业实现年产值约75亿元，同比增长15%。支持培育5G相关企业。引导长虹、九洲、华拓、华正、维谛技术等重点骨干企业提升5G产品创新实力，抢占5G产品市场；支持众创空间、创新型孵化器、加速器等各类孵化平台加强5G相关企业和项目的培育。5G创新能力提升。科技城5G创新发展具有研发基础和优势，拥有中国移动（成都）5G产业研究院绵阳分院、中国联通下一代互联网宽带业务应用国家工程实验室绵阳分实验室以及四川省光波分路器集成技术工程实验室等一批专业研发机构。长虹、九洲、光联、诺思等骨干企业长期致力于基于超高清视频电视、智能网关、4K/8K机顶盒等终端的技术研发，拥有基于5G的智慧家庭解决方案、智能制造、超高清视频、VR/AR应用技术等自主知识产权，掌握大数据网络传输技术、云计算网络技术、高速光通信、FBAR射频滤波器等器件和芯片技术等。产业聚集。年内，科技智谷科技园正式开园，园区规划建设5G科技园等八大科技园区，其中5G科技园围绕5G产业链，打造中国（绵阳）科技城5G产业集群，带动大数据、云计算、数字呼叫等关联产业发展；发展工业互联网、车联网、智慧医疗、智慧城市、智慧能源、智能电网、智慧金融等产业，打造5G应用示范区。5G产品研发。引导本地优势企业加强与电信运营企业及华为、中兴等通信设备优势企业开展技术协同创新，布局5G关键组件、通信设备等产品研发。依托爱联、华丰、华拓、华正等骨干通信企业，加强5G创新产品的研发和产业化，提升无线通信模组、高速连接器、光器件光缆等本地通信产品的质量水平，支持和鼓励“绵阳造”通信产品进入基础电信企业采购目录。组织开展“绵阳市5G通信产品技术服务对接活动”，加强企业与高校、科研院所、骨干企业、运营商之间的相互合作，推介“绵阳造”优质通信产品。项目服务。建立5G重点项目库，推进项目建设。强化与重点项目所在县市区（园区）、企业联动机制，协调解决项目推进中的困难和问题，做好项目要素保障。5G应用融合发展。以应用示范为先导，推动5G与垂直行业融合。鼓励基础电信运营企业、广电网络公司与本地骨干优势企业、政府机关、公共机构、社区等联合构建5G应用场景。在智能制造、智慧家庭、无人驾驶、智慧小区、智慧医疗等领域开展试点示范。在工业（长虹爱联在全国首批开展5G+智能制造试验试点）、通用航空、医疗（基于5G技术的急诊急救快速联动平台建设）、教育（“5G+智慧课堂”试点应用）、农业（“5G+物联网”技术监测种养殖全流程）、智慧城市（5G空港、5G智慧街区、智慧小区建设）等领域取得成果。

【2019长虹供应商代表大会举行】 2019年4月18日，中外知名企业四川行——2019长虹供应商代表大会在绵阳举行。长虹集团党委书记、董事长赵勇，市政府副市长廖雪梅，市经信局局长韩晓清，市经合局局长周福兰，涪城区、游仙区、安州区、高新区、经开区经济合作工作分管负责人，全球400余家长虹供应商与合作伙伴参会。会上，市政府副市长廖雪梅致辞，市经合局局长周福兰就绵阳市投资环境、电子信息产业概况及未来重点合作领域进行推介。涪城区、安州区、高新区与长虹供应商安徽芯瑞达科技股份有限公司、江苏利通电子股份有限公司等7家企业签署投资意向协议，计划总投资6亿元，项目建成后预计实现产值15亿元，利税5500万元。

【中国科技城5G智造联盟成立】 2019年5月17日，中国科技城5G智造联盟正式成立并召开第一次会员代表大会。中国科技城5G智造联盟是在市经信局的指导下，由中国移动（成都）信息通信科技有限公司、中国移动通信集团四川有限公司绵阳分公司等11家单位倡议发起成立。成员涵盖西南科技大学、四川长虹电子控股集团有限公司、中国电信股份有限公司绵阳分公司、中国联合网络通信有限公司绵阳市分公司、西南磁学研究所等5G领域骨干企业、科研院所共65家单位，是非独立法人组织。会上，中国移动（成都）信息通信科技有限公司被推举为5G智造联盟理事长单位。中国移动（成都）信息通信科技有限公司赵立君当选联盟理事长，中国移动绵阳分公司总经理丁洪荣当选联盟秘书长。该联盟旨在以推动绵阳5G产业的创新发展为目标，以市场为驱动，以企业为主体，搭建5G产业创新合作与对接平台，培育5G的产业生态结构，构建应用牵引、跨界融合、开放共享的产业体系。

【5G产业发展专题会议召开】 2019年6月19日，市委副书记、市长元方主持召开专题会议，研究全市5G产业发展事宜。会议指出，5G产业是当前和今后一个时期全球电子信息产业发展的主攻方向之一。绵阳是国家重要的电子信息产业基地，具备发展5G产业的坚实基础、有利条件和明显优势。会议强调要抢抓机遇、聚焦重点，强化企业引领、园区支撑，及早谋划、科学布局5G产业发展各项工作，抓紧编制产业发展规划，研究出台《绵阳市加快5G发展的实施意见》，发展壮大科技城5G智造联盟，努力在5G产业发展进程中抢占先机，为全市电子信息产业实现转型升级、高质量发展注入新动力。会议提出加快5G网络建设，加快中心城区主要基站改造和关键点位基站建设步伐，率先推动5G通信在交通枢纽、大型商超、赛事活动场馆等重点场所网络全覆盖；加快5G产业发展，发挥长虹、九洲、爱联、华丰等企业优势，推动通信模组、连接器、光模块及光器件、通信电源、光缆等优势产品加速向5G转型；加强与华为、中兴等行业领军企业和电信运营商的战略合作，着力突破5G关键核心技术，抢占5G技术创新制高点；开展5G+智能制造、5G+8K超高清视频等重点领域应用试点示范，打造5G产业集聚区，力争全市5G发展走在全国前列；抓组织保障，建立健全产业发展部门联席会议制度，加强产业发展组织领导和统筹协调，为5G产业健康快速发展提供保障等要求。副市长廖雪梅、高新区管委会主任董泓、市政府秘书长吴明禹参加会议。市经信局、高新区、长虹控股公司、九洲集团、中国电信绵阳分公司等分别汇报有关情况。

【四川省新型显示产业投资推荐会召开】 2019年6月24日，四川省新型显示产业投资推介会在广州举行。推介会由省经信厅、省经合局、省政府驻广州办事处、绵阳市政府联合主办。副省长杨洪波出席并致辞。省信息化工作办公室专职副主任陈文涛，市委常委、科技城党工委副书记、管委会常务副主任、市国资委党委书记罗宗志出席推介会。推介会上，10个合作项目集中签约，其中绵阳有8个，涉及单位和企业包括高新区管委会、经开区管委会、长虹公司、绵阳京东方、旭虹光电等，计划投资金额约23亿元。会议还介绍绵阳市在新型显示、集成电路、5G产业、超高清视频等领域重点发展方向，并诚邀广大客商到绵阳实地考察、投资兴业。

【全市5G产业发展工作座谈会召开】 2019年7月2日，全市5G产业发展工作座谈会召开，市委副书记、市长元方主持会议。会议听取全市5G产业发展情况汇报，安排部署下一步工作。会议指出，绵阳作为国家重要的电子信息产业基地，发展壮大以5G、超高清显示等为代表的新一代电子信息产业基础坚实、动能强劲、前景广阔。会议强调要坚持需求牵引、突出特色、集聚企业、壮大产业，加快推动全市5G产业发展，抢占高点、走在前列；要坚持政府搭台，结合绵阳实际，尽快制定出台全市加快5G产业发展的实施意见，明确发展目标、重点任务、主攻方向，加大对5G基础设施、电力供应、技术创新、产品研发、企业培育、人才引进、示范应用试点等方面支持，发挥政府在5G产业发展中的引导作用；要坚持企业主体，坚持制造当先、特色彰显，加快组建绵阳市5G产业发展联盟，鼓励企业加强产业主体间深度合作，开展5G重大关键技术联合攻关，培育5G领域拳头产品，抢占市场份额；坚持园区支撑，支持5G产业园区建设，加大5G产业招商引资力度，推动产业向园区集聚、项目向园区集中、资源向园区整合，打造具有绵阳特色的5G核心产业集聚区；要坚持优先保障，发挥绵阳市5G产业发展联席会议作用，结合优化营商环境、加快“最多跑一次”改革，加强统筹协调、落实要素保障、优化政务服务，为5G产业发展提供良好环境。会前，元方一行先后到长虹控股公司、中国铁塔绵阳分公司、四川华拓光通信股份有限公司、恒奥电子科技有限公司、维奇电子技术有限公司等企业，实地调研5G通信基站建设和5G相关产品生产、研发、销售等情况。市领导罗宗志、廖雪梅，高新区管委会主任董泓，市政府秘书长吴明禹参加会议或调研。

【中国移动（成都）5G产业研究院绵阳分院成立】 2019年7月9日，中国移动（成都）5G产业研究院绵阳分院在市政府与中国移动（成都）产业研究院战略合作协议签约仪式暨中国（绵阳）科技城科技智谷科技园开园式上揭牌。市委书记刘超、中国移动（成都）产业研究院院长刘耕、副市长廖雪梅、涪城区委书记郑志恒出席仪式。廖雪梅代表市政府为中国移动（成都）产业研究院绵阳分院和科技城5G智造联盟授牌。根据协议，中国移动（成都）产业研究院将推进中国移动（成都）产业研究院绵阳分院建设，加强与绵阳合作，从构建领先的端到端网络基础设施和打造开放共享的创新生态两方面，推进5G在绵阳的发展，并构建信息通信领域“政产学研用”平台。同时，绵阳市将与中国移动（成都）产业研究院和部分国内顶尖的通信运营商、科研院所、高校、知名龙头企业，共同围绕数字、通信、生物等领域，开展9个项目共281.5亿元的合作。

【绵阳京东方第6代AMOLED（柔性）生产线量产及交付仪式举行】 2019年7月15日，绵阳历史上投资额最大的单体工业项目、投资额最大的招商引资项目——总投资465亿元的绵阳京东方第6代AMOLED（柔性）生产线量产及交付仪式举行，同时，该生产线量产的首款6.47英寸水滴曲面柔性屏亮相，标志着绵阳京东方项目从工程建设阶段正式转入生产运营阶段，“绵阳造”京东方产品正式投放市场。市委书记刘超，京东方科技集团副董事长、总裁刘晓东出席量产及交付仪式并致辞。市委副书记、市长元方，市人大常委会主任马华，市政协主席张锦明，市委副书记付康，京东方科技集团高级副总裁、首席投资官杨安乐出席仪式。京东方科技集团副总裁、绵阳京东方光电科技有限公司总经理常程主持仪式。仪式上，刘超、刘晓东、元方、杨安乐共同启动项目量产及交付，产品正式装车出货。仪式通过视频全面回顾项目建设历程。绵阳京东方光电科技有限公司有关负责人向项目行政审批方面代表高新区、科技城党工委管委会办公室、市生态环境局、市自然资源和规划局，项目推进方面代表市住建委、市公安局、市消防支队、绵阳海关以及要素保障方面代表市水务集团、绵阳供电公司赠送锦旗。高新区、市住建委、绵阳供电公司负责人发言。市领导岳勇、罗宗志、蒋丽英、罗蒙、廖雪梅、兰劲等，高新区党工委副书记、管委会主任董泓，市政府秘书长吴明禹，京东方科技集团副总裁、绵阳京东方光电科技有限公司副总经理李重君等出席仪式。

相关链接：绵阳京东方第6代AMOLED（柔性）生产线项目建设历程回顾

2016年10月28日，绵阳市与京东方正式签署投资框架协议，标志着四川省最大的单体工业投资项目之一正式落户绵阳。项目位于绵阳市高新区科发大道中段198号，由绵阳京东方光电科技有限公司投资建设。设计产能为4.8万片玻璃基板/月，用于生产小尺寸高端手机显示及新型移动显示产品。

2017年2月10日，项目启动场地平整工作。

2018年2月1日，京东方绵阳第6代AMOLED（柔性）生产线项目正式封顶。

图 12　7 月 15 日，绵阳京东方第 6 代 AMOLED（柔性）生产线量产及交付仪式举行

【绵阳·华为数字经济联合创新中心揭牌】 2019年8月5日，绵阳市与华为公司工作座谈会暨绵阳·华为数字经济联合创新中心揭牌仪式在绵阳举行。市委书记刘超，华为轮值董事长郭平出席座谈会。市委副书记、市长元方主持座谈会。座谈会上，刘超、郭平共同为绵阳·华为数字经济联合创新中心揭牌。市委常委、市国资委党委书记罗宗志介绍全市电子信息产业发展情况以及华为公司与绵阳市对接合作情况；华为公司副总裁、数字政府业务部、政企云业务部总裁杨瑞凯介绍华为公司发展情况。副市长廖雪梅，市政协副主席、市发改委主任兰劲，高新区党工委副书记、管委会主任董泓，市委秘书长谭岗等参加活动。此次揭牌成立的绵阳·华为数字经济联合创新中心由高新区与华为共同打造，致力于为绵阳市的城市基础公共服务部门、企业、高校、孵化

图 13　8 月 8 日，绵阳惠科第 8.6 代薄膜晶体管液晶显示器件项目主体厂房封顶仪式举行

器、园区和创客空间等提供5G创新应用云、物联网云、工业互联网云、软件开发云、人工智能云等服务，加速企业数字化转型，支持智慧化决策，打造信息化产业链，助力绵阳当地企业转型升级。此外，该中心将与绵阳当地企业合作推动物联网、云计算、大数据等领域标准孵化、联合解决方案创新、应用试点推广等工作。

【绵阳惠科第8.6代薄膜晶体管液晶显示器件项目建设情况】 2019年8月8日，绵阳惠科第8.6代薄膜晶体管液晶显示器件项目主体厂房封顶仪式举行。市委书记刘超出席仪式并宣布封顶。市委副书记、市长元方，惠科集团总裁王智勇出席并致辞。市委副书记付康主持仪式。信息产业电子第十一设计研究院科技工程公司董事长、党委书记赵振元，中建三局总公司副总经理王胜民代表项目设计管理和建设施工单位发言。市领导罗宗志、黄正良、兰劲，市政府秘书长吴明禹，以及惠科集团执行副总裁卢集晖，惠科集团副总裁、绵阳惠科公司总经理杭井强等参加活动。12月7日，项目首台曝光机搬入厂房，标志着该项目正式转入设备安装调试阶段。

相关链接：绵阳惠科项目建设历程回顾

绵阳惠科项目位于中国（绵阳）科技城临港经济发展区，总投资240亿元，项目采用非晶硅技术，生产IPS液晶面板，设计产能为120千片/月，产品既适用于手机、智能穿戴、车载等小尺寸市场，也适用于液晶显示等大尺寸市场。达产后预计实现年产值150亿元，年税收10亿元。2016年9月获得项目信息后，绵阳市委、市政府先后与惠科公司高层会谈7次。在一年半时间中，与惠科公司进行72轮商务谈判，最终就项目合作事宜达成一致意见。2018年4月，项目签约。6月15日，绵阳惠科光电科技有限公司成立，主营业务为研发、设计、生产、销售液晶显示器件以及其他电子元件。12月4日，项目第一根桩基施工。2019年2月22日，主厂房基础开始施工。

【《绵阳市加快5G发展的实施意见》出台】 2019年8月21日，《绵阳市加快5G发展的实施意见》（以下简称《实施意见》）正式印发，明确全市5G发展的指导思想、基本原则、发展目标、工作任务及政策保障。指导思想：围绕建设西部经济强市的总体目标，以建设5G精品网络为基础，以应用为牵引，以技术、产品创新为重点，促进5G网络、技术、产品与应用深度融合，加快构建具有科技城特色的5G产业生态体系，推动新旧发展动能接续转换，为加快中国科技城建设提供强有力支撑。基本原则：政府引导、统筹推进，系统布局、创新驱动，市场主导、需求牵引，产业协同、特色发展。发展目标：到2022年，全市5G网络广泛覆盖，产业集聚发展，应用特色鲜明，成为国内一流的5G特色产业集中地。重点任务：推进5G网络建设，打造一流5G基础设施；提升产业主线，打造5G特色产品；推进应用示范引领，促进行业应用深度融合。《实施意见》还明确支持网络建设、降低运行成本、支持创新能力建设、支持核心产品开发、强化督查考核等政策和保障措施。

【诺思（绵阳）微系统基地项目主厂房首榀钢梁吊装仪式举行】 2019年9月23日，诺思（绵阳）微系统基地项目主厂房首榀钢梁吊装仪式在游仙区举行。市委副书记、市长元方出席吊装仪式并宣布吊装开始。该吊装工程正式启动标志着项目主厂房进入全面封顶阶段。仪式前，元方参观项目展板，听取诺思（绵阳）微系统项目建设情况汇报。副市长廖雪梅，市政协副主席、市发改委主任兰劲，市政府秘书长吴明禹参加吊装仪式。

【下一代互联网宽带业务应用国家工程实验室绵阳分实验室正式挂牌】 2019年9月27日，下一代互联网宽带业务应用国家工程实验室绵阳分实验室在四川九州电子科技股份有限公司正式挂牌成立。绵阳市经信局总工程师陈广武，科创园区管委会主任李哲，中国联通网络技术研究院首席科学家、总架构师、分实验室主任唐雄燕，中国联通绵阳市分公司总经理许东以及九州公司董事长霞晖、总经理兰盈杰等20余人出席挂牌仪式。下一代互联网宽带业务应用国家工程实验室绵阳分实验室是中国联通网研院在绵阳设立的分试验室，是中国联通与绵阳创新合作的重要载体。绵阳分实验室的主要任务是开展基于新一代信息技术的产业核心技术攻关和关键工艺试验研究、装备样机及其关键部件的研制、高技术产业的产业化技术开发、产业结构优化升级的战略性前瞻性技术研发，以及研究产业技术标准、培养工程技术创新人才、促进重大科技成果应用、为行业提供技术服务等。

【九洲光电参与承建首个国家级5G新媒体平台】 2019年11月20日，中国首个国家级5G新媒体平台——中央广播电视总台“央视频”5G新媒体平台正式上线。这是中央广播电视总台基于“5G+4K/8K+AI”等新技术全新打造的综合性视听新媒体旗舰，其中九洲光电承建项目中多处8K超高清微间距大屏，包括央视频新媒体直播中心LED大屏、央视频资源数据中心LED大屏等。LED大屏采用分布式控制系统、5G流媒体传输，运用现代通信技术、网络技术等，构建以数据传输网络为纽带的智显平台、直播监看平台、智慧信号调度平台。位于央视频资源数据中心的九洲8K超高清微间距大屏，支持2个4K显示画面，采用COB封装方式，有IP65的防护能力，具备全天候耐磨、耐冲击、防静电、防水防尘，不怕高低温、高潮湿、高盐雾、高腐蚀环境等特性，在零下30摄氏度到零上80摄氏度温差环境中仍可正常使用。

【鲲鹏生态长虹天宫系统应用示范工程落地】 2019年12月18日，绵阳市与华为公司深化战略合作协议签约仪式暨鲲鹏生态长虹天宫系统应用示范工程发布会在绵阳举行。省委副秘书长路松明出席，市委书记刘超致辞，市委副书记、市长元方主持，省委保密办主任、省国家保密局局长温川平出席，华为高级副总裁、Cloud&AI产品与服务总裁侯金龙介绍鲲鹏生态发展情况，中国电信四川公司党委书记、总经理郑成渝介绍支撑鲲鹏生态发展和数字经济合作情况，长虹控股集团公司党委书记、董事长赵勇介绍长虹天宫系统应用示范工程情况，统信软件技术有限公司副总经理蔡国强介绍国产统一操作系统UOS发展合作情况。签约仪式上，路松明、刘超、元方、温川平、侯金龙、赵勇等与会领导和嘉宾共同按下启动键，绵阳市率先切换信息技术应用创新系统。副市长廖雪梅分别与华为公司川藏区域总经理刘嘉、中国电信四川公司副总经理周清久代表双方签署《绵阳市人民政府与华为技术有限公司深化战略合作协议》《绵阳市人民政府与中国电信四川公司战略合作协议》；游仙区、四川长虹电子控股集团有限公司、四川长虹电器股份有限公司、四川爱联科技有限公司分别与华为公司签署相关协议。与会人员还参观鲲鹏生态长虹天宫系统应用示范工程、爱联科技公司、长虹计算产业事业部、长虹天宫服务器生产线。

【四川长虹电子控股集团有限公司】 四川长虹电子控股集团有限公司（以下简称长虹电子控股集团）始建于1958年，前身国营长虹机器厂是国家“一五”期间的156项重点工程之一，是当时国内唯一的机载火控雷达生产基地。从军工立业、彩电兴业，到信息电子的多元拓展，是集消费电子、核心器件研发与制造为一体的综合型跨国企业集团，发展目标为具有全球竞争力的信息家电内容与服务提供商。长虹电子控股集团坚持智能战略牵引，重点围绕物联网、人工智能、大数据等新一代信息技术，加快服务制造业转型，强化技术产品创新，产品及业务遍布160多个国家和地区，拥有超2亿用户。长虹电子控股集团旗下拥有四川长虹、长虹美菱、长虹华意、长虹佳华4家上市公司，长虹民生、长虹能源、中科美菱等“新三板”挂牌公司。2019年，长虹品牌价值达1572.89亿元，位居中国电子百强第7位、中国制造业500强第53位，并入选亚洲品牌500强。1月，在第52届国际消费类电子产品展(CES)（美国拉斯维加斯）上，长虹电子控股集团获得年度消费电子领先品牌TOP10、年度全球电视品牌TOP10、年度全球消费电子TOP 50；发布全球首款拥有自主知识产权的家用三色4K长虹CHiQ激光影院C7UT，并获年度全球最佳技术进步奖，CHiQ双平面电视ARTIST获得年度全球最佳智能电视工业设计大奖。3月，在第18届中国家电及消费电子博览会（AWE2019）（上海）上，美菱M鲜生全面薄BCD-656WQ3M冰箱获“AWE艾普兰设计奖”，长虹超短焦4K激光影院C5U系列和AI指挥家长虹CHiQ Q6K系列获“AWE艾普兰金口碑奖”。4月，集团旗下长虹品牌、美菱品牌正式宣布签约NBA中国，成为NBA中国唯一家电合作品牌。5月，在中国品牌日上被评为“2018四川省品牌价值标杆企业”。6月，长虹与电子科技大学共建“新能源材料与器件联合实验室”，推动新能源材料技术创新研发及产业化，并在长虹建立相关领域学生实训基地和研究生联合培养基地。7月，与中国铁塔股份有限公司四川省分公司合作牵头筹建的四川省新能源汽车动力蓄电池回收利用产业联盟在成都正式揭牌成立。10月，长虹电子控股集团入选工信部首批工业产品绿色设计示范名单。

【四川九洲电器集团有限公司】 四川九洲电器集团有限公司（以下简称九洲集团）始建于1958年，是国家“一五”期间156项重点工程之一。1995年，改制为有限责任公司；1999年，规范为国有独资公司。公司是国家重点国有企业、四川省高新科技产业型企业和综合成长型企业、四川省高新技术产业龙头重点企业，以电子信息、高端装备制造、智慧应用为核心业务，主要产业方向涉及空管产业、民航通航产品、卫星导航、三网融合、LED、光电线缆、物联网、软件及电子商务等。九洲是中国电子信息百强、中国软件和信息技术服务综合竞争力百强、中国制造业企业500强，连续两次获得国家“某工程重大贡献奖”。九洲在高端装备制造与卫星导航、智慧多媒体与照明、软件与智能应用、投资及其他等多个产业经营板块协同发展；建立以绵阳为中心，北京、深圳、成都、重庆分中心为支撑的科技创新体系，依托国家企业技术中心、博士后科研工作站、院士专家工作站，承担国家、省部级重大科技项目300余项；拥有国家、省部级专家65人，硕士、博士1000余人，各类专业技术人才6500余人。2019年，九洲实现营业收入276.5亿元，同比增长10.6%；利润总额5亿元，同比增长18%，上缴税金5.9亿元，同比增长20.2%。

【诺思（绵阳）微系统有限公司】 诺思（绵阳）微系统有限公司主要从事基于FBAR技术的无线射频前端芯片、模块、应用方案的设计、研发与生产制造，是一家8英寸薄膜声谐振滤波器（FBAR）生产企业，具有完全知识产权的FBAR晶圆厂。公司研发的射频滤波芯片技术打破国际市场垄断，填补国内技术空白。获得专利授权66项，其中美国专利9项、国内57项。主要产品是薄膜体声波谐振器（FBAR），是无线通信领域中的关键元器件，主要为手持式无线终端（手机、个人无线热点、平板电脑等）、通信设备（基站、直放站、室内覆盖设备、企业级AP等）以及专业应用产品（可穿戴设备、卫星电视接收机、GPS等）提供射频前端解决方案。2019年9月23日，诺思（绵阳）微系统基地项目主厂房首榀钢梁吊装仪式在游仙区举行，标志着项目主厂房进入全面封顶阶段。

（王月利　陈　洁）

2019 年科技城产值超 1 亿元电子信息企业一览表

表 19

序号	企业名称	序号	企业名称
1	绵阳宁瑞电子有限公司	28	四川安和精密电子电器有限公司
2	四川思迈科技有限公司	29	江油星联电子科技有限公司
3	四川泰虹科技有限公司	30	绵阳绵欣数码科技有限公司
4	绵阳虹瑞科技有限公司	31	四川特锐祥科技股份有限公司
5	江油股田电子科技有限公司	32	四川九洲电器集团有限责任公司
6	绵阳四联电子科技有限公司	33	绵阳捷智科技股份有限公司
7	绵阳德虹电器有限责任公司	34	四川迅吉科技有限责任公司
8	四川华拓光通信股份有限公司	35	四川绵阳海天电子科技有限公司
9	绵阳锐达精密电子有限公司	36	绵阳华正电子科技有限公司
10	四川长虹电子部品有限公司	37	高新区资江电子元件有限公司
11	四川省川西电缆有限责任公司	38	四川虹锐电工有限责任公司
12	绵阳得润电子有限公司	39	维谛技术（绵阳）有限公司
13	四川超声印制板有限公司	40	四川江虹线缆制造有限公司
14	江油市华盛电力线缆制造有限公司	41	四川长虹电子控股集团有限公司
15	四川九州电子科技股份有限公司	42	四川九州光电子技术有限公司
16	四川九洲线缆有限责任公司	43	四川经纬达科技集团有限公司
17	四川朗迪塑胶电器有限公司	44	绵阳江海电容器有限公司
18	绵阳新洋电子科技有限公司	45	四川维德通信技术有限公司
19	绵阳高新区科光宏盛线缆有限责任公司	46	绵阳虹润电子有限公司
20	绵阳高新区恒奥电子科技有限公司	47	绵阳高新区鸿强科技有限公司
21	四川长新制冷部件有限公司	48	绵阳奋飞电子科技有限公司
22	绵阳灵通电讯设备有限公司	49	四川湖山电器有限责任公司
23	绵阳普思电子有限公司	50	绵阳瑞邦新能源有限公司
24	四川龙美电器设备有限公司	51	绵阳京东方光电科技有限公司
25	四川爱联科技有限公司	52	四川诚帆科技发展有限公司
26	四川省乐川科技有限公司	53	四川爱创科技有限公司
27	绵阳麦科迪威科技有限公司		

汽车产业

【概况】 2019年，科技城有华瑞、野马、中国重汽等规模以上汽车及零部件企业80家，其中工业总产值4亿元以上企业15家，1亿元以上企业36家；有国家级技术中心2个、省级技术中心10个、市级技术中心11个。全年生产汽车5203辆（华瑞993辆、野马323辆、重汽卡车公司3887辆），同比下降77.6%。生产发动机14万台，同比下降32.3%。汽车产业实现产值190.3亿元，同比下降7.7%。野马汽车与山东雷丁汽车完成战略重组，进行技术改造，研发新产品；华瑞汽车累计实现产值2.5亿元，同比下降58.1%，确立以皮卡、轻微卡等商用车为主的发展战略；中国重汽卡车实现产值11.4亿元，同比下降49.1%；新晨动力实现产值26.3亿元，同比下降20.5%。

【汽车产业重点项目推进情况】 2019年，全市汽车产业重点推进项目有威马汽车自动驾驶示范园项目、华晨汽车南方基地项目、新敏雅年产150亿瓦时车载动力电池项目等。其中威马汽车在安州区建设集自动驾驶研发、虚拟测试、场地测试为一体的自动驾驶研发、实验中心项目开工建设，其试制车间、造型保密楼、测试大楼和碰撞车间建设完成50%。华晨汽车南方基地项目。沈阳金杯车辆制造有限公司绵阳分公司（商用车生产资质）通过工信部生产准入审查和公示，迁址安州区工业园区。新敏雅年产150亿瓦时车载动力电池项目处于建设施工阶段。中南高科·安州擎动未来产业园项目处于施工阶段，11栋厂房交付使用，招引18家企业。

【新能源汽车产业发展】 2019年，科技城新能源汽车产业有野马汽车绵阳公司、长虹电源、豪特集团等新能源汽车整车、零部件及配套设施企业，组建新能源汽车产业联盟以及新能源汽车智慧服务创新产业联盟，成立科技城新能源汽车重点实验室、新能源汽车工业技术研究院、锂电工业技术研究中心，在纯电动整车制造、动力电池及材料、驱动电机、电源管理、电机控制、电动转向、车载电子等领域有较强研发力量。受野马汽车战略重组影响，全市新能源汽车连年高速增长的势头明显减缓。

【雷丁汽车战略重组野马汽车】 2019年1月18日，雷丁野马战略重组签约仪式在成都举行，至此雷丁汽车正式入主野马汽车。四川省、成都市、绵阳市等地各级政府领导，雷丁汽车、野马汽车的主要负责人出席。雷丁汽车作为中国短途新能源汽车市场占有率第一的品牌，是中国最早涉足新能源汽车的企业之一，在全国拥有7000余家终端店面。雷丁汽车每年将营收的8%投入研发，首创MIA魔方架构，布局AI人工智能技术，提出E·EV的产品理念，打造更加经济、环保和便利的新能源纯电动汽车。此次战略重组，利用各自领先优势，实现资源互补，可使雷丁汽车在战略布局、产品布局上得到强化。重组之后，雷丁汽车将形成山东、陕西、四川三大经济生态圈，可望实现中国雷丁“品字形”战略排布。

【宝马集团授权新晨动力王子发动机高功率版量产仪式在绵阳举行】 2019年3月28日，宝马集团授权绵阳新晨动力机械有限公司（以下简称新晨动力）王子发动机高功率版量产仪式在绵阳举行。这是继宝马集团首次授权新晨动力N20发动机和王子发动机1.6L后，量产的第三款宝马发动机。王子系列发动机连续8年获得由美国Ward's Auto World（沃德汽车世界）杂志评选的1.4—1.8升范围的“年度最佳发动机”称号。王子发动机系列的高功率版对排放和动力性进行优化升级，功率达232马力、升功率129马力、扭矩300牛·米，保留王子系列可变气门升程、双涡管单涡轮增压、全可变机油控制等技术，是根据中国客户对高功率偏爱和驾驶性能追求而量身定制的一款高功率版产品。该款发动机具有P2.5混合动力、增程式混合动力、插电式混合动力解决方案，满足国家第四阶段油耗法规。

【中南高科·安州擎动未来汽车产业园开工】 2019年5月28日，中南高科·安州擎动未来汽车产业园项目开工仪式在安州区界牌镇举行。副市长廖雪梅参加开工仪式。该项目通过“载体+实体”的开发模式，打造集产学研、产业链、孵化器等功能齐全的专业化汽车零部件产业基地。中南高科·安州擎动未来汽车产业园项目于2018年12月29日摘牌于绵阳安州区，项目总投资30亿元，分三期开发，其中一期占地面积16.27公顷，规划总建筑面积12万平方米。一期建成后立即启动二期建设，之后分期推进。产业园入驻汽车整车生产企业4家、汽车零部件规模以上企业77家，产品涵盖发动机、变速箱、排气系统等，并与川汽、长安、东风标致等企业建立长期供求关系。

（王月利　陈　洁）

2019 年科技城产值超 1 亿元汽车及零部件企业一览表

表 20

序号	企业名称	所属区域	主要产品	产值（亿元）	同比（%）
1	绵阳新华内燃机股份有限公司	高新区	发动机、曲轴、连杆	26.3	-20.5
2	绵阳富临精工机械股份有限公司	涪城区	挺柱、摇臂、喷嘴、VVT、毫米波雷达、电子水泵、PACK热管理系统、减速器一体机	18.7	12.6
3	中国重汽集团济南卡车股份有限公司绵阳分公司	高新区	卡车底盘	11.4	-49.1
4	四川绵阳好圣汽车零部件制造有限公司	经开区	钳体、支架、差壳	9.7	15.1
5	四川江油中恒特钢有限公司	江油市	主从齿	9.0	28.4
6	四川绵阳三力股份有限公司	涪城区	汽车转向柱总成	7.6	1.6
7	绵阳市宏发机械制造有限责任公司	游仙区	挺柱	6.4	25.6
8	绵阳市川金机械制造有限公司	游仙区	油底壳、罩盖、转动轴支架、左右支架、隔板、隔热罩、集滤器	6.4	27.6
9	绵阳市游仙区宏盛金属配件厂	游仙区	铸钢件、耐热钢件、不锈钢件	5.4	28.2
10	绵阳秦川恒远汽车电器有限公司	安州区	汽车灯具、线束	5.3	-15.4
11	绵阳市万欣汽车配件有限公司	安州区	汽车零配件总成	5.2	22.3
12	绵阳市游仙区鑫辉机械厂	游仙区	储气筒	4.8	18.4
13	绵阳市万欣测控技术有限公司	游仙区	传感器、张紧器、机油泵	4.7	29.1
14	绵阳市桑达机械加工有限公司	游仙区	柱体	4.1	23.8
15	绵阳市阳晨汽车零部件有限公司	安州区	凸轮轴	4.0	-3.0
16	四川威斯卡特工业有限公司	盐亭县	涡轮增压器壳体、进排气歧管、差速器、减速器、转向节、飞轮	3.5	72.7
17	四川鑫元瑞科技有限公司	安州区	汽车零部件	3.2	30.1
18	绵阳市联重科技有限公司	江油市	汽车零部件锻件	2.8	21.7

续表 20

序号	企业名称	所属区域	主要产品	产值（亿元）	同比（%）
19	绵阳市鑫盛机械制造有限公司	游仙区	总成、脚踏板	2.8	15.3
20	绵阳华祥机械制造有限公司	安州区	皮卡	2.6	-4.4
21	绵阳华晨瑞安汽车零部件有限公司	经开区	凸轮轴、瓦盖	2.5	-19.8
22	绵阳华瑞汽车有限公司	高新区	轻卡、皮卡、SUV	2.5	-58.1
23	绵阳市启林实业有限公司	安州区	模具	2.2	29.8
24	四川自胜机电设备有限责任公司	安州区	气管、端盖、轴承盖、镶块	2.1	28.2
25	绵阳天明新能源科技有限公司	安州区	锂离子电池正极材料（无水磷酸铁、磷酸铁锂）	1.9	29.2
26	四川瑞可达连接系统有限公司	经开区	光电连接器、新能源汽车线束	1.9	0.0
27	绵阳市新兴机械有限责任公司	游仙区	飞轮总成、机油泵-链轮室组件、后油封座、机油滤清器座、调温器座、链轮室盖、缸盖罩	1.7	26.8
28	绵阳正能新能源技术有限公司	高新区	新能源电力电子产品、电动车充电设备、驱动产品	1.5	1.6
29	鸿凯双泰（四川）零部件有限公司	三台县	车轮	1.5	8.4
30	四川英志新能源股份有限公司	安州区	锂电池	1.5	37.7
31	中国重汽集团绵阳专用汽车有限公司	高新区	改装车	1.4	-47.8
32	绵阳市鑫祥环保科技有限责任公司	安州区	汽车片件、发动机缸体、缸盖、曲轴等	1.4	29.1
33	富卓华祥汽车零部件（绵阳）有限公司	安州区	汽车座椅	1.4	4.8
34	四川绵阳德鑫机械有限公司	高新区	汽车转向传动轴总成	1.2	43.3
35	绵阳市安州区长城机械制造有限公司	安州区	壳体毛坯、侧盖成品、飞轮、离火器、	1.1	30.9
36	绵阳野马动力总成有限公司	高新区	SUV、物流车	1.0	-36.5

新材料产业

【概况】 2019年，科技城新材料产业聚焦产业需求高、企业基础强、研发创新优、资源禀赋好的新材料细分领域，形成以新型膜材料、磁性材料、功能玻璃为重点的新型功能材料，以高品质特钢、工程塑料和合成树脂为重点的先进结构材料以及其他新材料为主的产业格局。攀长钢、东材科技、开元磁材、旭虹光电等规模以上新材料产业企业总数达87家（4亿元以上企业14家、1亿元以上企业42家），其中新增规模以上企业13家；实现总产值265.7亿元，同比增长18%。在六大重点产业中，规模及增速均排名第三。在产业结构优化方面，高品质特钢、新型膜材料、磁性材料、功能玻璃等六大重点领域占全市新材料产业总产值比重为84.3%，较2018年年底提高3.4个百分点。产业竞争力方面，四川旭虹光电科技有限公司通过国家制造业单项冠军示范企业复核，其主导产品高铝盖板玻璃的主要技术指标达到国际水平，市场份额为全球第二、中国第一；四川东方绝缘体材料股份有限公司的电工用聚酯薄膜产品入选第四批国家制造业单项冠军，市场份额为全球第一。在产业创新能力方面，新材料产业新增1家省级企业技术中心（绵阳美能），新增3家市级企业技术中心（绵阳华通磁件、江油立航金属材料、北川瑞辉科技），共有各级企业技术中心29个（国家级技术中心1个、省级技术中心13个、市级技术中心15个）。材料产业在关键领域突破一批核心技术，其中东材科技开发出氢燃料电池质子交换膜，开元磁材针对5G研发7款新产品。在项目推进方面，全市新材料产业形成“竣工一批、在建一批、新开一批、储备一批”机制，其中六合锻造航空与燃机合金及高端模具钢生产线等一批项目竣工；麦思威尔石墨烯特种涂料生产线等一批在建项目持续推进；龙华光电OLED显示和5G通信膜材产业化项目等一批项目开工建设。储备旭虹光电新型显示及5G通信用高强超薄耐摔玻璃智能制造产业化项目等一批产业化项目。

【新型功能材料产业】 2019年，科技城新型功能材料产业聚焦新型膜材料、磁性材料、功能玻璃等领域，新型功能材料产业总产值达128.89亿元，同比增长19.98%，新增规模企业9家，总数达47家。新型膜材料领域。建有国家级绝缘材料工程技术研究中心、发电与输变电绝缘材料开发与应用国家地方联合工程技术中心、东材科技国家级企业技术中心3个国家级膜材料创新平台和四川省院士（专家）工作站、四川省电子电工用功能性膜材料国际合作基地、龙华光电省级企业技术中心等省级重点膜材料创新平台；依托东材科技、龙华光电、绵阳美能等一批龙头企业生产涵盖电工绝缘膜、电子级绝缘膜、光电薄膜、无卤阻燃膜、偏光片基膜、水处理膜、生物降解膜等新型膜材料产品；东材科技电工绝缘膜、聚碳酸酯类光电膜、聚甲基丙烯酸甲酯类光电膜市场占有率均为国内领先，龙华薄膜在偏光片基膜领域填补国内空白。磁性材料领域。拥有以西南应用磁学研究所为代表的磁性材料研发机构，在微波单晶和微波多晶铁氧体材料与器件方面占主导地位；依托西磁磁电、开元磁材等龙头企业，生产的钐钴永磁材料占据全国产量50%以上；软磁材料的龙头企业开元磁材技术和产值均处于国内前三水平。功能玻璃领域。依托旭虹光电、神光石英等龙头企业，形成行业认可度高、市场占有率大的核心产品。

【先进结构材料产业】 2019年，科技城先进结构材料产业聚焦高品质特钢材料、工程塑料及合成树脂等领域发展，全年先进结构材料产业总产值达104.48亿元，同比增长13.39%，新增规模企业3家，总数达27家。高品质特钢领域。以特种冶炼配套锻轧、热处理等工艺为特色，依托攀长钢、六合特材、长祥特钢等龙头企业，生产应用于模具、家电、工程机械、能源、交通轨道、石化、医疗器械等领域的12大类、350余个牌号、5000余个规格的高级优质钢100万吨和锻材、锻件20万吨的规模，产量约占全省的80%。工程塑料及合成树脂领域。仁智新材料生产的工程塑料制品以“降低资源消耗,减少污染、资源再生”为主要方向,打造再生资源“采购—增值处理—销售及服务”的产业链,成为全国改性塑料领域的领军企业之一。

【新材料产业企业服务】 2019年，《绵阳市新材料产业2019年度工作计划》《绵阳市新型功能材料分析报告》《绵阳市新材料产业发展报告(2019)》编制出台，完善科技城新材料产业发展思路，理清新材料产业发展现状，明确新型功能材料、先进结构材料为主攻方向的发展思路。强化运行监测，坚持每月对新材料产业运行情况进行分析，及时研究、解决产业发展中的苗头性和倾向性问题；对接攀长钢、长祥特钢等亏损重点企业生产运行情况。鼓励自主创新，提升核心竞争力，对接绵阳市特钢产业联盟、六合锻造，鼓励对照省级标准，创建制造业创新中心；指导绵阳美能争创省级技术中心，华通磁件创建市级技术中心；组织东材科技、开元磁材、中物材料、江油重鑫、北斗电子、惠利电子等一批重点企业开展核心技术攻关，形成一批核心科技成果。编制《2019年绵阳市新材料产业重点项目库》，适时跟踪掌握重点项目建设情况，坚持每月到项目现场了解并协调解决企业生产经营和项目推进过程中存在的困难和问题。强化服务企业，举办“绵阳市新材料产业跨领域合作专题对接会”等活动。帮助指导西磁磁电等9家企业争取各级专项资金1230万元。

【旭虹光电科技成果获国家科技进步二等奖】 2019年1月8日，四川旭虹光电科技有限公司“高强超薄浮法铝硅酸盐屏幕保护玻璃规模化生产成套技术与应用开发”获得国家科技进步二等奖。该项目突破制备屏幕保护玻璃关键技术难题，建成首条年产780万平方米生产线，稳定量产高端屏幕保护所需系列玻璃产品，整体技术、性能与质量达到全球同类产品的先进水平。该项目打破国外技术封锁与市场垄断，产品向华为、小米、欧菲光、伯恩等国内35家知名企业供货，批量出口韩国LG公司。项目近三年（2017—2019）新增销售额35.99亿元，新增利润3.41亿元，为产业链下游企业节汇约21.8亿美元，经济效益和社会效益显著。

【绵阳市新材料产业跨领域合作对接专题会召开】 2019年5月24日，绵阳市新材料产业跨领域合作专题对接会由市经信局组织召开。专题会旨在提升新材料和电子信息产业本地配套率，推动全市制造业高质量发展。全市100余家新材料和电子信息产业相关企业参会。对接会上，以长虹、九洲等为代表的4家电子信息龙头企业分别就企业原材料采购流程、主要产品需求、未来发展布局等情况作说明；以东材科技、龙华光电等为代表的7家新材料企业分别就企业核心产品、技术优势等情况作推介。湖山音响、九州电子等一批电子信息产业龙头企业与新材料企业现场举行签约仪式，14家企业达成合作意向。

【四川高新金属材料研讨会在江油召开】 2019年10月30日，江油市人民政府、绵阳市金属协会共同举办的四川高新金属材料研讨会在江油召开。江油市人民政府副市长周世明出席并致辞，四川大学、西南交大、西南石油大学、西南科技大学等大专院校、科研单位、相关企业100余名省内外高新金属材料高端人才参会。会上，四川大学材料学院院长刘颖作“未来5至10年四川先进材料技术攻关路线图”主旨演讲。10位专家分别就先进材料技术攻关、高新金属材料研发、先进制造工艺等方面作学术报告及成果交流。

【长虹新能源材料实验室投入运营】 2019年11月22日，长虹新能源材料实验室揭牌仪式在成都举行，标志着该实验室正式投入运营。同时，长虹与电子科技大学在新能源材料实验室设立“研究生联合培养实践基地”，以实现“产学研”协同。作为长虹灯塔实验室之一，该实验室以紧扣国家经济发展和能源安全的需求，主要负责新能源材料领域的技术战略研究与规划、制定技术发展路线、研究开发新能源关键材料及器件等，以整合内外资源、抢占全球新能源材料技术制高点为目标，提升公司在新能源材料领域的核心竞争力，为产业的壮大发展提供持续创新的技术支持，加速在电源器件、废旧锂电池回收再利用等领域的应用，为相关产业发展提供核心动力。该实验室由清华大学博士高剑担任首席科学家，团队成员均为硕士以上学历，来自清华大学、四川大学、电子科技大学等国内知名高校。

【电工用聚酯薄膜入选第四批国家制造业单项冠军产品】 2019年11月27日，工信部公布第四批制造业单项冠军企业和单项冠军产品名单，共有64家企业、60种产品上榜。四川东方绝缘体材料股份有限公司的电工用聚酯薄膜入选第四批国家制造业单项冠军产品。电工聚酯薄膜具有优良绝缘性能、耐候性、阻燃等技术优势，年产量4万余吨,主要应用于电气绝缘、特种电机、电子材料、新能源等领域。

【四川龙华光电薄膜股份有限公司】 四川龙华光电薄膜股份有限公司（以下简称龙华薄膜）成立于2004年，是一家专注于PC材料、PMMA材料及其复合材料等高分子功能薄膜材料的研发、生产和销售的高新技术企业，是四川省技术创新示范企业、四川省首批外资研发机构，被认定为四川省企业技术中心。龙华薄膜是国内最大的5G手机后盖PC/PMMA复合膜材厂商，拥有全球首条2.5米超大宽幅PMMA偏光片基膜生产线和任意光轴角度斜向拉伸光学补偿膜生产线。主要产品系列包括盖板材料、光学结构材料、印刷和阻燃材料等，是制造消费电子产品背板、触控显示屏前盖板、背光模组、偏光片和道路交通指示牌等产品的重要基材，产品广泛应用于手机、平板电脑、笔记本电脑等消费电子领域以及家电、汽车和交通安全等领域。龙华薄膜在手机和电脑领域的客户主要有华为、OPPO、三星、小米、苹果、联想、惠普等，在汽车电子领域有大众、别克、日产等。龙华牌聚碳酸酯薄膜于2017年被四川省政府授予“四川名牌产品称号”。2019年，龙华薄膜生产的应用于手机背板的PC+PMMA复合材料出货量位居全球第一；“基于聚甲基丙烯酸甲酯/聚碳酸酯新型轻触屏光学材料制造技术开发”项目获中华全国工商业联合会2019年民营企业项目类科技成果A级项目奖。龙华薄膜的四川省光学偏光薄膜材料工程技术研究中心被新认定为省级工程技术研究中心。龙华薄膜创建成为省级示范智能车间建设优秀企业、省级绿色工厂。全年累计实现产值10.6亿元，同比增长33%。

【四川旭虹光电科技有限公司】 四川旭虹光电科技有限公司（以下简称旭虹光电）成立于2010年4月29日，是东旭光电科技股份有限公司的全资子公司，是国家级高新技术企业。旭虹光电是国内唯一掌握具有自主知识产权的PDP玻璃基板、高铝盖板玻璃全套工艺技术的企业主要从事平面显示屏、曲面显示屏、特种用途玻璃及相关材料、组件、设备、产品的研发、设计、制造、销售等。2016年，旭虹光电被工信部认定为制造业全国单项冠军企业。2019年，入选四川省诚信示范企业名单；获省技术创新示范企业；被认定为四川省“工业企业知识产权运用试点企业”；“高强超薄浮法铝硅酸盐屏幕保护玻璃规模化生产成套技术与应用开发”项目获国家科学技术进步奖二等奖；凭借“高铝超薄触控屏保护玻璃”通过第一批制造业单项冠军复核。全年累计实现产值7.1亿元，同比增长26%。

（王月利　陈　洁）

2019年科技城新材料产业产值超1亿元企业一览表

表21

序号	企业名称	序号	企业名称
1	四川六合特种金属材料股份有限公司	23	攀钢集团江油长城特殊钢有限公司
2	四川东材科技集团股份有限公司	24	绵阳开元磁性材料有限公司
3	四川龙华光电薄膜股份有限公司	25	江油红狮水泥有限公司
4	江油市鸿翔特殊钢有限公司	26	四川欣达复合材料有限公司
5	四川国大水泥有限公司	27	江油中化炉窑工程有限公司
6	四川旭虹光电科技有限公司	28	北川中联水泥有限公司
7	安县中联水泥有限公司	29	绵阳中研磨具有限责任公司
8	绵阳美能材料科技有限公司	30	四川新为橡塑有限公司
9	四川威邦科技发展有限公司	31	四川省三台县固锐实业有限责任公司
10	四川省三台县固锐实业有限责任公司	32	江油拉豪双马水泥有限公司
11	四川开元创亿生物科技有限责任公司	33	江油市重鑫特种金属材料有限公司
12	江油市长祥特殊钢制造有限公司	34	四川清贝科技技术开发有限公司
13	绵阳朗迪新材料有限公司	35	北川四星水泥有限公司
14	绵阳市聚合新材料有限公司	36	绵阳西磁磁电有限公司
15	江油市瑞隆精密材料有限公司	37	四川东卓昌和新材料科技有限公司
16	绵阳市盛宇新材料有限公司	38	绵阳华通磁件技术有限公司
17	北川天讯新材料有限公司	39	绵阳市东兴绝缘制品有限责任公司
18	江油三丰汽轮机材料有限公司	40	绵阳西磁科技有限公司
19	四川宏达杭萧钢构建设有限公司	41	四川仁智新材料科技有限责任公司
20	绵阳市东辰磁性材料有限公司	42	四川中物材料股份有限公司
21	绵阳德华磁材有限公司	43	绵阳市远达新材料有限公司
22	江油市光巨新材料科技有限公司		

节能环保产业

【概况】 2019年，科技城节能环保产业以资源循环利用、高效节能、先进环保等为主攻方向，加大研发投入和创新应用，推动制造与服务协同发展，打造西部节能装备制造及循环经济发展基地。节能环保产业实现工业总产值212.6亿元，同比增长29.8%，占全市工业总产值的8%，新增规模企业9家。有规模以上企业71家，其中1亿元以下41家、1亿元至4亿元22家、4亿元至10亿元5家、30亿元以上3家。科技城9个国家级、省级工业园区实施园区循环化改造，3个县区开展省级秸秆全域综合利用试点。全年依托“国家烟气脱硫工程技术研究中心”“国家城市污水处理及资源化工程技术研究中心”科研和人才优势，培育并发展中科城环保、恒泰环境、久环科技、久润环保等产业骨干企业。中国金属资源利用有限公司入选“中国民营企业500强”“四川民营企业100强”；恒泰环境“烟气资源化超净排放”“重金属废水资源化零排放”“锰渣治理及资源化利用”等技术及装备水平处于国内领先水平。全年新增企业技术中心3家（四川建丰林业、四川恒泰环境技术、绵阳市鑫科源环保），省级、市级企业技术中心分别达10家和9家。中科绵投循环经济产业园获批国家级“资源循环利用基地”，四川保和富山再生资源产业园国家“城市矿产”示范基地通过国家验收，绵阳经开区创建国家级“园区污染第三方治理试点”，9个国家级、省级工业园区推进实施园区循环化改造，3个县区开展省级秸秆全域综合利用试点。

【高效节能产业】 2019年，科技城有高效节能产业规模以上企业27家，实现工业产值56亿元，同比增长16%。龙头企业有兴事发门窗、绵阳海立、新金鑫照明、铁鹰机械等。江油工业园布局节能矿山装备制造，游仙区发展节能建筑门窗制造产业，经开区扩大高效空调压缩机产能。江油市集聚川矿（集团）、皇龙破粹、铁鹰机械等一批中小型节能采矿设备制造企业，呈现集群式发展格局。四川兴事发门窗有限责任公司投资10亿元打造“四川兴事发现代科技产业园”，项目占地10公顷，推进年产15万樘智能家居自动生产线、年产100万樘柔性环保门生产线、开机即出热水太阳能热水器生产线等项目建设。重点发展节能型采矿及破碎机械、变压器等工业节能技术装备，研发制造高效低价LED照明和家电、空调压缩机、电动机、风机、水泵等通用节能设备；推广节能型门窗、墙体、板材、玻璃等绿色建材。持续培育和发展节能矿山装备集群；依托兴事发“中国驰名商标”影响，扶持节能门窗做大做强；支持皇龙破碎运用互联网技术和控制方法实现对核心装备产品的定制、远程诊断和维护，实现工业化与信息化的深度融合。

【先进环保产业】 2019年，科技城有先进环保产业规模以上企业25家，实现工业产值55.8亿元，同比增长18%。依托中物院、中国气动中心、西南科技大学、绵阳师范学院等科研院所，建成“国家烟气脱硫工程技术研究中心”“国家城市污水处理及资源化工程技术研究中心”，水处理、大（空）气净化、工业固废处理方面的技术和装备达到国内领先水平。游仙区以城镇污水处理工程及服务为主营业务的北控中科城环保集团有限公司年产值达到30亿元。科创区依托恒泰环境、美能科技、汇邦环保、久环仪器等企业，在烟气除尘脱硫脱硝、中空纤维膜及组件、新风净化系统、环境监测仪器仪表等方面，具备技术优势。重点发展水处理膜及成套设备制造、工业难处理废水处理、烟气处理成套设备制造、机动车尾气治理等技术；推广先进水污染、大气污染防治设备、土壤治理和修复技术装备与产品；推进生活污水、垃圾治理设施的运营管理与环境工程设计施工等环保服务业快速发展。依托“国家烟气脱硫工程技术研究中心”“国家城市污水处理及资源化工程技术研究中心”在环境污染控制技术与装备、环保科研与服务领域的集聚优势，辐射带动全市环保设备配件加工产业快速健康发展。

【资源循环利用产业】 2019年，科技城有资源循环利用产业规模以上企业19家，实现工业产值100.8亿元。以游仙区“城市矿产”示范基地为基础，建成以废旧铜为主的铜加工、废轮胎综合综合利用产业为主，构建2条较为完整的循环型产业链，形成年再生铜15万吨、生产改性胶粉3万吨的能力。经开区依托九洲环保、金岸环保、鑫科源，率先建成具备满足本地、辐射周边的危险废弃物处置能力。中科绵投餐厨、污泥、医废处置3个项目投运。盐亭盈基1×30MW生物质发电项目实现年产值1.2亿元。以游仙区“互联网+金融服务+仓储物流+标准加工”全国首家金属再生资源循环经济产业综合服务平台建设为重点，发展再生金属电子交易结算规模，实现线上回收线下物流的融合，发展“互联网+回收”的再生资源经营模式等节能环保产业新兴业态。危险废弃物处置产业重点围绕核心技术研发，重点发展危险固体废物、废酸废碱、废矿物油综合利用设备和技术研发，实现危险废物的减量化、无害化和资源化，壮大产业规模，扩大市场占有率。通过工艺整合，以生活垃圾焚烧发电厂为龙头，实现餐厨垃圾、市政污泥和医疗废弃物一体化处置，加快余热利用等上下游企业招商，加速推进“中科绵投循环经济产业园”建设。

【科技城循环经济产业园环保项目建成投运】 2019年1月2日，餐厨废弃物资源化利用和无害化处理项目、污水处理厂污泥处置项目落成暨投运仪式在涪城区玉皇镇中国（绵阳）科技城循环经济产业园举行。市人大常委会副主任李作虎、市政协副主席沈其霖出席落成投运仪式。中国（绵阳）科技城循环经济产业园是中科实业集团（控股）有限公司和市水务（集团）有限公司合作建设的重要项目，规划建设生活垃圾处理、污泥处理、餐厨垃圾处理、医疗废弃物处置等4个子项目。其中餐厨废弃物资源化利用和无害化处理项目总投资约9000万元，采用PPP运作模式建设，总设计处理能力为200吨/日，主要负责处置城区内学校、酒店、企事业单位食堂、家庭等产生的餐厨废弃物。该项目处理工艺通过“预处理+油水分离+厌氧产沼+固形物垃圾混合焚烧”的方式进行处理。经处理后的油脂将出售给专业油脂处理公司，可加工成肥皂、生物柴油等。

【生活垃圾焚烧发电二期工程开工建设】 2019年2月28日，生活垃圾焚烧发电二期工程在位于涪城区玉皇镇的中科绵投循环经济产业园正式开工建设。生活垃圾焚烧项目由市政府、中科实业集团控股有限公司和市水务集团共同打造，三方成立中科绵投环境服务有限公司以特许经营模式建设和运行。项目采用德国、丹麦等国领先的垃圾焚烧处理技术，通过脱硝、喷雾、活性炭过滤等系列技术，分解焚烧过程中产生的有害物质，入炉处置后体积量减少95%。项目总投资7亿元，分两期建设，一期设计总规模为处理居民生活垃圾1000吨/日，年发电量1.4亿千瓦时，可满足3万居民一年的生活用电需求。二期项目设计垃圾处理能力达1500吨/日。二期项目配置1台日处理量500吨的排炉、1套烟气净化处理工艺设施，1台12兆瓦汽轮发电机组，加上一期项目的20兆瓦汽轮发电机组，整个项目将实现年发电量1.634亿千瓦时。

【中国铁塔动力电池回收及创新中心落户绵阳】 2019年7月30日，由省经信厅主办的四川省新能源汽车动力电池回收利用产业联盟成立大会暨梯级再生利用研讨会在成都召开。会上，市委常委、副市长丁国旗代表市政府与中国铁塔股份有限公司四川省分公司签订《新能源战略合作协议》。根据协议，“中国铁塔（绵阳）动力电池回收及创新中心”落户绵阳，并成立“动力电池利用联合创新实验室”，构建立足绵阳、覆盖四川、辐射西部、面向全国的新能源循环经济产业链，打造西部新能源循环经济创新示范高地，提升绵阳能源产业技术创新服务能力。

相关链接：中国铁塔为推动退役动力电池回收业务的发展，先后成立广东（惠州）、河南（新乡）、江苏（南通）、四川（绵阳）共4个动力电池回收与创新中心，其中绵阳中心负责四川、重庆、贵州、云南和西藏的相关业务。

【2019年四川节能环保品牌推广全川行（绵阳站）活动】 2019年9月26日，由省经信厅、省机关事务管理局主办，市经信局、省节能协会承办的“2019年四川省节能环保品牌推广全川行（绵阳站）”活动在绵阳市委党校举行。省经信厅巡视员蒲正江、省机关事务管理局副局长陈淮、副市长廖雪梅出席活动并致辞，市经信局党组成员、副局长陈曦主持活动。活动现场，围绕“绿色发展”主题，40余家节能环保企业参与展示展览，其中四川九洲、长虹、银河化学、雪宝乳业等20余家绵阳企业参展。活动专设“绵阳市绿色制造成果”展区，组织相关企业园区进行节能环保问诊对接服务。活动期间，还举行工业绿色发展研讨会和专题交流会，相关专家围绕“企业绿色发展转型升级的实施路径”“四川省工业园区环保合同管理服务交流探讨”“国家绿色制造相关政策及工作要求解读”等内容进行专题分享。

【长虹三杰新能源电池项目落户绵阳】 2019年12月31日，长虹三杰新能源电池项目签约仪式在绵阳高新区举行。市委副书记、市长元方出席签约仪式并讲话。副市长廖雪梅，高新区管委会主任董泓，市政府秘书长吴明禹参加签约仪式。签约仪式上，高新区与长虹三杰新能源有限公司签署项目合作协议。长虹三杰作为长虹旗下高科技公司，致力于高端锂电池研发生产，主打产品为“动力锂离子电池”。根据协议，该项目拟投资19.58亿元，研发生产广泛应用于电动汽车、电动自行车、低速车、平衡车等领域的锂离子电池产品，打造高品质锂电池研发及智能制造基地。

（王月利　陈　洁）

2019年科技城节能环保产业产值1亿元以上企业一览表

表22

序号	属地	企业名称	序号	属地	企业名称
1	游仙区	绵阳金循环金属材料有限公司	15	科创区	四川恒泰环境技术有限责任公司
2	游仙区	绵阳铜鑫铜业有限公司	16	涪城区	绵阳市水务（集团）有限公司
3	游仙区	中科城环保集团股份有限公司	17	涪城区	四川昊宇龙星科技有限公司
4	游仙区	四川兴事发门窗有限责任公司	18	安州区	绵阳科勤环保科技有限公司
5	经开区	绵阳海立电器有限公司	19	江油市	四川矿山机器（集团）有限责任公司
6	江油市	四川新金鑫照明科技有限公司	20	经开区	四川同舟化工科技有限公司
7	游仙区	四川保和新世纪线缆有限公司	21	涪城区	四川沃姆斯科技有限公司
8	江油市	四川铁鹰机械制造有限公司	22	平武县	四川沃姆斯能源技术有限公司
9	江油市	四川省江油市正成焊管厂	23	游仙区	中科国兴（绵阳）科技有限公司
10	安州区	四川同一热能设备有限公司	24	安州区	绵阳蓝奥重型机械制造有限公司
11	三台县	四川三台力达泵业有限公司	25	高新区	四川绵阳华元航升环保科技有限公司
12	梓潼县	绵阳建丰林产有限公司	26	盐亭县	盐亭盈基生物质能源开发有限公司
13	江油市	四川翠微新型建材有限公司	27	安州区	绵阳市天捷能源有限公司
14	江油市	四川天丰节能板材有限公司	28	江油市	四川南联环资科技股份有限公司

高端装备产业

【概况】 2019年，科技城高端装备制造产业实现主营业务收入155.9亿元，其中网报规模企业实现产值63亿元，同比增长19.2%，占全市工业总产值的2.37%。新增规模企业8家，总数达35家。全市高端装备制造业35家规模以上工业企业中，1亿元以下有18家，1亿元至4亿元有13家，4亿元至10亿元有3家，10亿元以上有1家。科技城高端制造产业以航空装备、卫星及应用、轨道交通装备、智能制造装备为主攻方向。航空装备领域。发展空管系统及设备、机载航空电子系统及设备、特种飞行器研发和制造，引进和培育一批骨干企业，实施一批关键项目，实现空管系统及设备、机载航空电子系统及设备、通用飞机、航空发动机及零部件、通用航空器零部件制造突破发展，基本形成航空装备产业集群。卫星及应用领域。鼓励企业加大研发投入，推动基于北斗位置的服务创新研究，促进基于北斗位置信息的综合服务在智慧城市、交通运输、大众旅游、防灾减灾、社区服务、环保监测等领域广泛应用，扩大终端设备的生产规模和市场占有率。轨道交通装备领域。抓住国家发展铁路和城市轨道交通为产业发展提供的机遇，扶持永贵科技、长虹电源、长虹空调、长祥特钢、品固交通等本地配套企业发展壮大，使更多的本地产品进入四川省乃至全国轨道交通产业配套体系，做大做强轨道交通装备产业。智能制造装备领域。以国家发展智能制造为契机，发挥现有技术优势和产业基础，推动智能电梯、智能控制系统、智能仪器仪表、传感器等关键智能基础零部件制造突破发展，培育和发展高档数控机床、3D打印设备、机器人等智能制造成套装备，培育智能制造系统集成企业发展，发展智能电梯及远维服务平台。全年科技城高端装备制造产业创新能力增强，新增奇石缘、九洲防控2家省级企业技术中心，四川省航电系统产品轻量化设计与制作工程实验室、四川省轨道交通列车用蓄电池系统技术工程实验室、四川省特种计算机嵌入式控制技术工程实验室3家省级工程实验室，四川省航空发动机及燃气轮机叶轮机械工程技术研究中心2家省级工程技术研究中心，绵阳高温合金创新中心1家市级制造业创新中心。

2019年科技城高端装备制造产业发展情况一览表

表23

产业名称		产业规模情况			企业发展情况			企业技术中心（个）			本地配套率（%）
		主营业务收入（亿元）	主营业务收入同比增速（%）	网报产值同比增速（%）	规模企业（家）	新增规模企业（家）	产值前三位重点企业	国家级	省级	市级	
总体情况		155.9	48.0	19.2	35	8	科莱电梯 永贵科技 中油天能		1	2	17
分领域发展情况	智能制造装备	53.1	—	27.3	33	7	科莱电梯 艾格瑞特 环阳科技	—	1	1	—
	轨道交通装备	9.9	—	12.9	1	—	永贵科技	—	—	—	—
	航空装备	10.0	17.5	—	1	1	九洲空管	—	—	1	—
	卫星及应用	82.9	80.2	—	—	—	九洲卫星导航投资公司	—	—	—	—

【重大项目推进情况】 2019年，绵阳京东方光电科技有限公司“第六代AMOLED柔性面板智能工厂新模式应用”、四川龙华光电薄膜股份有限公司“新型显示用超薄高亮度光学薄膜智能制造新模式应用”、中科西奥电梯有限公司“高可靠智能电梯智能制造新模式应用”、江油立航金属材料有限公司“基于电渣重熔特种合金汽车发动机油泵壳体关键零部件产业化”、西南自动化研究所“高性能大型复杂构件金属激光增材制造工艺与装备研制”等15个2019年重点智能制造和高端装备项目持续推进，累计完成投资6.79亿元，占全部项目计划总投资的71.5%。

【全市制造业智能化发展专题推进会召开】 2019年3月28日，全市制造业智能化发展专题推进会在游仙区召开。市委常委、副市长杨学宁、省经信厅重装处处长郝功贵出席会议并讲话，各县市区、园区经信部门负责人、系统集成供应商、有关专家学者和企业代表共80余人参加会议。会议指出加快发展智能制造对于推进全市制造业供给侧结构性改革、加速工业转型升级发展、培育经济增长新动能、构建现代产业体系、促进工业加快向中高端发展具有重大意义；全市要以《绵阳市制造业智能化发展行动计划（2018—2020年）》为抓手，把握制造业智能化发展重点，强化保障措施，加强组织领导，健全工作推进机制，加大支持力度，贯彻落实市委、市政府支持先进制造业发展若干政策措施，拓宽融资渠道，鼓励金融机构加大信贷支持，推动制造业加快智能化发展。会议对四川省智能制造发展思路进行讲解，对全市近年来在推进制造业智能化发展所取得的成绩给予肯定；通报前阶段全市制造业智能化发展推进情况，对下一阶段智能制造推进工作提出推进制造过程智能化、培育发展智能装备和产品、继续开展智能制造试点示范、建立健全智能制造支撑体系等要求。会上，还举行2018年度省、市级智能制造系统解决方案供应商授牌仪式，表彰2018年度全市智能制造发展先进单位及个人。长虹智能等企业作交流发言，西门子公司专家以“数字化企业助力工业4.0”为题作专题讲座。会议期间，与会代表现场参观旭虹光电国家智能制造新模式试点示范项目等处。鼎鑫智能与永贵科技、高达科技与东材科技等企业签订项目合作协议。

【中国科技城激光产业园项目落地游仙区】 2019年12月15日，中国科技城激光产业园项目集中签约仪式在游仙举行。中国工程物理研究院副院长王洋，市委副书记、市长元方等领导分别讲话并见证签约。市领导罗宗志、廖雪梅莅临，市政府秘书长吴明禹、市政府副秘书长赵琳、市经信局局长韩晓清及市级有关部门、游仙区相关领导参加签约仪式。会上，游仙区与中国工程物理研究院化工材料研究所、中国工程物理研究院应用电子学研究所、中国久远高新技术装备公司达成共同建设集“激光材料、激光器件、激光装备”全产业链的激光产业园项目。

【四川科莱电梯股份有限公司】 四川科莱电梯股份有限公司（以下简称科莱电梯）始创于1988年，是一家集电梯开发、设计、制造、销售、安装、改造、维修、售后服务于一体的大型整梯企业，旗下拥有四川科莱立泊停车设备有限公司、四川科莱信息技术有限公司、四川科成机电设备有限公司以及河北科莱电梯有限公司4家全资子公司。科莱电梯拥有国家最高级别电梯制造、安装、改造、维修双“A”级资质，是国家高新技术企业，四川首批电梯安装、改造、维修“A级五星”企业，通过四川省企业技术中心认定，连续四届被四川省人民政府授予“四川名牌”。同时还获得省级守合同重信用企业、四川省著名商标、四川省知识产权试点企业、绵阳市重点企业、机械行业龙头企业、纳税大户等。与多所高校的教学实践基地及四川省质量技术监督培训中心合作成立“电梯安装维修技师实训基地”。2019年，经国家知识产权局认定，科莱电梯被授予“国家知识产权优势企业”，拥有国家专利200余项，其中发明专利30项，研发人员占比高达26%。产品涵盖乘客电梯、观光电梯、别墅电梯、旧楼加装电梯、自动扶梯、自动人行道、智能立体停车库、电梯物联网等19大系列，产值达12.7亿元。

【四川永贵科技有限公司】 四川永贵科技有限公司（以下简称永贵科技）成立于2008年，是浙江永贵电器股份有限公司全资子公司。公司为装备业提供可靠连接器系列产品及技术服务，为互联系统提供整体解决方案，是国家知识产权优势企业、四川省知识产权试点企业。公司研发、制造和销售用于为整机配套的中高档电连接器系列产品，其主要应用于轨道交通车辆、新能源电动汽车、风力发电及石油、通信等应用领域。永贵科技是国内轨道交通用连接器行业龙头，是唯一一家为和谐号动车组提供特定型号连接器的内资生产企业，市场占有率约为40%。永贵科技的新能源电动汽车连接器市场份额位居国内前三位，市场占有率约为30%。永贵科技拥有国家知识产权局授权专利179项，其中发明专利30项。2019年，永贵科技实现产值9.8亿元，并创建成为国家级绿色工厂，入选全国第四批绿色制造名单，成为全国首批绿色制造系统解决方案供应商。

【中科西奥电梯有限公司】 中科西奥电梯有限公司成立于2016年，是由西子西奥电梯有限公司与四川兴事发集团联合打造的电梯整机先进制造企业。公司占地约8.8公顷，总投资3.5亿元，提供电梯应用和技术解决方案，是省级高新技术企业。有各类高端技术人才50余人，员工500余人。有现代化标准厂房和国内先进的生产检测设备，具备从产品研发、试制到过程及成品检测的全套系统，是国内一线的专业电梯设计制造安保单位。具备稳定的环境质量保证体系及整机的设计、生产和安装实力，进行技术创新，吸收国外先进经验，开发西奥高速乘客电梯、大吨位载货电梯和医用电梯等特色产品。2019年，实现产值1.18亿元。

（王月利　陈　洁）

2019 年科技城产值超 1 亿元高端装备制造企业一览表

表 24

序号	企业名称	所属区县	2019 年实现产值（万元）
1	四川科莱电梯股份有限公司	游仙区	127439.5
2	四川永贵科技有限公司	涪城区	98887
3	四川中油天能科技有限公司	游仙区	59284.8
4	四川艾格瑞特航空技术股份有限公司	江油市	58876.4
5	绵阳环阳科技有限公司	涪城区	33417.3
6	绵阳龙兴科技有限公司	游仙区	21669.8
7	四川惠百民石化机械制造有限公司	江油市	19710.1
8	绵阳市攀丰智能制造有限公司	安州区	19156.5
9	绵阳市维博电子有限责任公司	游仙区	17476.5
10	绵阳流能粉体设备有限公司	科创区	15983.8

续表 24

序号	企业名称	所属区县	2019 年实现产值（万元）
11	四川奇石缘科技股份有限公司	科创区	15246.4
12	绵阳同成智能装备股份有限公司	高新区	13468.4
13	绵阳市久华机电科技有限公司	游仙区	12714.3
14	四川腾达电梯制造有限公司	游仙区	11991
15	中科西奥电梯有限公司	游仙区	11793
16	四川高达科技有限公司	游仙区	11289.8
17	四川九洲防控科技有限责任公司	科创区	10096.3

生物医药产业

【概况】 2019年，科技城生物医药产业有规模以上工业企业32家，拥有四川好医生集团公司、太极集团四川绵阳制药有限公司、四川代代为本农业科技有限公司、四川华西动物药业有限公司等一批重点企业。全年医药产业实现产值89.6亿元，同比增长21.6%，占全市工业总产值的3.6%。32家规模以上工业企业中，1亿元以下有16家，1亿元至4亿元有11家，4亿元至10亿元有4家，30亿元以上有1家。形成以好医生集团公司、太极集团四川绵阳制药有限公司、四川代代为本农业科技公司等为代表的中医药制造企业，以绵阳立德电子股份有限公司、绵阳和润电子仪器有限责任公司等为代表的医疗器械制造企业，以四川伴农动保生物技术有限公司、四川华西动物药业有限公司等为代表的兽药制造企业，以赛卓药业为代表的化学药制造企业。企业以自主研发为主，与高校科研院所合作为辅进行技术创新。截至年底，全市生物医药产业拥有1个国家级企业技术中心（好医生药业）、1个省级企业技术中心（太极绵药）以及太极天诚等10个市级企业技术中心。

2019年，科技城中医药领域重点推动麦冬、附子、桔梗、厚朴等道地中药生产种植，支持迪澳药业、新华康药业等企业的柑橘类系列提取物的开发与应用产业，支持好医生药业、太极绵药等企业加快中药新药品种的研制。鼓励好医生药业入选首批“四川省诚信示范企业”。全年中医药产业产值增速达22.7%。化学药领域。以好医生和赛卓药业为龙头，以临床用药需求为导向，推动抗感染药物、抗肿瘤药物等的创新药开发。做大以好医生和赛卓药业为龙头的青霉素类和头孢类抗生素（片剂、胶囊、颗粒）化学药产品的市场占有率，鼓励赛卓药业开展GAP认证工作。全年化学药产业产值增速达18.2%。医疗器械领域。重点支持以和润电子、麦迪克电子为代表的医学影像设备生产企业，以立德电子、大爱科技为代表的先进治疗设备生产企业，推动“互联网+医药”产业，以长虹智慧健康科技公司为依托，发展智慧医疗产品。全年医疗器械产业产值增速达31.7%。兽药制造领域。重点支持伴农动保、华西动物进行科技研发，注重品牌效应，加强兽药新药研发，创建一批兽药生产的龙头企业。全年兽药企业实现产值5.5亿元，同比增长15.4%。

【重点项目推进情况】 2019年，奥蓉生物科技多肽药物产业园项目完成选址；凯瑞药业融合蛋白和润体外诊断生物原液研发项目完成投资3000万元，占总投资的37.5%，项目主体竣工，进行后续设备安装和内部装饰装修工程；中国中药年产加工中药饮片4000余吨和年提取加工中药材8000吨的中药配方颗粒生产线项目竣工；新华康厂房改扩建及生产线添加项目、好医生药业年产中药提取物和配方颗粒300吨项目二期等竣工。

【四川好医生药业集团】 四川好医生药业集团（以下简称好医生）是全市最大的医药龙头企业。好医生经过30年发展，成长为集科、工、贸为一体，以生物医药为核心的“大健康”产业全面发展的大型企业集团。集团业务分为医药工业、医药商业、医院管理、农产品现代加工业、研发体系5个版块，下属有35家全资子公司、11个GMP工厂，产业分布在四川、云南、山西、辽宁。集团拥有1个国家级企业技术中心、2个省级企业技术中心、1个省级工程技术中心、1个省级重点实验室；旗下拥有2家国家级高新技术企业。好医生是四川省创新型企业，连续5年获评“中国医药工业企业百强”；好医生品牌是“中国驰名商标”“四川省著名商标”。承担国家中药材扶持、四川省科技计划等国家级、省级科技计划10余项，研发新药2项，申请相关专利468项（其中发明专利228项），拥有有效专利193项（其中发明专利43项），参与制定相关标准6项，获四川省科学技术进步一等奖2项。有省级院士（专家）工作站和国家级博士后科研工作站；与浙江大学、四川大学、澳门科技大学、成都中医药大学、西南民族大学、大理大学等国内多所高校科研院所建立产学研平台。2019年，实现产值39.3亿元，同比增长19.6%。

【太极集团四川绵阳制药有限公司】 太极集团四川绵阳制药有限公司是绵阳最大的中成药生产企业，是全国老牌中成药制造企业、中国企业500强、中国医药工业10强企业。公司是太极集团四川地区中成药制剂主要生产基地，拥有1个省级企业技术中心、1个市级企业技术中心、3个核心生产基地，占地近53.33公顷，拥有片剂、丸剂、颗粒剂、胶囊剂、酊剂、搽剂、中药饮片等20条现代化的生产线，总投资超过10亿元，年生产能力达50亿元，是国内规模较大、设备较先进的中成药制剂生产基地。公司获得国家专利120项。太极（TAIJI）商标为中国驰名商标。2019年，实现产值6亿元，同比增长18.5%。

【四川代代为本农业科技有限公司】 四川代代为本农业科技有限公司（以下简称代代为本）是绵阳最大的麦冬加工生产企业公司，成立于2010年，位于三台县芦溪工业集中区，致力于川产道地药材产业化发展，是省级农业产业化经营重点龙头企业、科技型中小企业。公司注重科研能力的积累，组建企业技术中心，联合北京大学药学院、中国中医科学院、成都中医药大学等科研院所，构建川麦冬全产业链研发平台，是成都中医药大学就业实践与教学实习基地，西南交通大学新品系选育研究基地。公司累计参与制定四川省地方标准2项；作物新品种审定证书1个；授权专利34项，其中授权发明专利13项；软件著作权10项。先后承担省部级科研项目10余项。公司形成麦冬高端饮片、麦冬食品（饮料、配方茶、炖料包）、麦冬日化产品三大衍生产品系列。2019年，实现产值5.1亿元，同比增长24.8%。

（王月利　陈　洁）

2019 年科技城产值超 1 亿元生物医药企业一览表

表 25

序号	企业名称	所属区县	2019 年实现产值（万元）
1	好医生药业集团有限公司	安州区	393007
2	太极集团四川绵阳制药有限公司	游仙区	59992
3	四川代代为本农业科技有限公司	三台县	51013
4	四川华西动物药业有限公司	梓潼县	41062
5	四川云亳堂药业有限公司	江油市	40556
6	四川天雄药业有限公司	安州区	36752
7	四川江油中坝附子科技发展有限公司	江油市	36342
8	绵阳神农药业有限公司	江油市	32824
9	太极集团.四川天诚制药有限公司	三台县	28531
10	四川惠泉生物科技有限公司	梓潼县	27839
11	四川兴盛源药业有限公司	江油市	19410
12	绵阳迪澳药业有限公司	盐亭县	12250
13	四川新华康生物科技有限公司	盐亭县	12201
14	绵阳立德电子股份有限公司	科创区	11226
15	绵阳一康制药有限公司	梓潼县	10765
16	四川天濠药业有限公司	安州区	10286

食品饮料产业

【概况】 2019年，食品饮料产业是全市六大重点产业之一，重点布局在三台、梓潼、盐亭和北川。食品饮料产业规模以上企业总数达161家，实现工业总产值382亿元，占全市工业总产值的14.4%，同比增长11.4%；新增规模企业13家。重点在屠宰加工、乳制品加工、米粉加工等领域加快推进智能化、绿色化水平。鼓励支持绵阳烟厂、双汇食品、丰谷酒业、清香园、雪宝乳业等龙头企业、骨干企业做大做强，发挥产能、技术、品牌优势，带动优势产业集聚、集约、集群发展。支持企业广泛运用新技术、新工艺、新装备，开发适销对路的新产品，拓展市场，引导企业向标准化、规模化、品牌化、品质化发展。改进重点领域技术装备水平，实现机械化、信息化、智能化、绿色化，增强研发能力和技术创新能力。全年全市食品饮料产业新增市级技术中心4家，总数达20家。

2019年，科技城食品饮料产业重点发展领域有屠宰及肉类加工、植物油加工、酒的制造、烟草的制造。屠宰及肉类加工，依托双汇食品、铁康食品、长林肉类等龙头企业、骨干企业，优化肉类食品结构，加强肉制品的精深加工，推动畜禽副产物综合利用，推动以三台、盐亭、梓潼为重点的生猪、畜禽养殖基地加快发展；全年屠宰及肉类加工总产值实现60亿元。植物油加工，依托游仙粮油、辉达粮油等龙头企业、骨干企业，发展“双低”菜籽食用油、调和油产品，促进油脂产品多元化，发展核桃、橄榄等木本植物油和玉米油、米糠油等兼用型油源，推动以三台、梓潼、盐亭、安州等为主的油菜籽重点种植基地发展；全年植物油加工总产值实现35.1亿元。酒制造业，依托丰谷酒业、李白故里酒厂等龙头企业、骨干企业，加强白酒“小巨人”企业培育，鼓励酒类企业主动适应市场需求，从产品色、香、味、美方面着手调整，开发顺应市场趋势的清淡产品和具有特色文化内涵的产品。支持丰谷酒业通过解决历史遗留问题，实现扭亏；全年酒的制造业实现总产值33.9亿元。烟草制造业，依托四川中烟绵阳卷烟厂，做精制造提品质，创新管理强实力，打造烟草行业一流创新示范企业；全年实现产值69.53亿元，同比增长17.92%。

【重大项目进展情况】 2019年，食品饮料产业有5000万以上重点项目9个，其中新建、在建项目6个，竣工3个，项目总投资9.04亿元。推动绵阳烟厂二氧化碳膨胀烟丝生产线技术改造、大陈粮油生产线技改等3个项目开工建设。推动仙特米业粮食加工、绵阳珍有缘农业科技股份有限公司农副产品加工生产线项目等3个项目加快建设。推动米州味业调味品加工、新希望六和生产技改、绵阳烟厂纸箱包装服务共3个项目竣工达产达效。

【四川雪宝乳业集团有限公司】 四川雪宝乳业集团有限公司成立于2001年，是专业从事乳制品加工、饮料加工、牧业养殖、矿泉水加工、商贸物流、生态农业的省市农业产业化重点经营龙头企业，是中国奶业协会常务理事单位、四川省奶业协会副会长单位、绵阳市奶业协会副会长单位，公司拥有29条乳制品和饮料生产线，产品涵盖袋装、杯装、瓶装、盒装、碗装五大类别60余个品种，年产各类乳制品12万吨，市场覆盖四川、重庆、云南、贵州、陕西和甘肃等地的100

图 14　雪宝乳业生产线

余个县市。公司先后获“国家级绿色工厂”“中国奶业脊梁企业”、中国学生饮用奶定点生产企业、全国工业企业知识产权运用试点企业、高新技术企业、四川省技术中心、四川省质量管理先进企业、四川省中小学生质量教育社会实践基地、绵阳市优秀民营企业、绵阳市政府质量奖、高层次创新团队等荣誉，连续多年被评为四川省“名牌产品”和“著名商标”、省市农业产业化重点经营龙头企业、四川省用户满意企业及质量信誉AAA级企业。拥有专利等知识产权150余项。集团下辖安州区鸿丰奶牛养殖有限公司、四川雪宝矿泉水有限公司、四川雪宝乳业有限公司等7家子公司，其中洋业物流公司被评为国家级“AAA物流企业”。2019年，集团综合产值6.3亿元，同比增长9.4%。

【四川铁骑力士实业有限公司】 四川铁骑力士实业有限公司是绵阳市饲料行业的重点龙头企业，先后获得中国驰名商标、中国饲料行业具有竞争力十大品牌、全国优秀畜牧企业、全国食品工业优秀龙头企业等称号。2019年，铁骑力士制定实施《四川铁骑力士实业有限公司科技成果转化实施办法（试行）》；成为四川省诚信示范企业，进入“2019四川民营企业100强”榜单，入选全国农产品加工业企业100强、全国民营制造业企业500强；参与完成的“猪抗病营养技术体系创建与应用”等项目在2018年度国家科学技术奖励大会上获得国家科技进步二等奖；“优质生猪产业链集成技术创新工程”项目获四川省科学技术进步一等奖。全年实现产值7.51亿元，同比增长0.9%。

【四川清香园调味品股份有限公司】 四川清香园调味品股份有限公司（以下简称清香园），是四川东辰集团控股子公司，是四川省食品制造企业30强，建有清香园绿色食品产业园、清香园·中国酱文化观光园。清香园主要产品有中坝（口蘑）酱油、中坝食醋、料酒、清香园泡菜、调料、酱类等品类，是中国川菜调味品知名品牌，先后获评“中华老字号”“中国调味品著名品牌50强”等。2019年，清香园通过国家高新技术企业认定，正式成为国家高新技术企业；获评绵阳市首届十佳环保企业；研发总监杨莉获评2019年绵阳“最美科技工作者”；举办第四届中国酱文化节，发起“千人同吃酱油拌饭，万人打酱油”活动；清香园广告登录纽约时代广场纳斯达克广告屏。全年实现产值7.15亿元，同比增长20.7%。

（王月利　陈　洁）

2019年科技城产值超1亿元食品企业一览表

表26

序号	企业名称	行业类别	所属区县
1	绵阳双汇食品有限责任公司	屠宰及肉类加工	涪城
2	绵阳市丰谷酒业有限责任公司	酒的制造	高新
3	绵阳仙特米业有限公司	谷物磨制	游仙
4	绵阳双胞胎饲料有限公司	饲料加工	经开
5	江油市李白故里酒业有限公司	酒的制造	江油
6	绵阳天大饲料有限公司	饲料加工	游仙
7	绵阳正大有限公司	饲料加工	高新
8	绵阳市游仙粮油购销有限公司	植物油加工	游仙

续表 26

序号	企业名称	行业类别	所属区县
9	四川金太阳畜牧饲料有限公司	饲料加工	游仙
10	四川铁骑力士实业有限公司	饲料加工	高新
11	四川国喜饲料科技有限公司	饲料加工	游仙
12	四川清香园调味品股份有限公司	调味品、发酵制品制造	江油
13	新希望六和股份有限公司	饲料加工	高新
14	四川长林肉类食品集团有限公司	屠宰及肉类加工	梓潼
15	绵阳市黎福粮油有限公司	谷物磨制	三台
16	四川雪宝乳业有限公司	乳制品制造	经开
17	绵阳市永健食品有限公司	调味品、发酵制品制造	游仙
18	绵阳市鸿腾食品有限公司	调味品、发酵制品制造	游仙
19	四川省绿植农业有限责任公司	谷物磨制	安州
20	绵阳市恒力通企业有限公司	饲料加工	游仙
21	绵阳市安州区辉达油脂化工有限责任公司	植物油加工	安州
22	绵阳豪茂魔芋食品有限公司	其他农副食品加工业	安州
23	上海梅林正广和（绵阳）有限公司	罐头食品制造	三台
24	四川天樱食品有限公司	屠宰及肉类加工	安州
25	绵阳市久诚食品有限公司	屠宰及肉类加工	江油
26	绵阳铁骑力士实业有限公司	饲料加工	高新
27	四川省羌山农牧科技股份有限公司	屠宰及肉类加工	北川
28	绵阳市绿清香植物油脂有限责任公司	植物油加工	安州
29	江油市彰明金谷植物油有限责任公司	植物油加工	江油
30	四川省绵阳市晞臣食品有限公司	植物油加工	涪城
31	四川省三台县凯河面粉厂	方便食品制造	三台
32	四川亿家园生态农业开发有限公司	屠宰及肉类加工	江油
33	江油市睿成粮油制品有限公司	谷物磨制	江油
34	绵阳志辉油脂工业有限公司	植物油加工	安州
35	四川大陈粮油有限公司	植物油加工	安州

续表 26

序号	企业名称	行业类别	所属区县
36	绵阳大北农农牧科技有限公司	饲料加工	经开
37	四川将台酒业有限公司	酒的制造	梓潼
38	四川铁康食品有限公司	屠宰及肉类加工	三台
39	四川神龙粮油有限公司	植物油加工	三台
40	四川新丰酒业有限公司	酒的制造	三台
41	四川宏帆粮油有限公司	植物油加工	安州
42	四川兰兰食品有限公司	焙烤食品制造	江油
43	绵阳紫东食品有限公司	焙烤食品制造	游仙
44	绵阳市红人醉酒厂	酒的制造	三台
45	四川翔风科技有限公司	屠宰及肉类加工	江油
46	四川江油潼江河谷米业有限公司	谷物磨制	江油
47	梓潼蜀国农业开发有限公司	蔬菜、菌类、水果和坚果加工	梓潼
48	绵阳市亚子调味品有限公司	调味品、发酵制品制造	梓潼
49	四川省冯老汉科技有限公司	方便食品制造	江油
50	四川潮丰粮油有限责任公司	植物油加工	涪城
51	绵阳市海晖食品有限公司	屠宰及肉类加工	涪城
52	四川福欣食品有限公司	蔬菜、菌类、水果和坚果加工	梓潼
53	绵阳绿香源食品有限公司	调味品、发酵制品制造	三台
54	四川富渔达粮油有限公司	植物油加工	安州
55	绵阳菜籽王粮油有限公司	食用植物油加工	安州
56	绵阳市金麦香食品有限责任公司	饮料制造	安州
57	四川绵阳沸泉酒业有限公司	酒的制造	安州
58	绵阳市冯氏饲料有限公司	饲料加工	三台
59	平武县天源茶业有限责任公司	精制茶加工	平武
60	绵阳辉达粮油有限公司	植物油加工	安州
61	平武县龙泉茶业有限公司	精制茶加工	平武
62	四川省平武雪宝顶茶业（集团）有限责任公司	精制茶加工	平武
63	绵阳安福魔芋开发有限公司	其他农副食品加工业	北川

续表 26

序号	企业名称	行业类别	所属区县
64	江油市福田粮油有限公司	谷物磨制	江油
65	绵阳市创王酒业有限公司	酒的制造	梓潼
66	绵阳市沪川饲料科技有限公司	饲料加工	安州
67	四川和润英伟牧业有限公司	饲料加工	三台
68	江油市东升食品有限公司	屠宰及肉类加工	江油
69	绵阳都乐魔芋制品有限责任公司	其他农副食品加工业	安州
70	四川江油诗城酒业有限公司	酒的制造	江油
71	北川维斯特农业发展有限公司	其他农副食品加工业	北川
72	四川浩东食品科技有限公司	植物油加工	游仙

化工产业

【概况】 2019年，科技城化工产业有规模以上工业企业44家，拥有四川省银河化学股份有限公司、利尔化学股份有限公司、绵阳启明星磷化工有限公司、四川华西动物药业有限公司等一批重点企业。全年科技城化工产业实现产值156.6亿元，同比增长13.1%，占工业总产值的6.2%。44家规模以上化工工业企业中，1亿元以下有17家，1亿元至4亿元有16家，4亿元至10亿元有9家，30亿元以上有2家。形成以四川省银河化学股份有限公司、江油启明星氯碱化工有限责任公司、四川鑫达新能源科技有限公司等为代表的基础化学原料制造企业，以利尔化学股份有限公司、台沃科技集团股份有限公司、四川万稼宜化肥有限公司等为代表的基础农用化学品制造企业，以雅化集团绵阳实业有限公司、禾大西普化学（四川）有限公司、四川同舟化工科技有限公司等为代表的精细化学品制造企业。截至年底，科技城化工产业拥有利尔化学股份有限公司、四川省银河化学股份有限公司2个国家级企业技术中心，禾大西普化学（四川）有限公司、四川台沃农业科技股份有限公司等5个省级企业技术中心以及四川美丰实业有限公司等4个市级企业技术中心。科技城化工产业主要包含基础化学原料、农用化学品、精细化学品3个领域。全年基础化学原料制造领域有银河化学等规模企业19家，实现产值77.2亿元，同比增长15.1%，占化工产业规模企业总量的49.3%；农用化学品领域有美丰化工、利尔化学等规模企业11家，实现产值55.9亿元，同比增长10.7%，占化工产业规模企业总量的35.7%；精细化学品领域有雅化绵阳、雅化三台、禾大西普等规模企业14家，实现产值23.8亿元，同比增长12.3%，占化工产业规模企业总量占比15.2%。重点项目持续推进。禾大西普新建壬二酸生产线项目，利尔化学精草铵膦钠盐及唑啉草酯中试装置建设项目完成，雅化集团绵阳实业有限公司年产2000万发导爆管雷管智能化生产线技改项目推进建设。

【全市化工产业转型发展推进工作大会召开】 2019年3月1日，全市化工产业转型发展推进工作大会召开。市政府副市长廖雪梅出席大会并讲话，市政府副秘书长龙佳林主持会议。各县市区政府、园区管委会，市经信局、市应急管理局、市生态环境局、市发改委、市自然资源和规划局、市市场监督管理局等部门相关负责人参加会议。会上，市经信局局长韩晓清介绍全市化工产业发展情况及《全市化工产业问题大排查及专项治理行动工作方案》编制说明。部分参会县区政府、园区管委会及市级部门围绕《全市化工产业问题大排查及专项治理行动工作方案》及推进化工产业转型升级发展发言。会议要求突出工作重点，加快化工产业转型升级步伐；加强组织领导，确保化工产业转型升级目标实现。

【利尔化学股份有限公司】 利尔化学股份有限公司（以下简称利尔化学）由中国工程物理研究院于1993年发起设立，2008年7月在深交所挂牌上市。公司总部位于绵阳市，拥有四川绵阳、江苏南通、四川广安、湖南岳阳、河南鹤壁、湖北荆州6个生产基地。利尔化学是四川省最大的农药企业，西部地区最主要的农药供应商之一，主要从事高效、安全类农药的研发、生产和销售，产品包括除草剂、杀虫剂、杀菌剂三大系列共30余个原药、100余个制剂品种以及部分化工中间体。主要产品毕克草、毒莠定和氟草烟，均为高效、低毒、低残留的吡啶类除草剂农药产品。产品出口美国、巴西、阿根廷、澳大利亚等30多个国家和地区。利尔化学是国家高新技术企业、国家火炬计划重点高新技术企业，拥有国家认定企业技术中心、四川省功能杂环化合物工程技术研究中心、四川省杂环农药工程实验室，并在国内率先建立农药生物活性检测基地，能够同时开展新农药创制、小试、中试、试生产、制剂开发以及生物活性评价等各项农药原药及制剂产品创新研究工作。2019年，利尔化学实现产值30.1亿元，同比增长22.9%。

【四川省银河化学股份有限公司】 四川省银河化学股份有限公司（以下简称银河化学）是绵阳市最大的化工企业，是四川省唯一一家铬盐化工生产企业，全国铬盐行业中唯一一家通过ISO 14001环境管理体系认证和实现铬渣无害化处理及综合利用的企业。银河化学以铬盐化工生产研发为主，集维生素系列精细化工、硫酸系列化工、国际贸易于一体。银河化学“安剑”牌重铬酸钠、铬酸酐和“女娲”牌水泥被省政府授予“四川省名牌产品”，“安剑”牌商标、“女娲”牌商标获省著名商标称号，先后获国家“高新技术企业”认定、“国家技术创新示范企业”、全国首批“绿色工厂”“四川省发展循环经济试点企业”“四川省建设创新型试点企业”“四川省科普示范企业”“四川省清洁生产试点企业”“四川省文明单位”“绵阳市节水示范企业”等称号。银河化学拥有1个国家企业技术中心和1个国家级产业化示范工程，掌握无钙焙烧生产红矾钠、碳化法制备红矾钠等核心技术，取得创新成果26项，其中15项填补国内空白。2019年，实现产值30.4亿元，同比增长26.1%。

【雅化集团绵阳实业有限公司】 雅化集团绵阳实业有限公司（以下简称雅化绵阳公司）始建于1958年，是国家定点专业民爆器材生产企业，集科研、生产、配送及爆破服务为一体,拥有集团“国家级企业技术中心”下设的起爆器材研究所和装备自动化研究所，拥有“国家认可实验室”，是高新技术企业、专利优势培育企业、省级安全文化示范企业，是ISO 9001、OHSAS 18001、ISO 14001三体系认证企业。公司拥有发明专利35项、实用新型专利35项、省级及以上奖励7项。公司与中国工程物理研究院、南京理工大学、西南科技大学等多家院所、高校建立战略合作关系。公司主要产品有工业雷管、导爆索、导爆管、电子雷管等五大系列30余个品种，其中“雅化牌”工业雷管、普通导爆索被授予四川省名牌产品称号，“雅化牌”商标被国家工商行政管理总局商标局认定为驰名商标。2019年，实现产值8.5亿元，同比增长16%。

2019年科技城产值超1亿元化工企业一览表

表27

序号	企业名称	所属区县	2019年实现产值（万元）
1	四川省银河化学股份有限公司	安州区	303884
2	利尔化学股份有限公司	经开区	300893
3	绵阳启明星磷化工有限公司	安州区	100074
4	四川美丰化工科技有限责任公司	经开区	90158
5	雅化集团绵阳实业有限公司	游仙区	85226
6	绵阳市建诚化工有限公司	江油市	77424
7	四川鑫达新能源科技有限公司	江油市	63176
8	江油启明星氯碱化工有限责任公司	江油市	50540
9	四川利尔作物科学有限公司	涪城区	44561
10	台沃科技集团股份有限公司	三台县	43411
11	四川万稼宜化肥有限公司	江油市	40765
12	禾大西普化学（四川）有限公司	经开区	30526
13	四川省江油市中林化工有限公司	江油市	29627
14	绵阳路博润滑油脂有限公司	江油市	24216
15	安县川磷化工有限公司	安州区	24137
16	四川同舟化工科技有限公司	经开区	20845
17	江油市万利化工有限责任公司	江油市	19130
18	绵阳市同创化工有限公司	涪城区	17934
19	四川省绵阳市吉星消防药剂有限公司	安州区	17482
20	三台县启明星磷酸盐有限公司	三台县	17344
21	绵阳市向泰阳化工有限公司	安州区	17328
22	绵阳市金鸿饲料有限公司	安州区	14593
23	四川江油长特一厂综合服务公司	江油市	13930
24	绵阳茂森化工有限责任公司	安州区	13506
25	四川凯尔油气田技术服务有限公司	江油市	11458
26	四川日普精化有限公司	经开区	11439
27	四川蓝狮科技有限公司	游仙区	11291

现代服务业

电子商务

【概况】 2019年，科技城围绕国家电商示范城市建设，聚焦新业态发展、主体队伍培育、与实体经济融合创新、提升公共服务水平等重点领域，持续推进电子商务规模化、品牌化、品质化发展，加快建设中国西部电商城。全年实现电商网络交易额3038.64亿元，同比增长4.71%，稳居全省第2位；实现网络零售额189.71亿元，同比增长31.58%。

【电商培育】 2019年，《绵阳市电子商务产业行动方案》等政策性文件正式印发，明确目标，指导电子商务产业健康发展。着重在传统商贸、家居建材、生鲜食品、电子信息等领域培育壮大智易家、有芯科技、宏盛源等本土电子商务企业，全年新增规模以上电商企业36家，重点电商企业总数达250家。全市网商总数8.52万家，其中应用型网商8.16万家、服务型网商3555家、平台型网商7家，直接带动就业10.33万人。打造和培育跨境电商生态圈，完善出口综合服务平台等跨境电商产业园软硬件设施，推动发展跨境电商进口直邮业务，全年新引进培育跨境电商企业37家。累计培育各类跨境电商企业200余家，实现线下出口2.88亿元。跨境电商园区入驻智易家、有芯电子、慧聪网、光彩国际、海贸通等电商及创新创业企业300余家，实现销售服务收入突破80亿元，其中跨境电商企业80余家，实现跨境电商出口零售额超过1.4亿元。跨境电商园区设有5个孵化平台，整合各种跨境电商服务资源，其中阿拉丁公司取得eBay西南区唯一优选服务商认证。

【电商优质品牌培育】 2019年，科技城打造具有绵阳特色、安全优质的"绵阳造"电商品牌。科技城实物型网络零售额实现112.43亿元，全省排名第2位。其中以长虹、美菱为代表的3C数码类产品实现网络零售额达70.83亿元，以"圣迪乐村""川蜀老味道""紫东"为代表的食品保健类产品实现网络零售额14.82亿元。"圣迪乐村"营养蛋通过与京东、天猫合作，实现全网销售上亿元。川蜀老味道自创"椒吱"品牌，全年实现网络销售逾亿元。

【电商产业融合发展】 2019年，全市探索"电商+文旅+农特产品"模式，推动电商在现代农业、旅游等领域融合发展。以游仙区刘家镇为代表的乡镇，引进乡村旅游公司、电商运营团队，依托刘家镇马鞍寺等旅游资源，结合当地合作社、家庭农场资源，用乡村旅游带动线下体验流量，发展后续线上订单；策划包装刘老爹无公害大米、刘家旧院黑鸡、刘老爹放心鸡蛋、有机水果等土特产品品牌。鼓励传统制造企业运用电子商务发展大规模个性化定制服务，长虹公司探索产业数字化赋能，运用数字画像技术，实现与用户实时互动。长虹、美菱家电产品实现全年电商交易额超80亿元。以亿达纸业为代表的生活用纸传统生产企业，利用电商大数据分析，转型为以销定产的互联网+传统制造企业，网上销售额占全年销售总额的70%。

【电商赋能新零售】 2019年，科技城发展新零售、智能配送等服务，促进交通出行、居住空间、文化娱乐等民生领域数字化发展。鼓励实体店丰富消费体验，向智能化、多样化商业服务综合体转型，完善便利服务体系。沃尔玛、大润发、永辉等大型商超均开通网络购物渠道，市民可通过APP、天猫生鲜等渠道订购商品，实现城区3千米免费送货。百世云仓在全市布局60个"邻里生活便利店"，通过统仓统配为社区店提供前置备货功能，最快实现同城购物15分钟送达。涪城区建成10分钟便民商业圈。

【电商产业集聚】 2019年，科技城各具特色、错位发展的电子商务产业发展格局逐步形成。有涪城区千亿电商集聚区、科创区电商基地、高新区跨境电商产业园、江油颐高国际电商产业园等10余个电子商务产业园区、专业楼宇（孵化器）。科创区电子商务基地、涪城区千亿电商产业集聚区、游仙区中国科技城绵阳电商谷获批省级电子商务示范基地。游仙区获批成为2019年省级电商示范县。

【中国（绵阳）科技城跨境电子商务产业园】 中国（绵阳）科技城跨境电子商务产业园位于绵阳高新区石桥铺，由四川盛兴佳创投资公司负责运营和建设。产业园占地面积9.27公顷，分两批建设，一期一批次（4—10栋）建筑面积约6万平方米，2014年建成投用。一期二批次（1—3栋）及地下室建筑面积5.3万平方米在建。至2019年，园区累计入驻企业370余家，实现销售服务收入85亿元，利税4000余万元，企业涵盖工业电商、中小电商、跨境电商、电商专业配套服务、电商孵化、研发设计等领域。园区内重点企业发展壮大，长虹电商平台智易家公司规模持续扩大；有芯电子作为西部最大的元器件交易平台，集聚全国包括绵阳的电子元器件产品实现在线交易。全年虹魔方被纳入服务业规模以上企业，营收过亿元；以阿拉丁、麦迪等为代表的跨境电商企业实现出口零售1.4亿元；沃尔思、聚商易田、帮麦网、梦飞思等被列入规模以上培育企业。年内，园区企业麦迪跨境电商孵化基地主办亚马逊高阶培训课程；四川阿拉丁电子商务公司携手西南财经大学天府学院正式启动“eBay·E青春”人才培养项目计划，合作设立跨境电商专业课程及相关孵化培训；网赢孵化器举办淘宝直播培训，由联合圣华淘宝直播基地总经理、淘宝大学讲师陈林主讲，参训企业50余家；首战孵化器为在孵企业开展跨境电商业务培训。园区举办“如何运用大数据精准识才”专场讲座，针对园区企业开展人力资源培训。承办绵阳跨境电商高峰论坛，绵阳海关，市商务局，高新区财政局、经发局等，西科大、天府学院，市外贸协会、电商协会、跨境电商企业代表等200余人参加。

【“eBay·E青春”人才培养计划】 2019年4月9日，四川阿拉丁电子商务公司携手西南财经大学天府学院举行“eBay·E青春”人才培养计划启动仪式。市商务局副局长李晓波、天府学院副院长马常松、eBay西南区域商务拓展经理Kevin、阿拉丁跨境电商学院CEO钟磊及高新区电商办、市跨境电商协会相关负责人出席启动仪式。仪式上，四川阿拉丁电子商务公司作为西南地区eBay唯一授权的人才孵化优选服务商，携手西南财经大学天府学院正式启动“eBay·E青春”人才培养项目计划，合作设立跨境电商专业课程及相关孵化培训。Kevin介绍跨境电商行业近年的人才需求趋势、精孵模式、基地人才培养的优势，表示eBay将提供丰富跨境电商资源对接与支持，提升学生毕业后获得相关岗位工作机会的概率。钟磊以9个跨境电商问题为入口，带领学生初步认识跨境电商。

【绵阳跨境电商高峰论坛】 2019年11月1日，绵阳市跨境电商高峰论坛在高新区跨境电商产业园举行。绵阳海关，高新区财政局、经发局、科知局、市场监管局，西科大、天府学院，外贸协会、电商协会、跨境电商企业及从业人员等共200余人参加论坛。市商务局副局长李晓波出席并讲话。论坛以“赋能未来·跨境全球”为主题，邀请亚马逊（中国）华东及西南区高级招商拓展经理马晓光、云途物流华西区域总经理石浩、明捷商学院金牌讲师郭小山、海贸通跨境业务经理李佳潼等8位跨境电商服务机构负责人分别就亚马逊2020年招商政策、旺季备货成本优化、优化物流成本、合规环境下跨境电商的应对之策等做主题演讲。邀请跨境电商从业者与海外跨境电商知名平台进行圆桌讨论，分享各自在跨境电商领域的经验和感悟。

【暖冬电商购物节暨农产品产销对接活动】 2019年12月13日，由市商务局、市农业农村局联合举办的绵阳市暖冬电商购物节暨农产品产销对接活动在科创区孵化中心二期举行。活动旨在发挥电子商务新经济新引擎作用，助推传统产业转型升级，培育本土农特产品网销品牌，拓宽全市农特产品销售渠道。来自13个县市区、园区近百家电商、农业龙头企业、合作社、家庭农场，200多人参加活动。19家企业进行现场推介。

（林　楠　向　帆）

会展业

【概况】 2019年，科技城举办各类展会（含节庆赛事）241场次，其中展览60场次，展览面积90万平方米，会展业直接收入9.1亿元，带动商务、交通、旅游、餐饮、住宿、广告等相关行业收入约80亿元，总收入约89.2亿元，会展业收入增速达12.5%。全市会展企业13家，其中规模以上企业3家，规模以上企业营业收入0.8亿元，会展服务业增加值2589万元。绵阳市在中国会展经济研究会发布的全国地级市会展指数排名中位居全国前44名，较2018年上升6名。

【2019（第八届）绵阳之春国际车展暨川西北汽车文化节】 2019年4月18—22日，2019（第八届）绵阳之春国际车展暨川西北汽车文化节在绵阳国际会展中心举行。本届展会启用绵阳国际会展中心4个大型室内展馆及室外广场，展出面积7万平方米，吸引上百个国内外知名汽车品牌参展，展出车型近1000款，涵盖超跑、家轿、新能源车、房车、商用车等各类车型以及汽车配件衍生产品，共吸引约10万人次观展，销售车辆约4900台，累计销售金额7.98亿元。

【绵阳市第三届农博会·茶文化节】 2019年6月14—16日，以“争茗斗艺　礼韵绵州”为主题的第三届农博会·茶文化在绵阳市会展中心举行。本次活动启用会展中心B馆，设置独立展位40个、独立展区10个，展览面积逾6000平方米。本次茶文化节是川北地区最具影响力的茶业盛会，来自绵阳市平武、北川、安州及成都、德阳、广元、乐山、西双版纳等地70余家茶叶及相关参展商同台展示，产品涵盖绿茶、黑茶、黄茶、红茶、白茶、青茶六大茶系茶品。文化节期间举办名优茶叶产销对接会，近20家绵阳本地商贸超市、电商平台、餐饮、酒店等茶叶需求方，现场组团采购名优茶产品。现场还举办2019绵州茶艺大赛、巴蜀笑星摆茶馆龙门阵、“楚汉之争”象棋大赛、武当太极演艺、阅茗猜茶、古韵旗袍秀等活动。展会共吸引近2万人次观展，现场成交总金额逾210万元，意向成交额约630万元。

【第九届绵阳国际汽车展暨2019绵阳车主嘉年华】 2019年11月6—11日，第九届绵阳国际汽车展暨2019绵阳车主嘉年华在绵阳国际会展中心举行。本届车展启用绵阳国际会展中心4个室内展馆以及北广场展区，展陈面积达10万余平方米。现场设有乘用车展区、新能源展区、休旅房车展区、汽车后市场展区及2019绵阳车主嘉年华活动区。本届车展共吸引77个整车品牌的817款新车参展。现场举行“城市电压音乐现场”“爱迪生补给站·欧米亚电音派对”“2019中国少儿车模大赛颁奖典礼”等各类演出活动共计420余场。观展人数超10.5万人次，销售新车5035台，成交额8.12亿元。

（楼基茶）

物流业

【概况】 2019年，科技城全社会物流总额达3820.5亿元，同比增长9%，物流业增加值达117.5亿元，社会物流总费用与地区生产总值的占比约为15.3%。营业性货运车辆保有1.92万辆，公路货运量8496.87万吨，公路货物周转量912915.19万吨千米。铁路货物到发量880.53万吨，同比增长20.90%。其中发送量115.62万吨，同比增长29.49%；到达量736.85万吨，同比增长20.32%。航空货运量2.6万吨，同比增长8.9%。快递业累计完成业务收入7.22亿元，同比增长30.28%；累计完成业务总量604.84万件，同比增长11%。

【重点物流园区建设】 2019年，科技城重点物流集聚区（面积超0.67公顷）有：石塘商贸物流园、龙门农副产品物流园、安州现代化医药仓储物流中心、好农物流园区、四川中烟绵阳分厂配套产业园、绵阳美福地物流园、川味多万吨冷链物流园、金循环智慧仓储物流中心、川西北物流园、仙特粮食加工仓储物流园，吉瑞仓储物流中心、九州通现代医药物流中心、江油集众物流中心。有中国科技城（绵阳）科技物流产业园在建。

【科技城科技物流产业园建设】 中国科技城（绵阳）科技物流产业园位于涪城区新皂镇境内，北至绵阳火车站、南至梅家沟、东连涪城区规划南区，西至铁路沿线1千米以内，是成都及德阳物流向北方扩散的重要连接点，由皂角铺铁路物流基地（火车货站）和物流产业园两部分组成。规划面积7.37平方千米，规划建设“一站三区”（一站即火车货站，三区包括货站及铁路编组站前区，公路港物流、流通仓储、电商物流产业物流区，专业批发市场及高端市场商贸区）。该物流园规划重点发展供应链物流，推进城市共同配送，同时建成仓储、流通集散、加工增值、信息及电子商务服务、金融服务、综合配套服务等功能，项目延伸到物流配套商业、服务业、金融业、制造业、农产品体验式乡村旅游集聚中心等，形成布局合理、功能齐全、绿色高效的国家重点物流产业园。截至2019年，科技物流产业园3.16平方千米土地（含火车货站）取得控制性详细规划，首期55公顷土地完成土地报征和一级土地整理，新增29.33公顷建设用地启动土地报征。规划道路8条，其中横九路和纵七路在建。入驻智慧物流信息数据中心、中建科技绵阳产业化基地、新地物流、金福宏顺物流、油气合建设站等。智慧物流信息数据中心位于科技物流产业园核心集聚区，该项目按规定平场，项目建设内容包括区域物流大数据中心、智慧物流调度中心、物流信息交易中心及附属设施等。中建科技绵阳产业化基地建成并安装调试生产线，进行小批量试产。

【物流市场培育】 2019年，科技城有物流市场主体企业760余家，物流货运量9378.29万吨，同比增长13.6%。纳入统计的物流企业62家，较2018年增加9家，实现增加值4.48亿元，同比增长24.5%，实现营业收入22.44亿元，同比增长36.9%；全市省级物流重点联系企业总数达25家，其中A级物流企业5家，申报A级物流企业3家；省物流专家累计达11人，东亨科技、民生物流、中油九洲北斗无车承运人项目纳入全国、全省无车承运人项目示范试点。 （于加兴）

概 述

【概况】 2019年，科技城产业园区围绕特色化、高端化、专业化的发展方向，坚持转型升级发展主线，落实《绵阳市特色园区建设推进工作方案》，加强载体建设和园区重点产业培育，推进产业园区持续快速健康发展。产业园区成为全市工业经济发展的主要平台和重要引擎。截至年底，科技城共有产业园区13个，其中有绵阳高新技术产业开发区、绵阳经济技术开发区、绵阳出口加工区3个国家级开发区；有江油高新区、游仙高新区、安州工业园区、绵阳科技城科教创业园区、三台工业园区、北川经济开发区、梓潼经济开发区、盐亭经济开发区8个省级开发区；省级以上工业园区数量仅次于成都，居全省第二位。有2个国家新型工业化产业示范基地，分别是绵阳高新技术产业开发区数字视听产业示范基地、绵阳科技城高技术转化应用产业示范基地。有4个省级新型工业化产业示范基地，分别是绵阳经济技术开发区电子信息产业示范基地、江油高新区特钢产业示范基地、安州工业园区汽车产业示范基地、游仙高新区节能环保产业示范基地。绵阳高新技术产业开发区、游仙高新区获批成为四川省首批院士产业园。

【园区经济运行】 2019年，科技城产业园区聚集规模以上企业864家，实现规模以上工业总产值2261.74亿元，实现利润147.36亿元。有绵阳高新区、绵阳经开区、游仙高新区、江油高新区、安州工业园区5个园区列入四川省“51025”重点园区培育计划，共实现规模以上工业总产值1913.2亿元，占科技城产业园区的84.6%。园区产业集中度同比增长1%。

相关链接： 2013年7月，《四川省“51025”重点产业园区发展计划》印发，省政府决定实施“51025”重点产业园区发展计划，即通过5年的努力，力争形成5个营业收入超过2000亿元的产业园区、10个营业收入超过1000亿元的产业园区、25个营业收入超过500亿元的产业园区。

【园区产业集聚】 2019年，科技城产业园区注重重大产业项目建设和园区招商引资，围绕京东方、惠科、威马汽车、海立电器等重大项目招商引资，在产业链的延链补链上下功夫，培育园区发展新动能。形成优势产业集群，布局新型显示、新能源汽车及储能电池等产业项目，依托高新区、经开区、游仙高新区，建设国家电子信息产业基地；依托高新区、安州工业园区，建设四川第二大汽车产业基地。

【营商环境优化】 截至2019年，科技城工业园区发展专项资金累计支持资金3450万元（2013—2019年累计）。指导园区企业争取国家、省政策资金支持，5年内（2015—2019年）累计获得省级产业园区专项资金1.74亿元，推进园区承载能力及公共服务平台建设。绵阳高新区、绵阳经开区、江油高新区等7个园区先后被纳入四川省“园保贷”试点园区，省级财政风险补偿金、园区财政配套资金共构成6400万元担保金（2015—2019年累计），缓解园区企业融资难问题。

【“清闲促建”行动】 2019年，科技城开展“向存量资产资源要效益”行动，将产业园区低效闲置土地和厂房作为清理处置重点，解决产业园区“散、弱、荒”问题，实现园区“二次创业”和集中集约集聚发展。综合运用“促、引、转、法、拓”等方式，科技城产业园区共盘活低效闲置用地约400公顷、闲置厂房（办公用房）约70万平方米，促进园区高质量发展。

【园区绿色发展】 2019年，科技城践行绿色发展理念，结合区域环境资源承载能力，调整完善产业园区发展规划，加快园区淘汰落后产能，限制园区引进高污染、高耗能、低效益企业，加快产业结构调整步伐，推动传统产业改造升级，配合支持园区清洁化生产和循环化改造。执行《四川省工业园区（工业集聚区）工业废水处理设施建设三年行动计划》，在列入中央环保督查重点整改的江油高新区、游仙高新区、三台工业园区、梓潼经济开发区投资1.72亿元，先后完成工业污水处理厂建设。截至年底，科技城所有工业园区均按要求新建污水处理厂或依托城市污水处理设施处理工业废水。 （杨 文）

绵阳高新技术产业开发区

【概况】 绵阳高新技术产业开发区（以下简称高新区），是1992年国务院批准建立的首批国家级高新技术产业开发区之一，下辖永兴镇和普明街道办事处，辖区总面积105平方千米，总人口30万人。是国家知识产权示范园区、全国科技服务体系试点园区、全国“十佳电子商务园区”、四川省重点培育的2000亿园区。2019年，高新区在科技部发布的全国169个国家级高新区综合排位中位列第54位，较2018年上升2位。全区实现地区生产总值337亿元，同比增长7.1%；全社会固定资产投资258.4亿元，同比增长27.9%；社会消费品零售总额190.43亿元，同比增长11.5%；国内省外到位资金142.92亿元，同比增长9.62%；外贸进出口总额122.22亿元。以电子信息为核心的三大主导产业实现产值554.8亿元，产业集中度达88.7%；“两新”产业（即高新技术产业和战略性新兴产业）产值占全区规模以上工业总产值的82.6%；新增规模以上工业企业12家，规模以上工业企业总数达103家；科技型中小企业2068家，占全市的18.4%；完成地方一般公共预算收入12.87亿元，其中税收11.3亿元，占比达87.8%。全年高新区共完成省市重点项目投资184.53亿元，完成率达109%。安昌河、草溪河综合整治项目推进。实施市政项目15个，火炬大厦周边道路改造提升工程等项目交付使用，能源、通信等基础设施加快完善。全区城镇登记失业率控制在2.6%以内。教育、卫生等社会事业全面发展，区内贫困人口全部实现脱贫。中央、省环保督查问题整改率达96.6%，重点行业企业污染地块土壤环境调查全面启动。

【5G产业发展】 2019年，高新区突出“5G+超高清显示+智能制造”特色发展路径，加快建设新型显示产业功能区，规划建设总面积超过6平方千米的新型显示产业园，京东方、长虹、九洲、华正电子等15家5G相关企业入驻，产值超过45亿元，占全市比重超过55%。跟踪维谛三期、德普特等24个5G项目，完善上下游产业链。与华为签订《战略合作框架协议》，联合打造数字经济联合创新中心、智慧云谷、ICT学院。与华为、中兴及电信、移动、联通在5G创新应用、产品开发、技术攻关等领域开展深度合作。依托中国移动、长虹公司，打造长虹智能制造产业园5G工业应用示范场景。在樊华商业广场打造全市首条5G商业示范街。

【重大项目建设】 2019年，高新区签约湖南艾华西部生产基地、苏州腾达光学器件研发及生产、上海顾连（绵阳）健康医疗中心等亿元以上重大项目11个、计划投资总额超过196亿元，到位国内省外资金占全市总量的18.3%。18个省市重点项目完成投资184.53亿元，同比增长110%。京东方项目、长虹智能制造产业园等一批重大项目建成投产。

【“双创”升级示范园区建设】 2019年，高新区获批国家级“双创”升级示范园区建设（“双创”即“大众创业”“大众创新”），获得财政部5000万元资金支持，并被纳入成德绵科技成果转移转化示范区建设。高新区持续做优“融创绵阳”区域双创品牌，全区孵化面积超过23万平方米，其中民营孵化器占80%以上，在孵企业超840家。深化“放管服”改革，优化营商环境，市场主体总数达2.63家；其中新增市场主体4610个，同比增长19.88%。加大成果转移转化，全年实现技术合同认定登记9909万元，申请专利1750项，专利授权1600项，专利实施新增产值141亿元。举办第四届中国创新挑战赛（绵阳科技城），成为全国唯一一个连续四届举办中国创新挑战赛分赛的园区。

【绵阳跨境电商高峰论坛在高新区举行】 2019年11月1日，绵阳市跨境电商高峰论坛在高新区跨境电商产业园举行。论坛围绕“赋能未来·跨境全球”，邀请亚马逊（中国）华东及西南区高级招商拓展经理马晓光、云途物流华西区域总经理石浩、明捷商学院金牌讲师郭小山、海贸通跨境业务经理李佳潼等8位跨境电商服务机构负责人分别就亚马逊全球开店2020年招商政策、旺季备货成本优化、物流成本、合规环境下跨境电商的应对之策等做主题演讲，通过大数据研究分析，帮助广大跨境电商从业人员了解整体特征。会议还邀请跨境电商从业者与海外跨境电商知名平台进行圆桌讨论，分享各自在跨境电商领域的经验和感悟。绵阳海关、高新区财政局等单位，西科大、西财天府学院等高校，外贸协会、电商协会、跨境电商企业及从业人员等共200余人参加论坛，市商务局副局长李晓波参会并讲话。

（向　帆）

绵阳经济技术开发区

【概况】 绵阳经济技术开发区（以下简称绵阳经开区），成立于2000年8月，2012年2月与绵阳科技城现代农业科技示范区整合，同年10月升级为国家级经济技术开发区。是中国（绵阳）科技城“一城三区”发展战略核心区，四川省优秀工业园区、四川省新型工业示范基地、四川省“51025”重点产业园区、四川省生态工业园区建设试点园区。辖区面积约70平方千米，纳入城市控制性详细规划面积约45平方千米、建成区面积25平方千米，常住人口28万人。2019年，绵阳经开区实现地区生产总值301.8亿元，同比增长12.9%；工业总产值1020亿元，同比增长13.1%；“四上”企业（即规模以上工业企业、资质等级建筑业企业、限额以上批零住餐企业、规模以上服务业企业）主营业务收入1042.3亿元。同比增长13.5%（以上4项数据为商务平台数据）。全社会固定资产投资75.05亿元，同比增长2.4%；社会消费品零售总额51.67亿元，增速达10.1%；地方一般公共预算收入63003万元，实现减免税费16655万元。全年引进项目33个，其中亿元以上项目10个，总投资额143.15亿元。外贸进出口总额17.41亿元，到位外资36186.74万美元。全年绵阳经开区有各类企业4622家，其中“四上”企业209家、规模以上工业企业105家；上市挂牌企业27家（其中A股上市公司2家、“新三板”1家、“四板”挂牌24家）；年纳税500万元以上骨干企业47家，获省著名商标企业12家，获市政府质量奖企业2家。四川旭虹光电科技有限公司凭“高铝超薄触控屏保护玻璃”通过国家级制造业单项冠军企业复核，华丰、雪宝乳业等企业获得国家转型升级和“中国制造2025”专项资金支持，海立电器新增新D变频150万台年产能项目、旭虹光电熔炉改造等一批工业技改项目竣工投产。全年开工基础设施建设项目9个，S8道路景观工程、F20道路及污水管网工程等一批城建攻坚行动项目完成投资5.94亿元。全年获得2019“中国十佳优质营商环境产业园区”“2019年第一批省级绿色制造示范单位”“2018年四川省园区循环化改造示范试点”。

【科技创新平台建设】 2019年，绵阳经开区建成各类科技创新平台34个，其中国家级4个（国家工程技术研究中心1个、国家地方联合工程研究中心1个、国家企业技术中心2个）、省级13个、市级17个。全区有科技型中小企业824家，其中新认定135家，培育规模以上科技型中小企业6家。组织申报高新技术企业19家，全年有效高新技术企业36家，高新技术产业主营业务收入53.8亿元。

【经开区获评“中国十佳优质营商环境产业园区”】 2019年7月2日，2019中国国际化营商环境高峰论坛暨《中国城市营商环境投资评估报告》发布会在北京举行。论坛发布《中国城市营商环境评估报告（2019）》和“中国城市营商环境榜单”，绵阳经济技术开发区、天津经济技术开发区、昆山经济技术开发区等10家单位获评“中国十佳优质营商环境产业园区”。绵阳经济技术开发区成为四川省唯一获评“中国十佳优质营商环境产业园区”的单位。（马敬明）

绵阳出口加工区

【概况】 四川绵阳出口加工区于2005年6月3日经国务院批准设立，2007年11月1日一期经国家9部委联合验收通过，实行封关运行，享受国家级出口加工区的各项优惠政策，是四川唯一的国家级出口加工区。2017年1月，绵阳高新区整合资源将电子商务产业发展工作交由绵阳出口加工区负责。2019年5月，绵阳出口加工区电子商务工作剥离。2017年12月15日，经国务院办公厅同意绵阳出口加工区核减未封关验收土地面积0.4077平方千米，核减后剩余0.1373平方千米，其范围为：北至安昌河，西至石桥铺大桥，南至石桥铺大道，东至尚高国际创意联邦地块。

【产业发展】 2019年，绵阳出口加工区基本形成以电子信息为支柱的产业格局。封关区内引进普思电子有限公司、四川虹锐公司等5家工业企业，中外运、华泰等4家物流企业。配套区引进安和精密、联普发、伟联电子等19家工业企业，嘉里大通、民航快递等4家物流报关服务企业。全年完成工业总产值17.15亿元，同比增长5.3%；实现进出口额2.44亿美元，出口1.56亿美元。

【基础设施建设】 截至2019年，绵阳出口加工区累计投入5亿元开发建设。建成道路5千米，隔离围网4千米，建成3000平方米检验检疫平台、海关监控系统“全域通”系统和海关报关辅助管理平台、永久性关卡等通关设施，建成标准厂房13幢共14.4万平方米，监管仓库2座共1860平方米，职工宿舍2万平方米，大型餐饮中心2340平方米，便民服务中心4000平方米，综合办公大楼3546平方米等配套设施。

【绵阳综合保税区申建工作】 2019年3月19日，绵阳综合保税区申建工作专题会议召开，研究出口加工区整合优化为综合保税区有关事宜。会议要求加强对上争取，按照《国务院关于促进综合保税区高水平开放高质量发展的若干意见》的文件精神，对照国、省对申建工作的具体要求，找准申建工作的切入点和突破口，做好申报材料编制上报工作；加强招商引资，依托绵阳出口加工区基础，利用国家支持综合保税区开展保税研发业务等政策优势，立足全市电子信息、汽车及零部件、新材料等优势产业，全力招引一批外向型、高层次、关联性强的进出口企业入区发展；加强资源整合，强化协同配合，做好用地保障，盘活出口加工区土地和厂房等资源要素，同步推进水电、道路、网络等配套基础设施规划建设，为综合保税区加快建设创造条件；要完善工作体系，建立综合保税区申建工作市级联席会议制度，成立工作专班，定期研究解决申建过程中的具体问题，确保申建工作推进。5月，省政府向海关总署上报整合优化有关文件。6月，海关总署向自然资源部征求意见。10月，海关总署启动第二轮国家发改委等6部委会签。12月，绵阳出口加工区整合优化为综合保税区通过部委审核，海关总署将相关文件上报国务院审批。年内，省政府副省长李云泽、海关总署自贸区和特殊区域发展司副司长盛甫斌、成都海关关长王文喜等先后到绵阳，对绵阳出口加工区整合优化工作进行专题调研和工作指导。

【绵阳普思电子有限公司】 绵阳普思电子有限公司于2006年11月30日成立，是一家外商独资企业，是普思集团在中国西部设立的首家工厂。公司投资总额为420万美元，注册资本210万美元。公司主要生产和销售高频变压器、高频滤波器、电感器、线路板组件、接线组件及其他各种电子组件及配件。产品主要销往美国、加拿大、英国、西班牙、荷兰等国家。2019年，实现工业总产值3.9亿元，进出口额0.85亿美元，有员工1540人。

【四川虹锐电工有限责任公司】 四川虹锐电工有限责任公司于2008年入驻绵阳出口加工区，是四川长虹器件科技有限公司旗下的子公司。公司通过ISO 9001质量管理体系、ISO 14001环境管理体系认证，相关产品取得UL、CE、ENEC、TUV、Energy Star、CEC等认证。主要产品电子镇流器、LED驱动器、LED路灯、智能控制器、LED照明产品等中高端照明产品。产品销往北美、欧洲、南美洲、澳洲等地区。2019年，实现工业总产值3.96亿元，进出口额0.88亿美元，有员工694人。

【四川安和精密电子电器股份有限公司】 四川安和精密电子电器股份有限公司于2012年入驻绵阳出口加工区配套区，公司专注于智能手机产业链，是国家标准《便携式电子产品用振动电机通用规范》主要起草单位，国家制造业单项冠军培育企业，国家高新技术企业。公司主导产品手机微型振动马达，是全球主要手机厂商的供应商，

图15　四川安和精密电子电器股份有限公司

产品主要销往美国、日本、加拿大等国家和地区。通过自主研发、技术创新，获得授权专利38项。2019年，实现工业总产值6.14亿元，进出口额0.02亿美元，有员工2463人。（向　帆）

绵阳科技城科教创业园区

【概况】　绵阳科教创业园区（以下简称科创区）成立于2001年5月，位于绵阳市区西北部，辖区面积12.89平方千米，下辖1个街道办事处、9个社区，户籍人口3.6万人，常住人口约15万人。科创区是市委、市政府依据《国务院关于建设绵阳科技城有关问题的批复》而建立的创新创业基地，是绵阳科技城建设的重要载体。2003年10月，园区通过科技部、教育部“西南科技大学国家大学科技园”验收，成为全国36所国家大学科技园之一。2006年1月，园区通过国家发改委审定，成为绵阳工业园区，属省级开发区。2011年8月，国务院批复的科技城“十二五”规划和绵阳市六次党代会决议明确园区发展战略为“以科创区为主导建设科教创新区”。2014年2月，四川省建设绵阳科技城领导小组第十四次会议明确科创区是科技城“一核三区多园”布局中的“三区”之一。2018年，市委七届五次全会、六次全会支持科创区打造科技协同创新示范区和西部数字经济示范区。2019年，科创区实现地区生产总值87.48亿元，增速5.2%；实现固定资产投资30.03亿元，增速4.6%；实现一般公共预算收入5.36亿元；规模以上工业增加值增速1.3%、服务业增加值增速6.3%、社会消费品零售总额增速6.4%、其他营利性服务业增速45.1%、招商引资到位资金15.58亿元；新增科技型中小企业135家。全年科创区加强与中国工程物理研究院、中国科学院微电子研究所等院所合作，促进20余个科技成果加速转化和产业化；与久远集团等合作，建立创新产业园区；与市委组织部、市人社局合作，建设科技城人力资源服务产业园；与中科院合作，推进中科院喀斯玛（西南）商城项目建设；与深圳大通实业股份有限公司合作，建立融合产业基金，为特色技术成果转化提供技术、人才、资金支持。

【特色产业发展】 2019年，科创区形成以电子信息、高端装备制造为支柱产业，电子商务、节能环保、云计算、大数据等产业融合发展的特色发展道路，并申报成为国家级科技企业孵化器、全国创业孵化示范基地、全国十佳电商园区、四川省电子商务示范基地、四川省大学生创新创业示范园、四川省知识产权试点园区和四川省现代服务业科技服务集聚区。园区提出"双百亿工程"的奋斗目标，即在3到5年内，园区实现经济总量突破100亿元，区属规模以上工业产值突破100亿元，工业用标准厂房突破100万平方米。全年科创区加大对九洲股份、美能新材料、流能粉体等存量工业企业的技术改造和提升力度；围绕电子信息、节能环保及高端装备制造等新兴产业招商引资，培育和引进新型业态，实现增量扩张。形成以九州电子股份、迪佳通为龙头的电子信息产业和以奇石缘、流能粉体为代表的高端装备制造业两大主导产业。坚持生产性服务业和生活性服务业并重，打造现代服务业知名品牌。9月，科创园打造的特色餐饮品牌街区上马·望蜀苑正式运营。

【中国（绵阳）科技城软件登记与评测服务中心授牌仪式在科创区举行】 2019年5月21日下午，由市委宣传部、市经信局、科创区管委会、九洲集团联合主办的"绵阳科技城科技服务有限责任公司与四川科瑞软件有限责任公司战略合作签约暨中国（绵阳）科技城软件登记与评测服务中心授牌仪式"在科创区举行。科创区党工委副书记、管委会主任李哲，市委宣传部副部长、市新闻出版局（市版权局）局长温芬，市经信局党组成员、副局长勾承宽，九洲电器集团副总经理、四川科瑞软件有限责任公司董事长黄异嵘出席仪式，科创区党工委委员、管委会副主任李炜主持仪式。仪式上，四川科瑞软件有限责任公司执行总经理王奇与绵阳科技城科技服务有限责任公司董事长陈俊签署《战略合作协议》；科创区管委会、市委宣传部、市经信局、九洲集团共同为"中国（绵阳）科技城软件登记与测评服务中心"授牌。科创区党群部、经发局、科知局等相关部门负责人，九洲企业技术中心、九洲智慧城市、九洲中央研究院、九洲视讯、中国航天十二院知识产权中心、四川虹信软件、长虹网络、长虹电子系统、九洲北斗导航、才子软件、四川互惠软件等60余家软件企业代表参加。

图16 11月14日，2019中国（绵阳）科技城数字经济建设高峰论坛在科创区举行

【2019中国（绵阳）科技城数字经济建设高峰论坛】 2019年11月14日，由四川华卿创投实业股份有限公司、绵阳科技城中科创新育成中心联合承办的“2019中国（绵阳）科技城数字经济建设高峰论坛”在科创区举行。本次高峰论坛特邀中科院云计算中心副主任熊刚，中国绵阳工业技术研究院副院长张方宇，西南科技大学制造学院院长蔡勇等专家围绕“智能化理论技术与智能制造实践、5G通信技术发展及应用、智能制造与互联网+制造的技术发展、工业大数据—制造过程大数据应用”作主旨演讲。市政府副秘书长、绵阳科技城中科创新育成中心主任赵发展出席论坛并致辞，中国科学院成都国家技术转移中心副主任林俊、中国科学院云计算中心软件所分中心副主任李然、中国科学院云计算中心技术转移中心主任闽正佳等出席论坛。企业家、学者、高校大学生、新闻媒体等共160余人参加论坛。

【硅基氮化铝工艺及电声学磁声学应用中心落户科创区】 2019年11月20日，“硅基氮化铝工艺及电声学磁声学应用中心”揭牌仪式在科创区创新中心举行。省内外20余家企业和科研机构代表参会。“硅基氮化铝工艺及电声学磁声学应用中心”由绵阳市华晶科技有限公司与深圳市华讯方舟微电子科技有限公司发起创建。该中心重点依托华讯方舟海外卫星电话市场，联合华晶科技先进的芯片设计能力、工艺能力及市场能力，在高通量卫星、北斗三代高精度定位系统以及通信应用市场等方面开展合作。

【科创区企业成为“国家级工业设计中心”】 2019年12月13日，在第三届中国工业设计展览会国家级工业设计中心授牌仪式上，科创区企业四川科瑞达电子技术有限公司（以下简称科瑞达）被工信部授予“国家级工业设计中心”，被认定为第四批国家级工业设计中心，是四川省首家获得该认定的设计企业，是绵阳市第2家获得国家工业设计中心的企业（首家为长虹集团，于2015年获得认定）。科瑞达专业从事技术研发、产品设计、产品制造，提供技术咨询、人才培训、工业设计一体化服务，与中国工程物理研究院、中国空气动力研究与发展中心等科研院所开展合作，先后参与完成各类创新项目300余项，获得65项国家发明、实用新型、外观专利及软件著作权。科瑞达的3D打印机、激光清洗系统、AGV小车、智能迎宾机器人、植保无人机等产品先后实现量产。

（李　安）

绵阳市仙海水利风景区

【概况】 绵阳市仙海水利风景区（以下简称仙海区）成立于2003年6月，总面积75平方千米，总人口2.3万人，辖13个村和4个社区。仙海区是绵阳市唯一一个以旅游发展为主业的园区，是四川省第一家国家级水利风景区，四川省首批“河湖公园”试点单位，也是“国家AAAA级旅游景区”“四川省旅游度假区”“四川省生态旅游示范区”。2019年，仙海区实现地区生产总值11.52亿元，同比增长7%；完成固定资产投资23.14亿元；地方公共财政收入1亿元，同比增长3.1%；城镇居民可支配收入达41745元，同比增长11%；农民人均纯收入达21824元，同比增长10.28%；社会消费品零售总额6.14亿元，同比增长11%；服务业增加值8.6亿元，同比增长8.9%。全年接待游客267万人次，同比增长16%；旅游收入5.4亿元，同比增长25%。仙海区与游仙区签订《优势互补深度融合一体化发展战略合作协议》和9个配套协议，与梓潼县签订《区域协同融合发展合作框架协议》，构建区域协同融合发展大格局，联合梓潼、游仙打造“三线记忆·革命激情”文旅品牌，开启区域协同发展新模式。仙海区启动沉香文化、水文化、亲子文化、婚庆文化等主题文化酒店创建和旅游歌曲创作，挖掘区域文化，增强文旅融合；率先推出“5G进景区”工程，

图17 仙海水利风景区

推进智慧景区建设。申报“国家文旅改革发展调研联系点”，争创“四川省体育旅游示范基地”“四川省文旅融合示范园区”，获评2019年“绵阳市最美景区”。

【招商引资】 2019年，仙海区深化“放管服”改革，优化营商环境，推进1个项目牵头领导、1个项目责任专员、1套实施推进计划、1张进度形象示意表、1个奖惩办法项目服务“五个一”机制，出台《仙海区加强对外开放促进经济发展四十八条（试行）》《仙海区中小企业服务体系规划》等制度，放宽公共服务、基础设施等领域准入门槛。重点跟踪洽谈项目7个，协议资金约300亿元，推进投资7.4亿元的喜来登酒店项目、投资15亿元的七彩枫林旅游小镇项目和投资186亿元的中信乌木文旅健康产业园项目建设。跟踪洽谈奥悦冰雪、新希望旅游学院等项目。

【重点项目建设】 2019年，仙海区实施“项目建设年”“工作落实年”行动，确定区级重点工作任务32个，区级重点项目46个，市级重点项目5个。政府投资项目完成投资12.4亿元，推进棚户区改造、文化旅游基础设施等项目建设。完成徐家桥6个社、黄金村8个社共926户群众拆迁工作，改造土坯房124户，开建安置小区约20万平方米。企业投资项目完成投资9.2亿元，首开仙海龙湾FG地块、海地达二期项目投资建设，东辰仙海院子项目和喜来登酒店工程推进。争取“河湖连通”（引沉济芙）工程中央专项资金7424万元，棚改项目、公租房道路改造项目资金共3130万元，中央、省、市重点生态功能恢复资金等专项资金4069万元；农户投资完成投资1.5亿元。

【乡村旅游基础设施建设】 2019年，仙海区完备水、电、气、通信、光缆、排污、环湖路网等基础设施，率先实现村社水泥路全覆盖。游客中心、迎宾广场、婚庆广场、自行车骑游道、亲水栈道、商业街、旅游服务站点等旅游服务设施完善。会议、餐饮、住宿、娱乐、运动等商业配套设施渐成体系。空气质量检测、水质自动监测、水质数据信息处理、污水处理等环保设施健全。改建农村户厕600户、改建乡村旅游点公厕1座。区财政投入3000万元打造旅游及产业化项目，指导萄源仙谷公司申报2019年农商互联及农产品供应链项目，指导昆林餐饮公司“仙海小麻”对接“川名堂”。

（张 霓）

金家林总部经济试验区

【概况】 中国（绵阳）科技城金家林总部经济试验区（以下简称金家林试验区）成立于2010年4月，规划面积24.5平方千米，位于绵阳市主城区中部偏西，与高新区、安州区交汇，是绵阳承载成德绵一体化发展的重要区域。金家林试验区全域纳入科技城集中发展区，位于绵阳城市规划建设的新中心范围内。园区集聚信息安全、科技服务、现代金融、总部经济、高端商住等主导产业集群，建设绵阳城市新中心、产城融合示范区。2019年，金家林试验区实现规模以上工业产值35.57亿元，同比增长18.5%。实现全社会固定资产投资51.5亿元，同比增长31%。新增科技型中小企业23家，同比增长15%。一般公共预算收入9229万元，同比增长39.2%。全年拆迁房屋680户、企业26家。签约中国移动（成都）产业研究院绵阳分院、奇石缘大数据互联网平台、中科（绵阳）创新园等18个项目，签约金额124亿元，落地板载光子服务器研发及产业化、绵阳尚显纳博科技有限公司5G边缘化控制系统及产业化、绵阳人众仁科技有限公司等项目13个，建成3D曲面手机屏制造等5个项目。基金小镇、九强通信一体化、北京盈科律师事务所等一批项目建成运营。九洲·云栖湖、蓝润·春天里、领地东原·阅城等5个城市开发项目开工建设。华拓光通信光收发模块、奇石缘科技、西部土壤修复及检测中心等10余个项目完成前期工作。国奥源西部干细胞、恒光伟力3D曲面手机屏等132个项目签约促落地；硅基智能、科大讯飞、中发制造等24个项目在谈促签约；储备中科数遥、航天卫星科技产业园等35个项目。年内，园区科技智谷区域5G科技园、卫星应用科技园、核技术应用科技园、信息安全科技园、生物科技园、国家大学科技园、中关村科技园和中科院科技园八大科技园区开园。园区科技之心区域加快基础设施建设，启动拆迁前期准备工作。

【基础设施建设】 2019年，金家林试验区完成基础设施投资40.55亿元。PPP道路项目金西路建成通车，高铁大道西段、滨河北路实现贯通。EPC融资建设项目西片区6条支路、东片区3条支路实现贯通，科技城大道二期完成6千米路基施工。科研园区总体环境提升项目完工，6个安置点项目主体完成。金家林幼儿园建成。集中发展区功能配套项目启动实施。生态水系（排洪通道）、集中发展区续建及新建道路两侧绿化带等项目建设前期工作推进。

【高铁大道西段道路建设】 高铁大道西段道路位于绵阳市科技城集中发展区，是市重点项目、民生工程。高铁大道西段北起裕都大道，平行于绵广高速南下，上跨普明北路西段、安昌河后，连接永兴镇，最终与辽宁大道平交，是连接绵阳永兴镇和金家林片区间的主要通道。项目于2017年7月启动，实施时间3年，采用PPP模式，由中国五冶集团建设实施。项目建设道路5.28千米，规划红线宽度40米，设计车速50千米/小时。2019年，高铁大道前3.1千米路基施工、排水管铺设完成，水稳层铺设完成50%。后2.1千米路基完成70%，普明北路跨线桥下部结构完成，跨安昌河大桥下部结构完成。

【滨河北路建设】 滨河北路是科技城集中发展区“四纵四横”主干道路中最先建成的“一横”，是科技城集中发展区核心区市政主干道之一。项目于2017年7月启动，实施时间3年，采用PPP模式，由中国五冶集团建设实施。道路全线长10.2千米，由菩提寺大桥至安州友谊桥头，其中涪城区建设段道路东起滨河路北路（已建，菩提寺桥下），沿安昌河，西至八家堰大桥，中途下穿绵广高速和设计中的高铁大道，全长3.92千米，红线宽度24米，为城市次干路，设计车速40千米/

小时。2019年，项目全面开工建设，道路路基基本成形，八家堰大桥段完成600米水稳层铺设，菩提寺大桥段完成1千米水稳层铺设。

【金西路通车】 金西路项目于2017年7月启动，采用PPP模式，由中国五冶集团承建。金西路全长725.82米，位于涪城区金家林村，分为A、B两段，A段起于绵安快速通道，止于涪金路，东西走向，总长492.37米，红线宽20米。B段起于金西路A段，止于绵安快速通道，南北走向，总长233.45米，红线宽12米。2019年3月，金西路建成通车。

【中国（绵阳）科技城科技智谷科技园区开园】 2019年7月9日，中国（绵阳）科技城科技智谷科技园区（以下简称科技智谷科技园）开园仪式在中国（绵阳）科技城5G科技园举行。科技智谷科技园区位于绵阳市规划的科技城核心区中央创新区，在区域内规划建设5G科技园、卫星应用科技园、核技术应用科技园、信息安全科技园、生物科技园、国家大学科技园、中关村科技园和中科院科技园八大科技园区。开园仪式由市政府主办，涪城区政府、市经信局、市科技局、市经合局承办。市委书记刘超、中国移动（成都）产业研究院院长刘耕等出席活动，市委常委罗宗志主持活动。活动期间，市政府与中国移动（成都）信息通信科技有限公司签署战略合作协议；涪城区政府与中国移动（成都）信息通信科技有限公司、北京中关村信息谷资产管理有限责任公司、青岛国奥源生物科技有限公司、中国医学科学院组织工程研究等8家企业签署合作协议。

【第七届中国（绵阳）科技城国际科技博览会信息安全专题论坛】 2019年9月6日，第七届中国（绵阳）科技城国际科技博览会信息安全专题论坛在中国（绵阳）科技城软件产业园举办。论坛由涪城区政府、市经信局、奇安信集团主办，金家林总部经济试验区管理委员会、涪城区工信局、绵阳奇安信科技有限公司承办。省经信厅副厅长皮亦鸣、市政府副市长经大忠等领导出席活动。论坛围绕“协同创新共筑网络安全生态保障体系”“基础安全运营服务工程师素质模型”“‘大安全’时代的金融企业网络安全挑战与应对”“协同育人背景下信息安全应用型人才培养模式”等主题进行交流。奇安信科技集团、成都信息工程大学网络安全学院、重庆工程学院等300余家企业院校参加活动。（黄　兵）

绵阳游仙高新技术产业园区

【概况】 绵阳游仙高新技术产业园区（以下简称园区），2010年5月经市政府批准成立；2012年12月，被省发改委批准为省级循环经济示范园区；2013年4月，被省政府批准升级为省级经济开发区；同年6月，列为四川省“51025”重点产业园区发展计划500亿园区重点培育对象；同年9月，园区保和富山再生资源产业园被国家发改委、财政部批复为第四批国家“城市矿产”示范基地；2014年8月，获评“四川最具投资价值产业园区”；同年11月，获批“省级知识产权试点园区”；2015年1月，获批“国家循环经济教育示范园区”；2018年3月，被省政府批复为省级高新技术产业园区。园区核心区域面积为5.47平方千米，近期规划面积36.88平方千米，远期规划面积50平方千米。园区以节能环保、电子信息技术、新材料、智能制造等高新技术为主导产业，园区有国家级重点实验室3个、国家高新技术企业12家、省级技术中心8个、市级技术中心17个、企业技术中心33个、产学研用合作技术创新组织4个，有获国家、省、部科技进步奖项目8个、中国驰名商标4个、四川省著名商标17个，园区规模以上工业企业124家。2019年，园区完成主营业务收入825亿元，同比增长26.9%；固定资产投资137.59亿元，同比增长8.33%；规模工业总产值

416亿元，同比增长24.2%；工业（含技改）投资47亿元；招商引资到位资金60.75亿元，同比增长13.1%；实现税收12.49亿元，同比增长23.6%。

【重点项目建设】 2019年，园区形成以中金资源、保和富山为代表的节能环保产业，以东材科技、鸿琪科技为代表的新材料产业，以光联科技、特锐祥科技、移柯物联网为代表的电子信息产业。全年园区三大主导产业实现产值323亿元，占园区规模工业企业总产值的77%。园区“两新”产业占园区实体工业企业总数的85%。全年签约落户新加坡集成电路高科技产业、牡丹科技健康产业、高功率光纤激光器产业化、江苏西顿科技自动化生产线、万仞新材料、江苏艾瑞拉刀具模具加工、上海净入科技环保、东星慧天、一诺科技等16个重点项目，投资总额165.26亿元。全年园区南区共实施11个省市区重点产业项目，年度计划投资19.52亿元，实际完成投资19.57亿元，投资完成率达100.25%。其中移柯物联网智慧产业园、三本金属材料综合利用交易平台和金属制品生产线、达创高分子材料3个新建项目完成投资5.5亿元，光联科技光收发模块、二十一世纪新能源生态科技示范园、五洲新春工业园等8个续建项目，完成投资14.07亿元。园区北区共实施7个省市区重点产业项目，年度计划投资8.4亿元，实际完成投资9.4亿元，投资完成率达112%。其中铯铷、中尚、兵港等4个重点新建项目完成投资6.5亿元，星汉慧天、高达、福天下3个新开工项目完成投资2.9亿元。园区注册企业达468家，其中实体经济362家；实体工业企业总数达247家，投产实体工业企业达193家；规模以上工业企业60家；龙头企业的工业总产值占规模工业企业总产值的79.4%，增幅达22.7%。

【基础设施建设】 2019年，园区南区实施基础设施建设项目15个，其中续建项目9个、新建项目6个，完成投资2.7亿元。新建成道路2.06千米，完成道路土路基6.5千米，铺设雨污水管网15.2千米，绿化建设1.9万平方米，场平土地约43公顷，水、强电、弱电、燃气迁改共50余千米。统建房三期二批次7幢房屋中，封顶5幢；三期三批次完成可研及方案设计等前期工作。园区北区实施续建基础设施项目16个，完成投资11.04亿元。新建成通车道路8千米，形成道路骨架路基11千米，铺设雨污水管网39千米，水、强电、弱电、燃气迁改共487千米，场平土地约73公顷。创新中心1—8号楼、企业加速器1—3号楼已完成主体工程，统建房项目完成场地平整等前期工作。

【招商引资】 2019年，园区南区新签约新加坡拓谱电子、苏州西顿科技、牡丹科技健康产业园、7天优品酒店等9个项目，签约金额135.26亿元。跟踪微软一中心三基地、同立集团新兴机械产业园、绵九高速总部基地、生物感应周界安防产业园等项目。园区北区新招引科技型中小企业5家，东星慧天、一诺科技等8个签约项目落地开建，概算总投资98.9亿元。智能机器人、智能传感器项目等7个意向入园项目，概算总投资28亿元，另有30个跟踪项目，概算总投资300亿元。

【拆迁安置】 2019年，园区南区共清点丈量农房及青苗1535户，清点丈量土地约117公顷，提供施工作业面及土地交地124公顷，完成农房拆迁483户，企业拆迁16家，青苗补偿约97公顷，累计支付拆迁资金12亿元。北区完成农房拆迁58户，附着物拆迁120余户，倒青20公顷，累计完成农房拆迁1287户，企业拆迁32家，累计支付拆迁补偿资金6亿元。南区完成光联科技、移柯、凯越酒店等7个项目土地财评工作，完成教育地块、幼儿园、小学、三江大坝AB地块土地成本报送，三本、特锐祥、达创等7家企业完成交地手续，共完成供地20公顷。北区新征入库国有土地约140公顷，全年供地约33公顷，新报征土地

20公顷，新增建设用地指标约47公顷。园区保障拆迁安置和开发建设，发行园区融资与收益自求平衡专项债券10亿元，通过财税渠道筹集资金2.8亿元，依托平台公司融资11亿元。

【中国金属资源利用有限公司】 中国金属资源利用有限公司于2010年11月收购绵阳金鑫铜业有限公司开始进入再生铜加工领域，2014年2月在香港联合交易所主板上市，是专业从事再生铜加工的集团公司。公司在园区总占地面积约35公顷，建筑面积约20万平方米，主要加工废铜、废铝，生产多种铜及铝产品，涵盖从废旧铜再生到铜产品生产、经营、销售的全过程，形成以再生铜为主的铜加工全产业链。建成年加工废旧铜100万吨，以铜箔、铜合金、特种电缆等为主的深加工能力超过30万吨，废铜标准化加工超过100万吨，拥有50万吨以上的矿产资源和其他有色金属加工配送100万吨的能力，实现税收超过60亿元。

【四川兴事发集团有限公司】 四川兴事发集团有限公司是集门窗建材生产、房地产开发、工程建设、智能设备生产销售为一体的综合性集团企业。有员工2000余人，资产总额达15亿元。2019年，实现产值12.56亿元，上缴税收4852万元。四川兴事发集团有限公司在园区南区投资建设兴事发现代科技产业园区项目。项目于2016年启动建设，总投资约6.5亿元，占地10公顷，总建筑面积20万平方米，其中新建生产厂房及办公科研用房建筑面积17万平方米。建设内容包括：综合办公大楼和研发大楼各1幢、生产厂房3幢、辅助生产用房及室外给排水、道路、铺装、绿化、室外强弱电等附属设施。新建智能高档门、智能安防门禁、智能中控、智能家居自动生产线和全自动数控钣金线、自动化运输线，达到年产15万樘智能家居、年产100万樘安全门、年产1万樘红外智慧测温门的生产能力。形成集生产、研发、设计服务、远程运行维护为一体的智慧家居产业园。

【四川移柯物联网公司】 移柯通信公司是一家专业提供无线通信模组产品以及相关物联网应用方案等增值服务的高新技术企业。公司三大IoT系列模组产品广泛应用于车载/车联网、智慧城市、移动支付、智能表计、安防监控、工业控制、智慧农业/畜牧业、智慧医疗等众多领域。2019年3月，公司投资30.5亿元的四川移柯物联网智慧产业园项目开工建设，该产业园区项目计划主营通信产品模块的技术开发、生产、销售、服务等业务。项目分两期建设，项目一期租用8000平方米标准厂房，建成投产4条表面贴装技术（SMT）生产线、10条测试生产线、3条装配（ASSY）生产线；年内实现产值4亿元，纳税300余万元。项目二期征地约10公顷，建设6公顷生产厂房、2公顷研发中心大楼和1.6公顷办公大楼。 （孟世琴）

四川绵阳安州工业园区

【概况】 四川绵阳安州工业园区（以下简称安州工业园区）是省级工业开发区、四川省“51025”重点产业园区、四川省知识产权试点园区。2015年，四川绵阳汽车产业园经绵阳市委、市政府批复成立，与安州工业园区实行“两块牌子、一套人马”。2019年，安州工业园区核心区入驻工业企业190家，63家规模以上企业工业总产值达169.16亿元，同比增长20.56 %；规模企业利润实现8.34亿元，同比增长14.06%；实现固定投资36亿元，同比增长99.22%。新认定麦科迪威等科技型中小企业16家，新发展浩进电子等科技型中小企业8家。园区与中国（绵阳）科技城工业技术研究院签订《协同推进产业发展服务协议》，列出协同推进园区产业发展工研院任务清单，发挥工研院在技术、人才和平台方面的优势，协同推进园区产业集聚与发展。创新闲置资产资源盘活方式，累计盘活低效闲置用地约10公顷。

【项目建设】 2019年，安州工业园区以项目推进为中心，落实项目专班、项目专员工作机制，帮助企业解决项目困难和问题，推动项目建设。年内威马汽车项目试制试验中心一标段试制车间竣工。二标段造型保密楼主钢构、室内地坪完成；测试及行政大楼主钢构吊装、碰撞车间地坪土方回填完成，主钢构安装完成80%。三标段整车试验车间、整车振动试验车间、动力站房等附属设施建设开工建设。中南高科·安州擎动未来汽车产业园项目开工，中国中药项目、新希望六和项目投产，麦思威尔项目科研楼进行内部施工。

【企业服务】 2019年，安州工业园区继续深化一对一服务企业制度，开展项目推进跟踪服务；组织企业参加“春风送岗”等人才招聘会，助企解决“招工难”“用工难”；改扩建中小企业创业园餐饮服务中心，破解园区内职工“就餐难”；组织园区企业参加2019中国（成都）国际新能源汽车展览会；指导企业项目资金申报，天雄药业、好医生药业、蓝奥机械等5个项目争取资金约1066万元；兑现企业优惠政策兑现资金4028余万元；引进安全环保管家，深化环保网格化管理长效机制，联系服务园区86家重点生产企业和企业内的寄居企业。

【企业环保整改】 2019年，安州工业园区结合2018年年底园区生态环境突出问题大排查工作成果，对环保手续不完善的58家企业进行整改追踪，督促企业按要求落实环保手续。截至11月，园区有13家企业完成环评办理（含搬离、注销），5家企业未完成环评办理（阿兰达、合明环保、靓固建材、吉利废纸回收、金瑞源）；17家企业完成环保验收（含搬离、注销、停产），23家企业未完成环保验收。

【安全施工管理】 2019年，安州工业园区组织新华内燃机、麦斯威尔、威马一标段、威马二标段、长虹双创、中南高科、皓临电子等园区在建企业及其施工单位、监理单位召开现场质量安全管理会议7次。针对施工现场中存在的质量安全隐患，送达《限期整改通知书》16份，要求企业按要求进行整改。建立日常巡查、专项检查、重点抽查及质量安全大检查制度，完善安全约谈和警示约谈制度，约谈违法在建企业2家，约谈违法施工建设单位3家，约谈违法施工监理单位2家。

图18 5月28日，中南高科·绵阳安州擎动未来汽车产业园项目正式开工建设

【中南高科·安州擎动未来汽车产业园项目开工】 2019年5月28日，中南高科·安州擎动未来汽车产业园项目正式开工建设。项目于2018年12月摘牌，致力于打造集产学研、产业链、孵化器等功能齐全的专业化汽车零部件产业基地。项目总投资30亿元，分三期开发，总建筑面积为12.14万平方米。截至年底，21栋钢结构厂房中，2栋交付，9栋完成主体框架建设，进行墙面和内部施工；10栋完成基础建设。13栋框架结构厂房中，3栋进行主体施工，10栋进行基础施工。

（王小红）

江油高新技术产业园区

【概况】 江油高新技术产业园区（原四川江油工业园区）于2018年3月经省政府批复为省级高新技术产业园区，是四川省新型工业化产业示范基地、四川省知识产权示范园区。园区规划总面积28.02平方千米，其中19.16平方千米基础设施达到“十通一平”（即通道路、给水、雨水、污水、电力、供热、工业蒸汽、天然气、通信、互联网、有线电视网，土地平整。）。“双创”中心、科技孵化园、标准厂房等配套完善。2019年，园区第二和第三产业从业人员达6.69万人，其中工业企业从业人员达3.89万人。工业用地亩均投资强度达180万元/亩，亩均产出达188万元/亩，亩均税收强度达6.41万元/亩。园区以高端金属材料和高端装备制造、电子信息和光电、现代医药和绿色食品为主导产业。全年园区协议总投资55.32亿元，签约项目21个（其中省外重大产业项目10亿元以上项目2个，10亿元以下、1亿元以上项目6个），国内市外到位资金36.68亿元，国内省外到位资金35亿元。实施建设项目39个，竣工项目14个。实现区属规模工业总产值141.98亿元，同比增长21.09%；主营业务收入139.07亿元，同比增长22.43%；利润总额8.54亿元，同比增长28.95%。完成固定资产投资4.57亿元（工业投资4.18亿元、技改投资3.16亿元）。园区制定出台《四川江油高新技术产业园区全员聘任改革实施办法（试行）》，围绕园区项目招引、项目建设、企业服务等中心工作，科学设置经济合作服务中心、项目建设服务中心、企业发展服务中心、综合管理办公室等，完成全员聘任改革工作。

【项目招引】 2019年，园区招商工作实施“以商招商”“委托招商”“驻点招商”，在聚焦招引高端装备制造、电子信息等高新技术产业方面持续发力。以完善产业链、强大产业链为目标，引进新松机器人、雷神科技等高新技术产业项目。坚持主要领导带头招商、分管领导全力招商、部门合力招商的工作机制，加大招商引资考察对接力度，全年到北京、上海、广东、浙江、江苏等地考察22批次，对接项目64个，接待客商121批次、450人次，洽谈项目143次。

【项目建设】 2019年，园区按照“着力化解欠款存量、严格控制拆迁增量，有序推进宗地遗留问题处置，整合利用已拆迁净地”的工作思路，通过提升存量土地利用率来解决项目用地需求，做好土地要素保障；清理园区历年土地指标分布和土地使用、出让情况，完成2019年度土地集约利用评价成果更新和报告编制。成立项目工作专班，建立项目实施进度动态跟踪制度，对项目推进情况进行对标对表，解决项目审批和建设过程中的困难和问题，协调水、电、气、运、融资等生产要素保障。集众物流、东方玻璃、巨鑫照明生产制造园等项目竣工投产，新金鑫照明（二期）、中达传置业、零食盟主等项目持续推进。

【企业服务】 2019年，园区争取政策支持，做好工业发展、科技成果转化、中小微企业发展等专项资金政策宣传和申报指导，六合特材、股田电子等17家企业以及高端模具钢锻件、液晶显示器用功能薄膜等20个项目获得补助资金共3183万元，兑现新松机器人、翰晶模具等5家企业协议奖补资金共669.64万元。通过建立金融机构客户专员联系企业制度、搭建银企交流合作平台、拓展“园保贷”业务服务范围等具体措施，落实恒信友邦、鑫鼎新材等7家企业13笔应急转贷资金9750万元，远方、卓辰等5家企业园保贷资金2290万元。推动“减税降负”政策落地，共减免超声、卓辰等47家企业税收838.27万元。协同市人社局、职业院校等开展80余次用工招聘活动，解决企业用工需求800余个。动态建立企业困难问题台账并做好协调解决，全年为东方玻璃、星联电子等企业解决劳动纠纷、子女就学等困难问题30余件。研究售电侧改革、电力市场交易等政策，持续园区推进售电侧改革，引入中商全联、软通公司，按市场原则与园区企业开展售电交易谈判，并与清香园等多家企业签订意向性协议，降低企业用电成本。

【科技创新】 2019年，园区把握高新技术产业发展方向，围绕“科技引领、创新驱动、推动企业转型升级和高质量发展”工作目标，坚持市场主体与政策引导相结合，通过加强企业培训指导、搭建交流合作平台等方式，强化企业技术创新主体地位，激发企业创新内在动力。组织园区企业参加高新技术企业申报、中小科技企业认定、专利授权等交流培训会议10余次，指导企业申请专利462件、取得专利授权214件，认定省级绿色制造示范企业2家，新增认定高新技术企业6家，培育认定绵阳市级企业技术中心1家，完成科技型中小企业认定40家。（王　童）

四川省三台工业园区

【概况】 四川三台工业园区（以下简称园区）前身为三台工业经济开发区，1993年经省计委批准成立，规划面积4.83平方千米。2006年，经国家发改委批准更名为四川三台工业园区，是省级开发区。2014年7月，经省政府批复同意四川三台工业园区扩区调位，扩区调位后规划控制面积10.92平方千米。2018年2月，国家发改委、科技部、国土资源部等六部委发布2018年版《中国开发区审核目录公告》，四川三台工业园区进入公告目录。园区总规划面积47.67平方千米，建成12.2平方千米，形成“一园两区多组团”的发展空间格局。“一园”即三台工业园区，“两区”即梓州产城新区、芦溪工业区，“多组团”即五里梁工业组团、黄家坝工业组团、青东坝工业组团、南寺坝工业组团、刘营工业组团、灵兴工业组团、冉家坝工业组团。2019年，园区81家规模以上企业实现工业总产值113.98亿元，同比增长25.79%。完成固定资产投资9.83亿元，工业投资30.4亿元，技改投资27.94亿元。新增规模以上企业10家。园区开展“深度融入成渝经济圈开放合作”行动，先后与成都市武侯区、温州市、红原县签署投资合作协议。组织开展重点产业招商30余次，收集有效招商信息60条，跟踪洽谈项目40多个，领旗食品产业园、博强蜀东外国语学校、智能小家电、运动装备制造基地等22个产业项目签约入驻工业园区，协议总投资79.85亿元。开展“投融资创新上档升级”行动，保障园区开发建设资金需求。平台公司通过EPC+F项目融建、传统抵押融资、土储专项债、棚改专项贷款等方式，累计实现融资5.95亿元，到位融借资金4.17亿元。

【工业项目建设】 2019年，园区优化完善项目推进服务机制，调整18个在建项目和15个新开工项目驻企定点联络员，在土地供应、规划设计、项目环评、行政许可、要素保障等环节高效对企服务，确保入园项目实现快速落地、加速建设、迅速投产。翰彬霖一期、鸿星尔克一期、瑞玖鸿等11个项目建成投产；新敏雅、海瑞科、中研模具等15个项目持续推进；领旗食品产业园、康盛达等7个项目新开工建设。

【基础设施建设】 2019年，梓州产城新区基础设施项目完成投资5.68亿元，安置房一期二批次、招商运营中心、东西干道2号路、次干三路等7条区间道路、雨污水管网等项目持续推进，启动新增次干八路二标段、安置房二期等项目。创新科技孵化园一期项目标准厂房主体完工。城南新区县域城市基础设施一期河堤、道路开工建设；青东坝安置房主体完工；黄家坝安置房主体开工建设；梓州织造产业园项目进行地勘。芦溪工业区启动征地拆迁约33公顷，为承接梓滋味泡菜、中兴药业、铁骑力士屠宰、中央厨房项目提供用地保障；启动道路黑化、安置房建设、标准厂房等基础设施、承载平台项目。

【企业服务】 2019年，园区落实项目服务全程代办制，采取工商注册、备案、报批、开工、建设要素保障等手续办理“一对一”全程服务。做好鸿星尔克、翰彬霖、海瑞科等企业入驻、建设、投产过程中的协调服务工作。到企业了解融资需求，组织召开中小企业融资对接会，协调三台农商行、县农行、邮储银行、工商银行等金融机构，组织企业“园保贷”申报，新增宏宇纺织、大予膨润土、泰宇达、琪又环保4家“园保贷”企业，为富贵科技、朝育机械、银泰丝绸完成续贷工作。帮助企业解决用工难问题，解决园区内翰彬霖、鑫中洲、枫叶牧场、鸿星尔克等企业招工难问题；帮助鸿星尔克、翰彬霖等企业解决职工子女入学问题；对接县医院、中医院，为企业入驻招工人员进行健康体检等事项；与四川中信和润税务师事务所合作，为园区内所有企业提供税务咨询、策划、税务代理及涉税鉴证以及企业管理咨询、科技成果转化、财务咨询等服务。

（李琼蓉）

盐亭经济开发区

【概况】 四川盐亭经济开发区（以下简称盐亭经开区）于2014年经省政府批准设立，是省级开发区，被认定为绵阳（盐亭）生物技术特色产业园。盐亭经开区毗邻盐亭县城新区，规划面积14.36平方千米，建成区面积10平方千米。2019年，盐亭经开区20个工业招商项目落地开工，威斯卡特技改、迪澳生产线扩建项目完工，优锂新材料、宏创微机电等项目投产，金江药业、西南地板产业园等项目加速建设。全年盐亭经开区实现主营业务收入23.9亿元，同比增长30.4%；工业总产值达24.7亿元，同比增长33.7%；规模以上工业总产值达19.5亿元；累计上缴税收5200万元，新增就业岗位100个。入园企业共57家，其中规模以上企业26家、产值1亿元企业5家。新增盈基、双辉、中宇3家规模以上企业，新增盈基、新华康、迪澳3家产值1亿元企业。盐亭经开区先后获评四川省循环经济典型案例、四川省“特色产业基地”（生物医药·盐亭县）。迪澳药业被认定为四川省企业技术中心；迪澳药业参与完成的“柑橘绿色加工与副产物高值利用产业化关键技术”获2019年度国家科技进步通用项目二等奖。建丰林业、中宇橡塑、新华康获四川省首批“诚信示范企业”称号。

【企业服务】 2019年，盐亭经开区继续实施企业服务联系网格化制度，每家企业落实1名科级领导和企业专员，实现企业服务全过程无缝对接。落实人才公寓政策，累计为符合条件的企业分配人才公寓27套，入驻企业技术、管理人员60余人。协助各企业申报各类技术职称20余个，组织300余人次参加各类业务技能培训。组织企业参加“奋进新时代·工匠铸绵州”校企合作高峰论坛等招聘活动，与县人社局联合举办“盐亭县2019年就业扶贫日暨经开区用工企业专题招聘会”，累计500余人次与各企业达成意向性协议；协调金融机构，帮助企业争取各类商业贷款、小额贷款5000万元；协调水、电、气等基础要素保障，协助盈基、迪澳、新华康等企业建立原材料基地或进行原材料收购，保障企业生产需求。

【招商引资和对上争取】 2019年，盐亭经开区以延伸产业链条为目标，聚焦东部和成渝地区产业转移，收集招商信息，加大对外宣传推介力度，全年外出招商20余次，接待客商30余批次，吸引地板协会、熔增环保等20余家企业落户园区。争取产业发展资金，助力企业快速发展，做好项目包装工作，对上争取资金1740万元，其中协助群琪科技申报“园保贷”资金500万元，向省经信委争取循环化改造项目资金1000万元，向省发改委争取智慧化园区项目资金240万元。

（李佳麒）

梓潼经济开发区

【概况】 四川梓潼经济开发区前身为2002年4月30日成立的梓潼县经济技术产业园区；2014年7月10日，经省政府批复同意设立四川梓潼经济开发区（以下简称经开区）。规划区范围为：东至潼江河，南至长交路和污水处理厂，西至长卿山和白家湾，北至白虎嘴，包括南桥村、幸福村和长卿镇石河村部分区域。文昌镇青龙工业集中区、长卿镇西侧圣迪乐村和位于宏仁镇的华信铁合金项目作为经开区控制发展区域。控制面积10.5平方千米，规划控制面积4.17平方千米，规划范围在国道108线和绵梓路之间，与绵梓产业带相衔接，向国道108线南面延伸。经开区辖南桥村、幸福村和南桥社区，总户数6134户，总人口14834人。2019年，经开区集聚各类工业企业104家，其中规模企业40家。规模企业实现产值49.08亿元，营业收入47.04亿元，利润1.2亿元。其中食品产业实现产值17.68亿元，同比增长2.56%；轻纺产业实现产值9.62亿元，同比增长3.9%；生物医药产业实现产值9.11亿元，同比增长3.76%；电子机械产业实现产值3.35亿元；主导产业集中度达80%以上。全年经开区企业实现税收7702.69万元，同比增长56.28%；其中工业企业实现税收6403.66万元，规模以上企业税收达5246.59万元；完成固定资产投资入库3.3亿元。

【项目建设】 2019年，经开区签约在建产业类项目17个，总投资18.5亿元。新签约项目7个，签约金额12.4亿元。有坤酶益源、辉氏生物等14个在建项目。其中坤酶益源完工，准备投产；辉氏生物车间主体基本建成，添加剂生产车间准备试生产；驾考中心2栋大楼完工，考场设备安装完工；金正康生物设备安装完成，厂房净化后进入试生产阶段；中机国能天然气分布式能源场内基础设备基本安装完毕；正大饲料厂办公楼及厂房主体完工，进行设备安装；凯瑞药业完成主体工程及设备采购，进行室外道路硬化和装饰装修；金坤动药3栋厂房主体完工，进行管网施工及道路硬化；驷博生物完成设备采购，进入环评、安评文本编制环节；大树包装厂房主体完成；梓鸿生物完成施工图纸，进入环评文本编制环节；三香汇生物进入环评公示期，进行场平及围墙建设；金柚谷产业园（一期）完成厂房主体和地坪，进行附属设施建设和部分设备安装；文创小镇完成道路延伸基础工程，进入项目招商洽谈阶段。

【基础设施建设】 2019年，经开区累计投入基础设施建设资金3亿元，建成面积2.94平方千米，建成率达71%以上，新建道路4千米。纳入梓潼县“十三五”棚户区改造规划的城南棚户区（城中村）改造项目完工。该项目涵盖幸福村幸福农家乐片区和南桥村金家堡片区，项目投资4.3亿元，采取政府购买服务的方式实施，完成签订协议897户，拆除房屋737余户，拨付补偿资金3.5

亿元，需安置人员约2016人，征收房屋15.68万平方米。全年累计完成征地约47公顷，其中金佳宝片区征地3.2公顷，国道108线征地8公顷，国道347线征地约4公顷，滨江路及灵童街道征地约5公顷，棚改征地约27公顷。截至年底，完成正大、金坤动药、梓鸿生物等8家企业工业项目供地约33公顷。总投资1.3亿元，总建筑面积5万平方米的绵阳生物医药产业园标准化厂房及孵化中心建设项目完工。该项目总投资1.54亿元，采用PPP模式建设，设计近期日处理1.9万吨、远期日处理4万吨的工业污水处理厂建设工程。

【社会民生】 2019年，经开区共计支付发放各类民政补助资金896.2万元；组织2019年城乡居民基本医疗保险和养老保险的登记、核实、申报等工作；做好已脱贫贫困户7户22人的回头看回头帮工作；全年共计接待群众来信来访110余件次；化解各类矛盾纠纷60余件次；完成法律援助咨询服务210人次，录入法律援助信息系统55人次。

【环境治理】 2019年，经开区在污染物排放的工业企业安装视频监控系统并投入使用，将园区18家涉水企业69个点位纳入视频采集范围，对重点涉水企业24小时监控，实时掌握企业排污情况，杜绝企业偷排乱排现象；实行网格化管理，按照安全环保监管网格化管理总体要求和工作目标，出台《四川梓潼经济开发区安全环境网格化管理方案》，各级按照“分级负责，属地管理”原则，履行安全与环境保护监管责任，形成安全和环境保护监管的合力；落实安全环保“党政同责，一岗双责”工作制，实行各局办中心分工负责，党员领导干部和职工定点联系企业村（社区）的安全环保工作责任制度，加强巡查，创新模式，落实责任。全年组织安全环保大检查20次，集中培训12次，普查雨污管网154千米。

【绵阳生物医药产业园】 2019年，绵阳生物医药产业园引进培育生物医药产业，培育辉氏药业、金正康药业等6家兽药企业，惠泉生物、金辉生物等5家生物技术企业，健腾生物、一康制药等4家人用药企业。全年生物医药企业实现总

图19 绵阳生物医药产业园

产值9.11亿元，同比增长3.76%。绵阳生物医药产业园明确1平方千米的核心示范区，确立以中药饮片加工、成品药生产、医疗器械三大生物医药产业发展重点，制定产业园发展路线图。

（罗佳文）

北川经济开发区

【概况】　四川北川经济开发区（以下简称开发区）是2012年6月经省政府批准成立的省级经济开发区。2019年，开发区实现工业总产值18.1亿元，同比增长33.52%，完成年度目标任务的101.4%。其中工业投资7.34亿元，完成年度目标任务的122.3%；工业技改投资7.34亿元，完成年度目标的122.3%。开发区以“双创谷”“通航及应急产业孵化器”为载体，加快园区创新创业发展。全年新入孵企业15家，培育科技型中小企业6家，申报专利60件，专利授权5个，科技成果转化5个。

【项目建设】　2019年，开发区纳入全县范围重点项目47个，占全县重点项目的38.21%，总投资51.04亿元。截至年底，23个重点项目完工投产，9个项目开工在建，完成固定资产投资14.21亿元。总投资6.5亿元通用机场项目完成立项并开工；投资10亿元泛美航空科技城项目（一期）建成并实现学校开学；总投资5.3亿元绵阳飞鸿草上运动旅游综合体项目（一期）建成运营；投资4733万元西区A组团3号地块场地平整项目完成；柯城—北川扶贫协作产业园标准厂房（二期）、智慧家居产业园标准化厂房（二期）、西纵五路、西羌南街西段道路和西区供水管网等基础配套项目有序推进。本届纳米隔热涂料、力森新材料预拌砂浆、道奇维塔电子雷管尾线、安吉德钣金加工等项目建成投产；兴合益羟基磷灰石、九源食品添加剂项目等项目加快建设。

【招商引资】　2019年，开发区重点针对通航、新材料、智慧家居、电子信息、食品药品、农特产品、应急等主导产业开展招商引资，实施资源招商、产业链招商和以商招商，引进优质项目，带动产业集聚。组建北川通航及应急产业招商专业小组，专业化培养招商人才，做好项目包装及招商宣传片等招商推介资料。全年开发区新签约项目12个，储备包装项目42个，完成协议引资21亿元，实现到位资金7.9亿元。

【“清闲促建”】　2019年，开发区按照“一企一策”原则，梳理企业情况，做好园区“清闲促建”，推进提质增效。通过法律途径处置涉法涉诉问题企业，丰煜食品、福德新能源、亨源工贸进入破产清算程序。全年通过租赁闲置厂房方式引进安吉德、力森新材料、军威模型等6个项目并实现建设投产，盘活贤峰石材、衡德新能源等4家企业闲置厂房3.6万余平方米。

【北川通用机场获批立项】　2019年9月27日，北川通用机场项目经省政府《关于北川通用机场工程可行性研究（代立项）报告的批复》同意实施。北川通用机场项目位于北川经济开发区（北川通航产业园），是四川省民族地区首个立项的通航机场项目，是《四川省“十三五”规划》的重点通航项目，被列入《四川省通用机场布局规划（2016—2030年）》和《成都平原经济交通规划》。北川通航机场定位为A1类通用机场，飞行区指标为2B。项目估算总投资65359万元，建设工期3年。作为四川省低空空域协同管理试点第二批试点空域，该机场空域面积约700平方千米，可飞行天数年均300天。

图20 大美羌城——泛美航空科技城项目

【大美羌城——泛美航空科技城项目一期完成主体建设】 2019年2月28日，大美羌城——泛美航空科技城项目一期完成主体建设。大美羌城——泛美航空科技城项目由四川泛美教育投资集团投资建设，占地面积约143.33公顷，总投资约50亿元。项目按照“教育与文旅先行，科研与配套同步，产业孵化与制造跟进”原则建设，主要包括四川西南航空飞行职业学院（筹）、绵阳泛美飞行职业技术学校、“双创”民族文化旅游街、通航小镇、创客公园、通航孵化园等。项目一期为校区，建筑面积18.7万平方米，主要涵盖综合教学楼、招生办公楼、宿舍区、学生食堂等部分。（陈云皓）

河北—平武工业园区

【概况】 河北—平武工业园区（以下简称园区）是河北省对口援建平武县，采用“飞地”模式建立在绵阳市高新区的工业园区。2010年开工建设。园区总占地面积3.47平方千米，其中工业用地约1.82平方千米、居住用地（净地）0.7平方千米、商业用地（净地）0.2平方千米、公共设施用地规划面积0.18平方千米，均为绵阳科技城集中发展区核心区建设范围。园区形成以电子信息、新型显示、新材料、智能制造为主的产业体系。2019年4月8日，根据中共绵阳市委《研究河北—平武工业园管理体制会议纪要》精神，平武县人民政府与高新区管委会签订《委托管理协议》，将河北—平武工业园区经营管理权全权委托高新区行使，由高新区按照统一管理、统一服务、统一促建、统一招商，财务独立核算“四统一独”原则，全权负责园区的开发建设和管理。

【招商引资】 2019年，园区依托京东方、长虹等龙头企业，围绕新型显示产业、5G产业，扩宽扩深产业链，开展产业项目引进、落地工作。全年赴上海、长沙、合肥、芜湖、温州、天津等地开展项目招引促进对接活动8次，接待企业到园区考察60余批次，新签约引进苏州腾达、振鹭科技、恒宝高分子等项目5个，协议引资3.5亿元。其中绵阳东旭腾达光学科技有限公司作为京东方重点配套企业，于5月9日注册，10月15日开始试生产，当年实现产值2096万元，税收50万元，成为园区第一个当年建设、当年投运、当年升规入统的企业。

【园区企业发展】 2019年，园区共有企业68家，其中工业生产企业44家。新增规模以上工业企业2家，规模工业企业总数达21家；新增绵阳市中小型科技企业5家，市科技型中小企业总数达38家；国家高新技术企业11家。实现规模工业总产值11.29亿元，同比增长12.94%；实现固定资产投资4218万元，同比增长45.45%；实现税收4000.99万元，同比增长32.03%。（向　帆）

创新创业
Innovation and Entrepreneurship

概　述

【概况】　2019年，科技城贯彻落实党中央、国务院关于推进大众创业万众创新的战略决策，坚持把打造“双创”（即大众创业、大众创新）升级版作为主攻方向，促进大众创业万众创新双水平，营造创新创业的良好生态环境，促进经济工作稳中求进。以“融创绵阳”区域“双创”品牌打造为统揽，以绵阳高新区争创科技资源支撑型“双创”升级示范园区为突破口，以科技城创新中心为主要阵地和窗口，统筹全市创新创业资源，坚持突出特色抓“双创”，即突出创新驱动特色，挖掘和培育创新型创业项目；坚持立足资源禀赋抓“双创”，释放绵阳大院大所大企业活力，以大院大所大企业的创新创业带动全社会的创新创业；坚持围绕产业抓“双创”，围绕“686”产业发展，部署创新链，提升价值链，把“双创”的落脚点放在促进产业创新发展上；坚持突出城乡协同抓“双创”，既注重城市“双创”开展，又协同推进广大农村的“双创”工作，让创新创业的成果惠及全社会。

【创新创业人才激励机制建设】　2019年，科技城聚焦本地高层次人才培育，印发《“绵州育才计划”实施办法（试行）》；聚焦人才反映强烈的评价、流动和激励等问题，印发《关于分类推进人才评价机制改革实施方案》《关于鼓励引导人才向基层流动若干措施和实施方案》《绵阳市深度融入成都平原经济区人才一体化发展实施方案》。面向科研院所、高校、企业，开展科研成果产权制度、成果转化收入分配、薪酬激励机制等15项试点。在西南科技大学、市农科院、四川九洲集团等单位推行兼职和薪酬改革、职称职位改革、提高科研成果转化收益、实行股权激励。全年支持引进“科技城人才计划”团队71个，资助资金8040万元。实施“绵州育才计划”，开展系统性人才培育。单设200万元专项资金，整合统筹实施人才培育工程，计划10年培育630名左右高层次人才，遴选首批125名人才。打造“绵州金英荟”人才金融合作品牌。举办“绵州金英荟”暨绵阳市第一季人才金融对接会，定向推介人才金融特色产品，举办人才路演和“科技城人才计划”入选团队集中授信等活动，现场授信2.3亿元。发挥创新平台人才集聚功能，每年单列200万元人才发展专项资金，支持西南科技大学环境友好能源材料国家重点实验室建设，新引进海内外博士8人、柔性引进国家青年专家1人，培育35名硕士研究生。

【创新创业平台升级】 2019年，科技城推进“双创”升级示范园区、企业“双创”示范基地等各类创新创业平台建设和升级。示范园区建设。绵阳高新区获批国家“双创”升级示范园区建设，获得财政部5000万元资金支持，被纳入成德绵科技成果转移转化示范区建设。持续做优“融创绵阳”区域“双创”品牌，重点推进“融创绵阳”创新创业综合服务平台、科技金融平台、智能制造平台、检验检测平台、知识产权运营平台、路演中心、科研工作站等载体建设，组织开展第四届中国创新挑战赛（绵阳科技城）、高新智造电子电器工业设计大赛、青创赛等赛事活动，区域创新创业环境持续优化。全区孵化面积超过23万平方米，占全市总量的21.5%，其中民营孵化器占80%以上，在孵企业超过840家。企业示范基地建设。长虹集团推进“双创”企业示范基地建设，探索与“双创”相适应的产权制度、激励机制等体制机制，推进产业链网络化、企业平台化，建设四川电子信息产业工业互联网平台，打造和依托专业化众创空间等新型创新创业服务平台，建设长虹跨境孵化器，设立创业投资基金，开放面向制造的服务资源，探索“服务型制造业推动双创”的新模式、新业态，促进长虹集团转型升级和创新发展。年内，长虹“双创”智能制造工业园项目最大主体结构（A101#爱铂）封顶。企业创新研发平台建设。大数据与智能系统工程技术研究中心、四川省光学偏光薄膜材料工程技术研究中心等4家省级工程技术中心获批建设，科技城国省级工程技术研究中心总数达28家（国家级5家，省级23家），国省级国际科技合作基地达5个。创新孵化平台提质升级。以孵化服务功能提升为着眼点，推进孵化器专业化、精细化建设，打造示范孵化器和标准孵化器，完善从项目初选到产业化发展的全链条一体化创业孵化服务体系。加大孵化机构培训力度，“走出去与引进来”相结合，开展对外合作交流。四川德华皮革制造有限公司“德华皮革智能生产系统研发及示范项目”获批工信部2019年制造业“双创”平台试点示范项目试点（基于互联网的孵化能力开放平台类）。中国（绵阳）科技城工业技术研究院“绵阳科技城制造业孵化综合服务平台”获批工信部2019年制造业“双创”平台试点示范项目试点（“双创”平台+研发设计模式创新类）。全年科技城孵化面积达100万平方米，入驻企业和机构4200余家。

【创新创业服务升级】 2019年，科技城持续推进商事制度改革，放宽企业住所登记条件，推进“三证整合”“先照后证”等工作，为企业开办和成长提供便利化服务，降低创业准入的制度性成本。推广“科金云”绵阳科技金融服务模式，完善科技金融政策措施，强化科技信贷各项指标绩效评价，缓解科技型民营企业融资难、融资贵等问题。截至年底，全市科技贷款余额331.4亿元，科技企业贷款户数1607家，累计知识产权质押贷款5.3亿元。市场化运营国家两用技术交易中心、四川大型科学仪器共享平台，全年实现技术合同登记12.8亿元。四川大型科学仪器共享平台仪器设备达5573台（套），促成签单3728次，“设备仪器贷”累计放款2700万元。帮助科技型中小企业搭建产品发布平台和融资渠道，定期召开科技成果发布和对接活动，形成“每月有发布、季度有对接、年度有大赛”的成果发布机制。举办生物与新医药产业专题对接会等“戎易汇”技术交易系列活动5期，挖掘企业需求，征集可交易项目和成果帮助开展活动推广、项目对接。

【“融创绵阳”区域品牌打造】 2019年，科技城继续以集中发展区为主要载体，打造“融创绵阳”区域品牌，推动形成良好的“双创”生态环境。以“融创绵阳”区域品牌为统揽，开展创新创业活动。组织开展2019中国创新创业大赛技术融合专业赛（绵阳协同创新大赛）、第四届中国创新挑战赛（绵阳科技城）。以电子信息和智能制造领域为重点，面向省内科研单位、高校、企业开展需求征集，先后走进212家科技型企业，挖掘技术难题76项，并公开发布50项技术创新需求，征集有效解决方案102项。组织参加“创响中国”系列活动和四川省第二届“天府杯”创业大赛。在2019年“全国大众创业万众创新活动周”期间，全市共组织开展“双创”活动29场，行政机关、企业、中介机构、高校、媒体等各类代表直接参加人数约1万人，辐射人群10万余人。依托第七届科技城国际科技博览会等重大活动时间节点，组织邀请中央、省级主流媒体、重点新闻网站等媒体采访报道绵阳市“双创”工作，宣传绵阳大众创业、万众创新取得的新经验、新亮点，激发全民创新创业热情，推动形成“人人希望创新、人人崇尚创新、人人皆可创新”的创新文化氛围。

【科技型中小企业群体壮大】　2019年，科技城中小企业培育坚持数量质量并重，以高成长性的企业为重点，提升企业创新能力。截至年底，新增科技型中小企业1085家，新增评价入库科技型中小企业1049家。组织企业参加高新技术企业认定培训，引导和支持做好R&D统计，鼓励企业加大研发投入。推进86家科技企业进行2019年四川省科技成果转移转化示范企业备案；组织实施科技成果转化项目超过100项，全年科技城实现技术合同认定登记12.8亿元。

【职工创新创业】　2019年，市总工会牵头建立完善“市—县（园区）—企业（社区）”职工创新创业三级服务网络，加大创业扶持力度。全年共发放创业资金256.9万元，扶持创业项目493个。推荐长虹集团“何金华劳模和工匠人才创新工作室”等5家工作室为第四批省级工作室候选对象。帮助5家企业申报到“科技城人才计划”项目，并获得600万元人才发展专项资金。发挥劳模和工匠人才工作室的创新带动作用，创新成果转化应用创经济效益10.8亿元。承办全国工会创业带动就业现场会。

【绵阳市科学技术奖励大会】　2019年4月19日，绵阳市科学技术奖励大会召开，表扬为全市科技事业和经济社会发展做出突出贡献的科技工作者。此次大会是全市首次单独召开的科学技术奖励大会。市委书记刘超出席大会，市委副书记、市长元方讲话，市委副书记付康主持并就贯彻落实会议精神提出要求。会议传达国、省科学技术奖励大会精神。副市长廖雪梅宣读国、省科技进步奖绵阳市获奖项目名单及《绵阳市人民政府关于授予2018年度绵阳市科技进步奖的决定》。刘超、元方等市领导为获奖代表颁奖。国家科技进步奖获奖代表、四川九洲电器集团有限责任公司总工程师刘志刚，省科技进步奖获奖代表、四川铁骑力士实业有限公司研发总监何健，市科技进步奖获奖代表、四川长虹电器股份有限公司语音软件团队负责人李足红作交流发言。市领导张学民、岳勇、时义清、罗宗志、代顺兴、兰劲出席，市委秘书长谭岗，市政府秘书长吴明禹，各县市区（园区）、市级有关部门负责人，科研院所、高等院校、国有企业、重点企业负责人参加会议。

【绵阳市科技创新工作会】　2019年4月19日，绵阳市科技创新工作会召开，会议安排部署2019年全市科技创新工作。会议强调要结合全市主导产业、新兴产业、院所资源抓创新主体培育和研发平台建设，持续加大创新投入，用好国、省支持科技城加快发展的政策，做好科技创新能力建设；要建好科技创新服务平台，强化知识产权保护，持续深化科技和金融结合，完善科技中介服务链条，做好科技服务体系建设；要强化科技成果转移转化示范、产学研协同创新、高新技术产业园区建设，促进高新技术产业加快发展；要深化拓展全面创新改革试验、科技计划管理改革，做好科研人员激励计划试点，推进科技领域创新改革；要推进“双创”载体提质升级、“双创”发展动力升级、创业带动就业能力升级，做好“融创绵阳”建设；要构建包容开放的合作环境、宽松优越的人才环境、公平透明的政策环境，做好科技创新环境建设。会议宣读《绵阳市科技型中小企业发展工作领导小组办公室关于表扬优秀科技型中小企业、优秀科技金融服务机构、优秀科技服务企业的通报》，市农科院、高新区、涪城区和江油市作交流发言。

【科技城项目获首届成都平原经济区青年创新创业大赛总决赛铜奖】 2019年5月20日，由共青团四川省委主办的“创青春”首届成都平原经济区青年创新创业大赛总决赛在成都温江举行。经过前期训练营，选出10个优秀项目进入总决赛。在决赛现场，经过项目路演、现场问答、专家点评等方式，最终评选出2个金奖、3个银奖和5个铜奖。其中绵阳市创促会推荐的分别“灰黄创意——品牌视觉新媒体”（王博辉）、“蜂鸟体育服务”（雎亚男）2个项目均获铜奖，并分获得1万元创业奖金。绵阳创意灰黄网络科技有限公司成立于2015年4月，是一家提供软实力提升解决方案与服务的公司，品牌涉及视觉设计（VI设计）、PPT优化、园区阵地打造、广告设计等内容。绵阳市蜂鸟体育服务有限公司成立于2016年9月，是开展以青少年户外安全教育、企事业拓展培训、登山攀岩等户外运动为基础，以滑翔伞飞行体验、皮划艇等为特色的综合性户外运动公司。

【全国大众创业万众创新活动周绵阳分会场启动仪式】 2019年6月13日，2019年“全国大众创业万众创新活动周”绵阳分会场启动仪式在经开区政务服务中心举行。启动仪式由市发展科技型中小企业工作领导小组办公室常务副主任、市科技局副局长熊仪江主持，市政府副秘书长赵发展讲话并宣布全国“双创”活动周绵阳分会场活动正式启动。启动仪式上，中国（绵阳）科技城工业技术研究院、高新区管委会分别发布2019年创新创业大赛、创新挑战赛的赛程，四川长虹股权投资有限公司介绍长虹“双创”示范基地的建设进展情况，工商银行绵阳分行介绍针对科技型中小企业的创新金融产品。市级相关部门、各县市区、园区、高校科研院所、部分大型企业和科技型中小企业的负责人约300余人参加活动。

【绵阳市创业引领者专项活动暨第二届全国创业培训讲师大赛（绵阳分赛）】 2019年6月25日，第二届全国创业培训讲师大赛（绵阳分赛）在中国科技城创客俱乐部—创业蜂巢开赛。大赛旨在贯彻落实“大众创业　万众创新”的国家战略，加强全市创业培训师资队伍建设。大赛由市人社局、市就业服务管理局、市创业促进会和中国科技城创客俱乐部共同举办，各县市区推荐的20位培训教师参加比赛。全国首届创业培训讲师大赛总决赛评委代庆、四川省青创会副会长赖宏等6名省内优秀青年创业导师担任评委。初赛分为笔试阶段和说课阶段。评审专家分别对参赛讲师的基础知识水平、创业课程设计、现场展示、指导创业计划书的能力进行打分。最后以综合成绩高低顺序决定晋级决赛名单。10名选手晋级决赛。7月1日，大赛决赛在王子大酒店举行。决赛分为“精彩演绎”和“妙手化招”2个环节。在“精彩演绎”阶段，选手进行8分钟的课程演绎，评委根据选手的课程设计和课程展现进行打分，并根据得分决出6位晋级到第二环节。“妙手化招”阶段，选手从自己的创业指导实例中选取一例，进行5分钟的创业项目介绍、指导过程解析及指导成果展示，评委根据选手指导合理、效果转化及现场表现进行打分，最后根据得分排序决定最终比赛名次。最终现场评选出一等奖1名、二等级2名、三等奖3名。西南科技大学城市学院教师江军以课程《开办你的企业——企业日常活动》与指导案例《西城速配》夺得本次大赛的第一名。

【绵阳市创业导师志愿团换届暨“创业指导能力提升”沙龙活动】 2019年7月12日，“绵阳市创业导师志愿团换届暨“创业指导能力提升”沙龙活动在市就业服务管理局二楼会议室举办。活动由市人社局主办、市就业服务管理局承办，旨在推进创新驱动发展策略深入设施，加强创业导师队伍建设，建立市级创业导师核心团队。省就业服务管理局创业指导处处长袁勇，市人社局党组成员、副局长吴培华，市就业服务管理局副局长邓德明、李晓东以及第二届创业导师团队成员、县市区就业服务机构负责人和相关人员出席活动。活动由邓德明主持，吴培华致辞，李晓东对第一届创业导师志愿团工作进行回顾，同时安排部署第二届创业导帅志愿团2019年的重点工作。活动中，创业导师代表进行经验分享；袁勇针对创业政策进行辅导；创业导师、成都精位科技联合创始人、成都鸿芯光电投资人周宏亮为全市第二届创业导师志愿团的成员和县市区创业指导服务人员开展创业指导能力提升培训。

【第二届“天府杯”创业大赛绵阳赛区决赛】 2019年7月30日，由市人社局、市财政局、市教体局、市退役军人事务局、共青团绵阳市委主办，市就业局承办，绵阳市广播电视台、腾讯直播支持的四川省第二届“天府杯”创业大赛绵阳赛区决赛举办。绵阳赛区决赛以“筑梦天府、绵创争先”为主题，共有210余个项目报名，40个项目进入决赛。决赛分A组（大学生创业组和返乡下乡创业组）、B组（退役军人创业组和创业创富组）2组分别进行比赛。通过“随机抽签+6分钟路演+3分钟导师点评”的形式决出每个组别总成绩前三名的选手代表绵阳参加省决赛资格。生态水产养殖、改性金属氧化物负极材料在新能源领域应用、青少年机器人STEAM教育、窝托泉、稀有金属全产线解决方案及智能化集成、基于互/物联网的智慧城市垃圾分类应用、高精准在线微波纸定量水分检测控制系统、天府肉羊产业关键配套技术示范与推广、基于物联网的远程智能管控系统在污水处理运营中的运用、微生物膜技术的市场化应用、智能软体机器人及其产业化应用技术、户外净水器12个项目入闱各组别省级决赛。

【2019中国创新创业大赛技术融合专业赛（绵阳协同创新大赛）】 2019年8月6日，由国防科工局信息中心、四川省科技厅、绵阳市政府共同举办的2019中国创新创业大赛技术融合专业赛（绵阳协同创新大赛）开赛。大赛以“释放科技创新动能、推进产业协同发展”为主题，吸引来自全国423家单位的520个项目参赛，涉及装备制造、航空航天、电子信息、人工智能等9个行业领域。初赛在北京中科信会议中心举行，共征集到来自423家单位的520个项目。经初赛、半决赛，20个项目进入总决赛。大赛为参赛项目提供创新成果转移转化平台，为获奖项目提供奖金、相关资质办理、投融资、贷款授信、成果转化等方面的优先支持，以及创业政策、创业融资、商业模式等方面的专业辅导培训，并推荐优秀项目与各级政府扶持政策对接。8月30日，总决赛暨颁奖仪式在绵阳科技城创新中心二期举行。决赛现场，各项目先后路演，通过项目陈述、评委专家提问答辩形式对参赛项目进行阐释说明。经角逐，大赛评选出1个一等奖、3个二等奖、6个三等奖和10个优秀奖；其中绵阳入围的5个项目分获3个三等奖、2个优秀奖。

【汇桔2019年“创客中国”国际中小企业创新创业大赛项目发布暨资源对接会】 2019年9月6日，汇桔2019年“创客中国”国际中小企业创新创业大赛项目发布暨资源对接会在汇桔网举行。对接会由市科技局主办，汇桔网承办，市市场监督管理局、科创区管委会、高新区管委会、经开区管委会、中国（绵阳）科技城工业技术研究院、重庆启迪创新投资开发有限公司协办。对接会旨在为全球创新创业者、企业及投资机构搭建交流对接的高效平台，探索国际知识产权技术转移的创新模式。活动现场发布2019年“创客中国”国际中小企业创新创业大赛技术需求悬赏。主办方向来自广州、苏州、重庆、绵阳等10多个城市的19个园区、65家企业发布涉及新材料、新能源、电子信息、先进制造、生物医药、IOT、AI大数据、节能环保及智慧城市等10大领域技术项目及高端人才，共征集128项技术升级需求，悬赏总额高达1.05亿美元。“高精度实时室内定位技术”“微胶囊自修复及热管理技术”“非金属低成本防火复合钢筋”等国内外项目作路演，展示项目商业模式、技术原理、解决方案等。与会企业代表们与专家作现场洽谈对接。

【2019年“创客中国”四川省中小企业创新创业大赛暨第二届“创客天府”创新创业大赛绵阳区域赛】 2019年9月12日，2019年“创客中国”四川省创新创业大赛暨第二届“创客天府”创新创业大赛绵阳区域赛举行。绵阳区域赛由工信部、财政部指导，省经信厅、财政厅主办，绵阳市承办。企业和创客团队、省内外知名投资机构、金融机构、中小微企业创新创业服务联盟成员单位、小微企业创新创业导师、省市中小企业服务机构和小企业创业基地的负责人共300余人参加比赛。参赛项目主要集中在智能制造、农业科技、生物医药、互联网+等领域等行业领域。企业组和创客组共30个项目进行现场路演，专家评审组对路演项目进行点评指导和现场打分。空心碳化硅微珠和高技能人才培训实训基地建设项目分获大赛企业组和创客组一等奖。青川中蜂文化产业观光体验园、农产品云仓新零售、耐超高温防火电缆料、快速检测掺伪芳香油试剂盒的研发与运营等项目分别获得大赛企业组和创客组二等奖。网络变压器研发及制造、多关节机器人智能快换装置、智慧用电整体解决方案、用于海绵城市的新型透水材料研发及产业化、现代绿色桑果产业化综合开发等项目分别获企业组和创客组三等奖。

【绵阳“高新杯”青年创新创业大赛总决赛】 2019年11月11日，绵阳“高新杯”青年创新创业大赛总决赛在高新区举行。本次大赛由高新区管委会主办，高新区融鑫孵化产业园、高新区创业服务中心承办。创投行业领军人士、知名创业企业家、创业导师和有关行业专家学者组成大赛评审委员会。来自互联网及高新技术新兴行业、脱贫致富领域的20个项目进入总决赛。总决赛以“5+2”的模式进行（即每位选手5分钟时间路演、2分钟专家点评、参赛选手答辩），最后通过评委专家打分确定大赛名次。“基于三维可视化构建工业物联网平台”项目获一等奖，获得奖金2万元；“山村群众脱贫梦绵阳电商致富经”项目、“‘小眼镜’视频快速去雾装置”项目获二等奖，分获奖金1万元；绵阳市蜂鸟体育服务有限公司项目、汽车高级辅助驾驶雷达预警系统项目、“骏迈生态——扎根川西贫困地区，以蕨麻类产品助其脱贫致富”项目获三等奖，分获奖金5000元。

【第四届中国创新挑战赛（绵阳科技城）】 2019年12月18日，第四届中国创新挑战赛（绵阳科技城）现场挑战赛暨颁奖仪式在高新区举行。大赛由科技部指导，科技部火炬中心、四川省科技厅、绵阳高新区管委会共同承办，绵阳市科技局协办。大赛于2019年4月启动，专家团先后走进

212家科技型企业，挖掘技术难题76项，并公开发布50项技术创新需求，征集有效解决方案102项。在大赛现场挑战环节，中国工程物理研究院、重庆大学等单位的9个创新团队登台挑战安和精密、同成智能、经纬达科技3家企业提出的技术创新难题。在竞争对接环节，四川大学、西南科技大学的20个创新团队针对10家企业的技术难题提出解决方案。专家开展现场会诊活动，帮助企业查找问题、厘清思路。最终来自四川微视力升自动化技术有限公司、中国工程物理研究院电子工程研究所、中国工程物理研究院电子工程研究所的3个挑战团队摘得现场挑战赛优胜奖，并分别获得10万元奖金。

科技城孵化器

【概况】 2019年，科技城按照“专业化、市场化、国际化”发展理念，围绕主要产业发展特色推进“创业苗圃（众创空间、星创天地）+专业孵化器+特色加速器+科技园区”链条建设，完善孵化平台。全年新增孵化机构2家，各类孵化机构总数超过60家；使用面积近100万平方米；入驻孵化企业和服务机构4000余家。

【科技企业孵化器发展】 2019年，科技城整合孵化器孵化资源，形成集聚发展、完善互补功能的规模效益；推动孵化器建设向市场化、专业化、集成化、网络化发展，鼓励建立创新型、专业化孵化器；推动孵化器建设向市场化倾斜、向民营化转移，提高民营孵化器占有比例，引导民营孵化器规范服务业务、提升服务功能。鼓励公共服务平台与园区、楼宇等载体进行内部资源的整合和调配，突出主导产业，立足地方需求，丰富服务内容，完善孵化平台建设，提高现有孵化器的能力和水平，培育形成一批标杆性孵化器。

【众创空间拓展】 2019年，科技城顺应众创空间发展新趋势，发挥政府引导作用，支持行业领军企业、中介机构、社会投资人、社会组织等创建各类新型科技孵化器，建设一大批低成本、便利化、全要素、开放式的绵阳科技城“众创空间”并形成梯级孵化培育体系。

【孵化器专业化建设】 2019年，科技城加强与专业化的孵化器管理运营团队进行对接，引进创业投资机构对孵化器进行专业化管理运营。引进国内外行业领军企业在绵阳设立专业孵化器，或者通过引进技术、高端管理人才等方式共建专业孵化器。支持孵化机构依据自身产业定位，与第三方研发服务机构、平台型企业、解决方案提供商、产业技术联盟等服务机构开展合作，为在孵企业提供技术研发、产品构建、品牌推广、市场运营等方面的专业服务，提升孵化机构的产业培育能力和科学高效的管理水平。（张　科）

2019年科技城国家级和省级备案孵化器、众创空间一览表

表28

序号	名称	备案等级
1	四川中物技术有限责任公司	国家级备案孵化器
2	绵阳市科技城科教创业园区创业服务中心	国家级备案孵化器
3	绵阳西南科技大学国家大学科技园有限公司	国家级备案孵化器
4	绵阳市金家林总部经济试验区投资服务中心	国家级备案孵化器
5	绵阳市游仙区创梦中小企业孵化管理有限公司	国家级备案孵化器

续表 28

序号	名称	备案等级
6	绵阳高新区创业服务中心	国家级备案孵化器
7	绵阳高新区生物医药孵化器有限公司	国家级备案孵化器
8	四川小宇宙孵化器管理有限公司	省级备案孵化器
9	绵阳容创科技服务有限公司	省级备案孵化器
10	中国（绵阳）科技城工业技术研究院	省级备案孵化器
11	绵阳市科创孵化器管理有限责任公司	省级备案孵化器
12	绵阳市经开区积家工业园投资有限公司	省级备案孵化器
13	绵阳燕景堂科技孵化器管理有限公司	省级备案孵化器
14	绵阳聚星科技企业孵化管理有限公司	省级备案孵化器
15	绵阳融鑫孵化器管理有限公司	省级备案孵化器
16	绵阳市科创电子商务服务有限公司	省级备案孵化器
17	绵阳市科技城科源科技有限公司	省级备案孵化器
18	绵阳昶信企业孵化管理股份有限公司	省级备案孵化器
19	四川自胜联创企业孵化管理有限公司	省级备案孵化器
20	四川雄邦企业孵化管理股份有限公司	省级备案孵化器
21	绵阳职业技术学院大学科技园	省级备案孵化器
22	三台县问鼎商务服务有限责任公司	省级备案孵化器
23	四川飞马科技孵化器管理有限公司	省级备案孵化器
24	绵阳市安州区创业服务中心	省级备案孵化器
25	四川四海大禹孵化器管理有限公司	省级备案孵化器
26	北川羌创孵化器管理有限公司	省级备案孵化器
27	四川网赢孵化器管理有限公司	省级备案孵化器
28	四川天鑫科技有限公司	省级备案孵化器
29	绵阳骛宇科技服务有限责任公司	省级备案孵化器
30	绵阳护航者孵化器管理有限公司	省级备案孵化器
31	1716 苗圃空间	国家级备案众创空间
32	创享空间	国家级备案众创空间
33	中国（绵阳）科技城融合创客空间	国家级备案众创空间
34	智汇谷众创空间（绵阳）	国家级备案众创空间
35	创兴孵化器众创空间	国家级备案众创空间

续表 28

序号	名称	备案等级
36	富乐绵阳大学生众创空间	国家级备案众创空间
37	首战大学生创客空间	国家级备案众创空间
38	同心众创空间	省级备案众创空间
39	1522 文化创意产业园	省级备案众创空间
40	高能孵化器	省级备案众创空间
41	126 文化创意园	省级备案众创空间
42	西城大学生创新创业园	省级备案众创空间
43	梓州智谷众创空间	省级备案众创空间
44	北川电商产业港	省级备案众创空间
45	绵阳知商谷众创空间	省级备案众创空间
46	麦迪跨境电商孵化基地	省级备案众创空间

科技城创新中心

【概况】 科技城创新中心总建筑面积约42万平方米，总投资约25亿元。科技城创新中心致力于营造创新氛围，推进创新创业，落实绵阳市“涌泉计划”、科创区《加快对外开放促进经济发展八十条》政策，对苗圃企业加大支持力度，集聚创孵企业约580家，每年组织创新创业活动近百场，提升创业者创新创业能力。构建全链条、优质高效的科技创新服务体系。促进创新要素顺畅对接、创新资源高效配置。推动国家两用技术交易中心市场化运营，提升四川大型仪器共享平台专业化服务能力，打通技术融合成果转化通道。建成国内首家技术融合人力资源服务产业园和中国国际人才市场国家科技城（绵阳）分市场，引进培育创新创业人才。推出“科创贷”“仪器贷”等金融创新产品，设立每年1000万元的“科创区双创孵化基金”，解决企业融资难题。支持汇桔网加快推进知识产权运营平台建设，发展科技中介服务。壮大创新产业，加快科技成果转移转化，壮大创新产业，助推经济高质量发展。汇聚高校创新资源，建成高校产学研基地，推动高校科技成果转移转化；加强与科研院所对接合作，建立各类成果转化平台，推动科研院所科技成果转移转化。引进长虹、九洲等骨干企业旗下多家创新型公司，鼓励有条件的中小企业建立企业技术中心，支持奇石缘、帝威能源等高成长性企业技改扩能。加强企业创新主体培育，分行业、分领域打造中小微领军企业。发展以立德电子、互慧软件等为代表的电子信息产业，以恒泰环境、汇邦环保等为代表的节能环保产业，以沃达检测、凯乐检测等为代表的检测服务产业，以中国科技城大数据中心等为代表的下一代信息技术产业。提升公共服务水平、产业承载能力。建成政务服务中心，推进“最多跑一次改革”；为企业提供集群注册登记服务，推进企业登记便利化改革；成立科技城科技服务公司，提供一站式服务，开展“一对一”创业帮扶；提供人才公寓、配套餐饮、专项交通等服务保障；优化美化城市环境，分区块改善道路、绿化、餐饮、购物等情况，完善学校、医院等配套服务，让创业者安心创业、舒适生活。2019年，创新中心实现产值15亿元，年纳税总额超过6600万元；出台《科创区企业入驻收费制度（试行）》，指导协助符合相关政策费用减免条件的180余家企业进行材料申报工作，全年减免房租费用和物业费用共计约1165万元。

【汇桔网·绵阳知商谷】 四川博鳌纵横网络科技有限公司（即汇桔网·绵阳知商谷），是汇桔网在绵阳设立的全资子公司，致力于西南地区各类企业知识产权与科创云服务，同时提供各类国内国际技术转移转化服务，并设有知识产权主题孵化平台，为各类创业者、创业项目提供培育孵化指导。汇桔网·绵阳知商谷，秉承“立足绵阳，服务全川”的理念，先后在广元、德阳等地，设立运营服务中心，累计服务客户8000余家，其中40%为绵阳地区客户，60%为西部其他地区客户。2019年，实现营收1.9亿元（不含税），实现税收1500余万元（入库900余万元），实现知识产权交易4822万元，接待到访各级政府、领导、组织1000余人次。绵阳知商谷众创空间累计引进80余家企业，引入马来西亚餐厨垃圾处理技术等国外技术。

【创新中心企业成果展示厅】 创新中心企业成果展示厅位于创新中心二号楼一楼，建筑面积2690平方米，展出面积2100平方米，2016年7月建成。展厅展示创新中心的孵化模式、合作方式、在孵企业的科技成果、专利产品等内容，共分为创新中心整体规划、国企创新、高校创新、协同创新、大数据及信息安全、上市及拟上市企业、科技型中小企业等7个展区。展出在孵企业56家，产品280余件，展出方式包括视频播放、沙盘展示、图文展示、产品陈列及互动体验等。展厅配备2名专业讲解员，接待各级党政机关、企业客商、社会团体等入内参观，同时对民众开放。2019年，展厅接待参观团队400余个，共1.36万人次。

【国家级科技企业孵化器】 国家级科技企业孵化器位于绵阳科技城科教创业园区创新中心，使用面积2万平方米。该孵化器是以科技型中小微企业为服务对象，为企业提供“拎包入驻”的办公环境、共享会议室、创业咖啡、定制公交等完善的硬件配套设施。2019年，国家级科技企业孵化器入驻科技型中小企业共计110余家，产值约5.5亿元，税收约1200万元。聚集以四川帝威能源科技有限公司、四川靓固科技集团有限公司为代表的节能环保型企业，以四川猎鹰科技有限公司、四川光发科技有限公司为代表的电子信息型企业，以绵阳泰尚电子有限公司为代表的软件开发类企业、以四川长虹网络科技有限责任公司、四川博瑞星云信息技术有限公司为代表的大数据、云计算开发企业。

【企业加速器】 企业加速器是科创区打造的“苗圃+孵化器+加速器+产业集群”科技孵化模式中重要的一环，助力企业跨越式成长。主要针对注册在科创区的年产值达500万元至2000万元，所属领域为电子信息、高技术服务业、新能源、智能制造等领域的企业。企业加速器包括加速器B区（康超标准厂房，面积3万平方米），加速器C区（永贵标准厂房，面积1.7万平方米），总面积达4.7万平方米。共入驻41家企业，其中有以四川恒立泰科技有限公司为代表的电子信息企业，以四川沃达检测技术有限公司为代表的高技术服务业，以绵阳力王新能源科技有限公司为代表的新能源企业，以绵阳赛邦科技有限公司为代表的智能制造企业等。2019年，加速器内企业实现总产值6亿元，税收超1000万元。 （李　安）

国家级创业服务中心

【概况】 科技城拥有国家级创业服务中心——绵阳高新区创业服务中心（以下简称创服中心）。创服中心成立于1998年10月，2000年10月被科技部认定为“国家高新技术创业服务中心”，2010年2月被科技部批准加挂“大学生科技创业见习基地”牌子。2002年5月，由四川省人事厅、科技厅、教育厅和绵阳市人民政府联合共建的绵阳留学人员创业园在创服中心挂牌成立。创服中心坚持创新驱动发展战略，以创新资源集聚为重点、以创新主体培育为核心、以载体能力提升为手段、以优化创新生态为保障，强化产学研协同创新，在促进科技创新和成果转移转化方面取得成效。先后被科技部授予“全国先进科技孵化机构”“火炬计划实施十五周年先进高新技术创业服务中心”“2019年四川省科技孵化载体服务联盟先进集体”等称号。2019年，创服中心孵化面积近2万平方米，有在孵企业数80家，其中电子信息、汽车及零部件、新材料等三大主导产业企业占比超90%；在孵企业产值达8450万元，研发投入近2000万元；高新技术产品收入超4800万元，利税超740万元；有规模升级企业11家、毕业企业15家、川藏板挂牌企业15家、省级专精特新企业1家，新认定国家级高新技术企业3家，有30家在孵企业被认定为国家级科技型中小企业。

【企业服务】 2019年，创服中心组织部分在孵企业、高新技术企业总工程师、技术总监到重庆大学“技术创新管理实务提高班”，开展专业化培训和考察活动。与四川省重大人才专家联谊会合作，为企业提供高层次技术协同创新支撑。构建“引进来+走出去”的人才培养模式，组织企业赴大专院校进行推介和招聘。开展“双创”活动、企业项目路演、人才引进对接、技术需求对接、市场资源对接等活动12次，帮助企业进行相应资源聚集和利用。聘请创业导师10人，为项目提供针对性服务。与思迈创投、盛兴佳创等10家投融资机构建立合作关系。帮助33家在孵企业申请80项专利，其中发明专利18件、实用新型20件、软件著作权42件。

【创新创业】 2019年，创服中心按照高新区科技资源支撑型特色载体建设总体要求，做好资源集聚、体系建设、人才支撑、科技金融、主体培育、能力建设等工作。建设“融创绵阳”创新创业综合服务平台，为企业提供全要素、全生命周期的一站式服务。与10家资本服务机构达成协议，与8家专业公共技术服务平台开展合作，组织开展创新创业大赛和项目路演活动16场次。在北京经开区与中孚高科合作建设的飞地孵化基地，完成孵化空间条件建设，开展招商孵化工作。搭建绵阳高新区科技金融路演中心线上平台，打造全市科技型企业投资融资高地。平台通过网上路演、新闻发布、金融产品推介、主题活动等方式进行推行和路演，帮助企业获得融资资金。实施创新主体培育工作，对新认定的国家科技型中小企业、高新技术企业、川藏板挂牌上市企业等实施奖励，对培育高企的科技服务机构进行奖励，帮助区内33家科技型中小企业申请专利150件。

【“双创”活动】 2019年，创服中心围绕“双创”升级项目申报计划，策划并开展“双创”活动约60次，营造创新创业氛围。与工研院合作开展“第五届中国科技城大学生毕业设计大赛”等活动；在2019年科普活动月开展送科技下乡等形式多样的科普活动，并承办“不忘初心·科创未来”绵阳市大型科普展览活动；与深交所合作，联系各投融资机构，组织开展“绵阳高新区科技企业投融资常态化路演活动”。 （向　帆）

国家生物医药专业孵化器

【概况】 绵阳拥有国家生物医药孵化器——绵阳高新区生物医药孵化器（以下简称孵化器），该孵化器位于绵阳高新区一康路16号，平台占地面积1.6公顷，孵化场地面积达1万余平方米，总投资5000余万元。旨在为生物技术类（疫苗，酶制剂，基因工程药物）、天然药物、环保科技、生态农业、医疗器械、医疗电子等领域项目的研发及中试生产提供技术支持和孵化服务。先后被认定为“四川省中小企业科技企业孵化器”“国家级科技企业孵化器”“四川省第五批小企业创业示范基地”。孵化器研发中试服务平台拥有1万级净化实验室、独立实验室、专项实验室、中药中试平台。实验用分析测试仪器设备的配置，按生物工程平台、天然药物平台和公共实验平台的要求，配置约810万元实验分析仪器设备及约183万元的净化空调系统等设备设施。2019年，孵化器引进清松堂中医药、标创生物等科技型中小企业7家，在孵企业总数达45家，其中留学人员企业2家、大学生创办企业10家；在孵企业实现营收1.2亿元，研发投入418万元。与铁骑力士、西科大分析测试中心等机构签署合作协议，累计与8家各类专业公共技术服务平台及4家国家级和省级实验室开展合作。全年在孵企业申请知识产权数38家，在孵企业拥有有效知识产权总数48项，其中发明专利8项。孵化毕业企业5家，其中四川百诺吉科技、蜀创农业和卡力特科技获批“国家高新技术企业”，四川好能科技在川藏“四板”挂牌，川正中药材实现规模升级，成长为规模以上企业。全年孵化器与四川中医药高等专科学校合作，建立中医药科研工作站；与四川农业大学、西南科技大学、绵阳师范学院等高校对接建立合作机制，签订项目孵化合作协议。将孵化器作为高校院所的项目实施基地，完成技术转移、落地、实施产业化。

【公共检测服务平台发展】 孵化器充分利用孵化平台现有条件，通过引入民间资本合作，共同建设绵阳第三方公共检测服务平台——四川明正检测有限公司，业务范围覆盖省内外。截至2019年年底，共出具并发放检测报告1471份，其中环境检测类检测报告614份、公共卫生类检测报告808份、洁净区类检测报告4份、食品及食品相关产品类7份、消毒卫生类23份、学校卫生类15份；签订合同金额745万元。

【孵化器服务能力建设】 孵化器与绵阳师范学院合作共建生物医药孵化器绵阳师范学院苗圃基地，投入200万元，孵化场地1100平方米，配备蜂巢、众创咖啡等公共服务平台和510平方米GMP生物医药标准实验室。实验室经完善，取得食品生产许可证。2019年，孵化器实施“双创”升级项目，通过项目实施，提升基础硬件设施，新购进三联罐、肺功能机等70余万元设备，与铁骑力士、西科大分析测试中心、四川农业大学—畜禽生物制品四川省重点实验室等各类专业技术平台及国省市重点实验室签订合作协议，提升孵化器服务能力。孵化器聘请创业导师15人、创业辅导员8人，对生物医药类科技型中小企业及创业者提供辅导服务，共对接重点科技创业企业40家，实行“一对一”辅导，开展座谈会集中解答问题，缓解孵化器管理人员经验不足、专业知识不够难题。

【创新创业活动开展】 2019年，孵化器组织企业参加第八届创新创业大赛、第四届中国创新挑战赛（绵阳科技城）等活动，协同金融机构开展“金融产品对接会”。与绵阳师范学院、四川中医药高等专科学校合作开展生物医药产业科技成果对接与双创人才培训会、中医药创新创业项目路演与专题培训会、中医药大学生创新创业活动周启动仪式暨孵化器科研工作站揭牌活动。与北京汇龙森中孵高科合作开展京绵研修班项目项对接活动、生物与新医药产业对接会、医疗器械项目遴选及法规培训会、生物医药类项目路演及专家会诊座谈会等系列活动15场次。（向 帆）

园区创新创业

【概况】 2019年，科技城有产业园区13个，其中有绵阳高新技术产业开发区、绵阳经济技术开发区、绵阳出口加工区3个国家级开发区；有江油高新区、游仙高新区、安州工业园区、绵阳科技城科教创业园区、三台工业园区、北川经济开发区、梓潼经济开发区、盐亭经济开发区8个省级开发区。各园区持续根据自身建设需要，分别建设有创新创业服务中心和创新孵化器，作为各园区创新创业的重要载体和平台，培育和孵化规模企业，促进创新技术成果转化，主要涉及新材料技术、生物医药、化工、电子信息化等领域。

【安州区创业服务中心】 安州区创业服务中心（以下简称中心）于2013年底筹建，2014年4月28日经安州区委、区政府批准正式挂牌成立。中心有孵化面积1.4万平方米，其中孵化楼宇6栋；有管理团队人员5人。中心拥有独立办公室、多功能会议室、创业餐厅、众创咖啡、党群活动中心、安馨公寓等功能齐全的服务及配套设施，有专门服务机构和各类配套中介机构，对中心入驻企业实施“一站式”全方位服务。中心作为区委、区政府扶持安州科技型中小企业、大学生创新创业等的综合服务平台，其主要功能是：孵化培育、招商引资、综合服务。中心成立以来入驻孵化企业累计实现税收6434.83万元。中心先后获评“省级科技企业孵化器”“省级大学生创新创业示范园”“省级小型微型企业创新创业示范基地”，累计获得各类专项补助资金共计115万元。2019年，中心新增入驻企业5家，新增挂牌企业13家；中心新增科技型企业认定15家；取得科技评价入库资格6家。截至年底，中心入驻企业总数达133家（办公入驻36家、挂牌97家）。全年36家入驻企业共实现销售收入83.75亿元，实现税收2184.22万元。

全年中心利用孵化平台及资源举办新财税制度培训、创青春故事分享会、创新创业故事汇、知识产权和企业发展的利好关系培训会等活动共8期。举办各类知识培训，宣传安州区各项创新创业扶持政策，为创新创业者提搭建银企融资平台及成果展示的舞台。年内，中心毕业企业四川九渊医药科技有限公司年产150吨白藜芦醇项目初步实现产业化，公司“基于分子色谱技术提高酒精回收利用率的高效节能设备的研究与运用”取得科技成果鉴定书，“挥发油脱水装置和挥发油提纯系统”取得新型实用新专利的授权，7项发明专利进入实质性审查阶段。绵阳市靖华节能环保科技有限公司实现农产品加工烘干设备在全省21地市州全面覆盖和80%的县运行，公司青花椒烘干项目获得全国热泵烘干优秀案例奖。中心为中小微企业、大学生创业等提供“一站式、一对一”服务，全年协调处理企业在办证、环保、消防、税务、银行等问题20余次。中心在综合服务大厅集中设置综合服务办公区，并引入四川兴瑞税务师事务所有限公司安州分公司、绵阳市东博财务咨询服务公司等中介服务机构在综合服务区集中办公，为创业者提供融资、担保、工商、税务、法律、造价等服务。中心聘请创业辅导师、辅导员，并组织“创客面对面”大讲堂活动。到绵阳师范学院、绵阳西南科技大学、四川大学、成都理工大学等高校开展安州区创新创新政策宣讲活动，与多所大学签订校企合作协议，部分入驻企业与相关大学开办联合实验室。

（王金钟）

【仙海区创新创业】 截至2019年，仙海区共招引、培育和发展科技型中小企业28家，其中规模以上企业2家；涉及农业科技11家、生物及新医药技术类1家、先进制造类1家、电子信息类5家、新能源及节能类3家、高新技术服务类5家、资源与环境类2家。通过开展项目研讨等活动，建立与省农科院、西科大等科研院校的合作关系，建立适应仙海区经济发展的包含旅游、法律、文化、农业等领域的“动态专家库”，有入库专家26人。组织企业家参与“企业家能力提升”培训，举办职业技能培训、旅游服务业培训共四批次约600人次，举办“就业援助月”“春风送岗位”、返乡农民工招聘求职洽谈会、“金秋招聘月”等招聘会，吸引43家企业，提供78个工种、850个就业岗位，提供政策咨询服务310余人次，共发放政策宣传资料600余份。组织万涪农业杨梅示范种植基地完成省科技计划项目验收；拨付萄园仙谷农业产业园水果种植大棚提升改造工程农业产业资金200万元，指导通过省级“标准化优秀示范区”项目验收；支持金草农业铁皮石斛文化产业园区建设，推荐申报农产品冷链物流体系建设项目；支持农业合作社联动发展，培养具有品牌示范效应和规模化带动作用的企业，促进周边农旅产业发展。区内孵化服务企业四川金税孵化器管理有限公司新引进企业62家，累计73家；四川兴缘源孵化器管理有限公司引进企业6家，累计26家。（张　霓）

【江油科技孵化及创业培训中心】　江油科技孵化及创业培训中心成立于2018年1月，位于江油市大鹏路东段，是江油高新区管理与江油市创元开发建设投资公司联合打造的科技型中小企业孵化中心（简称“孵化中心”）。建成面积18.88万平方米，包括1号楼孵化中心（办公用房）、4号楼研发及检测用房、标准厂房、创业公寓。中心致力于打造科技型、创新性的中小企业孵化基地，以中国物理工程研究院、西南科技大学、绵阳师范学院、绵阳职业技术学院为依托，集聚企业培育发展的相关要素资源，为创业企业孵化、高新企业研发、创新人才培育、科技成果转化提供发展空间和服务保障。2019年，江油高新区以科技孵化及创业培训中心为载体，协助企业争取税收、创业启动资金等优惠政策以及办理相关手续，做好法律咨询、融资、知识产权代理等服务，搭建银企业对接平台、为企业提供良好的债权融资通道，会同市人才部门加强企业人才队伍建设服务，提升中心管理水平和服务能力。在了解园区企业发展现状的基础上，以“政策扶持、全面服务”为抓手，实施“分类施策、精准帮扶”，破解企业难题，建立帮扶长效机制。对企业在降低生产要素成本、融资成本，优化政务、商务、生活环境，招商引资、转型升级等方面制定帮扶措施。降低企业营运成本，营造良好市场环境和政务服务环境。（谢小东）

【北川经开区创新创业】　2019年，北川经开区新入孵企业17家，培育科技型中小企业12家，申报专利60件，专利授权5件，科技成果转化5个；招商引资新签约项目12个，协议引资21.7亿元，到位资金15.97亿元。全年加强孵化载体建设，通过招商引资方式，引进社会资本，实施应急产业专业孵化器项目建设。该项目集应急知识培训、体验、科普宣传、应急装备展示、销售和企业孵化等为一体，为北川引入应急装备制造企业，完善北川应急产业的全产业链，起到示范引领作用。规范孵化管理，建立孵化企业准入和退出机制，规范从项目申请、评审，到协议签订、创业入驻等入孵流程，组建专业评审组，严把“入口关”，对考核累计多次排名靠后企业实行有序退出，对时间已满或者达到毕业的企业办理退孵手续，理顺管理，提高孵化器使用效率。按需求导向开展业务培训。针对年初企业用工紧张、法律知识基础薄弱和融资难、融资贵等方面问题，先后组织企业开展“春风行动”现场招聘、“创新融资文化、共度融资困境”沙龙、“企业经营管理与知识产权管理”培训等活动，为企业提供当前急需的政策宣讲和业务培训，全年开展各类活动18场次。将为在孵企业解决实际问题作为服务企业的重要举措，组织专家巡诊，深入企业实地解决实际问题。协助项目申报，转发宣传科技创新、产业发展、创新创业等方面奖扶政策，并邀请专家进行项目、专利、商标等方面申报集中辅导。围绕通航、新材料、智慧家居、电子信息、食品药品、农特产品、应急等主导产业，开展产业招商和产业链招商，引进优质项目，带动产业集聚，先后赴北京、上海、深圳、西安、成都等地招商考察30余次，邀请和接待全国各地招商考察、学习交流企业或团队40多批次100余人次。（陈云皓）

【盐亭县创业孵化中心】 盐亭县创业孵化中心（以下简称创业中心）位于盐亭经开区，是盐亭县重点打造的首个政府孵化器市场化运作科技孵化平台，由四川飞马科技孵化器管理有限公司运营管理。2019年，创业中心获得国家级"星创天地"、省级孵化器、省级大学生创新创业园区（基地）、省委宣传部"实践创新基地"市级大学生创业孵化基地、市级返乡农民工创业基地等认定。创业中心服务范围为到盐亭创业、大学创业、返乡创业人员，服务内容包括：为创业企业作政策解读、政策法律咨询，创业项目疏导、资质办理等相关手续；开展创业指导、创业培训、投融资对接、人才培训、技术创新和高质量服务，协助企业申报项目资金、制定方案，进行项目管理、招标与考核，组织各种评审、管理与技术指导，政策信息互联网发布，建立一企台账，为特招企业（"一带一路"）开展投资经贸咨询；为创业者免费提供办公场地和后勤保障服务；搭建创业者创业实践、互动交流、产品推广、信息共享的平台；实施创业项目开发、对接和融资等交流活动，以优质企业产业项目开展助贫脱贫工作。创业中心运营公司有管理及工作人员6人、导师12人，其中4人通过省科技企业孵化器从业资格证。创业中心设立中心办公室、创客办公室、公共区域办公室、会议室、创客书吧等，实现企业免费拎包入驻条件。与省内各大院校签订"校企合作协议"；引进专业服务机构，提供律师事务服务、会计税务服务、知识产权评估服务等服务。全年为孵化企业（团队）开展法律、税务、知识产权、项目申报等各类培训达6场，组织参加创业培训5次受训人员260余人次。根据少数企业（项目）的个性化需求和成长需要开展的专项服务活动。对盐亭一加一智能家居、本东科技有限公司等在孵企业进行高新技术企业项目培育。线上建立创业中心网站企业微信群，实现孵化器平台与企业线上的交流及服务，实时对事件进行处理。建立服务微信公众号，推送培训活动、培训信息、新闻、政策、国情市情等资讯及项目在线咨询服务、导师在线咨询。自孵化中心运营以来累计入孵企业136家，其中大学生创业16家、退役军人创业9家、返乡创业95家，通过科技型中小企业认定76家。2019年，孵化中心招引25家企业在盐亭注册成立。利用孵化中心管理公司（四川飞马孵化器管理有限公司）100万元的孵化种子资金，对2家企业的优质项目进行投融资。为在孵企业提供工商登记代理服务21次，指导40余家企业税务申报，指导30余家企业完成工商年检，指导并协助企业完成知识产权申报6次，申报绵阳市科技型中小企业16家，为企业申报专利、包装申请8件，举办各类培训活动6次。（董晶晶）

大学生创新创业

【概况】 2019年，市委、市政府制定出台《关于做好当前和今后一个时期促进就业工作的实施意见》《绵阳市促进返乡下乡创业二十五条措施》《加强农民工服务保障三十条措施》等政策，谋划稳定和扩大就业工作。制定印发《稳就业工作方案》，建立"五四三二"稳就业工作机制，实施"四个一批"稳就业工作措施。开展《高质量就业助推人民增收研究》《绵阳经济转型期对就业形势影响的分析》等课题研究，研究产业转型升级等对就业规模、就业结构、就业形式带来的影响，探索新业态、新就业形式下开展就业工作的新路径，促进大学生通过多种形式就业。

相关链接：“五四三二”稳就业工作机制即加强5个监测，包括加强登记失业人员监测，加强人力资源市场供求监测，加强农村劳动力转移就业监测，加强企业失业动态监测，加强重点外贸企业用工监测；建立4个机制，包括建立跨地区协调联动机制，建立市直部门间协调联动机制，建立市县乡三级协调联动机制，建立人社系统内部应急处置机制；制订3个预案，包括制订政策预案、资金预案、应对预案；实行2个直报，包括用人单位裁员一定数量实行直报，外出务工人员返乡达到一定数量实行直报。

“四个一批”稳就业工作措施即支持企业稳定发展消化一批，鼓励返乡下乡创业带动一批，大规模开展培训储备一批，实施精准帮扶托底安置一批。

【大学生创业扶持服务】 2019年，科技城按照“政府引导、市场主体”的思路，加强创业平台建设。科技城有1家国家级创业园区（绵阳科技城科教创业园区）、15家省级创新创业孵化园区（孵化基地）通过省人社厅、财政厅、教育厅、团省委四部门联合开展的复核，获得孵化基地奖补资金240万元。创业服务指导。开展“创业成就梦想，服务在您身边”主题活动，举办市级创业导师团队培训、“青创+”创业项目巡诊、“天府杯”创业大赛等活动，提高创业指导和服务水平。为3900名在校大学生提供免费创业培训，为离校未就业高校毕业生创业落实创业补贴279万元。组织人才服务、人社局长进校园等活动，到西科大、绵阳师院等9所高校现场宣讲就业创业政策，引导毕业生树立正确就业创业观念。设立25个大学生创业服务窗口，从政策咨询到开业指导、贷款融资、跟踪服务，从创业培训到创业补贴发放等进行“一条龙服务”，为1.41万名低保家庭、残疾、享受国家助学贷款的高校毕业生发放求职创业补贴1694.28万元。优化创业融资环境，通过降低贷款门槛、放宽反担保条件、建立银行和政府风险共担机制等，提高创业者申请创业担保贷款的可获得性，全年共发放创业担保贷款1.02亿元。

2019年科技城创新创业孵化园区（孵化基地）一览表

表29

序号	孵化园区（孵化基地）名称	地址	级别
1	科教创业园区孵化基地	绵阳市科教创业园区	国家级
2	涪城区高校毕业生创业孵化基地	绵阳涪城区泗王庙巷28号	省级
3	西南科技大学国家大学科技园	涪城区青龙大道中段59号	省级
4	游仙孵化中心	游仙经济开发区凯越路1号	省级
5	富乐绵阳创业园	绵阳市仙人路一段32号绵阳职业技术学院院内	省级
6	三台县（刘营）大学生创新创业示范园	三台县刘营镇	省级
7	江油市科技孵化园	江油市工业园区创元路南段江油科技孵化园	省级
8	江油市青年（大学生）现代农业创业示范园	江油市九岭镇	省级
9	四川安州区工业园区大学生创业园	四川安县工业园区	省级

续表 29

序号	孵化园区（孵化基地）名称	地址	级别
10	绵阳市安州区创业服务中心	绵阳市安县花荄镇文卫路 4 号	省级
11	绵阳首战孵化器	绵阳高新区绵兴东路 133 号创业服务中心大学生创业园	省级
12	智汇谷创新孵化器	绵阳市贾家店街 89 号	省级
13	绵阳经开区积家工业园	绵阳经开区塘汛镇塘坊大道 677 号	省级
14	中国（绵阳）科技城软件产业园	四川省绵阳市绵安路 35 号	省级
15	绵阳市科创孵化器管理有限责任公司	绵阳市创新中心二期 2 号楼 230	省级
16	1716 创业工场	绵阳市科创园区创业中心	省级
17	万生 126 文化创意园	长虹大道南段 172 号	市级
18	绵阳燕景堂科技孵化器管理有限公司	御营坝绵绢路 9 号	市级
19	“梦工厂”大学生创业孵化基地	绵安路 35 号	市级
20	毅德·绵阳电商产业园	御中路 66 号	市级
21	盐亭县创业孵化中心	盐亭县嫘祖大道 1 号	市级
22	西城大学生创新创业园	三星路 11 号	市级
23	梓潼县科技孵化中心	经济园区金牛大道南段 500 号	市级
24	江油市电子商务创业中心	东胜路 83 号	市级
25	蜂创孵化器	科创区创新创业中心 2 期 B2-07-1	市级
26	三台县大学生创新创业园区	青东坝工业集中区	市级
27	中国科技城创客俱乐部	科技城创新中心二期 2 号楼 208-209	市级

【大学生创业扶助计划】 2019年，科技城实施高校毕业生就业创业促进计划，开展就业创业政策、先进典型、先进经验、专家服务、企业专项招聘“五进校园”系列宣讲活动；深化校企合作，建立毕业生就业基地上百家，采用“签订协议、定向专业、定向招生、定向就业”一签三定的人才培养和就业模式，建立“吉利班”“京东方班”等订单班，实现“入学即就业”。掌握离校未就业高校毕业生就业需求，推荐岗位供其见习、就业。全年移交离校未就业高校毕业生5172人，登记或办理业务9人，入户走访调查摸排29人，其他渠道2人，共5212人；实现就业4520人，入伍、升学、出国604人，参加就业准备活动47人（就业见习16人、职业培训31人）。提供就业创业服务5041人次，享受就业创业扶持政策286人次。实现就业和参加到就业准备活动中的人员为99.2%。实施百万青年见习计划。制定印发《绵阳市就业见习工作实施方案》，完成四川省首批省级就业见习基地认定申报及市级就业见习基地复核工作，指导县市区拓宽就业见习对象，加强就业见习基地建设和管理，为高校毕业生提供见习机会，落实就业见习补贴和人身意外保险政策，增强高校毕业生综合素质能力。全年建成高校毕业生就业见习基地102个，组织就业见习702人，发放见习补贴331.35万元。

【“创业成就梦想，服务在您身边”主题活动】2019年3月，科技城继续开展“创业成就梦想，服务在您身边”主题活动，活动旨在为推进创新驱动发展战略深入实施，打造“双创”升级版，强化公共创业服务，提升服务能力和水平。活动时间为2019年全年，服务对象为全市范围内有创业意愿（或正在创业）的城乡劳动者和绵阳市行政区域内高校的创业大学生。活动内容为：加强创业扶持政策和服务项目宣传，提升政策知晓率。开展创业扶持政策宣传活动，利用大型招聘活动、沙龙活动以及高校毕业生报到和创业培训等契机，开展政策宣讲和创业成果展示，举行创业政策“进高校、进社区”活动，并依托大型企业内设创新创业平台，携手开展宣传活动，提升创业政策知晓率。强化创业扶持政策落实，做好创业补贴发放工作加强创业导师队伍建设，提升服务能力。加强创业导师队伍建设，面向社会公开招募50名创业导师并颁发聘期3年的聘书，组织创业导师沙龙活动，增强团队凝聚力和战斗力，为创业者提供服务。加强创业指导服务，开展绵阳创业项目巡诊。举办“青创+”绵阳创业项目巡诊活动，为创业者提供现场指导和咨询服务。加强交流合作，举办创业项目展示和推介。加强创业项目库建设，以创业集市与项目推介会等方式，开展创业项目展示和推介活动；举办创业故事汇活动，向社会大众推介和展示优秀项目以及其成长历程；推荐创业项目参与“天府杯”等创业大赛以及国省举办的各项创新创业活动。加强创业孵化载体建设，完善服务功能；强化创业扶持政策落实，促进劳动者创业。加强国家级创业孵化示范基地和省级大学生创新创业园区（孵化基地）的建设和管理，完善孵化基地认定、退出机制，引入智能化管理手段，建立科学的评估体系，助推基地健康发展；开展户外创业艺术节，通过户外和室内活动相结合，体现创业项目的体验性、互动性和创意性，展示创业的成果，营造良好氛围，增进创业者之间、孵化平台之间、团队之间交流。（赵梓宇）

西南科技大学国家大学科技园

【概况】 西南科技大学国家大学科技园（以下简称大学科技园）是2001年8月经科技部、教育部批准筹建的全国第一批国家大学科技园之一，2003年10月经科技部、教育部批准正式挂牌成立。大学科技园拥有基础设施完善的可自主使用场地面积2.32万平方米，孵化场地面积约1.97万平方米，累计培育企业208家，有在孵企业102家。大学科技园是“国家级科技企业孵化器”“国家技术转移示范机构”“国家级高校学生科技创业实习基地”“国家小型微型企业创业创新示范基地”、首批“四川省大学生创新创业示范俱乐部”“省级大学生创新创业园区（孵化基地）”“省级小企业创业示范基地”。大学科技园实现科技成果转化、高新企业孵化、创新创业人才培养及服务地方经济建设4项服务职能。2019年6月，中国首个钙华展览馆在大学科技园内落成。

【科技成果转化】 2019年，大学科技园是“国家技术转移示范机构”，完善“中国（绵阳）科技城高校科技成果转化平台”，开展科技成果转化服务工作，实现基于超长纳米银线可控组装制备宏观尺度有序结构透明高屏效柔性视窗薄膜，“风向标”新媒体构建，药用、保健、观赏兼用型白芨种苗培育等41项科技成果转化。

【科技企业培育】 2019年，大学科技园完善“国家级科技企业孵化器”“国家小型微型企业创业创新示范基地”等职能，健全孵化服务体系和创业服务规范。新增入孵企业12家，孵化毕业企业3家，在园企业总数逾百家。在孵企业新增自主知识产权34项。协助在孵企业新增投融资2411万元。入孵企业申报获得各类纵横向项目立项31项。

【人才培养平台打造】 2019年，大学科技园发挥“国家级高校学生科技创业实习基地”“四川省大学生创新创业俱乐部”“省级大学生创新创业园区（孵化基地）”优势，打造创新创业教育实践平台。建设大学生创新创业苗圃，实现大学生“拎包创业”。全年新增大学生科技创业企业5家，入孵企业为大学生提供实习、实训岗位新增143个，接纳就业92人，接纳学生实习、实训达61251人天数。 （张丁杰）

科技型中小企业

【概况】 2019年，科技城实施提质增效工程，立足科技型中小企业生命周期管理，根据企业发展的不同规模和不同阶段需求，给予差异化的政策扶持和重点培育，全市科技型中小企业发展呈现量质齐增、稳定发展态势。全年新认定市级科技型中小企业1137家，总量动态稳定在1万家以上；新增升规入统企业68家，国家级科技型中小企业（评价入库科技型中小企业）达1045家。高新技术企业有效数达340家。

【科技型中小企业培育平台构建】 2019年，科技城按照“专业化、市场化、国际化”的发展理念，围绕“众创空间（星创天地）+专业孵化器+特色孵化器+特色园区”链条，结合各地发展特色和主要产业推进创新创业平台建设。全市孵化机构超过60家，使用面积约100万平方米，入驻孵化企业和服务机构4000余家。

【科技型中小企业创新发展平台建设】 2019年，大数据与智能系统工程技术研究中心、四川省光学偏光薄膜材料工程技术研究中心等4家省级工程技术中心获批建设。全市国省级工程技术研究中心有28家（国家级5家、省级23家），国省级国际科技合作基地有5个。

【科技型中小企业服务保障】 2019年，科技城持续优化政务服务环境。持续推进商事制度改革，放宽企业住所登记条件，推进“三证整合”“先照后证”等工作，为企业开办和成长提供便利化服务，降低创业准入的制度性成本。推广“科金云”绵阳科技金融服务模式，完善科技金融政策措施，强化科技信贷各项指标绩效评价，缓解科技型民营企业融资难、融资贵等问题。截至年底，全市科技贷款余额331.4亿元，科技企业贷款户数1607家，累计知识产权质押贷款5.3亿元。市场化运营国家两用技术交易中心、四川大型科学仪器共享平台，全年实现技术合同登记12.8亿元。四川大型科学仪器共享平台仪器设备达5573台（套），促成签单3728次，“设备仪器贷”累计放款2700万元。 （张 科）

2019年科技城新增升规入统科技型中小企业一览表

表30

序号	所属类别	企业名称
1	规模以上服务业	绵阳网众科技有限公司
2	规模以上工业	四川凯拓电器有限公司
3	规模以上工业	四川明峰农业开发有限公司
4	规模以上工业	四川梦达科技有限责任公司
5	规模以上工业	绵阳锐龙建材有限公司
6	规模以上工业	绵阳北斗电子有限公司

续表 30

序号	所属类别	企业名称
7	规模以上工业	绵阳恒盛通信网络工程有限公司
8	规模以上工业	绵阳市精锐数控工具制造有限公司
9	规模以上工业	绵阳市胜源合金制造有限公司
10	规模以上工业	四川奥格莱能源科技有限公司
11	规模以上工业	绵阳市光联科技有限公司
12	规模以上工业	中科国兴（绵阳）科技有限公司
13	规模以上工业	绵阳金虎精工机械制造有限公司
14	规模以上工业	四川旭博精密科技有限公司
15	规模以上工业	绵阳炽阳科技有限公司
16	规模以上工业	四川同人精工科技有限公司
17	规模以上工业	绵阳金信诺环通电子技术有限公司
18	规模以上工业	绵阳麦科迪威科技有限公司
19	规模以上工业	绵阳市宝泰人防设备有限公司
20	规模以上工业	四川新浮山塑业科技有限公司
21	规模以上工业	绵阳宜得新光电子有限公司
22	规模以上工业	绵阳市攀丰智能制造有限公司
23	规模以上工业	四川爱创科技有限公司
24	规模以上工业	四川鑫达新能源科技有限公司
25	规模以上工业	江油市嘉峰电子科技有限公司
26	规模以上工业	绵阳二四机械有限公司
27	规模以上工业	四川冠富科技有限公司
28	规模以上工业	四川江油鑫临附子药业有限公司
29	规模以上工业	四川省聚润新能源科技有限公司
30	规模以上工业	绵阳市精锐数控工具制造有限公司
31	规模以上工业	四川神光石英科技有限公司
32	规模以上工业	四川省中兴药业有限公司
33	规模以上工业	绵阳市致勤电子科技有限公司
34	规模以上工业	四川伊可及竹原纤维科技有限公司
35	规模以上工业	绵阳佳利德纺织科技有限公司
36	规模以上工业	绵阳市隆豪农业有限公司
37	规模以上工业	四川大吃方食品有限公司

续表 30

序号	所属类别	企业名称
38	规模以上工业	四川省合联机械有限公司
39	规模以上工业	四川瑞玖鸿农业科技有限公司
40	规模以上工业	绵阳市梓林强纸制品有限公司
41	规模以上工业	四川天磁磁业科技有限公司
42	规模以上工业	绵阳银晟达玻璃制品有限公司
43	规模以上工业	四川威斯卡特工业有限公司
44	规模以上工业	盐亭盈基生物质能源开发有限公司
45	规模以上工业	绵阳云飞精工机械有限公司
46	规模以上工业	绵阳力神动力电池系统有限公司
47	规模以上工业	四川潽鑫再生资源开发有限公司
48	规模以上工业	绵阳沃姆斯科技有限公司
49	规模以上工业	北川好如意家具有限公司
50	规模以上工业	绵阳森乐家具有限公司
51	规模以上工业	绵阳卓英社科技有限公司
52	规模以上服务业	东亨信息科技股份有限公司
53	规模以上工业	绵阳西磁科技有限公司
54	规模以上工业	绵阳高新区天意电子科技有限公司
55	规模以上服务业	四川凯路威电子有限公司
56	规模以上服务业	四川迈高印务有限公司
57	规模以上工业	四川九洲线缆有限责任公司
58	限上商贸	四川海贸通网络科技有限公司
59	规模以上工业	四川九洲防控科技有限责任公司
60	规模以上工业	绵阳市耐特电子实业有限责任公司
61	规模以上工业	绵阳天眼激光科技有限公司
62	规模以上工业	绵阳市长力科技有限公司
63	规模以上工业	绵阳市道宏电子有限公司
64	规模以上工业	四川久远化工技术有限公司
65	规模以上工业	绵阳澄泓微电子材料有限公司
66	规模以上工业	绵阳蜀邦实业有限公司
67	规模以上工业	绵阳市南亚智能制造科技有限责任公司
68	规模以上工业	绵阳市金洋钰景家具有限公司

科技成果转化与知识产权保护
Transformation of Scientific and Technological Achievements and Protection of Intellectual Property

科技成果转化

【概况】 2019年，科技城壮大创新创业人才队伍，畅通技术转化通道，让更多科技成果转化为现实生产力。科技成果转化工作按照《中华人民共和国促进科技成果转化法》有关要求，坚持创新驱动、融合发展战略，大力整合科技资源，提升科技服务能力，科技与经济结合愈加紧密，科技对社会支撑引领作用持续增强。年内，市人大常委会对《中华人民共和国促进科技成果转化法》在全市实施情况等开展执法检查，并召开会议听取执法检查组检查情况报告。全年技术合同认定登记额超过12.9亿元。绵阳“科创助推新发展”经验以头条形式被《人民日报》“壮丽70年奋斗新时代”专栏关注。西科大等高校起草专利转化管理办法，执行学校科技成果转化实施办法规定，兑现25项职务发明。指导四川铁骑力士集团制定实施《四川铁骑力士实业有限公司科技成果转化实施办法（试行）》。培育出长虹、九洲、永贵科技、新晨动力、铁骑力士等国省级知识产权示范企业、优势培育企业、试点企业。

【企业创新主体培育】 2019年，科技城高新技术企业净增68家，净增数超过2018年2倍，高新技术企业总数达340家，认定申报数、净增数与通过率均创历史新高，居全省第二位。高新技术产业主营业务收入实现1861亿元。推动科技型中小企业提质增效，科技型中小企业成为支撑新一轮快速发展的生力军。科技型中小企业认证总数稳定在1万家以上，新增上升规模纳入统计企业68家。科技型中小企业评价入库超过1000家，居全省前列。科技城研发经费投入强度达6.61%，继续保持全国领先水平，企业研发经费投入企业R&D经费投入达53.57亿元，同比增长15.8%。

【成果转化平台建设】 2019年，国家两用技术交易中心、大型科学仪器共享平台等科技服务平台市场化运营持续推进，辐射范围以及服务能力均持续提升。其中两用技术交易中心收入654.1万元，累计收录各类成果2.7万项，征集企业技术创新需求2800余项，服务企业500余家，培育30家企业实现技术成果转移。组织高校、孵化机构定期开展创新创业特色活动，持续开展科技成果发布和对接活动，形成“每月有发布、季度有对接、年度有大赛”的成果发布机制。

【成果转化资金渠道拓展】 2019年，科技城科技金融专营机构达26家，科技金融产品达52个，全市科技贷款余额322.76亿元，贷款户数突破1500户；知识产权质押融资金额达2.56亿元，同比增长214.73%，创历史新高。全年纳入统计的科技服务业企业有77家，其中规模以上企业62家，实现科技服务业行业营业收入35.56亿元，同比增长37.8%。

【科技城参与“天府科技云服务”建设】 2019年，四川省建设“天府科技云服务”的构想提出后，科技城立即启动参与工作，组织科技工作者、学（协）会、高校等开展建言献策，促成市委七届八次全会将“天府科技云服务”写入《推进城乡基层治理制度创新和能力建设的意见》。听取各县市区科协、科技企业、科技工作者等意见建议，最终完成《绵阳市“天府科技云服务”总体方案》和专题报告《基于“天府科技云服务”平台对助推绵阳科技城经济高质量发展的思考》。12月，绵阳市“天府科技云服务”平台培训会召开，专家围绕“天府科技云服务”运维体系建设、精准服务科技工作者和企事业单位等方面进行讲解。

相关链接：“天府科技云服务”旨在通过建设“天府科技云服务”平台，使每个科技工作者（团队）都可自主、便捷上传其“科技所能”，每个企事业单位均可自主、便捷上传其“科技所需”，每个城乡群众可自主、便捷上传其“科普所需”，运用大数据、云计算、人工智能等技术，实现科技供需智能匹配、精准对接、精准服务。平台将广大科技工作者（团队）上传的技术、技能、创意等“科技所能”，与广大企事业单位上传的“科技所需”实现智能匹配、精准对接，力争促成合作，搭建自主、便捷、广阔的科技服务交易渠道，实现科技服务智能精准供给。

【绵阳路演中心试运行启动仪式举行】 2019年11月13日，由高新区管委会、深圳证券交易所联合主办的创新型高科技企业路演与培训专场暨绵阳路演中心试运行启动仪式在绵阳举行。市委常委、副市长杨学宁出席并致辞。启动仪式后，举行专场培训和专场路演。专场培训邀请达晨创投投资总监钱德高，深创投四川区负责人、投资总监林永昕分别就“企业商业模式梳理与商业计划书撰写实务”和“投资机构关注的核心问题与路演实务”两大专题进行培训。全市拟上市培育企业、重点金融机构及县市区（园区）科技、金融主管部门负责人近百人参加培训。专场路演中，中物材料、九州光电子、立德电子、振通公路检测、福德机器人、中科国兴等全市优秀创新型科技企业进行融资路演，路演项目涉及新材料、医疗器械、检验检测等领域。路演现场通过深交所“中国高新区科技金融信息服务平台”专业视频直播系统在全国直播，约1.7万名投资人在线观看直播。“绵阳路演中心”是全市科技成果实现产业转化的重要基础设施，筹建工作得到深交所西部基地和“中国高新区科技金融路演平台”的支持，可通过“中国高新区科技金融信息服务平台”专业视频直播系统，采取“现场路演+网上路演”方式，以“7×24”小时便捷高效模式，持续不断地向全国专业投资机构推介科技城优秀企业，促进投融资信息对接。 （李芝军）

新技术、新成果发布

【概况】 2019年，科技城工研院科技成果发布平台为中小型科技企业和科研院所提供宣传、技术交流等多维度支持的展示平台。参加发布展示的产品注重技术的先进性、成果实用性和成熟性，具有产业化价值。成果发布平台逐步受到更多科技型企业、科研院所青睐，产业聚集和孵化效应初步形成。全年吸引中物院等科研院所、企业召开科技成果发布会，发布重要科技成果，搭建企业、科研院所和技术需求方的沟通桥梁。四川万兆羊机电科技有限公司发布“电磁脉冲生物菌肥反应釜系统”，与铁骑力士旗下的圣迪乐公司达成合作；四川自胜机电设备有限责任公司发布“FRP板簧性能研究成果”，得到野马汽车、波鸿汽车等本地汽车生产企业关注。全年成果发布平台继续以媒体发布会的形式召开，联合新华社、中国工业报社、四川日报社等20余家媒体，对企业研发成果作全方位报道。同时，邀请到行业相关政府机构、社会组织、投融资机构、上下游企业参会，扩大推广效果。在服务科技城企业，宣传本地科技、工业产品成果的同时，鼓励地方企业了解、采购、融资本地创新型工业技术成果，引导成果与资本对接、成果与市场结合，促进双方接洽与交流，推动成果借势发展，加速转移转化速度。全年科技城工研院共举行成果发布会12场，其中中小企业10家、科研院所2家；发布新技术新成果共计30项，发布产品涉及电子信息、新材料、医疗器械、工业自动化技术等多个领域，产品均具有自主知识产权，部分产品可替代进口。

【“TX–40无人机复合多旋翼系统”成果发布会】

2019年3月12日，四川特飞科技股份有限公司研发的TX–40无人机复合多旋翼系统在工研院成果发布会上展示发布。TX–40无人机采用蓬翼常规布局无人机，具有翼载荷小、升阻比高、飞行阻力小、便于起飞的特点。该系统不使用弹射和火工品，安全性好，降低使用操作的专业化要求，3人即可完成所有操作、维护。同时，系统自动化程度高，采用智能化飞行控制系统，从起飞到降落全程自主。该系统广泛运用于气象应急监测、边防巡检、地理测绘、应急救援等领域。

图 21　3 月 12 日，TX–40 无人机复合多旋翼系统成果发布

图 22　4 月 12 日，玄武岩纤维复合材料板簧成果发布

【“玄武岩纤维复合材料板簧”成果发布会】 2019年4月12日，四川自胜机电设备有限责任公司研发的玄武岩纤维复合材料板簧在工研院成果发布会上展示发布。玄武岩纤维复合材料板簧是自胜机电根据车辆轻量化发展需要，联合重庆大学、川汽等单位开发。该产品主要使用玄武岩纤维增强环氧树脂复合材料，具备轻量化，疲劳寿命高、弹性行程大、舒适性好、噪音小、耐腐蚀、安装便利、轻质高强等特点，不仅结构性能超过传统钢板弹簧，而且重量仅为传统钢板弹簧的1/3，其广泛应用可大幅度降低车辆重量，减少排放。

【“从云优学”便携式辅助教育机成果发布会】 2019年5月10日，绵阳从云科技有限公司自主研发的绵阳造“从云优学”便携式辅助教育机在工研院成果发布会上推出。“从云优学”便携式辅助教育机是一款多功能教育辅导产品。该产品包含全国40多个出版社、100多个版本教材，具有小学至初中9年级11门功课的同步辅导、同步点读、同步名师视频等功能；首次推出小学奥数同步视频精讲功能，以解决城乡教育资源不平衡的问题；具有独家的远程适时亲情监护功能，可有效控制学生的使用时间，避免因过度用眼导致的视力下降等问题；联合爱奇艺APP的奇异果推出舞蹈、美术、手工艺术启蒙课程，可以满足不同人群的需要。该产品系统为从云科技自主独创，操作简单、实用性强，价格仅为同类产品价格的1/2。

【绵阳美科电子设备有限责任公司研发成果发布会】　2019年7月9日，绵阳美科电子设备有限责任公司研发的5款泌尿系统创新医疗器械产品在工研院成果发布会上展示发布。产品包括数字化B超系统、膀胱扫描仪、全自动尿流计系统、高压清创水刀和腹腔镜机械手。其中数字化B超系统采用嵌入式操作，可实现实时逐点动态聚焦、动态孔径成像和图像捕捉，并采用全数字化、宽频变频技术，具有局部放大功能，能实现大容量电影回放；膀胱扫描仪机体采用便携式结构设计，使用全新三维探头，具有膀胱扫描位置提示、自动识别膀胱边界、膀胱智能定位、膀胱轮廓手动矫正等功能。产品均实现量产销售，其中膀胱扫描仪被国内300多家三甲医院使用，国内市场占有率位居第一。

【“汽车主动防撞毫米波雷达”成果发布会】 2019年8月12日，绵阳小苹果电子科技有限公司研发、制造的“汽车主动防撞毫米波雷达”在工研院成果发布会上展示发布。该公司采用“汽车主动防撞毫米波雷达”技术的产品有24GHz、77GHz两类，并实现量产销售。产品包含前防撞雷达和辅助变道雷达，能够精准定位并锁定跟踪车辆前方200米和尾部两侧视野盲区50米内的目标。具有稳定的探测性能和良好的环境适应性，可在雾霾、下雨、夜晚等恶劣天气条件下，精准探测车辆前后方状况，当有碰撞危险时发出声光报警，提醒驾驶员注意行车安全，为行车安全提供保障。产品获四川省优秀创新创业项目称号，拥有6项专利，其中发明专利1项、实用新型专利5项，具有完全自主知识产权。

【电磁脉冲生物菌肥反应釜系统成果发布会】 2019年9月9日，四川万兆羊机电科技有限公司研发的电磁脉冲生物菌肥反应釜系统在工研院成果发布会上展示发布。该系统获国家发明专利3项、实用新型专利保护2项、外形技术结构性专利10余项。电磁脉冲生物菌肥反应釜系统以德国4.0自动化为设计理念，利用电磁脉冲声波的空泡效应破坏细胞结构，以生物菌种制剂为导引，高效快速提高生物菌肥质量，加速发酵液质量传递作用，提高发酵过程反应速度，促进生物传质作用，是已知发酵方法的3—10倍。该设备还通过进排气过滤系统消除粪便异味和农作物秸秆焚烧带来的大气污染问题，提高养殖户、种植户的有机再循环。该设备采用全电子全封闭式自动化流水线作业，节约人力物力，污水污气处理完全电子控制，实现超级循环排放的独特功能。

【地质勘探新型高能环保气爆人工震源成果发布会】 2019年10月9日，四川伟博震源科技有限公司研发的地质勘探新型高能环保气爆人工震源在工研院成果发布会上展示发布。该成果是高能环保气爆人工震源。具有自主知识产权，在地震科研、浅层地质勘勘探及油气勘探领域获得推广应用。项目原理是在特制超高压腔体内，使用专用注气装置注入超高压可燃气体与助燃剂，通过控制引爆部件进行点火，产生数十倍于初始气体压力的增压，在激发端瞬间释放，形成震源，具有能量利用率高、绿色环保、调控激发等特点。

（李汶航）

科技成果交易

【概况】 2019年，科技城完成技术合同登记500份，合同成交金额约12.95亿元，合同成交额同比增长6.53%。其中技术开发合同352份，合同成交额51795.76万元；技术服务合同136份，合同成交额67259.66万元；技术转让合同10份，合同成交额10154.78万元；技术咨询合同2份，合同成交额325万元；国际技术交易合同3份，合同成交额6130.18万元。国内输出技术合同流向地主要包括全国27个省（直辖市、自治区），主要流向区域为四川省、北京市、广东省、江苏省、浙江省、陕西省等；输出技术合同的技术领域主要涉及电子信息、先进制造、航空航天等11个领域，其中涉及电子信息技术的226份，合同成交额达42742.13万元，占全部输出技术合同的33%。

【两用技术交易中心科技成果交易】 2019年，两用技术交易中心完善技术交易体系建设，结合技术交易规则、流程，完善科技成果挂牌交易、公示、需求对接流程等，聚焦业务，开展技术交易、需求对接等服务。利用“戎e网”线上交易平台，累计收录科技成果30750项，企业13697家，征集技术创新需求3004项，吸纳各类专家1500人。新增科技成果3132项，企业422 家，创新需求111项，引入专家9人。与院所、高校对接，征集可交易项目、成果；通过戎易汇等各类活动推广，开展需求挖掘，项目对接，组织日常成果对接活动40次，为120余家企业提供对接服务。技术经纪人队伍建设。连续4年参展并组织90余家企业参展中国（绵阳）科技城国际科技博览会，举办9期“戎易汇”专题对接会通过对接，企业间进行深入交流，对领域内的技术需求解决、成果转移转化起到促进作用。

【第七届科博会科技成果展示与交易】 2019年，第七届中国（绵阳）科技城国际科技博览会展览展示总面积达7万平方米，集中展示中国科技创新发展取得的重大成果和突出成就，共推出1万余件展品，实物比例达到97.5%，火星探测器、“中国科技城之星”亚轨道运载火箭、高温超导磁浮车、5G+远程医疗、腾讯云、优炫数据库等新一代自主研发“黑科技”产品集中展出；科技部组织40家科研机构和科技创新企业，携68个国家最新科学技术项目亮相；600余家国内外知名高新技术企业携最新成果和产品发布展示。中国科技城展区集中展示绵阳本地重点企业与重点招商引资成果，展示柔性显示屏、新一代机场航空宽带无线通信系统、工业物联网一体式系统等大批“绵阳造”最新科技产品。第七届科博会组织开展投资推介暨采供对接大会、重点展商对接洽谈等10余项经贸对接活动，为各方搭建起务实高效的经贸对接交易和人才交流平台。共签约项目105个、投资额923.75亿元；其中成都、南充、泸州、遂宁、乐山等13个市（州）签约项目52个，签约金额245.65亿元；绵阳市签约项目53个、投资额678.1亿元；俄中科技交流论坛暨优质项目推介大会促成10余个俄中优质项目达成合作意向，中国航发四川燃气涡轮研究院主题日活动、四川省第三届文化旅游新技术应用大会等活动签约项目合作协议达15个。（李芝军）

专利申请

【概况】 2019年，科技城专利申请10612件，同比增长 1.2% ，其中发明专利申请3972件，占37.43%；专利授权 6382 件；有效发明专利拥有量5922件；发明专利申请、专利授权、有效发明专利拥有量均居全省第二。万人发明专利拥有量达12.1件，专利质量持续提升。国家知识产权强县示范、试点县（区）达5个，高新区被国家知识产权局确定为国家知识产权示范园区。全市国家级知识产权示范和优势培育企业达到25家；为企业等争取到省级知识产权专项资金850.226万元。

【专利资助】 2019年，市知识产权促进服务中心按照《绵阳市专利专项资金管理办法》要求，开展专利资助工作，完成2018年10月至2019年2月和2019年3月至10月2批次专利资助审核工作，第一批次审核149个申请人的1125项申请，拨付资助资金126.33万元；第二批次审核222个申请人的476项发明专利授权、1205项实用新型专利授权、349项外观设计专利授权及2项国外发明专利授权，共计2032项，拨付资助资金191.93万元。

【专利技术申报】 2019年，市知识产权促进服务中心组织、指导绵阳企事业单位申报2019年省级知识产权专项资金项目55个，其中29个项目获得支持资金770万元。组织四川长虹电器股份有限公司等4个专利申报第二十一届中国专利奖，其中铜鑫铜业公司申报的发明专利项目获得中国专利优秀奖，长虹公司的申报的外观设计专利项目获得中国外观设计专利优秀奖。组织企业23个项目参评2019年度四川省专利奖评选。完成2017年度5个四川省专利实施与促进专项资金转化类项目的验收工作以及2018年度6个四川省专利实施与促进专项资金转化类项目的验收工作，11个项目均通过验收。协助省知识产权服务促进中心对2017—2018年度19个项目验收。（孔　毅）

知识产权管理与服务

【概况】 2019年，科技城持续实施知识产权战略，贯彻落实《关于强化知识产权保护的意见》《关于深入实施知识产权战略加快建设西部知识产权强省的意见》《四川省知识产权战略行动计划（2016—2020年）》和《四川省“十三五”知识产权保护和运用规划》，推进国家知识产权示范城市建设。以知识产权强县工程建设、园区试点示范建设为主要措施，加强科技城核心区域知识产权创造运用与保护水平。7月，高新区被国家知识产权局确定为国家知识产权示范园区，成为四川省第3个国家知识产权示范园区。11月，游仙区东林知识产权特色小镇建设项目通过第一期验收。12月，安州区通过国家知识产权强县试点验收。

【知识产权管理机构改革及职能配置】 2019年1月，根据《绵阳市机构改革方案》，将市科学技术知识产权局的知识产权管理职责等职责整合，组建市市场监督管理局，正处级，作为市政府工作部门，挂市知识产权局等牌子。其中涉及知识产权相关职能为：负责知识产权保护工作，推动知识产权保护体系建设，将专利、商标、原产地地理标志纳入统一管理。内设知识产权规划发展科、商标与专利监督管理科2个科室负责全市知识产权管理和执法。9月，绵阳市知识产权局更名为绵阳市知识产权促进服务中心（以下简称市知识产权中心），为市市场监管局直属单位，内设两科一室，负责全市知识产权创造、运用、服务等服务与促进工作，建立起市场监管与服务促进“双轮驱动”的知识产权管理体系。年底，按照《四川省知识产权工作领导小组关于调整省知识产权工作领导小组组成人员的通知》等文件精神，结合机构改革单位职能变化情况和工作需要，全市启动知识产权工作领导小组调整工作。

【知识产权服务】 2019年，科技城按照《绵阳市专利专项资金管理办法》兑现市本级专利授权、质押融资贴息和知识产权运用与保护项目等资助4629个，资助金额457万元。将知识产权、技术标准、认证认可等资助办法进行整合，并添加品牌培育和认证认可奖励等相关内容，起草《绵阳市知识产权、技术标准、认证认可资助专项资金管理办法》。为促进企业专利技术转化运用，为科技城企事业单位29个项目争取到省级知识产权专项资金850.226万元。扩大知识产权金融服务范围，完善知识产权质押融资风险补偿及分担机制。创新开展知识产权质押融资，推动《四川省财政金融互动奖补资金管理办法》《四川省知识产权质押融资风险补偿基金管理办法》落实，推动出台《绵阳市科技和金融结合信贷融资风险补偿基金管理办法》，引导激励商业银行、保险（担保）机构和企业参与知识产权质押融资。年内向2018年开展专利权质押融资的4家银行兑现奖补资金25万元。全年科技城知识产权质押融资贷款创历史新高，达2.56亿元；科技城知识产权质押融资累计达7.7亿元，居全省第二位。

【知识产权公共服务平台建设】 2019年，科技城推进知识产权相关公共服务平台项目建设，提升知识产权服务水平。4月，四川（绵阳）融合知识产权公共服务平台落户，通过互联网、大数据等信息化服务手段，以知识产权服务为特色，促进科技资源共享、技术供需对接、产业互动发展，构建以知识产权运用为目的的公共服务和专业化服务平台。平台首批引进10家知识产权服务机构入驻，聘请知识产权专家，为创新主体提供知识产权咨询、评估等服务。发挥四川（绵阳）知识产权举报投诉与维权援助中心作用，为华丰公司、安和精密、长虹公司、利尔化学、永贵科技、伦奇机器人等企业提供维权援助服务。提升知识产权政务服务能力，利用绵阳市知识产权资助系统平台，实现专利资助网上受理、网上审核，减少资助对象往返负担，为创新主体提供更便捷的服务。全年资助系统平台审核专利资助3157件，拨付专利资助资金318.26万元，实现资助工作的全过程痕迹管理。举办“知识产权服务万里行”四川站绵阳分站活动，召开知识产权供需对接会，邀请专家为中物院、长虹、九洲、华丰等8家重点企事业单位解答知识产权工作中遇到的问题和困难。举办天府知识产权路演绵阳站活动，为相关企业提供技术运用转化和投融资供需对接平台。持续引进高水准知识产权服务机构，科技城入驻知识产权服务机构达28家。

【高校知识产权权益分配】 2019年，科技城深化知识产权权益分配机制改革，贯彻落实省委、省政府《关于推进中国（绵阳）科技城加快发展的意见》，通过调研、政策宣传、争取项目资金支持等方式推进高校院所开展职务发明知识产权归属和利益分享制度改革试点。西南科技大学根据《西南科技大学科技成果转化实施办法》，按照收益80%归发明人的规定兑现25项职务发明，并起草“西南科技大学专利转化管理办法（讨论稿）”，加大对发明人的奖酬。西南科技大学转让或实施许可专利技术7项。指导四川铁骑力士集团制定实施《四川铁骑力士实业有限公司科技成果转化实施办法（试行）》。

【企业知识产权工作】 2019年，科技城指导企业开展知识产权试点示范，指导绵阳新晨动力机械有限公司等25家企业开展国家级知识产权试点示范优势培育工作；指导四川长虹电器股份有限公司等19家国家知识产权示范和优势培育企业开展年度考核和复核；指导绵阳市丰谷酒业有限责任公司等6家企业申报并被评定为2019年度国家知识产权优势培育企业；指导全市15家企业开展贯标工作。累计培育出包括长虹公司、九洲公司、永贵科技、新晨动力、铁骑力士实业有限公司等国省级知识产权示范企业、优势培育企业、试点企业54家，通过贯标认证企业35家。全年新增旭虹光电、德华皮革、雪宝乳业、铜鑫铜业、靓固科技共5家企业被省工信厅认定为“工业企业知识产权运用试点企业”，全市“工业企业知识产权运用试点企业”总数达13家，总数居全省第二。

2019年绵阳市工业企业知识产权运用试点企业一览表

表31

序号	企业名称	序号	企业名称
1	雅化集团绵阳实业有限公司	8	绵阳富临精工机械股份有限公司
2	四川东材科技集团股份有限公司	9	绵阳新晨动力机械有限公司
3	四川省三台县固锐实业有限责任公司	10	四川省银河化学股份有限公司
4	四川九洲电器集团有限责任公司	11	四川长虹电器股份有限公司
5	四川旭虹光电科技有限公司	12	绵阳铜鑫铜业有限公司
6	四川德华皮革制造有限公司	13	四川雪宝乳业集团有限公司
7	四川靓固科技集团有限公司		

图 23　6 月 25 日，2019“知识产权服务万里行”四川（绵阳）暨“天府知识产权万企行”企业供需对接会在创新中心举行

【2019“知识产权服务万里行”活动】　2019年6月25日，2019“知识产权服务万里行”四川（绵阳）暨“天府知识产权万企行”活动（以下简称“万里行”绵阳分站活动）在创新中心举行。国家知识产权局运用促进司副司长赵梅生，省知识产权服务促进中心党组成员、副主任杨早林，市政府副市长赵迎春出席并分别致辞，共同启动绵阳站活动。活动启动后，举行知识产权服务万里行主题报告会和知识产权服务进企业两大活动。在知识产权服务万里行主题报告会上，知识产权领域专家受邀作“当前背景下知识产权的风险管控”“科技创新中的专利布局”“科研单位高价值专利培育”等主题演讲。在企业供需对接会活动中，长虹、九洲、华丰、旭虹光电、安和精密等企业与知识产权检索、服务、评估等领域的10余名专家进行面对面沟通交流，专家有针对性地解答和回应企业在知识产权工作开展过程中遇到的问题和困难。

【高新区启动“国家知识产权示范园区”建设工作】　2019年12月30日，绵阳高新区国家知识产权示范园区启动仪式暨天府知识产权路演活动举行。省知识产权促进服务中心党组书记、省市场监督管理局党组副书记、副局长赵辉，市政府副市长蒋丽英，高新区党工委副书记、管委会主任董泓，市市场监管局党组书记、局长陈兴刚等出席活动。活动中，高新区正式获得“国家知识产权示范园区”授牌，并正式启动国家知识产权示范园区建设工作。

相关链接：2014年1月，高新区被国家知识产权局批复为国家知识产权试点园区。2017年8月，高新区通过国家知识产权试点园区考核验收。2019年7月，国家知识产权局印发《国家知识产权局关于同意北京市延庆区等城市（城区）、江苏省泰州市高港区等县（市、区）、江苏省武进国家高新技术产业开发区等园区开展国家知识产权试点示范工作的通知》，绵阳高新区获批“国家知识产权示范园区”，成为西部地区本次唯一获批的国家高新区，也标志着绵阳高新区成为四川省内继成都高新区和自贡高新区之后第三个获批的国家知识产权示范园区。

【安州区通过国家知识产权强县工程试点县验收】 2019年12月30日，安州区通过国家知识产权强县工程试点区验收，成为科技城继游仙、涪城、三台之后，第四个国家知识产权强县工程试点县。验收专家组受国家知识产权局委托，由四川省知识产权服务促进中心专家组成。专家组通过听取汇报、查阅资料、现场提问答辩、专家打分等评审程序，认定安州区通过试点县验收。

（蒲晓梅）

知识产权保护

【概况】 2019年，科技城先后开展“春雷”“护航”“铁拳”“蓝天”等专项行动，聚焦重点市场、重点领域，严厉查处商标、专利、地理标志侵权假冒违法行为，维护知识产权市场环境。全年共查办专利行政执法案件271件、商标侵权案件138件。指导绵阳毅德城、天泰剑南国际食品城开展国家级知识产权保护规范化市场培育和申报认定工作，2个市场被国家知识产权局确定为第四批国家级知识产权保护规范化市场。发挥四川（绵阳）知识产权举报投诉与维权援助中心作用，为富临精工、旭虹光电、华丰公司等企业提供知识产权维权援助服务。设立科博会知识产权保护站，维护参展企业知识产权权益。与成都、德阳、眉山、资阳签署知识产权跨区域合作协议，在异地协作执法、统一受理标准等方面开展合作。成立绵阳市人民检察院驻市市场监管局检察工作室，实现行政执法与刑事司法、公益诉讼无缝对接，形成包括知识产权内容在内的打击市场监管领域犯罪合力。全年全市人民法院共审理知识产权案件212件，其中著作权案件49件、商标权案件123件；知识产权审判结案率达100%。全年全市人民检察机关加强对相关行政执法机关所查办的侵犯知识产权行政处罚案件进行排查清理。加强与法院、公安、农业、市场监管等相关职能部门的沟通协作，统一执法理念、执法尺度和法律适用标准，形成打击合力。利用“两法衔接”信息共享平台的共享机制，督促行政执法机关对侵犯知识产权涉嫌犯罪案件的移送。通过部门座谈、企业走访、普法讲座、知识产权宣传周活动等形式，引导企业强化知识产权保护意识。针对侵犯知识产权案件专业性强、难度大的特点，开展相关业务培训。全市检察机关共受理批准逮捕侵犯知识产权犯罪案件6件12人，审查后依法作出批准和决定逮捕4件8人；受理审查起诉侵犯知识产权犯罪案件5件11人，审查后依法起诉4件8人。

【知识产权案件赔偿原则明确】 2019年，绵阳市中级人民法院针对知识产权案件审判中“赔偿低”的问题，坚持全面赔偿原则，提高侵权代价，降低维权成本，判决赔偿的数额基本做到反映知识产权的市场价值，足额补偿权利人经济损失以及合理维权成本，促进司法引领作用的发挥，对恶意、反复侵权行为人形成司法震慑。在能够确认侵权的前提下，鼓励、引导权利人通过充分举证，证明其实际受损、侵权人获益等事实，并尽量按照实际赔偿数额判决赔偿权利人。对于权利人举证虽达不到准确计算损失数额，但能够证明损失范围的，酌情在损失范围内合理判决赔偿数额。

【“要素式”审判模式创新】 2019年，绵阳市中级人民法院为缩短案件周期，提高审判效率，节省审判资源，结合全市知识产权案件审判实际，对近三年的知识产权案件审理路径、争议焦点类型、裁判标准进行系统梳理，提炼裁判要素，形成《关于侵犯注册商标专用权案件诉讼要素表》《关于侵犯注册商标专用权案件有效抗辩释明表》等6类诉讼“要素表”。通过类型案件要素式审判，强化对庭审的主导作用，提高知识产权案件庭审的质效，公开知识产权法官心证过程，促进司法公开，增强司法公信。全年全市人民法院运用"要素式"审判快速审结案件152件，案件平均审理天数仅 48天。

【"订单式"送法服务】 2019年，绵阳市中级人民法院采取多种形式，与各类市场主体交流互动，了解知识产权司法需求，拓展司法保护空间。邀请九洲集团等高科技企业，参加知识产权保护企业座谈会，提供"订单式"送法服务，将事后诉讼服务延伸到事前预警防范，对企业发展中遇到的知识产权保护与维权等方面的问题进行现场指导和交流，为营造激励创新、公平竞争的市场环境提供强司法保障。对具有典型意义、示范性强的知识产权案件，邀请行业从业人员观摩庭审，发挥庭审现场以案释法、以案说理的作用，助力相关企业、从业人员懂法守法、依法决策、依法维权。 （罗　丽）

【《充分发挥检察职能促进和保障中国（绵阳）科技城加快发展的实施意见》印发】 2019年4月16日，绵阳市人民检察院印发《充分发挥检察职能促进和保障中国（绵阳）科技城加快发展的实施意见》，从深化和推进扫黑除恶专项整治工作、健全知识产权司法保护工作机制、强化刑事检察和行政检察工作、加大法律监督工作力度、完善促进和保障中国（绵阳）科技城加快发展的机制措施、加大对检察机关的领导力度、提高服务保障中国（绵阳）科技城的素质能力等方面做细致全面的规定。

【市人民检察院知识产权检察部成立】 2019年11月，绵阳市人民检察院进行内设机构改革，成立第一至八检察部负责各项检察业务工作。其中第三检察部为知识产权检察部，专门负责办理侵犯知识产权类犯罪案件。这是绵阳检察机构结合科技城发展特点，强化知识产权保护，为推进知识产权转化营造良好法治环境的工作举措。 （洪　程）

【地理标志保护产品创建与保护】 2019年，科技城建立地理标志商标梯次培育库，发挥地理标志商标品牌对特色产业的带头作用，助推全市特色品牌建设。开展地理标志保护产品申报工作，新申报"崭山米枣""江油雾山石刻""马槽玉米酒"3个国家地理标志保护产品；将梓潼县"天宝蜜柚"补充推荐为拟纳入中欧地理标志合作协定第二批清单的地理标志保护产品；支持三台县"涪城麦冬"创建地理标志产品保护省级示范区。截至年底，有"涪城麦冬"等10件地理标志证明商标，有"江油附子"等15个国家地理标志保护产品。 （吴　霞）

科技城质量建设

【概况】 2019年，科技城实施质量强市战略，持续开展质量提升行动，质量建设成效突出。质量提升经验连续两年向全省推广，连续2年获得省政府质量工作考核A级，连续5年未发生一起重大质量安全事件。推进"全国质量强市示范城市"创建工作，举办"质量开放日"活动，推动高校成立质量和品牌研究院，组织修订《政府质量奖评审管理办法》，绵阳质量提升经验连续2年在全省推广。全年主导和参与制修订国际标准1项、国家标准101项、行业标准81项，制定地方标准42项。九洲集团"实施产品可靠性增长的实践经验"获评全国质量标杆。完善量值传递溯源体系，提升产业计量、能源计量、安全计量、民生计量保障能力，新建或升级换代计量标准26项，社会公用计量标准总数达313项。提升检验检测能力，国家电器安全质量监督检验中心（四川）通过国家验收。完成"12315"热线整合及平台受理，畅通质量投诉渠道，启动放心舒心消费环境建设。全年受理消费者投诉举报、咨询3.4万件，处理率达100%，挽回消费者经济损失230余万元。

【质量提升行动】 2019年，科技城开展质量提升行动，修订《绵阳市质量奖评审管理办法》，先后组织召开7次政府常务会议和质量强市工作联席会议研究部署质量工作。持续组织第三方机构开展质量满意度调查，市民对质量工作满意度持续提升。实施《绵阳市开展质量提升行动实施方案》，建立以“全面推动高质量发展”为核心的质量提升体系，企业全面质量管理加强，质量责任落实。九洲集团“实施产品可靠性增长的实践经验”获评全国质量标杆，与四川长虹分别获得“全面质量管理推进40周年杰出推进单位”，东方绝缘材料公司“电工用聚酯薄膜”入选全国第四批“制造业单项冠军示范产品”。加快建设质量安全追溯体系，确保产品质量提升。省级工业产品抽查合格率达98.2%，主要农产品抽检合格率达97%以上，食品安全评价性抽检合格率达100%，各项指标均位居全省前列。实施工程质量安全治理提升三年行动，落实工程主体责任，工程质量水平提高。建筑及市政工程、交通工程和水利工程重点项目监督覆盖率达100%，一次竣（交）工验收合格率达100%。发展电子商务、科技服务等八大重点服务业产业，持续提升生产性和生活性服务质量。全年实现服务业增加值1402.4亿元，居全省第2位；同比增长9.4%，高于全国2.5个百分点，高于全省0.9个百分点；服务业增加值总量占GDP的比重为49.1%。

【认证体系建设】 2019年，科技城阶梯推进有机产品认证示范区创建工作。拥有各类认证证书5084张，同比增长200%，有机产品认证示范创建县覆盖全市1/3。全年新建或升级换代社会公用标准27个，完成定量包装商品抽检624批次，检定计量器具10万余台（件）。新建或升级换代社会公用标准27个，完成定量包装商品抽检624批次。强化质量认证体系建设，全市拥有各类认证证书5246张。梓潼县开展“有机产品认证示范县”创建工作，成为全市认证示范区。

【标准体系建设】 2019年，科技城标准化意识提升，制修订国际标准2项（四川好医生药业集团有限公司和四川东材科技集团股份有限公司分别参与制定1项）、国家标准12项。企事业单位主导和参与制修订的国际标准3项、国家标准115项、行业标准95项。加强地方标准制修订工作，共批准19个地方标准制定项目立项，发布3项。发挥磁性材料标准创新中心的行业作用，制定发布相关通用团体标准2项。推进国家技术标准创新基地绵阳中心建设，推进申报和可行性论证等准备工作。完善标准化保障、激励机制，起草《绵阳市知识产权、技术标准、认证认可资助专项资金管理办法》，通过政策激励推动企事业单位参与制修订国际标准、国际标准、行业标准和团体标准，参与国家级、省级标准化技术组织建设。争取四川省市场监管局等企事业单位标准化资助奖励220万元。科技城各类标准化示范试点形成梯次建设格局。盐亭县四川显兴实业集团有限公司开展的国家级供水服务标准化试点以94.5分通过国家标准化管理委员会考核评估，成为全国首家民企国家级供水服务标准化单位。安州区佛手柑种植等3家农业示范区通过省级农业标准化示范区考核。三台县藤椒种植省级标准化示范区建设项目获省市场监督管理局批准。绵阳市机关事务管理国家级标准化试点项目向国家市场监管总局提出申报。

【检验检测能力建设】 2019年，科技城完善检验检测体系，整合、共享检验检测资源，推进机构集聚化发展，提升检验检测水平。新增检验检测机构5家，全市检验检测机构总数达125家，居全省第二。“国家电器安全质量监督检验中心（四川）”通过国家市场监管总局能力建设现场验收。市质检所被授予“中国合格评定国家认可委员会实验室认可证书”，标志着市质检所在认可范围内出具的证书可以使用CNAS认可标识、ILAC-MRA认可标识，所出具的检测报告可实现国际互认。《大功率动力锂电池组状态协同估计关键技术及产业化》项目申报2019年度四川省科学技术进步奖，并通过省科技厅专家组评审。开展磁性材料质量提升和网络变压器（磁性材料）产品的质量对标工作，共检测样品40批次并形成质量对标报告。

【特种设备安全监管】 2019年，科技城严守不发生重大安全事故底线，加大特种设备安全监察力度，开展特种设备责任保险，推动7151台特种设备实现安全责任保险。开展特种设备隐患排查整治，推动351家企业绘制隐患排查“四色地图”（即按照隐患的不同级别，以红橙黄蓝4种颜色绘制地图），建立数据库。开展特种设备检验检测工作，完成检验特种设备、校验安全附（部）件3.2万台（只、次），出具检验检测重大问题告知书81份，出具检验检测意见通知书372份，消除安全隐患2100余处。确保特种设备较大及以上事故实现零控制，未发生特种设备安全重大负面影响事件。

【产品质量安全监管】 2019年，科技城开展产品质量安全监管，将日用消费品、建筑装饰装修材料等产品纳入《绵阳市2019年重点工业产品质量监督目录》进行管理。开展产品质量监督抽查，安排下达市级产品质量监督抽检852批次。汇编出台《2019年绵阳企业优质产品目录》，并向市财政局推荐纳入政府采购目录清单。立案调查涉“三黑”案件（三黑即黑加油站点、黑加油车、黑炼油点）50件，端掉涉嫌非法储存窝点10个，扣押黑加油车1辆。结合“双心”工程（即绵阳市放心舒心消费环境建设工程），试点设立产品质量安全风险信息监测点，收集上报风险信息94条。

【品牌培育】 2019年，科技城健全质量激励机制，修订完善《绵阳市政府质量奖评审管理办法》，引导和激励企业提升质量水平。全市获得3项省政府质量奖，9家企业获得市政府质量奖，九洲集团获2019年全国质量标杆。在全省率先推动高校成立质量和品牌研究院，构建以市场为导向的品牌培育、评价和管理体系。加强质量品牌培育，全年科技城有中华老字号2件、中国驰名商标16件、国家地理标志保护产品15件、“三品一标”657个，获得鲁班奖1项、国家优质工程1项、省级优质工程29项。

【“国家电器安全质量监督检验中心（四川）”通过国家验收】 2019年1月11—12日，国家市场监管总局科技和财务司组成专家组到绵阳，对国家电器安全质量监督检验中心（四川）（以下简称国检中心）进行能力建设现场验收。通过现场审查与考核，专家组认为国检中心的建设达到国内先进水平，通过验收。“国检中心”成为西南地区唯一一家电器安全综合性检测机构。

相关链接：国检中心于2010年11月经原国家质检总局正式批准，在绵阳市产品质量监督检验所的基础上筹建。2018年8月，国家认证认可监督管理委员会委派专家组到绵阳，对国检中心进行检验检测机构资质认定现场评审。经专家评审确认151个标准，覆盖率为99.3%，符合《筹建任务书》技术要求。同年10月，国检中心获得国家认监委颁发的检验检测机构资质认定证书和授权证书。国检中心拥有十米法电磁兼容试验室、安规检验室、环境与可靠性试验室、空调焓差试验室、洗衣机及电热水器安全检测系统、冰箱型式试验室、Rohs指令检测等23个专业检测领域。主要覆盖四川及西部地区电子信息产业检验检测业务。涵盖电器安全、电磁兼容、有害物质限量、材料、能效等检测领域。

【绵阳市质检所CNAS实验室认可通过初评】
2019年8月9—11日，中国合格评定国家认可委员会（CNAS）专家组到绵阳市产品质量监督检验所，对该所国家电器安全质量监督检验中心申请的初次申请CNAS实验室认可进行现场评审。专家组对绵阳市质检所的质量体系建设、实验室人员、实验室设备设施、实验室环境等方面进行考核审查。专家组一致认为绵阳市质检所提供的资料齐全，实验室各项设施符合CNAS实验室认可的要求，同意对绵阳市质检所申请认可的1412项项目参数（电子电器产品的安全、性能、化学、电磁兼容及环境试验的检测能力）进行推荐。

【长虹九洲获“全面质量管理推进40周年杰出推进单位”】 2019年8月28日，全面质量管理推进暨中国质量协会成立40周年纪念大会召开。会上，中国质量协会表彰中国全面质量管理推进40年来的先进单位和先进个人。四川长虹电器股份有限公司、四川九洲电器集团有限责任公司等单位获“全面质量管理推进40周年杰出推进单位”。

【九洲集团获“全国质量标杆”称号】 2019年10月24日，受工信部委托，由中国质量协会主办的“2019年全国质量标杆福建行”活动在福州市举行。经评审，九洲集团“实施产品可靠性增长的实践经验”典型经验被认定为2019年“全国质量标杆”。全国共46项典型经验入选，全省仅2家企业获评。 （邓晓勇）

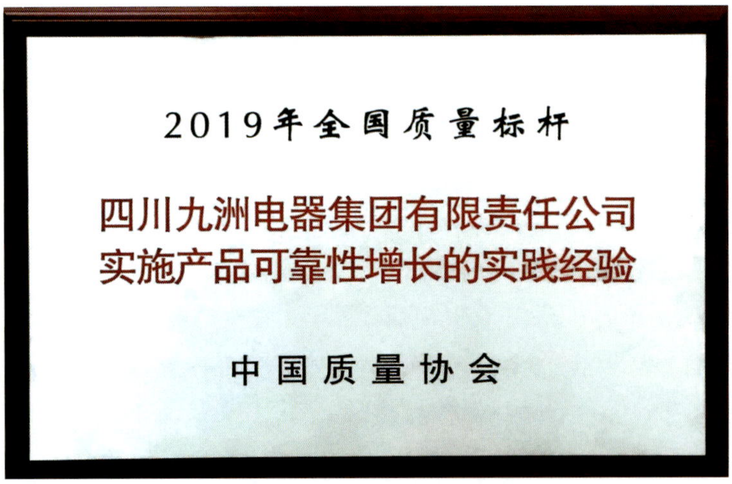

图24 10月24日，九洲集团获2019年“全国质量标杆”称号

开放合作
Open Cooperation

概　述

【概况】　2019年，科技城按照建设西部内陆改革开放新高地目标，推动全方位对外开放，“突出南向、提升东向、扩大北向、打通西向”的对外开放总体部署，拓展对外交流合作，推进国际友城建设。组团赴阿塞拜疆参加苏姆盖特市建市70周年活动并开展交流访问；配合中国驻泰国大使馆为诗琳通公主获中国友谊勋章举办庆祝活动；组织参加第18届中日地方交流促进研讨会、第16届中韩地方政府交流研讨会等国际交流活动。全年新增国际友好城市1个、友好合作关系城市3个。正式启用国务院授予的一定的出访来访外事审批权。举办第七届科博会，邀请奥地利为主宾国，与日本庄原市签署《建立友城关系30周年纪念合作项目协议书》，与韩国昌原市签署《建立友好城市关系协议书》，与意大利卢卡市签署《谅解备忘录》，与阿塞拜疆苏姆盖特市签署《建立友好合作关系备忘录》。完成奥地利交通创新技术部技术转让与案例研究司司长格诺德·格林、俄罗斯驻华大使馆参赞瓦切斯拉夫·莫罗金等38个国家和地区40余批1300余人次到绵阳访问接待工作。举办绵阳与上奥地利州座谈会等交流活动36场次。促成市文广旅局与马来西亚槟州四川友好协会签署《深化文化旅游合作备忘录》，富乐国际学校与澳大利亚瓦尔维克学校签订《友好合作协议》，市中心医院与意大利高级专家服务组织（ISES）签订《合作备忘录》等合作协议。

【对外经贸和投资合作】　2019年，科技城持续开展对外经贸和投资促进合作，拓宽招商引资资源渠道。市委、市政府主要领导先后到西班牙、奥地利、英国等国家开展经济合作交流。参与“一带一路”华商峰会、四川—以色列智能制造企业对接会、中外知名企业四川行——境外企业产业合作对接会等10多个国家级、省级平台活动，对接合作项目。建立区域合作长效机制，分析研判国际经济形势和全市产业体系，将日本、韩国、新加坡等作为第一梯队重点合作国家，将俄罗斯、北美、欧洲国家列为第二梯队合作国家，其他国家作为第三梯队合作国家，发展国别合作资源，建立区域合作长效机制。全年拜访对接美国、日本、俄罗斯、德国、波兰、西班牙、奥地利、新加坡等外国商协会和驻华机构，共拜访对接外国企业、商协会等各类机构100余家。与美国川渝总商会、中国国际文化促进会波兰分会、荷兰贸易促进委员会等外国机构建立联系，邀请非洲彩虹资本、巴黎气球股份、荷兰阳光实验室等多国40余家企业、机构到绵阳考察对接。推动促进中俄产业园、新加坡丰树物流产业园、法国人工智能科技园、荷兰5G实验室联盟等一批项目，推进西班牙艾尼尔食品实验室、美国阿尔卑斯国际教育产业园等项目。

【国际友好城市和友好合作关系城市工作】 2019年，绵阳市新增韩国昌原市为国际友好城市，国际友好城市达到4个；新增阿塞拜疆苏姆盖特市、意大利卢卡市、西班牙巴列斯堡市为友好合作关系城市，友好合作关系城市达到26个。指导县市区做好对外结好工作，新增友好合作关系城市2对，即江油市与日本沼田市、江油市与乌兹别克斯坦纳曼干市。

【重点团组出访】 2019年，市委书记刘超、市长元方等市领导先后率团出访西班牙、捷克、奥地利、俄罗斯等国，拜访捷克总统顾问杨·科胡特、普京总统首席经济顾问、联邦科学院院士格拉兹耶夫等各国政要，会见奥地利联邦经济商会等各类海外机构51家、客商300余人，举办各类交流活动20余场次，促成绵阳市与英国史密斯集团签署《产业合作备忘录》、长虹集团与西班牙加泰罗尼亚大区工业部签署《政策优惠支持协议》、利尔化学与俄罗斯肖尔科瓦农化股份有限公司签署《产品长期供应协议》等产业合作协议。

【一定的出访来访外事审批权正式启用】 2019年7月，绵阳市正式启用国务院授予的一定的出访来访外事审批权。全年全市共办理审批因公临时出国33批119人次，办理外国人来华邀请核实单64批168人次，采集指纹234人次。优化因公临时出国人员备案程序和主管部门审核程序，因公临时出国人员审批办理时间缩短至少3个工作日，外国人来华邀请核实办理时限压缩至3个工作日。

【绵阳市与上奥地利州代表团举行座谈会】 2019年10月14日，绵阳市与奥地利共和国上奥地利州代表团座谈会在成都举行。市委书记刘超，奥地利上奥地利州副州长克里斯蒂娜·哈珀朗德，奥地利驻成都总领事马丁出席座谈会并讲话。刘超对上奥地利州代表团到四川参加2019“一带一路”四川国际友城合作与发展论坛表示欢迎，并介绍绵阳经济社会发展情况。希望双方深化交流、扩大合作，实现互利共赢。加强教育、医疗卫生、文化旅游、产业领域合作合作，加强友好城市交流，建立常态化互动交流机制，并与上奥地利州有关城市建立友好合作关系。克里斯蒂娜·哈珀朗德对绵阳市推动双方深化合作所提的建议给予积极回应并表示将以此次来访四川为契机，推动上奥地利州相关城市与绵阳建立友好合作关系，在教育、文化旅游、医疗卫生、产业等方面加强沟通对接，推介更多奥地利乃至欧洲优秀企业到绵阳投资兴业，持续扩大双方经贸和人文交流规模。副市长赵迎春主持座谈会。上奥地利州州长办公室主任马库斯·施巴宁，奥地利驻成都总领馆商务领事穆娥等参加座谈会。

【外企看四川——马来西亚企业家走进绵阳工作座谈会举行】 2019年11月27日，外企看四川——马来西亚企业家走进绵阳工作座谈会举行。市委副书记、市长元方，省人民对外友好协会副会长陈敏，马中总商会槟州分会第一副会长、马来西亚槟州四川友好协会会长郑荣兴出席座谈会。元方对马来西亚企业家代表团表示欢迎，认为槟州与绵阳市产业发展方向高度契合，希望双方加强科技协作、产业合作。座谈会上，市文化广播电视和旅游局与马来西亚槟州四川友好协会签署《深化文化旅游合作备忘录》。按照协议内容，双方将共同拟定并组织实施文化旅游合作计划，建立文化旅游信息交流渠道，以文化、旅游庆典及相关活动作为载体，联合拓展文化旅游市场。副市长赵迎春主持座谈会。马来西亚槟州四川友好协会副会长刘敬亿以及马来西亚部分知名企业高管参加座谈会。

（谭显林　周文婷）

第七届中国（绵阳）科技城国际科技博览会

【概况】 2019年9月5—8日，由科技部和四川省人民政府共同主办的第七届中国（绵阳）科技城国际科技博览会在绵阳举行。全国政协副主席、九三学社中央常务副主席邵鸿，省委书记、省人大常委会主任彭清华，科技部党组成员、副部长王曦以及15个国家部委的27位领导，47位将领，153名专家学者，38个国家和地区的169名外籍嘉宾和43个省级部门、20个市州领导及嘉宾莅临，参会嘉宾达1300余人、宾客9000余人。本届科博会邀请奥地利担任主宾国，以“科技创新、深化改革、开放合作”为主题，共举办主要活动25项，组织参展单位687家，展出项目3235项、展品1万余件，实物比例达到97.5%。展览总面积7万平方米，展览共设高新技术产业馆（A馆）、国际交流合作馆（B馆）、区域发展成就馆（C馆）、智能技术装备馆（D馆）和室外展区五大板块，围绕电子信息、装备制造、节能环保、新材料、人工智能等产业领域进行展示。火星探测器、“中国科技城之星”亚轨道运载火箭、高温超导磁浮车、5G+远程医疗、腾讯云、优炫数据库等新一代中国自主研发科技产品集中展出。科技部组织40家科研机构和科技创新企业，携68个国家最新科学技术项目亮相。柔性显示屏、新一代机场航空宽带无线通信系统、工业物联网一体式系统等大批“绵阳造”新科技产品首次展出。有20家世界500强企业、119家境外知名企业参展参会。设置奥地利国家主题展馆、俄罗斯主题展馆。科博会期间，绵阳市与韩国昌原市签约国际友好城市，与意大利卢卡市、阿塞拜疆苏姆盖特市签约国际友好合作城市，与日本庄原市签署《建立友城关系30周年纪念合作项目协议书》，与俄罗斯奥布宁斯克市开展医疗、教育等项目洽谈。本届科博会坚持展论结合，为专家学者和业界精英开展高层次对话和深层次研讨搭建科技创新交流平台，先后举办中国（绵阳）科技城创新发展论坛、5G产业创新发展高峰论坛、新型显示产业发展论坛、北斗导航应用专题论坛、信息安全高峰论坛等12项专业论坛和系列研讨交流活动。搭建经贸对接交易和人才交流平台，组织开展投资推介暨采供对接大会、重点展商对接洽谈等10余项经贸对接活动，共签约项目105个、投资额923.75亿元，其中绵阳市签约项目53个、投资额678.1亿元。俄中科技交流论坛暨优质项目推介大会促成10余个俄中优质项目达成合作意向，中国航发四川燃气涡轮研究院主题日活动、四川省第三届文化旅游新技术应用大会等活动签约项目合作协议达15个。80余位高端人才齐聚绵阳，为科技城发展建设把脉献策，绵阳市与中国旅美科协以及意大利、法国等专家咨询协会签署合作协议。共有156家中央、省、市级媒体，行业专业媒体，重点城市党报，重点网络新媒体及境外媒体采访报道科博会，共刊（播）发新闻稿件1830余篇（条）。“2019科博会”“第七届绵阳科博会”“中国科技城”百度搜索结果达270余万条，科博会官网点击量超过10万次，微信、微博相关新闻转发量达300余万条，新浪微博以“绵阳科博会”为话题的阅读量超过2000万次。

【四川省第三届文化旅游新技术应用大会】 2019年9月2—4日，四川省第三届文化旅游新技术应用大会在北川羌族自治县召开。大会是第七届中国（绵阳）科技城国际科技博览会配套活动，由绵阳市人民政府、四川省文化和旅游厅、四川省科学技术厅主办，市文广旅局、市科技局、北川羌族自治县人民政府、中国联通四川省分公司承办，旨在贯彻落实全省文化旅游发展大会精神，推动新技术在文化旅游业广泛应用，拓展“文化旅游+科技”发展空间，培育文化旅游产业发展新动能。大会以“新技术、新体验、新发展”为主题，先后举办1个大会、2次主题对话会、8个专题展，邀请国内文化旅游新技术研发领域院士、专家围绕5G等新技术文化旅游应用、智慧文化旅游公共服务平台建设等重点作交流，邀请华为、腾讯等国内技术研发和产品供给端知名企业，联通、移动、电信等主要通信运营商，川大智胜、中科大旗等新技术应用代表企业参展参会。大会期间，举行由绵阳市人民政府、四川省文化和旅游厅、四川省科学技术厅合力打造的绵阳市文化旅游新技术孵化（产业）园开园仪式。

相关链接：2018年，绵阳市文化旅游新技术孵化（产业）园完成总体规划。截至2019年年底，该园形成“一体两翼、三区协同”的空间格局，完成旅游+智能制造、电子信息、大数据、物联网、通航产业、北斗产业等6大优势产业布局，先后引进泛美航空、四川纵横、北京金石莲华、绵阳特飞等以“通航新技术+旅游”为特色的高新技术项目14个，签约资金90亿元，计划到2025年，实现产值100亿元，建成四川最具影响力的文旅新技术产业园。

【中国科技城创新发展论坛】 2019年9月5日，由省政府主办、市政府承办，以“创新·融合·发展：在变革中实现共赢”为主题的中国科技城创新发展论坛在绵阳举行。中国工程院、中国航天科技集团公司等单位的专家结合自己的研究和工作领域，围绕协同创新、关键技术共用等领域作演讲。市委书记刘超作题为“创新引领科技制胜 以科技创新驱动高质量发展”的主旨演讲。市人大常委会主任马华，省委组织部副部长、省公务员局局长陈冠松等出席。国家部委、省级部门、高等院校、科研院所、国内外知名企业、相关行业协会等单位代表，市领导岳勇、时义清、罗宗志、兰劲，市人民检察院检察长吴长福，市委秘书长谭岗等出席论坛。

【中国（绵阳）5G产业创新发展高峰论坛】 2019年9月5日，中国（绵阳）5G产业创新发展高峰论坛在创新中心二期举行。论坛由市经信局、市科协主办，移动绵阳分公司、科技城5G智造联盟承办。中国移动（成都）产业研究院院长刘耕，省经信厅副厅长皮亦鸣，市委常委、副市长丁国旗出席论坛并致辞。市人大常委会副主任董晓彬出席论坛。论坛上，工信部中国信息通信研究院华东分院副院长匡晓烜、中国移动（成都）产业研究院首席专家王启隆、长虹集团软服中心副总经理毕可骏、咪咕文化战略创新业务执行总裁朱泓、华为技术有限公司5G事业部首席专家吴秀峰分别以“新时代下的5G发展”“5G赋能产业发展”“工业互联网+5G实践”“融智视听·5G超高清下的体娱新生态”“5G进行时：新技术、新产业、新生态”为题作报告。

【“北斗+”融创未来主题论坛】 2019年9月6日，“北斗+”融创未来主题论坛在绵阳举行。论坛由市经信局主办，科创区管委会、九洲电器集团、九洲卫星导航投资发展有限公司承办，省北斗卫星导航产业联盟协办。省经信厅副厅长王建翔分析全国北斗产业发展态势，市政府副市长廖雪梅介绍科技城以北斗卫星导航为代表的高端产业发展。中国导航定位协会首席科学家曹冲、中国移动（成都）产业研究院总工程师刘长杰等专家解读北斗产业发展的现状与前景，介绍北斗产业在"北斗 融合"方面的实践和探索。

【俄中科教论坛暨优质项目推介大会】 2019年9月6日，第七届科博会俄中科教论坛暨优质项目推介大会在绵阳举行。市委副书记、市长元方，俄罗斯联邦总统顾问格拉济耶夫·谢尔盖出席并致辞。论坛上，围绕"新时期中俄科技和教育合作发展的前景"主题，国际工业和企业家大会主席塔尔列夫·瓦西利、俄罗斯联邦自然科学院院士陈志刚等俄中科教领域代表进行对话，8家企业作项目推介。市领导罗宗志，市政府秘书长吴明禹出席活动。

【第一届新型智慧城市发展论坛】 2019年9月6日，第七届科博会2019第一届新型智慧城市发展论坛在绵阳举行。省政协副秘书长王元勇等出席，市委副书记付康，中国科学院微电子研究所所长、中国科学院物联网研究中心理事长叶甜春出席并致辞。论坛上，欧洲科学院院士、IEEE院士、上海交通大学AI研究院首席科学家徐雷和IEEE院士、英国伯明翰大学计算机科学首席教授姚新等知名专家学者围绕新型智慧城市建设这一主题进行探讨。

【中国（绵阳）新型显示产业高峰论坛】 2019年9月6日，中国（绵阳）新型显示产业高峰论坛在创新中心二期举行。四川省各地市政府、企业代表300余人参会，探讨在物联网及5G时代大背景之下，新型显示产业将面临的机遇、挑战及科学发展路径。长虹激光公司屏幕技术研究所所长赵海龙作题为"三色激光·引领视界新革命"的专题演讲。京东方科技集团高级副总裁邵喜斌作主题为"平板显示产业发展趋势"的主题演讲。中国智能家居产业联盟CSHIA技术组组长王斌作题为"智能家居设备协同及物联网协议"的主题演讲。上海交通大学电子信息与电气工程学院副研究员何大治、中国信息通信研究院泰尔终端实验室新业务发展部副主任杨正军、清华大学自动化系副教授、博士生导师鲁继文等与会专家，就人工智能技术与智能家居的结合、物联网时代的全新信息安全挑战、人工智能未来发展等课题，先后发表"新一代数字电视标准""AIoT时代的设备安全与防护""人工智能研究进展与展望"主题演讲。

【信息安全专题论坛】 2019年9月6日，第七届中国（绵阳）科技城国际科技博览会信息安全专题论坛在中国（绵阳）科技城软件产业园举办。论坛由涪城区政府、市经信局、奇安信集团主办，中国（绵阳）科技城金家林总部经济试验区管理委员会、涪城区工信局、绵阳奇安信科技有限公司承办。省经信厅副厅长皮亦鸣、市政府副市长经大忠等领导出席活动。论坛围绕"协同创新共筑网络安全生态保障体系""基础安全运营服务工程师素质模型""'大安全'时代的金融企业网络安全挑战与应对""协同育人背景下信息安全应用型人才培养模式"等主题进行交流。奇安信科技集团、成都信息工程大学网络安全学院、重庆工程学院等300余家企业院校参加活动。

【第七届科博会投资推介暨采供对接大会】 2019年9月6日，第七届科博会投资推介暨采供对接大会在绵阳举行。副省长王一宏，市委副书记、市长元方出席并致辞。市人大常委会主任马华出席。市委常委、科技城党工委副书记、管委会常务副主任、市国资委党委书记罗宗志主持大会。副市长廖雪梅推介绵阳市投资环境。五大经济片区轮值市州分别作投资推介。省经信厅、省科技厅、省经合局等省直部门负责热人，以及省政府驻上海、广州、重庆、沈阳、厦门办事处负责人，五大经济区市州负责人，绵阳市相关领导；世界500强、国内500强、行业100强、央企、国企、知名民企、商（协）会、科研院所、大专院校、投资机构、金融机构和高新技术企业负责人以及采购商和参展商代表参会。大会共签约项目105个，投资金额923.75亿元。其中绵阳市签约项目53个，投资金额678.1亿元。（周文婷）

招商引资

【概况】 2019年，科技城参加全省重大活动15场，自主策划举办招商引资活动18场，累计获取项目信息307条，其中有中光电光学及摄像头模组、美国康宁玻璃基板、中信重工特种机器人等重大项目信息92条。全市推动在谈重点产业项目620个、计划投资总额6612.94亿元，其中工业项目370个、服务业项目232个，分别占在谈项目的59.68%和37.42%，工业和服务业产业在在谈项目中占主导地位。纳入省级平台督办“三率”（履约率、开工率、资金到位率）考核的117个项目，全年履约112个，履约率95.73%；开工103个，开工率88.03%；到位资金722.94亿元，资金到位率33.69%。新签约项目243个，其中5亿元以上项目68个。引进国内省外到位资金780.97亿元，完成年度目标任务130.16%，总额连续4年稳居全省第二位；引进外资2.19亿美元，完成年度目标任务2亿美元的109.28%，总额连续2年保持全省第二位。

【重大项目招商】 2019年，科技城招商引资呈现出项目结构优化、大中小项目并举局面。全年新签约招商项目243个，其中促成华为公司、均和集团、正邦集团、首开集团等500强企业，以及东软集团、艾华集团、新松机器人等一批行业领军企业到绵阳投资合作；引进拓谱集成电路、国奥源干细胞、恒奥电子5G通信等科技型创新型项目134个；引进腾达光学薄膜、虹美薄膜、赫日新能源汽车动力总成等面板显示和汽车配套项目68个。

【重点投资区域】 2019年，科技城立足实际和产业基础，以7个驻外机构为前沿阵地，重点围绕科技城主导产业有针对性地进行驻地招商。借助国际商协会资源，举办主要领导境外专题招商活动，促成南非鹏摇控股有限公司、非洲彩虹资本等一批重点企业到绵阳考察、洽谈合作，获取对接海外有效投资项目信息21个，累计邀请客商到绵阳考察42批次；重点突出央企、国企招商的同时，紧盯京津冀协同发展时期制造业外迁潮，突出对中关村下属18个产业园区外迁企业招商；重点突出汽车、金融、资本、装备制造产业和浙江、上海、江苏、安徽区域招商；重点突出电子信息产业和粤港澳大湾区等区域招商；重点突出重庆汽车配套、西安融合发展，强化省经合局和成都市项目信息的获取、促进；重点突出福建、湖北、江西、河南、湖南等区域招商；重点突出环渤海区域的高端装备制造、汽车整车及零部件、医药食品等项目的促进，以及其他驻外机构未覆盖的区域的重点项目流动招商。

【招商机制创新】 2019年，科技城招商工作坚持大中小项目并举、一二三产业联动等理念和思路，实施上中下游产业联动、龙头企业共享联动、省市县联动、上下政策联动、商协会和专业机构联动“五个联动”机制，实行在谈项目促进清单、重大项目储备奖补清单、重大项目跟踪促进清单、拟签约项目清单、重大项目信息清单“五项清单”管理。召开市投资促进工作委员会2019年第1次会议，审议通过《调整绵阳市投资促进工作委员会组成人员有关事宜》《绵阳市投资促进工作委员会议事规则》相关文件。完善《绵阳市经济合作局工作规则》《绵阳市经济合作局目标绩效考评办法》。

【招商引资活动】 2019年，科技城把投资推广活动作为宣传推介的重要窗口和对接促进项目的重要方式，策划举办各类特色鲜明、形式多样的招商引资活动，全方位、立体化吸引各类投资合作元素。先后参加日本中四国地区对话四川活动、四川省—日本中四国地区经贸合作交流会、2019中外知名企业四川行投资推介会暨项目合作协议签署仪式、2019四川—境外企业产业合作对接会、海峡两岸电子信息产业对接交流会、四川·浙江汽车产业合作座谈会、四川·粤港澳大湾区电子信息产业合作座谈会、2019川商发展大会开幕式暨川商发展项目合作协议签署仪式、2019年中国（四川）先进材料产业推进会、第三届中国西部国际博览会进出口商品展暨中国西部（四川）国际投资大会开幕式、四川县域经济发展推介会、四川—浙江大学新经济发展合作交流会、2019年全国工商联主席峰会、四川（深圳）医药健康产业对接会、四川汽车产业链投资推介会暨2019中国汽车生态投资峰会。先后举办绵阳高新区2019年投资促进大会、海峡两岸（梓潼）经贸交流合作恳谈会、威马汽车自动驾驶技术中心项目签约仪式、2019四川省丝绸产业发展招商推介会暨绵阳市（盐亭县）投资推介会、市政府与华为软件技术有限公司战略合作协议签约仪式、中国（绵阳）科技城集中发展区投资推广会、2019长虹供应商代表大会、“大禹故里　活力羌城”投资推介会暨项目签约仪式、市政府与中国移动（成都）产业研究院战略合作协议签约仪式暨中国（绵阳）科技城科技智谷科技园区开园仪式、市政府与四川省经济合作局工作座谈会、绵阳市与华为公司座谈会、第七届中国（绵阳）科技城国际科技博览会投资推介暨采供对接大会、市政府与中信医疗健康产业集团战略合作协议签约仪式、经开区重点招商引资项目集中签约仪式、央企走进中国科技城（绵阳）暨助推区域经济高质量发展峰会、中国（绵阳）科技城创新产业投资推介会、中国科技城激光产业园项目集中签约仪式、市政府与华为技术有限公司深化战略合作协议签约仪式暨鲲鹏生态应用示范工程发布会等。市委、市政府主要领导率队外出招商27次，拜访知名企业54家，推动重大项目加快签约落地。

【第四届海峡两岸经贸交流活动投资恳谈会】 2019年3月9日，第四届海峡两岸经贸交流活动投资恳谈会在梓潼县举行。省经济合作局党组成员吴燕翔，市委常委、统战部部长、市总工会主席李亚莲出席并见证项目签约仪式。90余名台商及其他客商代表参会。会上，梓潼县政府分别与四川优格农业发展有限公司、成都浓园文化艺术传播有限公司、台北市文教协会、台湾快特电子有限公司、中防国际集团投资管理有限公司、绵阳川福源建渣清运有限公司、四川省长江集团有限公司、四川科源集团、四川燃气集团有限公司等签订投资合作协议，协议引资金额达61.8亿元。与会嘉宾围绕文昌文化振兴、推动区域经济合作、支持民营经济健康发展等主题，结合梓潼资源优势和特色产业，就推动三产融合，构筑现代产业体系，推动梓潼经济高质量发展进行交流。

【绵阳和威马汽车自动驾驶技术中心项目签约仪式】 2019年3月27日，绵阳和威马自动驾驶技术中心项目签约仪式在绵阳举行，威马汽车自动驾驶技术中心正式落户绵阳。该中心总投资10亿元，项目坐落于绵阳市安州区威马汽车自动驾驶示范产业园内，将与美国硅谷人工智能研究院及四川成都全球研发总部形成联动，共同构建威马汽车集自动驾驶研发和测试一体的产业布局。

【2019四川省丝绸产业招商暨绵阳市（盐亭县）投资推介会】 2019年4月5日，2019四川省丝绸产业招商暨绵阳市（盐亭县）投资推介会在盐亭举行。推介会由省经信厅、省经合局、省台办、省贸促会主办，盐亭县人民政府、绵阳市经合局、绵阳市贸促会承办。绵阳市政府副市长廖雪

梅，省经济合作局调研员张绍刚，省丝绸科学研究院院长程明，盐亭县委副书记、县长向赟等出席。会议由市经合局局长周福兰主持。向赟推介盐亭，介绍盐亭文化旅游及产业发展情况。会上共签约项目16个，总投资28.6亿元，涉及生物医药、轻纺制造、仓储物流、新型建材家居、循环经济、蚕桑丝绸等优势产业。

【中国（绵阳）科技城集中发展区投资推广会】 2019年4月16日，中国（绵阳）科技城集中发展区投资推广会在成都举行，省人大常委会党组副书记、副主任黄新初，市委书记刘超出席投资推广会并致辞。市委常委、科技城党工委副书记、管委会常务副主任、市国资委党委书记罗宗志主持推广会。推广会上，副市长廖雪梅推介中国（绵阳）科技城集中发展区整体情况。涪城区、游仙区、安州区、高新区、科创区负责人先后作项目推介；与会企业家和绵阳市相关方面开展项目对接。谭岗等市领导，日本修曼集团、中国航天建设集团、华为、蚂蚁金服、拓普电子、绿地集团、中国欧盟商会等260余家企业商（协）会、科研院所、投资机构、金融机构等负责人参加推广会。

【"大禹故里　活力羌城"投资推介会暨项目签约仪式】 2019年7月7日，"大禹故里　活力羌城"投资推介会暨项目签约仪式在北川举行。该投资推介会是第一届海峡两岸大禹文化交流活动暨2019（己亥）年大禹诞辰祭祀典礼配套活动之一。绵阳市副市长廖雪梅参加并致辞。50余家企业及商协会代表参会。签约仪式现场共签约项目21个，协议引资额36.15亿元，主要涉及文化旅游、精品农业、应急产业、通用航空、智慧家居等产业。

【绵阳市与东软集团签署战略合作协议】 2019年7月30日，绵阳市委书记刘超率队赴沈阳东软集团股份有限公司考察，并与集团董事长兼首席执行官刘积仁就签署战略合作协议达成共识。8月20日，绵阳市与东软集团在绵阳签署战略合作协议。刘超、刘积仁出席仪式并讲话。根据协议，双方将发挥各自优势，实现资源共享、优势互补，在智慧城市及大健康服务、建立人才开发体系、核医学中心建设、医疗设备生产基地、康养产业发展五大领域开展全面合作。副市长廖雪梅，东软集团董事、高级副总裁徐洪利代表双方签署战略合作协议。市直有关部门以及部分县市区主要负责人参加仪式。

【市政府与中信医疗健康产业集团签署战略合作协议】 2019年9月11日，市政府与中信医疗健康产业集团签署战略合作协议。市委副书记、市长元方，中信医疗健康产业集团有限公司党委书记、副董事长、总经理韩光聚出席签约仪式并致辞。副市长罗蒙主持会议。副市长廖雪梅与中信医疗健康产业集团有限公司副总经理郑晓代表双方签署战略合作协议。市政府秘书长吴明禹参加签约仪式。

【"央企走进中国科技城（绵阳）"暨助推区域经济高质量发展峰会】 2019年11月14日，"央企走进中国科技城（绵阳）"暨助推区域经济高质量发展峰会在绵阳举行。峰会以"把握国企改革机遇，助力政府产业承接"为主题。国务院国资委研究中心党委副书记、纪委书记杜国功，市委常委、副市长丁国旗，中国产权协会秘书处党委书记、秘书长夏忠仁等相关领导出席活动并致辞。峰会由绵阳市委、市政府和中国产权协会主办，游仙区委区政府承办，中国产权协会分会理事单位代表以及51家央企的77名代表参会。游仙区、中国化工、四川移柯智创、四川中物创投等政府部门和企业负责人发言。北交所与游仙区人民政府签署战略合作协议，在金融服务、产业招商、科技创新、旅游文化等领域开展合作。在业务研讨会环节，杜国功对《中央企业混合所有制改革操作指引》进行宣讲和解读；诚通基金管理有限公司研究规划部副总监张金鑫做“股权投资基金的运作”授课；北交金科金融信息服务有限公司总裁黄严以“区块链背后的经济思想与应用前景”为题作专题讲解；中国技术交易所研究部总经理孙芸介绍科研事业单位科技成果管理制度和企业股权和分红激励政策，对《国有科技型企业股权和分红激励暂行办法》进行解读。

【中国（绵阳）科技城创新产业投资推介会】 2019年11月21日，中国（绵阳）科技城创新产业投资推介会在深圳举行。市委书记刘超出席推介会并致辞。海王集团执行总裁张备、镭神智能系统有限公司董事长胡小波、世龙实业股份有限公司董事长刘宜云、洲明科技股份有限公司总经理王荣礼、新亚电子制程股份有限公司总经理胡大富、思贝克集团有限公司董事长钟天然、爱绿光电股份有限公司董事长刘鸿达、邦贝尔电子有限公司总经理姚秋、国素教育科技有限公司总经理杨墨冉、全国工商联中国民营经济国际合作商会主席团主席谢虎等近280家科技型创新型企业和机构负责人参加推介会。副市长廖雪梅主持会议并推介绵阳市创新产业投资环境。市政协副主席、经开区党工委书记兰劲，高新区党工委副书记、管委会主任董泓，有关部门主要负责人参加推介会。微众银行、奥比中光、碳云智能、老虎集团等独角兽企业；云影医疗、森虎科技、善柔科技、亿思达科技、星图大数据等瞪羚企业；华科创智、烯旺新材料、蓝海优利、福韵数据、中商产业研究院等隐形冠军企业；天马微电子、立讯精密、迅雷网络、易事特、茂硕电源、泛微网络、科士达、铭普光磁、麦格米特、华大基因等沪深上市公司；中国人民电器集团、广晟集团、创东方投资、盛天资本、华清控股等企业和机构负责人参加推介会。（周文婷）

科技城形象宣传

【概况】 2019年，科技城对外宣传围绕市委重点工作，围绕产业发展、科技城建设、全面深化改革、优化营商环境等十大主题，策划实施“走进中国科技城·百家党媒绵阳行”，开展“壮丽70年，奋斗新时代”大型主题采访、第七届科博会、“一带一路”李白文化节、第一届海峡两岸大禹文化交流活动暨2019（己亥）年大禹诞辰祭祀典礼、第四届海峡两岸文昌文化交流活动、第四届海峡两岸嫘祖文化交流活动、第六届两岸哪吒民俗文化交流活动、绵阳京东方第六代AMOLED（柔性）生产线正式量产暨交付仪式等重大活动，召开“牢记嘱托　践行使命　奋力推进中国科技城加快发展”“奋进新时代·促进民营经济健康发展”、第七届中国（绵阳）科技城国际科技博览会北京新闻发布会等24场新闻发布会，邀请中央、省级主流媒体、网络媒体、境外媒体60批次、490余家次，1100余人次到绵阳采访报道，刊（播）稿件4400余篇（条）。

【第四届海峡两岸文昌文化交流活动】 2019年3月9日，以“盛世文昌、福泽中华”为主题，由省政府台湾事务办公室和市政府主办的第四届海峡两岸文昌文化交流活动在梓潼县举行。省政府副秘书长刘全胜宣布开幕。市委副书记、市长元方，台湾经济研究院董事、知名学者邱毅，省台办主任罗治平出席开幕仪式并致辞。国台办交流局副局长董碧幽、市政协主席张锦明出席开幕仪式。市委副书记付康主持开幕仪式。开幕式后，举行己亥年文昌祭祀大典，宗教、文化、教育、经贸界人士，文昌宫观信众，青年学子和来自美国、泰国、新加坡、马来西亚等国家的各界人士共400余人参加。活动期间，先后举办“书墨香梓潼，画笔颂文昌”书画作品展览、“文昌民间信仰的价值影响力”文昌文化论坛、海峡两岸

(梓潼) 经贸交流活动投资恳谈会、《印象梓潼》千人情景表演等系列活动。

【“牢记嘱托　践行使命　奋力推进中国科技城加快发展”系列专题新闻发布会】 2019年3月11—22日，市政府新闻办召开“牢记嘱托　践行使命　奋力推进中国科技城加快发展”系列专题新闻发布会（共6场）。3月11日，第一场新闻发布会举行，市科技城党工委管委会办公室、市发改委、市经信局、市教体局、市科技局等部门负责人受邀参加，围绕《中国（绵阳）科技城加快发展三年行动方案》中“创新主体培育工程”，对科技城持续做大创新主体总量、优化创新主体结构、提升创新主体能力等具体问题进行介绍，并解答媒体现场提问。3月13日，新闻发布会第二场举行。市科技局作为主发布单位，发布主题为“创新生态营造工程”。市科技局党组书记、局长刘青川就推进中国（绵阳）科技城加快发展，“实施创新生态营造工程”的实施内容和具体情况作详细介绍。市委党建办、市发改委、市人社局、市财政局、市金融工作局、市市场监管局、市经信局等部门负责人先后对推进中国科技城加快发展的具体政策和举措进行介绍，并现场就“科技城人才计划”、贷款风险补偿基金、支持科技型企业上市挂牌的具体政策等回答媒体提问。3月15日，新闻发布会第三场举行。发布主题为“创新活力激发工程”。市委融办常务副主任李建国就科技体制机制改革、科技城建设政策体系托工作介绍。3月18日，新闻发布会第四场举行。发布主题为“创新产业壮大工程”，市经信局对推动创新产业壮大工程落地落实，推进中国科技城加快发展的具体政策和举措作介绍。3月20日，新闻发布会第五场举行。发布主题为“开放合作深化工程”，市经济合作局党组书记、局长周福兰对加快引进重大项目、提升对外开放载体功能、深化区域和国际交流合作、构筑对外开放大通道等内容进行介绍。3月22日，新闻发布会第六场举行。发布主题为“发展环境优化工程”，市住建委等单位对持续提升城市能级、加快建设“一核多园”、全面优化营商环境共3个方面28项具体工作作介绍。

【第四届海峡两岸嫘祖文化交流活动】 2019年4月3—6日，第四届海峡两岸嫘祖文化交流活动在绵阳市盐亭县举行。活动以“拜谒华夏之母，寻根丝绸之源”为主题，由中华炎黄文化研究会、四川省台办、绵阳市政府等联合主办。民革中央副主席、秘书长李惠东，全国政协常委、中国作家协会副主席白庚胜，中国文联副主席丹增，中华炎黄文化研究会特别顾问、中央文史研究馆馆员赵德润，中国侨联副主席、四川省侨联主席刘以勤，四川省文联主席郑晓幸，四川省台办副主任赵宇，绵阳市委副书记、市长元方以及台湾妇女联合会主任委员雷倩等出席开幕式。开幕式后，由四川省政协原副主席曾清华担任2019（己亥）年华夏母亲嫘祖故里祭祖大典主祭人，举行嫘祖祭祀大典。近万名嘉宾到场参加祭祀活动。活动期间，先后举行第二届海峡两岸家风家教高峰论坛、2019海峡两岸嫘祖文化论坛暨四川省丝绸产业圆桌会议、“天府宝岛　嫘祖颂歌”2019天府宝岛工业设计大赛丝绸文创产品设计专项赛颁奖典礼暨第四届海峡两岸嫘祖文化交流活动公益晚会、2019四川省丝绸产业发展招商推介会暨绵阳市（盐亭）投资推介会等系列活动。

【第六届两岸哪吒民俗文化交流活动】 2019年4月15—17日，哪吒祖庭朝圣暨第六届海峡两岸哪吒民俗文化交流系列活动在江油市举行。活动由江油市人民政府主办，江油市翠屏山哪吒祖庭、江油市二郎庙道观、江油市哪吒文化研究学会承办。开幕式上，来自台湾地区多个县市及新加坡等地代表逾百人同登哪吒殿，举行祈福祭拜仪式。活动期间，举办两岸哪吒民俗文化交流论坛和联谊活动，举行大舞龙、太极扇、茶艺、书画等民艺表演及摸福送礼、仙山对弈、挂福袋、哪吒COS秀等活动。本届活动分为两个阶段，第一阶段在江油举行，第二阶段于7月7—12日在台湾举行，江油市组织哪吒祖庭交流团队巡游。

【第一届海峡两岸大禹文化交流活动】 2019年7月8日，由国务院台湾事务办公室交流局指导，四川省人民政府台湾事务办公室和绵阳市人民政府主办，中共绵阳市委宣传部、绵阳市人民政府台湾事务办公室和北川羌族自治县人民政府承办的第一届海峡两岸大禹文化交流活动暨2019（己亥）年大禹诞辰祭祀典礼在北川羌族自治县永昌镇禹王广场举行。国台办交流局副局长董碧幽，省委宣传部副部长周青，省台办副主任赵宇，省政府参事室副主任王顺洋等领导、学者以及来自海内外的嘉宾代表近千人参加活动。活动期间，举行海峡两岸禹羌文化研讨会、2019绵阳市（北川）投资推介会、电影《禹城秘事》开机仪式等系列活动。

【第七届中国（绵阳）科技城国际科技博览会新闻发布会】 2019年7月25日，第七届中国（绵阳）科技城国际科技博览会新闻发布会在北京举行。科技部成果与区域司一级巡视员杨咸武，省政府副秘书长刘全胜，市委书记刘超，省科技厅副厅长景世刚，省委宣传部副部长、省委外宣办（省政府新闻办）主任李晓骏出席。李晓骏主持发布会。科技部成果与区域司、四川省、绵阳市各相关部门的负责人，中央及省级重点新闻媒体、行业媒体及部分境外媒体96家110余人参会。刘全胜介绍第七届科博会筹备情况，发布主题（“科技创新、深化改革、开放合作”），介绍科博会期间将举办的专业活动。杨咸武就科技部重点指导、支持、帮助绵阳科技城建设三方面工作回答记者提问。刘超就绵阳在营造创新生态，汇聚创新资源方面所做的探索和努力回答记者提问。景世刚就四川省委、省政府在推进中国（绵阳）科技城加快发展所做工作回答记者提问。

【“走进中国科技城·百家党媒绵阳行”大型采访活动】 2019年9月4—7日，“走进中国科技城·百家党媒绵阳行”大型采访活动由市委、市政府与中国报协党报分会共同主办，市委宣传部、绵阳日报社承办。该活动旨在通过集中采访，借助中央、省级媒体，全国重点网络新媒体，重点城市党报的传播力、影响力，展现中国（绵阳）科技城建设的亮点和成效。活动邀请全国近百家媒体代表深入绵阳科技城创新中心、长虹集团、九洲集团、京东方绵阳产业园、临港经济发展区、“两弹一星”梓潼纪念馆、江油青莲李白诗歌小镇等地参观采访，实地感受绵阳的科技魅力、文化魅力。共有96家媒体的领导和记者参与采访报道，共刊发稿件753篇（条），其中重点报道86篇、整版专题报道24个，各网络媒体共转发相关新闻稿800余条（次）。

【2019江油“一带一路”李白文化节】 2019年11月1日，2019江油“一带一路”李白文化节在江油李白青莲小镇开幕，本次李白文化节以“世界的李白、李白的江油”为主题，邀请泰国、匈牙利、乌兹别克斯坦、韩国等10个国家的重要外宾，40余位诗词曲专家学者，200余位来自世界各地的青年企业家代表，成都市洛带古镇等10余个特色小镇代表参加；邀请英国、阿根廷、韩国、泰国、匈牙利等国的10位友好使者担任“李白文化国际推广大使”。文化节期间，先后举办李白故里诗词曲学术研讨会、“一带一路”青年

精英企业家国际经贸合作高峰论坛、四川文化旅游特色小镇联盟交流活动；发布《四川文化旅游特色小镇文旅发展联盟》倡议书；签约瞻望世纪航空旅游小镇、皓月广场商业综合体等文旅商业项目4个，协议资金达128亿元；江油与泰国清迈市签署《文化旅游交流合作备忘录》，与乌兹别克斯坦纳曼干市签署《友好合作关系备忘录》，与河南省巩义市、浙江省天台县以及四川省广汉市、阆中市签署《区域协同发展合作协议》。

（胡　鹏）

概　述

【概况】　2019年，科技城贯彻落实省委和市委人才工作重要部署，以服务推动科技城高质量发展为主线，集聚优秀人才为根本，以人才发展制度建设和政策创新为牵引，推进人才协同发展，创新职业教育和产教融合发展模式，做好人才新政落地，扩大城市人才品牌知名度，增强县域和一线人才供给，建设西部人才强市。全年科技城人才总量达81.4233万人，其中党政人才2.3793万人、企业管理人才8.9018万人、专业技术人才23.7万人、技能人才39万人、农村实用人才7.2087万人、社会工作人才0.2335万人，新引进博士228人、硕士2170人、急需紧缺专业本科2618人。《绵阳市提高人才工作质量激发创新创造活力》被中组部《组工信息》刊载。市委市政府表彰建设中国科技城和西部现代化强市先进集体60个、先进个人120人。在绵阳的科研院所单位新增2人当选“两院”院士，在绵阳的科研院所单位共有“两院”院士28人。

【人才工作领导机制健全】　2019年，全市继续加强对人才工作的领导，坚持党委定期议才制度。全年市委、市政府召开常委（常务）会议专题研究重要文件和人才发展专项资金使用等事项共5次，召开市人才工作领导小组会议3次、全市人才工作务虚会2次。举办“绵州英才荟”系列主题人才活动，总结、部署人才工作，表扬激励人才先进典型。结合机构改革，建立创新人才工作格局，出台《关于调整补充绵阳市人才工作领导小组成员单位的通知》《绵阳市人才工作领导小组工作规则》《绵阳市人才工作领导小组办公室工作细则》，形成组织部牵头抓总、高端人才服务中心全面参与、29个市级部门分工负责、13个县市区（园区）衔接联动、13个驻外高层次人才联络站协同、用人主体积极响应的大人才工作格局。落实党委联系服务专家制度，建立融合人才工作会商机制。落实市委联系高层次专家人才工作，每名市委常委联系服务2名高层次人才，全年走访慰问40人次。强化人才政治引领和政治吸纳。拓展“弘扬爱国奋斗精神、建功立业新时代”活动。在“绵州先锋”APP上线“初心使命”——全市知识分子掌上精神家园。市级层面开展“向祖国学创业”“弘扬爱国奋斗西迁魂”等高层次人才政治研修活动3次，带动各地和各类等行业组织开展研修活动28次，988名人才参加。挂牌运行首批市级爱国奋斗精神教育基地。启动“两弹一星”干部学院新区建设，规划建设高层次人才爱国奋斗精神研修基地和融合人才培育基地。

【人才发展制度建设】 2019年，科技城持续完善人才扶持政策，聚焦产才融合，在工业发展专项资金中单列“创新平台人才团队”“课题式引才”“制造企业高层次人才激励”等8个资助项目。聚焦高层次人才培育引进，制定出台《“绵州育才计划”实施办法（试行）》《“绵州英才卡”制度实施办法（试行）》等。聚焦人才评价、流动和激励等问题，优化人才发展制度环境，制定出台《关于分类推进人才评价机制改革实施方案》《关于鼓励引导人才向基层流动若干措施和实施方案》《绵阳市深度融入成都平原经济区人才一体化发展实施方案》。科研人员激励计划试点取得突破。面向科研院所、高校、企业，开展科研成果产权制度、成果转化收入分配、薪酬激励机制等15项试点。西南科技大学、市农科院、九洲集团等推行兼职和薪酬改革、职称职位改革，提高科研成果转化收益，实行股权激励。《人民日报》刊发《绵阳激励计划提升科研人员创新动力　心中有盼头　创新有奔头》，中组部《组工通讯》刊载《四川绵阳市开展科研人员激励改革试点激发创新创业活力》。

【人才发展平台建设】 2019年，科技城通过打造人才金融合作品牌、构建多远合作机制、建设重点企业引才育才平台等方式，建设人才培育和发展平台。做好海智基地、院士专家工作站、人力资源服务产业园等人才发展与服务平台建设。打造“绵州金英荟”人才金融合作品牌，落实《绵阳市金融支持人才创新创业十条措施》，运行9家市级人才金融特色机构，研发22款人才金融产品，明确按照人才获得绵阳市人才发展专项资金资助金额给予最高10倍授信。举办“绵州金英荟”暨绵阳市第一季人才金融对接会，定向推介人才金融特色产品、举办人才路演和“科技城人才计划”入选团队集中授信等活动，现场授信2.3亿元。

【中国（绵阳）科技城人力资源服务产业园建设】 中国（绵阳）科技城人力资源服务产业园（以下简称产业园）于2018年5月在中国（绵阳）科技城人才峰会上成立，位于科技城创新中心二期6号楼和9号楼，占地1万余平方米。产业园集示范带动、要素集聚、企业孵化、智慧园区、人才提升和园区服务等功能于一体，聚集低中高各层次的人力资源服务产业链机构和企业。产业园是全国首家融合发展人力资源服务产业园，由科创区负责落实场地、规划、管理、运营和引进人力资源服务机构入驻等系列工作。2019年8月，举办政策分享沙龙。沙龙活动由市委组织部（市人才办）、市人力资源和社会保障局、科创区党工委管委会主办，科创区党群工作部和绵阳博尔捷产业园运营公司承办。旨在加强产业园与人力资源服务企业之间的联系，帮助企业了解产业园扶持政策，加快推进产业园建设工作。市、区两级相关部门以及35家人力资源服务相关企业共50余人参加活动。活动介绍产业园建设情况，详细讲解《中国（绵阳）科技城人力资源服务产业园扶持政策（试行）》。主办方就入驻产业园政策等同会企业交流沟通，解答政策疑问，并组织参会企业参观产业园。5家人力资源服务企业现场与产业园达成入驻意向。9月，产业园作为申报单位，科创区为依托单位，启动四川省融合人才创新创业基地申报工作。12月，经资料申报、现场答辩等环节，四川省融合人才创新创业基地正式获批落地，并获得省委组织部等单位资助经费80万元。该创新创业基地致力于协同创新发展、产学研协同发展、人才集聚，为科创区相关产业发展、企业做大做强提供支持。截至年底，产业园引进科技城融合人力资源公司等20余家人力资源服务企业，涵盖人力资源招聘、劳务派遣、人力资源服务外包、企业培训、人事代理、人力资源咨询、猎头7大人力资源业态，与中物院、长虹、九洲等单位建立合作关系，在创新融合企业招才用人新模式、新举措方面先行先试。

（刘　鹏）

【绵阳“海智基地”建设】　2019年，市科协推动绵阳“海智基地”建设，链接海外人才资源进入绵阳。挂牌成立绵阳“海智基地”工作站成都办事处，作为绵阳在一线城市引进海外人才的第一个中转站。在第七届科博会期间，举办“海智精英绵州行废弃物深度资源化利用产业发展论坛”，该论坛邀请到国内外100余名相关领域专家学者，聘请3名海外高端人才为绵阳工作基地“招才引智大使”，并促成废弃合成（有机）物深度资源化处置技术项目落地绵阳。

【院士（专家）工作站建设】　2012年，绵阳市启动市级院士（专家）工作站建设工作，并于同年7月成立院士（专家）工作站联席会议制度(办公室设在市科协)，由市科协牵头，统筹开展全市工作站建设、管理工作。截至2019年年底，全市共分6批建立院士（专家）工作站30家，其中2019年新增院士（专家）工作站共5家，分别为西南科技大学院士工作站，入站院士范国滨(中国工程院院士)；旭虹光电专家工作站，入站专家刘再进、任书明；德华皮革专家工作站，入站专家张宗才；雪宝乳业专家工作站，入站专家赖松家；天虹丝绸专家工作站，入站专家刘刚。

（曹任之）

【绵阳市表彰建设中国科技城和西部现代化强市先进集体和个人】　2019年7月，省委、省政府批准同意绵阳市2019年度表彰绵阳市建设中国科技城和西部现代化强市先进集体和先进个人。7月16日，市委七届第108次常委会会议审议通过推荐评选方案，成立评选表彰工作领导小组，明确表彰名额，评选标准等，拟表彰先进集体60个、先进个人120人。12月3日，表彰对象名单通过市委常委会会议审议。12月23日，表彰名单公示。12月28日，市委七届八次全会暨市委经济工作会议召开。会上，中共绵阳市委、绵阳市人民政府表彰市委办公室等60个建设中国科技城和西部现代化强市先进集体、郑志恒等120名先进个人。表彰对象涵盖科技城建设、经济、政治、文化、社会、生态文明各个领域。其中行政事业单位集体24个、个人55人，企业集体23个、个人43人，学校集体5个、个人7人，医院集体1个、个人4人，科研院所集体5个、个人7人，其他基层集体2个、个人4人。本次表彰倾向基层，特别是企业，注重一线。表彰对象中，县级干部19人，仅占先进个人的15.8%。表彰市级机关事业单位14个、县委县政府3个，仅占先进集体的28%；市级机关事业单位人员27人，仅占先进个人的22.5%。表彰基层单位43个，占先进集体的71.6%；基层单位人员93人，占先进个人的77.5%。

【《“绵州英才卡”制度实施办法（试行)》出台】　2019年9月12日，市委组织部印发《“绵州英才卡”制度实施办法（试行)》（以下简称《实施办法》)。《实施办法》规定人才卡分A、B、C三种及对应发放对象；持卡人按规定在政务、创新、创业、安居、医疗、交通、研修以及配偶就业、子女就学等方面享受优待政策；申领使用规则以及管理保障办法。

【《“绵州育才计划”实施办法（试行)》出台】　2019年9月29日，市委组织部、市委宣传部、市科技局等12个市级部门联合印发《“绵州育才计划”实施办法（试行)》（以下简称《实施办法》)。根据《实施办法》，2019年起至2028年，全市将重点围绕“686”重点产业发展与社会事业需求，采取分类遴选的方式，在市级层面重点支持培养630名左右高层次人才，推动各地重点支持培养1500名左右高层次人才，构建与“科技城人才计划”相互衔接的高层次创新创业人才队伍建设体系。“绵州育才计划”的支持范围为全市企事业单位（在绵阳的科研院所、高校）在职人员，分为杰出人才、领军人才、青年拔尖人才三大类14个项目。其中杰出人才类别设绵州杰出科技工作者项目，重点支持一批紧跟世界科技前沿、取得重大科技突破成果的高端人才；领军人才类别设绵州创新领军人才、绵州创业领军人才、绵州科技服务英才、绵州金融英才、绵州文化名家、绵州名师、绵州名医、绵州工匠、绵州农业英才9个项目，重点支持一批处于行业领先、引领创新发展的高端人才；青年拔尖人才类别设绵州科技菁英、绵州企业管理菁英、绵州金融菁英、绵州社科菁英4个项目，重点支持一批创新能力强、发展潜力大的青年高端人才。“绵州育才计划”每两年遴选一次，每次遴选支持126人。在政策支持上，市财政每年从市级人才发展专项资金中安排200万元，按照杰出人才每人每年1万元、领军人才每人每年6000元、青年拔尖人才每人每年6000元标准给予补助。同时，入选者不仅在培训进修、团队建设、科研激励、成果转化等工作方面享有优惠政策，在医疗保健、子女就学、购房等生活方面也享有优惠政策。

【首届四川省专家智力服务基层论坛】 2019年10月14—17日，首届四川省专家智力服务基层论坛在绵阳举行。论坛是第七届科博会科技人才交流活动，由人社部留学人员和专家服务中心指导，省人社厅、市政府主办，省专家服务中心、市人社局承办，采取1个主论坛+3个分论坛的形式进行。论坛以“汇聚智源智慧，助力高质量发展”为主题，以推动专家智力服务基层工作向更高层次、更广领域、更好质量方向发展为目标，邀请到全省21个市（州）人社局负责人、省直有关部门人事（干部）处、部分中央在川单位和省属高校、科研院所负责人共200余人参加。人社部留学人员和专家服务中心副主任李璟、绵阳市政府副市长经大忠出席论坛并致辞，省人社厅厅长胡斌出席主论坛并讲话，省人社厅副厅长赖荣主持主论坛。论坛上，四川省专家智力服务基层联盟宣布成立，并发布四川省专家助力服务基层工作标识，并与人社部留学人员和专家服务中心、浙江省人社厅签订专家资源共享协议。论坛举办期间，同步开展高层次专家智力服务基层活动和四川省高层次人才服务培训会。

【“绵州金英荟”暨全市第一季人才金融对接会】
2019年11月1日，由市委组织部、市金融工作局主办的以“金英相会协同前行”为主题的“绵州金英荟”暨全市第一季人才金融对接会召开。市委常委、组织部部长岳勇出席并讲话。会议解读财政金融互动支持人才创业创新的相关政策，对人才资金及金融支持的项目、人才资金资助的“聚变计划”“涌泉计划”项目作成果展示性路演和融资性路演，并为9家人才金融特色机构授牌。

【绵阳专家人才考察疗养暨国情省情市情研修活动】 2019年11月10—15日，市委组织部（市人才办）在海南三亚、文昌等地举办“传承‘两弹一星’精神，‘不忘初心、牢记使命’”——绵阳专家人才考察疗养暨国情省情市情研修活动。全市相关单位专家人才参加。本次活动运用“实地考察+红色教育+集中座谈”的方式，包含参观绵阳市历史陈列馆、文昌航天科普中心，观看《红色娘子军》演出，围绕“弘扬‘两弹一星’精神 建功立业新时代”开展集中座谈。

【四川省特聘专家服务工作站落户高新区】 2019年11月28日，四川省特聘专家服务工作站（绵阳）挂牌仪式暨第四届中国创新挑战赛（绵阳科技城）技术需求对接活动在高新区举行。四川省特聘专家服务工作站（绵阳）正式落户绵阳高新区创业服务中心。市委常委、组织部部长岳勇，市委秘书长、高新区党工委书记谭岗，市科技局党组书记、局长刘青川出席仪式，高新区党工委副书记谷雨主持仪式。挂牌仪式上，岳勇和工作站特聘专家吴卫平共同为工作站揭牌。岳勇、谭岗、刘青川等为工作站首批14名特聘专家颁发聘书。11家科技型企业就自身18项技术创新需求和专家进行面对面对接交流。

【《绵阳市深度融入成都平原经济区人才一体化发展实施方案》印发】 2019年12月13日，市委组织部、市人才工作领导小组办公室印发《绵阳市深度融入成都平原经济区人才一体化发展实施方案》（以下简称《实施方案》）。《实施方案》提出要建立健全人才一体化发展合作机制，完善促进人才一体化发展政策措施，构建军校院（地）人才协同创新平台，建立常态化赴外招才引智联动机制，推进优秀党政干部人才交流合作，深化干部人才教育培训交流合作，集成资源支持重点人才创新创业，完善金融服务人才创新创业政策链条，打造人力资源服务产业集聚区，优化区域人才发展联合推进机制等，并明确责任分工和责任单位。

【全市人才工作大会暨“绵州英才荟”主题人才活动】 2019年12月17日，全市人才工作大会暨“绵州英才荟”主题人才活动在市委党校举行。大会举行颁奖仪式并设置人才风采榜、人才工作成就展。市委书记刘超致辞并向“科技城人才计划”获奖代表颁奖，市委副书记、市长元方向“绵州育才计划”获奖代表颁奖，市人大常委会主任马华为人才代表发放首批市级人才公寓钥匙，市政协主席张锦明为获得首批“绵州英才卡”的人才代表授卡。市委常委、组织部部长、市人才工作领导小组组长岳勇宣读“科技城人才

图25 12月17日，2019年绵阳市人才工作大会暨“绵州英才荟”主题人才活动在市委党校举行

计划”表扬文件，副市长、市人才工作领导小组副组长廖雪梅宣读“绵州育才计划”表扬文件。“科技城人才计划”获奖代表爱联科技物联网模组科技创业团队段恩传、“绵州育才计划”获奖代表四川东材科技集团股份有限公司唐安斌、“绵州英才卡”获奖代表中国工程物理研究院赵剑衡作交流发言。

技能大师工作室

【概况】 2019年，科技城有四川中烟绵阳卷烟厂“张宝（维修电工）技能大师工作室”被认定为国家级技能大师工作室，国家级技能大师工作室总数达7个；新增陈本富（美发师）技能大师工作室被认定为省级技能大师工作室，省级技能大师工作室总数达7个；新增徐安檀（空调制冷维修）、罗仕富（中式烹调）、管研峰（整机调试）、卢中明（酿酒）、胡小刚（数控多轴加工）5家市级技能大师工作室，市级技能大师工作室总数达35个；有县市区（企业）级53个。科技城共建成各级技能大师工作室102个，涵盖机械、电子、纺织、“非遗”等行业和领域，基本实现区域、行业全覆盖，形成国家、省、市、县（企业）四级梯并进次发展的局面，市级以上财政共资助工作室建设及人才培养资金945万元。各级技能大师工作室累计培训技能人才3.7万余人次，其中高技能人才0.9万人次；完成技能攻关2400余项，获得专利355项。

2019 年科技城国家级、省级技能大师工作室一览表

表 32

序号	工作室名称	级别
1	张宝技能大师工作室	国家级
2	游洪建技能大师工作室	国家级
3	冷晓江技能大师工作室	国家级
4	何金华技能大师工作室	国家级
5	邱宏技能大师工作室	国家级
6	韩长庆技能大师工作室	国家级
7	兰明路技能大师工作室	国家级
8	游洪建技能大师工作室	省级
9	冷晓江技能大师工作室	省级
10	何金华技能大师工作室	省级
11	尹朝晖技能大师工作室	省级
12	兰明路技能大师工作室	省级
13	张宝技能大师工作室	省级
14	陈本富技能大师工作室	省级

【张宝（维修电工）技能大师工作室】 张宝（维修电工）技能大师工作室于2013年10月获建市级工作室，2018年1月获建省级工作室，2019年12月获建国家级工作室。领办人张宝是“全国技术能手”“四川省有突出贡献的优秀专家”“全国烟草行业精益十佳个人”“四川省五一劳动奖章”“绵阳科技城产业尖端卓越计划创新团队”带头人。工作室下设制丝、卷包、动力、物流4个专业组，有成员52人，其中本科以上学历40人。工作室下设培训研讨室和技能实训室，有智慧电教、电工基础及综合实训等设备实施。工作室与西南科技大学、绵阳职业技术学院建立校企合作关系。2019年，工作室累计组织开展前沿技术交流7次、职工大讲堂20余次、编写典型故障维修案例105篇，单点授课25次、举办4次电工技能竞赛，6人次获得绵阳市职业技能大赛一、二等奖。培养高级工以上技能人才100余人。开展创新课题50余项。科技成果获绵阳市科技进步三等奖2项，获四川中烟科技创新成果三等奖1项，获中质协质量技术二等奖和质量技术优秀奖各1项；QC成果多次获行业三等奖，QC小组四次获全国优秀质量管理小组称号。获得发明专利7项、实用新型专利18项、软件著作权6项。

【陈本富（美发师）技能大师工作室】 陈本富（美发师）技能大师工作室于2016年5月成为市级技能大师工作室，2019年获建省级工作室。领办人陈本富是“中国美发大师”“中国美业杰出工匠”“22届亚洲发型化妆大赛冠军”“绵州育才计划绵州工匠”、亚洲发型化妆大赛中国国家队赛前集训指导老师。工作室承担四川省美容美发技能人才培养、技术攻关、成果转化任务。对美容美发行业实际生产过程中存在的重点、难点、关键点进行立项。发挥大师在总结创新成果、创新工艺技术上等各方面起到核心带头作用，为行业创造经济效益，提升效率做出突出贡献。工作室成员及学员先后获四川省省级技能大赛一等奖、二等奖，四川省技能状元，绵阳市技能大赛冠军、亚军。

人才引进与服务

【概况】 2019年，科技城实施“科技城人才计划”“绵州育才计划”“县域发展人才振兴工程”，探索人才项目制度建设，引进科技城重点产业亟须人才，通过“科技城人才计划”，引进团队71个，通过“绵州育才计划”，遴选首批人才125人。支持人才团队在绵阳创业就业，通过“县域发展人才振兴工程”，做好人才向基层和一线引流工作，做好人才服务，优化人才激励机制。通过创新平台，延揽高端人才。通过校企共建互动，创造人才创新就业渠道。

【“科技城人才计划”实施】 2019年，科技城持续实施“科技城人才计划”，引进高层次创新创业团队。聚焦六大重点工业产业、六大创新产业和八大现代服务业，支持人才团队到绵阳创办技术融合企业和科技型中小企业，支持重大招商项目和重点企业引进高水平创新团队。全年支持引进“科技城人才计划”团队71个，资助资金8040万元。探索改进人才项目评审制度，首次引入专业第三方机构开展市场化评审，现场答辩综合运用“创新创业大赛”“项目路演”“基金产品”评价模块，遴选组织市外专家实施；实地考察运用贷前审查评价指标实施，制定《资助资金测算体系》。

【“绵州育才计划”实施】 2019年，科技城持续实施“绵州育才计划”（单设200万元专项资金，整合统筹实施人才培育工程，计划10年培育630名左右高层次人才），开展系统性人才培育服务。全年遴选首批125名人才。探索人才遴选制度改革，竞争性选拔具有成长性和发展潜力的人才；推进各领域人才的选拔和培育工作；突出绵阳所需，新增“绵州企业管理菁英”“绵州科技服务英才”2个项目；优化激励方式，采取“财政补贴+用人单位保障+主管部门支持”方式，通过《“绵州英才卡”制度实施办法（试行）》服务事项，给予人才全方位支持。

【县域发展人才振兴工程】 2019年，科技城实施县域发展人才振兴工程，指导各地聚焦西部人才强市建设，推出区域人才政策体系，引导人才向基层和一线流动。其中游仙区举办“游你来才更好”主题人才活动；江油市建立急需紧缺技能人才和特殊技能人才“政企”联合认定机制，首批30余个工种纳入产业紧缺人才目录；三台县制定《关于探索实施三台新乡贤制度建设的实施意见》，设立300万元新乡贤产业发展专项基金；北川羌族自治县突出产教融合打造通航人才培育基地；平武县实施“青年创业返乡示范项目”和“青年创业千人计划”，回引优秀人才257人。《四川绵阳市深化“引育留用”改革推动人才在乡村集聚》被《中国组织人事报》刊载。

【院校人才引进培育】 2019年，科技城发挥高校创新平台人才集聚功能，继续单列200万元人才发展专项资金（每年），支持西南科技大学环境友好能源材料国家重点实验室建设，新引进海内外博士8人、柔性引进国家青年专家1人，培育35名硕士研究生。打造高水平合作载体，制定《绵阳市建设院士（专家）产业园总体方案》等，争取省级平台建设。拓展校地合作，与清华大学、武汉大学等知名高校合作，组织实施53名重点高校博（硕）士生项目制社会实践活动。联合绵阳科研院所组织10批次1000余名高校研究生“感知绵阳”活动。

【企业人才引进培育】 2019年，科技城建设重点企业引才育才平台，设立博士后科研工作站、联办“京东方班”和举办“京东方杯”智能制造知识大赛（西南赛区决赛），支持绵阳京东方引进人才4244人。组织长虹集团、商业银行、东材科技等单位参加“美丽四川·创业天府”知名高校四川人才活动周。赴兰州大学、北方民族大学参加第六届大中城市联合招聘高校毕业生（春季）校园招聘会，延揽高层次人才和急需紧缺专业人才1100余人。赴吉林大学、哈尔滨工业大学等高校，举办“绵向未来 阳帆起航”主题校园招聘活动。组织绵阳京东方、金能移动能源、东材科技等单位参加“蓉漂人才日”青年人才特大型招聘会，签订意向协议120人。举办“智汇绵州走进成都”招才引智系列活动，先后携139家用人单位共2200多个岗位，到成都引进急需相关专业高校毕业生。

【外籍高层次人才引进】 2019年，《绵阳市全面推广复制12条移民与出入境政策措施及解读》《绵阳市执行国家移民管理局12条移民与出入境政策措施及实施细则》印发，用好增加外国人申请在华永久居留推荐主体、扩大外国人申请永久居留对象范围、放宽签发长期签证和居留许可的对象范围等政策。制定外籍人才办理停居留证件相关优先服务制度，建成外国人服务管理站8个。截至10月底，共引进1.4万人次外籍高层次专业技术和技能人才。

【人才发展服务】 2019年，科技城建立人才资金投入增长机制，争取到新一轮每年5000万元的省级人才发展专项资金支持。与省上共同设立每年6000万元人才发展专项资金。实施“绵州英才卡”服务制度。实施《“绵州英才卡”制度实施办法（试行）》，按照人才层次和引进类别，分别发放A、B、C卡。持卡人才可享受行政审批便利、项目申报指导、创新服务、创业服务、金融服务、医疗保健、子女就学、配偶就业、购房优待、交通出行、政治研修服务等。完成服务单位培训、标识标牌制作、服务流程演练、上门集中办卡等工作，并集中发放。出台《中国（绵阳）科技城人力资源服务产业园扶持政策（试行）》，配套2000万元产业园扶持资金，从场地租金优惠、运营扶持、引荐奖励、人才配套奖励等方面支持园区引进企业发展，入驻专业人力资源服务机构20家，营收达2亿元。省人社厅批复同意建设省级人力资源服务产业园。出台《绵阳市人才公寓管理使用办法》，新配建100套人才公寓。入选《2019中国青年理想城报告》“最吸引年轻人生活的100座城市榜单”。（刘　鹏）

人才培养

专业人才队伍培养

【概况】　2019年，科技城共初定和确认初级、中级职称1190人，新办理各类职称证书3126本；受理审核中级、高级专业技术职务申报材料1176份；继续教育公需科目覆盖9.29万人；组织开展工程、农业等12个中级专业技术职务任职资格评审工作，评审通过1934人；新组建绵阳市基层卫生（中医药）高级职称评审委员会，并完成首次评审。新组建卫生、中医药、建筑工程、轻工质量冶金纺织工程4个高级职称评审委员会。组织开展全市9个系列（专业）高级专业技术职务任职资格评审工作，共评审通过1587人。开展2019年科技城人才计划产业技术培育团队“卓越计划”项目申报工作，推荐41个创新团队，获批37个，获得资金资助3350万元。台沃科技集团股份有限公司和绵阳市中心医院获批四川省博士后创新实践基地。四川九洲电器有限责任公司高级工程师刘志刚入选2019年国家重大人才工程。全年直接设考点组织各类人事考试33项，共8万人参考，17.6万科次，参考人数同比增长40%。其中专业技术人员职（执）业资格考试9次，3.65万人参考；承担事业单位和教师公招、“三支一扶”等笔试和面试6次，1.6万人参考；全国计算机应用能力考试8次，750人参考，共2214个模块。指导县市区和市级有关部门完成各类专业技术人员资格考试资格审查工作。完成统一在省上设考点的14项考试2300名考生的报名和资格审查工作。全年从省人事考试中心领取各类合格证书7000余本，发放6000余本，办理邮寄证书800余本。

【职业技能鉴定与认定】　2019年，科技城参加职业技能鉴定总人数为4.67万人，参加鉴定人数同比减少20.94%，经考核鉴定获得职业资格证书总人数为3.33万人，获得职业资格证书人数同比减少19.38%，鉴定合格率为71.82%。其中初级工1.69万人，占获证总人数的50.77%，鉴定合格率为88.30%；中级工1.13万人，占获证总人数的34.01%，鉴定合格率为89.40%；高级工4641人，占获证总人数的13.94%，鉴定合格率为81.50%；技师376人，占获证人数的1.12%，鉴定合格率为79.23%；高级技师54人，占获证人数的0.16%，鉴定合格率为93.10%。

【绵阳组团参加四川省第七届农民工技能大赛获奖】　2019年9月24—26日，四川省第七届农民工技能大赛决赛暨第七届农业博览会返乡创业成果展在内江市举行。本次大赛设置电子商务、数控车工、家政服务、工具钳工、钢筋工、美发、中式烹饪、汽车维修8个竞赛项目。绵阳选手最终取得1金、1银、5铜的成绩，其中绵阳选手冯玲获得家政服务员比赛一等奖，梁晓武获得钢筋工二等奖，刘勇、张宇、吴德华、宋垚泓、敬洪远分获工具钳工、数控车工、汽车修理工、中式烹调、美发师比赛项目三等奖。绵阳市总成绩位列全省第2名，获得团体优胜奖二等奖。

【第三届“四川工匠杯”职业技能大赛主赛场决赛在绵阳举行】　2019年10月30日，第三届“四川工匠杯”职业技能大赛主赛场决赛在绵阳国际会展中心举行。全省21个市（州）代表队、325名选手参加主赛场数控车工、数控铣工、焊接、车身修理、砌筑、健康和社会照护、中式烹调师、餐厅服务、制茶、美容10个项目的决赛。最终，150名选手脱颖而出，分获主赛场决赛10个项目的一、二、三等奖及优胜奖。绵阳市参赛选手夺得5枚金牌、5枚银牌、4枚铜牌和3个优胜奖，绵阳市获四川技能人才培育突出贡献奖；其中参赛选手田孝彬获中式烹调一等奖，申小婷获餐厅服务一等奖，李梅获健康和社会照护一等奖，蒋凌获数控车工一等奖，杨鞭原野获数控铣工一等奖，勾文彬获砌筑二等奖，兰芙蓉获健康和社会照护二等奖，李潇潇获美容二等奖，杨鼎获数控铣工二等奖，陈兴富获制茶二等奖，方全双、谢东获车身修理三等奖，李佳洋获焊接三等奖，韩首刚获数控车工三等奖。（赵梓宇）

高校人才培养

【概况】 2019年，科技城有高等教育学校14所，其中全日制普通教育本科院校6所，分别为西南科技大学、绵阳师范学院、四川文化艺术学院、中国民航飞行学院绵阳分院、西南财经大学天府学院、西南科技大学城市学院，全日制普通教育专科院校5所，分别为绵阳职业技术学院、四川中医药高等专科学校、四川幼儿师范高等专科学校、四川汽车职业技术学院、四川电子机械职业技术学院，成人教育本科院校1所，即中国工程物理研究院职工工学院，成人教育专科院校2所，分别为绵阳广播电视大学、涪江机器厂职工大学。科技城高等教育体系完备，覆盖专科、本科、硕士和博士的人才培养层次。高校校园总面积1013.3公顷，校园内建筑总面积396.19万平方米；有国家级重点实验室2个、省部级重点实验室（实训基地）17个，有博士点4个、硕士点（覆盖专业）72个，有职业技能鉴定站（覆盖工种）181个，图书馆藏书量（含电子图书）3134.17万册，学校固定资产总值82.85亿元，全年科研投入达1.6亿元。

2019年，科技城有高等教育在校学生149404人（其中高职在册学生人数9.43万人），其中研究生3596人、本科83248人、专科62560人；有教职工9965人，其中教授627人、副教授1968人。全年医高专等3所市属高校完成招生工作，医高专录取4932人，职业技术学院录取3973人，幼儿高等专科学校录取3876人，合计新招收大学新生12781人。高校毕业生总数为38113人，较2018年增加2761人；全年就业总人数为34821人，较2018年增加2701人；就业率为91.36%。

【高校人才培育管理】 2019年，科技城召开高等教育发展专题工作会、校企协同育人暨绵阳市技能人才队伍培养研讨会，出台《关于进一步推进校地、校校协同创新实践 育人工作的实施方案》，起草《绵阳市人民政府关于进一步支持在绵高校加快发展的实施意见》，举办中国科技城首届暑期开放日活动，成立校企共建学院等，研究高校人才培养模式，探索校地合作育人途径，通过产教融合，校企携手共育实用人才。

【绵阳师范学院优炫网络空间安全学院揭牌】2019年5月10日，绵阳师范学院优炫网络空间安全学院揭牌仪式在绵阳师范学院举行。活动中国可信云社区主办，武汉大学、北京优炫软件股份有限公司（以下简称优炫软件）、绵阳师范学院承办。省经信厅、绵阳市相关领导、绵阳师范学院相关领导、武汉大学教授张焕国、优炫软件董事长梁继良、清华大学教授赵有健等出席并致辞。活动中，由绵阳师范学院和优炫软件共同成立的“绵阳师范学院优炫网络空间安全学院”正式揭牌。“优炫网络空间安全学院”是绵阳师范学院下设的二级学院，是绵阳师范学院与优炫软件等行业企业合作的“教育部产学合作协同育

图26 5月10日，绵阳师范学院优炫网络空间安全学院挂牌仪式举行

人”建设单位。依托绵阳师范学院的人才培养经验和优炫软件的市场资源优势，共同培养专业基础扎实、专向技能突出、实践能力强的高素质、应用型、复合型网络空间安全人才。

【2019年校企协同育人暨绵阳人才队伍建设研讨会】 2019年5月28日，2019年校企协同育人暨绵阳人才队伍建设研讨会在绵阳职业技术学院举行。研讨会由市人社局、市教体局、绵阳职教集团等单位指导，市人力资源管理协会、绵阳职教集团招生就业专委会承办。市就业服务管理局副局长李晓东，市教体局高等教育科科长李小宏，绵阳职教集团秘书长、副校长左明扬等出席。市人力资源管理协会各单位会员、绵阳职教集团招生就业专委会成员单位代表40余人参会。会议旨在深入开展校企合作，推进校企协同育人，加强科技城人才队伍建设，搭建学生就业平台，为会员单位推荐引进高质量人才，推动绵阳经济社会健康协调发展。会上，各单位代表分析解读2019年科技城就业市场现状及各层次人才招聘趋势，探讨企业人才梯队建设，学生就业难点及重点等内容，并就开展校企科研合作、平台建设、人才培养、实习就业、课程共建等内容进行交流。

【中国（绵阳）科技城首届企业暑期开放日活动】 2019年7月3日，中国（绵阳）科技城首届企业暑期开放日活动在绵阳京东方光电科技有限公司举行。活动由市教体局、市人社局主办，绵阳高新区管委会、绵阳市就业局、绵阳京东方光电科技有限公司承办。活动以“感受企业文化，融入科技城建设”为主题，面向绵阳高校和中职学生，旨在帮助绵阳高校、职业院校学生感受企业文化，融入科技城建设。市委教工委专职副书记周时光、市就业局副局长李晓东、绵阳高新区党群工作部副部长郭佩壮、京东方集团绵阳区域总经理曹成熙及绵阳各院校相关负责人参加活动。活动共组织在绵阳的西南科技大学、西南科技大学城市学院、绵阳职业技术学院、四川电子机械职业技术学院、四川汽车职业技术学院、四川九洲技师学院、绵阳市游仙职业技术学校、北川羌族自治县七一职业中学、绵阳职业技术学校等九所高职、中职院校475名大中专学生参加。活动分启动仪式、展厅参观、生活区参观、活动中心参观、宿舍参观、拓展活动、校友交流和意向投递7个环节。通过参观交流，共签订双方意向协议书357份。

【四川中医药高等专科学校医学美容技术学院成立】 2019年9月12日，四川中医药高等专科学校举行产教融合推进会暨医学美容技术学院成立大会。会上，四川中医药高等专科学校与六度康养集团签订校企合作共建医学美容技术学院协议。根据协议，双方联合共建四川省首个校企合作的医学美容技术学院，培养技能型、应用型、服务型、创新型的专业人才。（杨进平）

【西南科技大学人才培养情况】 2019年，西南科技大学（以下简称西科大）实现18个大类和31个专业招生，本专科招生8359人，本科一批次比例达89.13%。招收研究生1283人，其中博士研究生62人。被评为四川省“2019年度硕士研究生招生考试工作目标考核先进单位”。2019届本科毕业生一次性就业率达90.33%，研究生一次性就业率达90.36%。研究生上线率达20.86%。3个团队入选2019年度省科协科技智库课题立项团队，学校拉美研究中心提供的5份资政报告被相关部委、省市机关和企业采纳。学生在“挑战杯”全国大学生课外学术科技作品竞赛、“互联网+”大学生创新创业大赛等活动中获得省级以上奖励940余项。在中国高等教育学会《高校竞赛评估与管理体系研究》专家工作组发布的“全国普通高校学科竞赛排行榜（2015—2019）”中，名列全国普通高校学科竞赛第67位，在四川省内院校稳居第4位。田彬华、周冰、郑剑平3名教师入选“绵州文化名家”，廖天虎、崔一楠、周冰3名教师入选“绵州社科菁英”。学校教授陈永灿以第一主研人身份主持完成的“复杂水域动力特征和生境要素模拟与调控关键技术及应用”成果获得国家科技进步二等奖。推进龙山人才强校计划，1人获得国家优秀青年科学基金，1人入选国家重大人才专项计划，获批四川省天府重大人才专项计划4人，引进博士41人，聘任3位学术院长；建立学校首个“院士工作站（管理学科）”，聘请院士范国滨、陈晓红为首席科学家。组织实施教育教学能力提升计划，全年公派3个月以上出国经历教师达59人；54人参加“浙江大学—西南科技大学辅导员素质能力提升高级研修班”；在中国高等教育学会《高校竞赛评估与管理体系研究》专家工作组发布的“全国普通高校教师教学竞赛分析报告（2012—2019）”中，名列全国高校教师教学竞赛第41位。305名学生赴境外友好院校参加交流学习；聘请外教62人，引进俄罗斯、澳大利亚、巴西科研人员14人。与马来西亚等国建立电解水科研合作推广基地。留学生人数达457人，培养层次实现本硕博全覆盖。学校与萨尔瓦多大学共建孔子学院。（张丁杰）

【绵阳师范学院人才培养情况】 2019年，绵阳师范学院（以下简称师院）在校生总数19029人，其中普通本科生18036人，普通专科生877人；招生数5039人，毕业生4285人；在校硕士研究生63人；成人教育学生3429人；留学生53人。有教职工1418人，其中专任教师1081人（博士248人，新增89人，占比22.94%；硕士、博士811人，占比75.02%；高级职称教师529人，占比48.94%）。获评“全国优秀教师”1人，四川省“师德楷模”1人；入选“全省优秀教师风采录”展示2人。设立教师培养专项经费，围绕教学、科研能力提高和职业生涯规划等专题，开展系列培训活动，短训教师150余人次，举办教师发展系列讲座4次。聘请沈昌祥院士为“特聘教授”，引进四川省高层次专家2人，入选2019年“绵州育才计划”教师7人。有省部级称号人才20人、市厅级高层次人才12人。有本科专业52个、专科专业8个、硕士授予点1个。学生考取硕士研究生497人，录取率35%，较2018年净增54人。在省级竞赛中获奖近600项，获奖867人次。在2019年四川省师范生教学能力大赛中，17名选手中6人获所在学科专场第1名，6人获所在学科专场第2名，4人获所在学科专场第3名，共16人获奖，获奖率达94.1%。与北京优炫软件公司共建网络空间安全学院，校企联合培养网络空间安全领域工程应用型人才。与国家城市污水处理及资源化工程技术研究中心、四川汇邦环保科技有限公司签订校企合作协议。与四川铁骑力士集团的合作，举办首届四川省大学生乡村振兴创意设计大赛、设立铁骑力士园丁奖、建设食品安全检测中心等合作项目相继落地。（赵子波）

【四川文化艺术学院人才培养情况】 2019年，四川文化艺术学院在校生14768人，其中本科生11836人、专科生2932人；招生4779人，其中本科生3498人、专科生1281人；毕业生总数3235人，其中本科生2351人、专科生884人。学校设本科专业38个、专科专业25个。教职工1308人，其中专业教师843人、正高级职称教师60人、副高级职称教师192人。学校公共艺术、民族学2个本科专业通过备案，并从2019年秋季开始招生。动画、视觉传达设计、文化产业管理3个本科专业正式被列为省级一流本科专业建设点。会展经济管理、文物与博物馆学2个专业进入2020年民办高校重点特色专业质量提升计划。为1057名新生办理生源地助学贷款，涉及金额843.3万元。完成国家奖助学金的评选工作，24人获得国家奖学金，393人获国家励志奖学金，3174人获国家助学金，合计发放奖助学金1047.42万元。毕业生就业率达94.12%，其中本科生就业率为96.53%，专科生就业率为91.7%。与四川省瑞云集团股份有限公司、京东旗下四川京邦达物流公司等9家公司签订校企合作协议；与上海市出入境服务中心、厦门天马微电子有限公司、甘肃省歌剧院等8家公司签订校企合作协议，建立实习基地，落实实训项目。与韩国仁川大学联合开设韩语学习中心，与英国切斯特大学、美国海格斯大学签署合作交流协议。选派14名学生到海外参加交流、实习。（张玉琴）

【西南财经大学天府学院人才培养情况】 2019年，西南财经大学天府学院首次录取普通高等教育本科生4772人，报到4440人；专科生2546人、报到2155人。开设32个本科专业，25个专科专业。其中本科新增“护理学”专业，撤销“体育经济与管理”“工业设计”“工业工程”“艺术设计”4个专业；专科撤销“统计与会计核算”“会计信息管理”“休闲服务与管理”3个专业。“法语”“质量管理工程”2个专业通过四川省学位委员会评估，获批2019年度学士学位授予权。“会计学”“环境设计”2个专业被四川省列为省级一流本科专业建设点。“智能财税”专业获批成为教育部第二批“1+X”证书试点。有专任教师708人，聘用兼职教师230人，聘用外聘专家46人。组织青年教师参加主题培训，共计16场次，参培教师1368人次。开展专业认证关键活动梳理培训等专题培训共计7场次，参培113人次。组织教师专业技术职称评审工作，评定中级专业技术职务教师29人，高级专业技术职务教师43人，其中正高级职称1人，副高级职称42人。新建《西南财经大学天府学院“双师双能型”教师认定办法（试行）》及“‘双师双能型’教师申报OA流程”，通过“双师双能型”初审认定215人。2019届毕业生5007人，共计4537人实现就业，总体就业率达90.61%。54名毕业生获“四川省优秀大学毕业生”称号。与多家孵化器合作开展“当创业，插上互联网+的翅膀”等系列创新创业培训活动9场。开展“高新杯”青年创新创业大赛西南财经大学天府学院分赛，学院学生团队获得一等奖、二等奖、三等奖各1项。开展SYB创业培训，共计有900名学生参加，其中895人结业，合格率达99.44%。开展职业技能培训，开设2期就业技能强化班、公务员培训班3期、初级会计职称考试培训基础班2期，共计培训学员279人。组织学生参加第五届四川省“互联网+”大学生创新创业大赛，获得铜奖2项；参加第九届全国大学生电子商务“创新、创意及创业”挑战赛，获得一等奖2项、二等奖4项、三等奖6项。教师张熙悦获得四川省第七届“导航名师”大学生创新创业指导课程教学大赛优秀奖。（张　燕）

【西南科技大学城市学院人才培养情况】 2019年，西南科技大学城市学院聘任外籍教师实现零的突破，全职或柔性引进教授、博士等14人，通过引进高层次人才和职称评聘，学校高级职称比例同比增长80%，研究生学历占比提高35%。学校物联网工程和大数据应用技术专业获教育部“1+X”证书试点；土木工程和工商管理专业获四川省“一流专业”立项建设；测绘工程、工商管理专业获省应用型示范专业建设点；测绘工程专业名列四川省同类院校专业排名第一；完成工程造价等4个四川省民办重点特色专业质量提升工程年度建设工作；金融工程专业获“四川省民办高校特色（骨干）专业”称号。获批学前教育，休闲体育，电子商务等3个本科专业和电子商务技术、运动训练、风景园林设计等3个专科专业招生资格。与鼎利集团共建产业学院，与京东方等国内10余家大型企业开设订单班或共建实验室、实训基地等。学生参加“2019年全国大学生英语竞赛”“第五届四川省‘互联网+’大学生创新创业大赛”“第九届全国大学生电子商务‘创新、创意及创业’（三创）挑战赛”和“四川省大学生BIM建模竞赛”等57个学科竞赛项目比赛，获得国家级一等奖10个、二等奖28个、三等奖31个，省级特等奖1个、一等奖11个、二等奖23个、三等奖57个。参加学生“双创”活动6650人次，受益学生达在校学生人数的50%以上，立项省级大学生创新创业训练计划项目100项、国家级大学生创新创业训练计划项目33项。实施“学生创业领袖计划”，开设创业精英班。组织创业团队7个，开办企业2家，意向融资30万元。立项各类科研项目63项、教改项目47项，公开发表学术期刊论文294篇，其中SCI、EI检索论文4篇，教师论文发表数量同比增加243%，学生发表论文37篇。首次引入第三方机构评价，编制2019年毕业生就业质量报告。通过“走出去、请进来”就业促就业活动先后与中国重汽、中国石油、利尔化学、中铁四川铁科等10余家规模型企业签订就业基地协议。2019届毕业生总数为2514人，总体就业率为90.85%，实现就业2284人。其中本科毕业生就业率91.19%，专科毕业生就业率90.27%。（蒲施宇）

【绵阳职业技术学院人才培养情况】 2019年，绵阳职业技术学院（以下简称学院）推进建立全员全过程全方位的协同育人机制。认定省级生产性实训基地4个，省级技能大师工作室、虚拟仿真实训中心、骨干职业教育集团各1个；组织参加各级各类学生专业技能大赛，获国家级赛事三等奖以上16项、省级赛事三等奖以上43项，获奖人数260人次，位居全省高职高专第4名；推选跨校升入本科深造294人。申报省级高等教育人才培养质量和教学改革项目7项，其中重点项目1项；入选四川省首批“1+X”证书制度试点院校；推进6个省级和9个校级现代学徒制专业试点，立项建设校级工程技术研究中心3个、专业教学资源库9个。科研学术。获得四川省科学技术进步奖提名公示1项、绵阳市科技进步二等奖1项，获绵阳市优秀社科成果奖二等奖2项、三等奖1项、优秀奖5项。直招引进硕士研究生31人，一类岗位引进硕士研究生以上教师12人；新增正高职称4人、副高职称5人，专业技术人员高级职称比例达到37.53%；遴选教学创新团队7个，首批遴选专业带头人35人、骨干教师50人，认定“双师型”教师162人，专业课教师双师比达55%；推进四川省旅游管理专业“双师型”名师工作室和四川省机械设计与制造专业紧缺领域教师技艺技能传承创新平台建设；组织参加各级教师大赛获奖项目28项、76人次，其中国家级和省级奖励16项；获绵州创业领军人才1人、市级优秀教师教育工作者5人。大学科技园获“四川省科技孵化载体服务联盟2019年度先进集体”和“四川省大学科技园最具特色奖”；先后与绵阳市委宣传部共建马克思主义学院，与中材国际、中建材智慧达成“一带一路”建材项目人才智力资源开发合作框架协议，与奇安信签订合作框架协议并共同筹建网络安全学院。全年招收高职新生4338人、五年一贯制新生616人；先后与1300余家国内及本地大中型企事业单位建立长期、稳固的用人合作关系，构建遍布全国的就业工作网络体系，2019届3656名毕业生实现一次就业3529人，就业率达95.38%。留学生生源地拓展至老挝、印度尼西亚、柬埔寨、塔吉克斯坦等多个国家，建筑工程技术专业中加合作项目完成招生45人。组织参加省教育厅主办“2019年国际学生感知四川之走进南充”人文交流活动获一等奖2项，二、三等奖各1项，并获“优秀组织奖”，先后加入“中国—柬埔寨高职联盟”“人工智能产教融合国际联盟”和“东南亚职业教育产教融合联盟”；全年共完成7批次29人次教师赴国（境）外交流访问，接待9批57人次国（境）外高校师生到访交流。

（唐应平）

【四川幼儿师范高等专科学校人才培养情况】 2019年，四川幼儿师范高等专科学校（以下简称学校）采取师范生“3年全程贯通递进式”实践教学、非师范生“订单式”培养模式；立项建设《学前教育科学研究方法》等26门校级精品在线课程。学前教育专业被教育部认定为国家骨干专业，学前教育专业教师团队被确定为首批国家级职业教育教师教学创新团队；管理工程系老年照护、失智老年人照护和母婴照护获批教育部“1+X”证书制度试点；艺术系“四川省首批高职院校紧缺领域教师技艺技能传承创新平台——白马藏族民间工艺美术传承创新平台”通过省级验收；学前教育二系工作获全省先进；教师教育人才培养模式改革试点项目中期检查获评省级优秀。获第九届“外研社杯”全国高职高专英语写作大赛公共英语组三等奖；获外研社国才杯“2019年四川省大学生英语挑战赛（UChallenge）”阅读组一等奖、写作组二等奖和优胜奖、演讲组三等奖；全国跳绳锦标赛暨全国跳绳联赛获7金、7银、10铜。获四川省高职院校“高教社杯”大学生英语口语技能大赛公共英语组二等奖；获四川省导游服务技能大赛2个二等奖、1个三等奖；获“四川省第二届高等学校美术教育类专业大学生基本功展示活动”专科组团体总分第一名；舞蹈《心路》四川省大学生艺术节专场展演二等奖。全年招收全日制学生4589人（中专层次155人、普通专科生4389人、普通预科生注册数45人）。组织2020届毕业生顶岗实习暨就业双选活动，450余家单位为2000余名毕业生提供7500余个就业岗位；落实毕业生求职补贴190.80万元、就业困难帮扶9.78万元；普通专科毕业生初次就业率达95.03%。省级“双创”项目立项16个；“江油慢悠悠科技网络有限公司”“视创科技媒体有限公司”2个项目获第5届四川省“互联网+”大学生创新创业大赛铜奖。参加德国“工匠之师”培训项目；出访韩国知名学府和社区幼儿园，与韩国崇实大学签订校校合作协议。选派学生分别赴波兰奥波莱大学、韩国崇实大学等深造。与广东外贸大学南国商学院签署合作框架协议。

（陈晓丽）

【四川中医药高等专科学校人才培育情况】 2019年，四川中医药高等专科学校（以下简称医专）招生5797人，其中普通大专4272人、五年高职166人、普通中专133人、面向四类人员招生109人、五年高职转录1117人。首次开放面向民族地区的“9+3”毕业生单招，坚持面向凉山地区招收基层急需专业的中职生。申报设立2个新专业，招生专业共25个，新开辟2个省为招生区域，使学校普通大专招生区域达19个省（直辖市、自治区）。举办毕业生就业“双选会”，提供就业岗位超过6000个，举办61个专场宣讲和面试。2019届大专毕业生3325人（普通专科占91.1%，五年高职占8.9%），普通大专毕业生初次就业率为92.33%，五年制高职就业率94.95%。就业毕业生的专业对口率85%。全年开展招聘工作3次，引进硕士及以上学位人才35人。教师获评“绵州教育名师”2人、四川省卫生健康首席专家1人。职称晋升正高级8人、副高级9人、中级16人。护理和针推专业获批国家级骨干专业，中药生产性实训基地获批国家级生产性实训基地，针灸推拿实训基地获批省级生产性实训基地；母婴护理、失智老年人照护2个证书入选教育部第二批“1+X”证书制度试点单位。4个国家级专业资源库子项目通过验收，新增1个国家级专业资源库子项目，启动校级中医学专业资源库建设并获省级推荐，2门省级课程通过验收，4门课程获得四川省教育厅立项建设。与成都市新津县，绵阳市盐亭县、梓潼县、北川羌族自治县，宜宾市叙州区签订校地合作框架协议。探索“入学即为入企、入企即为上岗”的校企合作办学和产教融合模式，成立医学美容技术学院；与四川常乐健康管理有限公司、好医生药业集团有限公司、四川天诚药业股份有限公司等企业先后建立创新教学实践基地。新增西昌市中医医院为学校教学实习医院，四川大学华西广安医院成为学校教学医院，与四川省第二中医医院签订战略合作协议。与美国凯泽大学签订战略合作框架协议，与英国中医师学会（FTCMP）在牛津大学合办第三届英中中医高峰论坛暨身心疾病高级研修讲坛。

（吉晓晨）

【四川电子机械职业技术学院人才培养情况】 2019年，四川电子机械职业技术学院有全日制普通专科在校生10450人，设有电子信息工程系、机电工程系、经济管理系、建筑工程系、艺术系、公共基础课教学部、思想政治理论课教学部，开设文科、理科、工科和艺术所属专业28个。学院人才培养模式以立德树人和“工匠精神”培育为主线，以产教融合校企合作育人为途径，以培养学生职业能力、综合能力、创新发展能力为目标，以质量监控、理论教学、实践教学、素质教育、双创教育5大体系为支撑。学院被确定为绵阳市及国家级开发区高技能人才培训基地和创新创业人才培养基地，国家级开发区产教联盟理事长单位。组建大国工匠领衔的“工匠班”；与知名企业合作设立订单班和定向班；探索在企业生产岗位“以师带徒”的“现代学徒制”试点。由国家级教学名师组成的专家团队通过为期3个月的“线上”“线下”培训，开展多轮全员覆盖的“专业剖析”及“说课程”培训和比赛；选派教师参加各级各类校外培训154人次；从企业和高校引进或柔性引进高层次人才33人。教师获各级各类奖励共235人次，其中国家级奖项17人次。申报市级以上科研课题21项、院级19项，在公开出版物上发表论文42篇。学院学生参加全国、全省高等院校大学生技能大赛，获国家级团体、个人奖项10个；获省级团体、个人奖项16个；获得国家、省、市级个人奖项225人次，集体奖项60项。全年培养输送高素质技能人才2894人，毕业生就业率91.78%，31.1%毕业生在绵阳就业，513名毕业生到世界500强企业就业。累计开展电商、SYB、高压电工、中级电工职业技能培训3265人次。

（刁继培）

【四川汽车职业技术学院人才培养情况】 2019年，四川汽车职业技术学院2016级学生毕业1215人；代表四川省参加2019年全国职业院校技能大赛高职组“一汽—大众杯”汽车检测与维修赛项，获全国三等奖；汽车检测与维修技术、新能源汽车技术获得四川省民办高校首届骨干专业；完成“1+X”试点院校申报工作，并取得职称司首批试点资格；专升本考试录取43人，其中绵阳师院录取12人，四川轻化工大学录取24人，西南科技大学录取7人；加强国际交流，与韩国国立江原大学、泰国艺术大学等签订合作协议。（郭　盈）

【绵阳广播电视大学人才培养情况】 2019年，绵阳广播电视大学（以下简称电大）有教职工119人，其中在编教职工72人、聘用教职工47人；有正高级职称3人、副高级职称18人、中级职称24人、初级职称11人。电大开放教育、奥鹏教育招生规模位居全省市级电大第一。全年电大全系统开放教育和成人招生4430人，同比增长28.1%；奥鹏教育招生1144人，同比增长29%。全年拓展辅警专业，校本部招生321人，成为年度招生最大增长点。全年校本部招生338人，同比增长67%。成立“四川省广播电视大学学分银行绵阳分中心”，完成学前教育、会计、电子商务、广告设计与制作4个专业的注册与选课，共208人注册，居全省第一。全年师资培训1.14万人，普通话培训2962人，普通话测试1.5万人。（文桂蓉）

金融服务
Financial Services

社会信用体系建设

【概况】 2019年，科技城加强诚信示范街区、行业诚信、校园诚信、企业诚信等建设工作，先后出台《绵阳市诚信示范街区建设试点实施方案》《绵阳市信用交通建设创建工作实施方案》《深化校园诚信文化教育工作实施方案》等文件。9—11月，全市综合信用指数连续3个月突破历史最好排名，从第73位提升至第26位，进入全国地级市前30强。截至年底，绵阳市在全国城市综合信用指数监测排名为第28位，在省内排名保持第2位。全市123家企业入选“四川省诚信企业”，48家企业入围“四川省首届诚信民营企业”。全市金融生态环境测评名列全省第3位。

【信用信息平台建设】 2019年，绵阳市公共信用信息共享平台（一期）建设完成，并于7月通过安全等级三级认定，9月项目通过最终验收。截至年底，该平台与市场监督管理局、人民银行、税务等50余个部门（单位）实现定期数据交换共享，累计归集信用信息数据850万余条，其中行政许可和行政处罚信息数据27万余条。“信用中国（四川绵阳）”网站体系实现县市区全覆盖，网站开设“双公示”信息和红黑名单公示、查询专栏，设立政策法规、联合奖惩、行业信用和典型案例等栏目，实现信用查询、信用异议和信用修复等功能。全年“信用中国（四川绵阳）”网站实现总点击量40万余次。

【金融领域信用体系建设】 2019年，全市建立中小微企业信用红黑白名单筛选、认定、推送、奖惩、退出机制，实施差异化金融扶持政策。开展“白名单企业”培育工程，实施“一对一”帮扶。全市56家企业获评“金融守信红名单”企业。评定信用户89万户、信用村1761个、信用乡镇137个。开展农村信用救助工作，建立适用于农村的信用指标体系，锁定信用救助对象255户，对162户救助对象重新评级授信1272万元。

【个人信用体系建设】 2019年，全市个人信用体系建设工作继续由市公安局牵头。开展诚信教育，加强公民诚信意识，将公民诚信纳入公民公约、村规民约和行业规范，弘扬“诚实、厚道、守信”文化理念，开展社会公德、职业道德、家庭美德和个人品德教育，公民“守信光荣、失信者耻”的意识增强。利用春节、劳动节、国庆节等重大节日，以及信用记录关爱日、国家宪法日等时间节点，组织开展信用政策法规、信用知识宣传活动，营造“人人知诚信、人人讲诚信、人人重诚信”氛围。发挥“信用中国（四川绵阳）、绵阳日报等网站媒体，通过发掘和宣传诚信道德模范、优秀志愿者等诚信典型的示范引领作用，提高公民重诺守信、自觉践行社会主义核心价值观、弘扬诚信文化的思想认识。强化信用信息整合，推进个人信用记录全覆盖。健全绵阳市个人信用信息系统，先后整合法院、社保、医保、税务、工商、食品药品环境等领域的公民个人基础信息，累计采集归集被法院执行的失信自然人、考试违规、个人欠税、骗领社保、恶意拖欠水电费等公民失信信息4.5万条。将整合的各类信用信息记录与四川省信用信息系统进行互联互通。建立联合惩戒机制，定期向社会公示行政许可和行政处罚等信用信息，同时将失信被执行人、不依法城信纳税、违法违纪信息、法定代表人失信信息等列为监管对象，并嵌入相关部门工作系统，依法依规采取联合惩戒措施。通过开展联合惩戒，基本形成“让失信者寸步难行，让守信者一路畅通”的信用环境。

【诚信文化建设】 2019年，“信用中国（四川绵阳）”网站开设信用承诺公示专栏，全年新设立企业、房地产中介、政府机关等各类主体签署并公示各类《信用承诺书》约3500份。全市开展“食品安全周”“3·15消费者权益日”“全国质量月”“防范非法集资宣传月”“安全生产月”“6·14信用记录关爱日”“安全宣传咨询日”“计量惠民生、诚信促和谐”“药品监管科技宣传周”“全民禁毒宣传月”“文明旅游 诚信服务”和高校诚信主题教育等各类诚信宣传活动，出台《绵阳市深化校园诚信文化教育工作实施方案》，打造全市社会诚信氛围。全年绵阳广播电视台、《绵阳日报》等媒体宣传报道信用体系建设工作和诚信典型案例30余条。

【《深化校园诚信文化教育工作实施方案》出台】 2019年，人行绵阳中心支行、市发改委、市教体局和共青团绵阳市委联合出台《深化校园诚信文化教育工作实施方案》（以下简称《实施方案》），持续推进和深化全市校园诚信文化教育工作。《实施方案》明确六大重点任务：建立健全四部门协同工作机制，发挥人行和发改部门在社会信用体系建设工作中的双牵头作用、教育部门和学校在校园诚信文化教育的主体作用、青年组织在校园诚信文化传播中的示范作用；建立分层推进工作机制，设立首批市级校园诚信文化教育试点学校；推广“人民银行牵头、多个部门督导、学校银行协作、志愿服务配合”模式，协同推进校园诚信文化教育工作；打造校园诚信文化教育精品活动，以特定主题活动与常规活动相结合，线上活动和线下活动相结合，静态宣传与动态体验相结合等各类方式开展活动；差异化开展信用课程建设，通过开设信用管理专业、开设信用相关课程，探索校园诚信文化教育标准化建设等方式宣传诚信知识和开展诚信教育；扩大社会影响，加强宣传，建立家校共建、社会共建的诚信文化氛围。

【信用成果推广运用】 2019年，“信用中国（四川绵阳）”网站累计发布A级纳税人、海关高级认证等“红名单”信息3951条，失信被执行人、严重违法失信企业、重大税收违法失信企业等“黑名单”信息4.23万条。各行政管理部门对守信企业给予融资优惠、审批绿色通道、办税绿色通道等联合激励，通过“信易贷”等产品累计激励企业852例，对失信企业以信用核查、业务系统拦截等方式进行联合惩戒，对48家企业在评先评优、项目申报、资金支持和市场准入等方面进行限制。对失信被执行人限制高消费2.82万人，限制飞机（火车）出行1.12万人次，限制出境127人。

【诚信示范街区建设】 2019年5月，市发改委联合人行绵阳中心支行、市委宣传部、市总工会、市商务局、市卫健委、市市场监管局、市政务服务监管局印发《绵阳市诚信示范街区建设试点实施方案》（以下简称《实施方案》），确定先期在涪城区、游仙区开展诚信示范街区建设试点，并在全市推广运用试点成果。该《实施方案》明确以打造试点街区样板、弘扬核心价值观、发挥"以点带面"作用为建设目标，主要建设内容包括信用档案、信用评价、信用公示、信用支付、信用点评与投诉、信用申诉与修复、政府治理等方面，为优质诚信商户提供"信易贷""信易批""信易购""信易住""信易医"等守信激励优惠措施，并明确具体工作步骤、职责分工和保障措施。5月14日，市发改委组织召开绵阳市诚信示范街区建设工作座谈会。会议旨在加快构建以信用为核心的社会治理机制，推进区域商务诚信建设，优化区域营商环境。市委宣传部、市总工会等9个市级部门，涪城区、游仙区发改局相关负责人参加会议。会议集中讨论《绵阳市诚信示范街区建设实施方案（讨论稿）》。会后，市发改委根据讨论意见，再次梳理相关职责职能，落实对诚信示范街区商户的守信激励和失信惩戒政策。6月12日，绵阳市游仙区2019年社会信用体系建设活动周暨游仙区诚信示范街区启动仪式在芙蓉汉城广场举行，标志着绵阳市诚信示范街区建设工作正式启动。绵阳市发改委党组副书记、副主任吴小兵参加并为"诚信示范街区"揭牌，为"诚信企业""诚信商家""诚信社区（村）"代表授牌。

【绵阳市企业入选四川省首批"诚信示范企业"】 2019年7月3日，2019四川企业诚信建设者峰会举行，会议由省发改委、省经信厅、省工商业联共同指导，省市场经济诚信建设促进会、民建四川省委共同举办。会上，738家企业获评首批"四川省诚信示范企业"，其中绵阳市有长虹电器、旭虹光电、铁骑力士、光友薯业123家企业入选，约占全省入选企业总数的1/6。全省8家企业获"四川省诚信示范企业九鼎奖"，其中绵阳企业有九洲电器集团、川西电缆。

【绵阳市社会信用体系建设领导小组会召开】 2019年7月11日，绵阳市社会信用体系建设领导小组会召开。市政府副秘书长龙佳林、社会信用体系建设领导小组成员以及各县市区人民政府、园区管委会分管信用体系建设工作领导参会。会上，市发改委主任、市信用办主任兰劲通报全市社会信用体系建设工作推进情况，部分成员单位和县市区汇报工作推进情况。会议审议并原则通过《绵阳市社会信用体系建设工作考核细则》。

2019年绵阳市首批"四川省诚信示范企业"一览表

表33

序号	企业名称	序号	企业名称
1	四川宏发电声有限公司	6	四川九红教学设备有限公司
2	四川海峡建设有限公司	7	绵阳市腾晖建材有限公司
3	四川君涪康药业有限公司	8	绵阳天泰实业集团有限公司
4	绵阳市卓信实业有限公司	9	四川绵州建筑劳务有限公司
5	四川佳富美建设有限公司	10	绵阳禾本生物工程有限公司

续表 33

序号	企业名称	序号	企业名称
11	绵阳好一家纺织科技有限公司	40	绵阳市安州区长城机械制造有限公司
12	四川恒泰环境技术有限责任公司	41	安县川磷化工有限公司
13	北川禹珍实业有限公司	42	四川新一美生物科技有限公司
14	太极集团四川绵阳制药有限公司	43	四川绵阳鼎鑫智能装备有限公司
15	四川省金诺瑞食品有限公司	44	绵阳科勤环保科技有限公司
16	四川福欣食品有限公司	45	绵阳市拓普果业开发有限公司
17	四川同立实业集团有限公司	46	绵阳绿源米业有限公司
18	四川众益会计师事务所有限公司	47	四川聚强创新科技有限公司
19	四川长虹电源有限责任公司	48	绵阳伦奇机器人有限公司
20	四川建丰林业有限公司	49	绵阳市川金机械制造有限公司
21	四川省柏均机械制造有限责任公司	50	四川嘉泰工业产品设计有限责任公司
22	四川北川羌族自治县富民村镇银行有限责任公司	51	四川天雄药业有限公司
23	绵阳市川交公路规划勘察设计有限公司	52	绵阳保和泰越通信线缆有限公司
24	四川光友薯业有限公司	53	绵阳恒持金属设备有限公司
25	绵阳四联电子科技有限公司	54	四川省三台县潼川农产品开发有限责任公司
26	四川九州光电子技术有限公司	55	绵阳中研磨具有限责任公司
27	中国重汽集团绵阳专用汽车有限公司	56	绵阳恒昌制衣有限公司
28	四川光发科技有限公司	57	太极集团·四川天诚制药有限公司
29	四川龙华光电薄膜股份有限公司	58	四川泰虹科技有限公司
30	四川旭虹光电科技有限公司	59	四川田奥环保科技有限公司
31	四川长虹电器股份有限公司	60	四川中物材料股份有限公司
32	绵阳长林食品股份有限公司	61	绵阳建丰林产有限公司
33	四川省三台县固锐实业有限责任公司	62	四川江油天龙达矿业有限公司
34	四川省三台水晶电子有限公司	63	江油御华纺织有限公司
35	四川美艺印刷包装有限公司	64	四川伴农动保生物技术有限公司
36	绵阳辉达粮油有限公司	65	四川瑞可达连接系统有限公司
37	绵阳豪茂魔芋食品有限公司	66	平武县康昕生态食品集团有限公司
38	安县中联水泥有限公司	67	四川华西动物药业有限公司
39	四川亚塑新材料有限公司	68	四川泰宇达棉纺有限责任公司

续表 33

序号	企业名称	序号	企业名称
69	四川省三台县波特兰商品砼有限公司	97	四川新金鑫照明科技有限公司
70	四川特锐祥科技股份有限公司	98	四川德华皮革制造有限公司
71	绵阳安福魔芋开发有限公司	99	江油市众森农业科技有限公司
72	四川绵阳华元航升环保科技有限公司	100	四川翔风科技有限公司
73	四川六合特种金属材料股份有限公司	101	四川省卓辰精密机械制造有限公司
74	江油市长祥特殊钢制造有限公司	102	绵阳历泰机械制造有限公司
75	绵阳麦思威尔科技有限公司	103	四川省川西电缆有限责任公司
76	四川绵阳岷山实业集团有限公司	104	四川园香园味业有限公司
77	绵阳高新区恒奥电子科技有限公司	105	四川互慧软件有限公司
78	四川铁骑力士实业有限公司	106	四川昊伶科技有限公司
79	四川精上缝纫机有限公司	107	四川同舟化工科技有限公司
80	际华三五三六实业有限公司	108	三台县银泰丝绸有限公司
81	四川安和精密电子电器有限公司	109	好医生药业集团有限公司
82	四川九洲线缆有限责任公司	110	四川鑫鼎新材料有限公司
83	四川开元创亿生物科技有限责任公司	111	四川泰铸耐磨材料有限公司
84	绵阳铜鑫铜业有限公司	112	四川铁鹰机械制造有限公司
85	四川海格恒通专网科技有限公司	113	四川鑫达新能源科技有限公司
86	四川九洲电器集团有限责任公司	114	四川陆亨能源科技有限公司
87	四川中宇橡塑新材料科技有限公司	115	四川省羌山农牧科技股份有限公司
88	四川帝威能源技术有限公司	116	绵阳建设商品混凝土有限公司
89	四川省银河化学股份有限公司	117	四川鑫元瑞科技有限公司
90	四川美丰化工科技有限责任公司	118	四川三台力达泵业有限公司
91	四川新华康生物科技有限公司	119	四川联合晶体新材料有限公司
92	四川科莱电梯股份有限公司	120	绵阳开元磁性材料有限公司
93	四川湖山电器股份有限公司	121	四川省冯老汉科技有限公司
94	四川豪易集团有限公司	122	绵阳市同立建筑工程有限公司
95	台沃科技集团股份有限公司	123	四川家福来实业集团有限公司
96	四川兰兰食品有限公司		

【《绵阳市信用交通建设创建工作实施方案》出台】 2019年8月，《绵阳市信用交通建设创建工作实施方案》（以下简称《实施方案》）出台。《实施方案》旨在加快推进绵阳市交通运输信用体系建设，明确职责职能和落实实施。《实施方案》明确七大类共16项内容，主要有：加大信用信息归集力度，加强信用信息公开共享，推进行业信用评价工作，推进信用联合奖惩，加强诚信文化建设及落实工作保障。《实施方案》明确要组织开展公路水路建设领域、道路运输领域、水路运输领域信用评价，信用评价结果通过部门门户网站和“信用中国（绵阳）”网站等及时向社会公示，并将信用评价结果等信用信息或产品在行政许可、政府采购、招标投标等行政管理事项中使用。要依托四川交通运输行政审批服务平台，实现信用信息系统与行政审批对接共享，发挥信用评价支撑作用。

【绵阳市试点社会信用服务机构工作启动会召开】 2019年8月29日，绵阳市试点社会信用服务机构工作启动会召开。会议由绵阳市社会信用体系建设牵头部门市发改委和人行绵阳中心支行召集召开。市发改委党组成员、副主任潘波主持会议，市发改委信用体系建设科、人行绵阳中心支行征信管理科负责人，东方安卓（北京）征信有限公司等5家信用服务机构四川公司负责人参会。经公开遴选，绵阳市试点社会信用服务机构确定为东方安卓（北京）征信有限公司、四川省大证信用评估服务事务所有限公司、中大信信用管理有限公司、成都登金科技有限公司、联合信用征信股份有限公司。5家机构参与建设绵阳市工程建设领域信用应用场景，实现政府和市场信用服务共创共建。会议对入选的信用服务机构提出要求，并做工作安排。

【《绵阳市公共信用信息目录（2019年版）》印发】 2019年9月4日，绵阳市信用办编制的《绵阳市公共信用信息目录（2019年版）》（以下简称《目录》）印发。《目录》旨在规范全市公共信用信息归集，加快完善社会信用信息平台建设，提高信用信息跨部门（单位）、跨区域共享应用水平，涉及41家市级部门（单位）共322项数据信息项。《目录》是全市公共信用信息归集、整合和使用的重要依据，相关数据归集后，将依法依规并按照数据公开属性通过“绵阳市公共信用信息共享交换平台”和“信用中国（四川绵阳）”网站进行共享交换和使用。

【绵阳市首期行政处罚信息信用修复培训会】 2019年9月19日，绵阳市首期行政处罚信息信用修复培训会召开。培训会由市发改委组织开展。全市有行政处罚信息的近60家相关企业（单位）参加培训。会议重点就国家社会信用体系概述、联合奖惩政策解读、信用修复流程指引等方面作辅导培训，并解答企业（单位）提出的问题。培训合格后，市发改委向参训企业颁发信用修复培训证书。

【绵阳市“信易贷”工作启动】 2019年10月25日，绵阳市“信易贷”工作动员会召开。会议由市发改委、市邮储银行联合主办，全市40家小微企业代表参会。会议旨在落实四川省“信易贷”产品上线会议相关工作要求，推动“信易贷”工作在绵阳市承接落地，帮助小微企业解决融资难、融资贵问题。会上，发改委副主任潘波介绍“信易贷”工作情况，并就相关工作进行安排部署。邮储银行绵阳市分行相关业务负责人介绍邮储“信易贷”产品。邮储银行涪城区支行、江油市支行分别同企业代表现场签约，有金融服务需求的企业同邮储银行现场对接。

相关链接： 邮储银行“信易贷”是四川省首个利用互联网思维，以社会信用信息为支撑的全新融资模式。主要以信用数据为核心，通过对接金融机构向信用状况良好且符合授信支持条件的守信主体提供便利优惠的融资信贷服务，以缓解小微企业融资难、融资贵问题。2019年9月5日，邮储银行“信易贷”业务系统上线；10月1日在全省推广；10月25日，全市召开“信易贷”工作动员会。会后，各县市区发改局、邮储银行各支行落实“信易贷”业务的宣传推广工作，“信易贷”产品在绵阳市成功落地。截至年底，全市承接落地22家“信易贷”申请企业，发放贷款1608万元。

【绵阳企业入选“四川省百千诚信民营企业”】 2019年10月25日，四川省民营企业“诚信百千工程”评选颁奖典礼在成都举行。“诚信百千工程”是省内首次以诚信为主题举办的大型民营企业评选，共评选出1100家诚信民企。典礼表彰获得“四川省诚信民营企业”1100家、“支持四川民营企业诚信建设突出贡献单位”4家，其中绵阳市有万江眼科医院等48家企业获得“四川省诚信民营企业”称号。

相关链接： 2019年5月，结合2019年诚信建设万里行“百城万企亮信用”活动，四川省发改委、中国人民银行成都分行等17个部门联合开展四川省首届民营企业“诚信百千工程”评选活动。全川有1.1万家企业报名参评。经初评、网络投票和专家评审，1100家民营企业获得“四川省诚信民营企业”称号，并被纳入信用中国（四川）网站红榜名单，在政府采购、资格审查、评优评先、市场准入、货物通关等工作中，同等条件下，优先提供便利服务等联合激励政策。

2019年绵阳市获得“四川省诚信民营企业”称号企业一览表

表34

序号	企业名称	序号	企业名称
1	绵阳市绵州机动车驾驶培训有限公司	13	四川省顺洁清洁汽车设备制造有限公司
2	绵阳花园投资集团有限公司	14	四川浩东食品科技有限公司
3	绵阳益龙建筑工程有限公司	15	四川宏辰建设工程有限公司
4	绵阳市宏辰房地产开发有限公司	16	四川显兴实业集团有限公司
5	绵阳市华烨建设有限公司	17	中九建工集团有限公司
6	绵阳市川能电气安装有限公司	18	四川金和保安服务有限公司
7	新兴栈（绵阳）建材有限公司	19	四川绵阳科伦医药贸易有限公司
8	绵阳市顺源机动车检验有限公司	20	四川奇石缘科技股份有限公司
9	绵阳万江眼科医院	21	四川双通建筑工程有限公司
10	绵阳市靓固建设工程有限公司	22	四川江油长特一厂综合服务公司
11	四川佳富美建设有限公司	23	江油为民安防服务有限公司
12	四川鸿宇实业集团有限公司	24	华核电气股份有限公司

续表 34

序号	企业名称	序号	企业名称
25	四川蔚丰建筑装饰工程有限公司	37	四川德华皮革制造有限公司
26	四川乾江建筑工程有限公司	38	四川帝威能源技术有限公司
27	四川恒泰环境技术有限责任公司	39	绵阳市金泰燃气有限公司
28	东方安卓（北京）征信有限公司四川分公司	40	四川才子软件信息网络有限公司
29	四川绵阳西城投资集团有限公司	41	盐亭中民燃气有限公司
30	四川博瑞星云信息技术有限公司	42	四川远投建筑工程有限公司
31	四川铁骑力士实业有限公司	43	绵阳市浩龙天星建筑工程有限公司
32	四川海峡建设有限公司	44	四川富强装饰工程有限公司
33	四川鸣兴建设集团有限公司	45	绵阳启阳雷克萨斯汽车销售服务有限公司
34	四川东材科技集团股份有限公司	46	四川博奥研学旅游服务有限公司
35	四川国喜饲料科技有限公司	47	四川省科学城天人环保有限公司
36	绵阳宏坤建设有限责任公司	48	四川尤利菲斯科技有限公司

【全市家政服务信用体系建设工作会召开】 2019年11月15日，全市家政服务信用体系建设工作会召开。会议由市商务局主办，旨在加快推进家政服务信用体系建设，规范家政服务业发展。各重点县市区、园区商务主管部门和全市家政服务行业协会50家会员单位、120余人参加培训。会上，市家政服务行业协会负责人向全市家政服务企业发起建设绵阳家政服务信用体系倡议，50家会员单位及部分家政从业人员进行家政信用体系的宣誓仪式。会议讲解国务院办公厅《关于促进家政服务业提质扩容的意见》，商务部、国家发改委《关于建立家政服务业信用体系的指导意见》，绵阳市商务局《关于组织开展2019年绵阳市家政服务业信用体系建设的通知》等文件，并解答企业提出的有关问题。会议要求各重点家政企业会后立即启用家政平台，开展信息录入工作；要在11月30日前导入家政服务员信用信息，同时与家政服务员签订《家政服务员信用信息授权书》并留存备查；宣传推广家政平台，鼓励引导消费者通过“家政信用”APP查询企业和员工信用信息；依法依规确保公民个人信息安全。

【绵阳市第二期行政处罚信息信用修复培训会召开】 2019年11月19日，绵阳市第二期行政处罚信息信用修复培训会召开。培训会由市发改委主办。全市有行政处罚信息的近100家相关企业（单位）参加培训。会上，市发改委信用科相关人员就国家社会信用体系概述、联合奖惩政策解读、信用修复流程指引等方面对企业（单位）进行辅导培训，并解答企业提出的问题，最后为参训的企业颁发信用修复培训证书。 （杨　文）

金　融

【概况】 2019年，科技城健全金融工作机制，在按季召开金融联席会的同时，确保对重点项目、重点区域融资问题实施“一事一议”精准调度。完善考核激励机制，会同财政部门将市县两级财政性资金存放与金融机构贡献大小挂钩考核，加强过程控制和政策传导。建立民营企业融资问题响应机制，形成民营企业融资问题接件、处理、反馈、跟踪的一整套标准化流程。完善金融政策，出台《关于服务实体经济防控金融风险深化金融改革的实施方案》，修订完善财政金融互动政策。加强对上争取，与工商银行四川省分行、省农村信用联社等省级金融机构签订战略合作协议。全市6家融资担保公司加入省再担保体系，再担保金额达10亿元。围绕全市重点产业、重点企业、重点项目，举办各类融资对接活动。开展“绵州金英荟”暨绵阳市第一季人才金融对接活动，达成意向金融合作金额2.3亿元。会同金融监管机构、综合经济部门、金融机构开展各类融资对接活动40余场次，就企业融资难题进行政策解读，现场解答企业疑问，“一企一策”和“点对点”解决企业融资难题。

2019年，科技城金融工作以服务实体经济为根本，以防控金融风险为底线，以深化金融改革为动力，为经济社会发展提供金融支撑。全年科技城共有银行业机构33家、保险业机构52家、证券期货业机构37家（绵阳科技城证券公司分公司1家、证券公司营业部35家、期货公司营业部1家）、融资性担保机构36家、小额贷款公司15家、金融仓储公司5家、典当公司12家、农村资金互助合作组织8家、投资基金公司16家，有金融从业人员4万余人。金融业实现增加值123.25亿元，同比增长8.5%。银行业金融机构本外币各项存款余额4472.56亿元，同比增长15.8%；本外币各项贷款余额2481.92亿元，同比增长13.6%。绵阳市金融机构种类数量、金融活跃程度等均居全省第二位。全市保费收入125.59亿元，同比增长7.2%；保险赔款和给付35.84亿元，同比减少1.35%。有上市挂牌企业32家，其中上市公司12家（A股上市公司9家、港股上市企业3家）、“新三板”挂牌企业18家；区域性股权交易市场挂牌企业300余家；实现直接融资170.04亿元，同比增长76.35%。有上市后备企业资源库入库企业100家。上市服务中介及投资咨询顾问机构资源库入库机构达50家。小额贷款公司在贷客户974户，贷款余额21.64亿元；全市融资性担保公司在保户数7352户，在保余额64.46亿元；典当公司办理业务216笔，典当余额6573.28万元。《绵阳金融支持人才十条措施》被省委组织部、省人才办作为经验典型在全省推广。开展绵州金英荟暨绵阳市第一季人才金融对接、科创板辅导培育等活动，制定《2019年首批“绵州英才卡”金融服务实施细则》。高新区与科技部火炬中心、深交所共建的中国高新区科技金融路演平台开展首次路演。绵阳市优化营商环境测评中由市金融工作局牵头的“获得信贷”板块获全省排名第一。绵阳担保行业获得国家融担基金全国首笔代偿补偿款99万元。

【企业上市和融资服务】 2019年，科技城持续落实《绵阳市推进企业上市挂牌“三年行动计划”》，按照“储备一批、培育一批、改制一批、上市一批”的工作思路，建立县市区、园区主体推进、市级相关部门归口推进的企业上市挂牌工作机制。出台《关于继续实施财政金融互动和鼓励企业直接融资财政政策的通知》，对企业上市挂牌实行过程奖补加一次性奖补的激励措施。拓宽债券融资渠道，邀请中国银行四川省分行、天府信用增进等金融机构到绵阳举办债券融资座谈会，组织20家骨干民营企业参加全省民营企业债券融资支持工具推进会。与深交所联合举办“创新型高科技企业路演与培训专场暨绵阳路演中心试运行启动仪式”。

【金融支持人才创新创业】 2019年，科技城持续实施《绵阳市金融支持人才创新创业十条措施》，针对“融资难、融资贵、融资慢”等企业融资“软肋”开展相关工作。银行业、保险、证券、基金在内的9家首批绵阳市支持人才创新创业的特色金融服务机构，面向绵阳的高层次人才或其创办的企业定向推出“创业贷”“税贷通”等22款人才专属金融产品，涵盖企业成长的全生命周期；按获得人才发展专项资金资助金额给予最高10倍授信，为人才创新创业注入一支“强心剂”。《绵阳金融支持人才十条措施》被省委组织部、省人才办作为经验典型在全省推广。举办“绵州金英荟”暨绵阳市第一季人才金融对接会，打造“人才+金融”合作发展的新平台，现场对接126人次，达成意向金融合作2.3亿元。

【金融服务民营企业暨“绵荟融通”融资平台运用推广会】 2019年2月26日，金融服务民营企业暨“绵荟融通”融资平台运用推广会召开。会议由人行绵阳中心支行联合市经信局、市金融工作局、市科技局、市工商联举办，旨在搭建政、银、企、担、险多方合作平台，加大对民营企业的金融支持力度。22家银行、3家市级担保公司、3家保险公司，150余家民营企业参会。绵阳市委常委、副市长杨学宁出席并讲话。市金融工作局、经信局、科技局分别就财金互动政策、应急转贷管理政策和科技型民营企业资金政策等进行宣讲。工行、农行、中行、建行、交行、邮储行6家国有商业银行绵阳分行以及绵阳市商业银行、绵阳农村信用社对各自支持民营企业的金融产品进行现场推介。企业代表四川美乐集团实业有限公司分享“绵荟融通”融资平台使用体验。人行绵阳中心支行行长黄全祥介绍央行支持民营企业相关政策措施，对“绵荟融通”融资平台下阶段的推广运用工作进行安排部署。在“银企、银保、银担”现场签约环节，迈高电气有限公司、家福来实业集团、绵阳黄科塑胶有限公司分别与邮储银行绵阳分行、绵阳市商业银行、涪城区农村信用联社签订贷款合同；工商银行绵阳分行、绵阳市商业银行分别与人保财险绵阳分公司、绵阳富诚融资担保公司签订支持民营企业融资银保银担合作协议。

（杨圣齐）

相关链接： 2018年11月15日，由绵阳市政府主导，人民银行、市经信委、发改委、金融办、科知局、工商局、财政局、税务局等市级部门共同打造的绵阳市首个中小企业融资对接平台——绵阳市中小企业服务网（即“绵荟融通”）上线暨推广活动举行，绵荟融通融资网正式投入使用。该平台致力于改善中小微企业金融服务，缓解企业融资难题。企业在该平台注册登录后，即可选择“定向融资”或“非定向融资”需求发布方式发布融资需求。该平台还具有在线互动交流功能，为银企提供在线交流空间。截至2019年年底，“绵荟融通”平台新增注册企业1408家，在线发布融资需求1696次，完成项目对接784次，对接成功金额45.45亿元。

政府投资基金管理

【概况】 2019年，绵阳市政府引导基金受托管理机构、市财政局所属绵阳聚融股权投资基金管理有限公司（以下简称绵阳聚融公司）共发起和出资设立5支市级产业投资引导基金子基金，总规模达23.2亿元；代表绵阳市政府出资2.5亿元参与组建国家制造业转型升级引导基金。

【绵阳科技城“两新”产业发展股权投资基金】 科技城“两新”产业发展股权投资基金于2016年6月由绵阳聚融公司发起设立，基金规模为5亿元，其中政府引导基金出资25%，基金管理机构出资1%，剩余部分由基金管理机构负责募集社会资本。截至2019年年底，基金完成投资并成功退出产业项目1个，投资金额达1000万元。

【绵阳兴绵产业发展基金】 绵阳兴绵产业发展基金于2016年12月设立注册，基金规模为5亿元，其中引导基金认缴出资25%（市级财政出资），投资重点为全市融合产业领域，投资于绵阳区域内的比例不低于基金总规模的60%。2019年年底，基金完成战略重组，引入九洲集团和九洲创投作为新的出资人。

【绵阳市振兴县域经济产业发展股权投资基金】 绵阳市振兴县域经济产业发展股权投资基金于2018年8月设立注册，首期规模5亿元（总规模50亿元），其中引导基金认缴出资25%（市县两级财政出资），基金投资于绵阳区域内的比例不低于基金总规模的60%（含外地引入项目），管理人为九鼎投资下属厦门昆吾产投公司。2019年9月，基金完成协会备案；12月，完成对首个投资项目（绵阳东辰教育集团）的投资，投资金额1亿元。

【绵阳科技城共赢帮扶投资基金】 绵阳科技城共赢帮扶投资基金于2018年12月设立注册，基金规模为5亿元，其中引导基金认缴出资30%（市县两级财政），长虹集团、九洲集团、绵投集团分别认缴出资20%，科发集团和管理机构合计认缴出资10%。基金主要支持全市优质民营企业、招商引资企业和重点国有企业。管理机构为科发集团下属科发基金公司。2019年9月，基金完成首期1亿元资金实缴和在中基协的备案工作。

【绵阳市聚九股权投资基金】 绵阳市聚九股权投资基金于2019年12月设立注册，基金规模为3.2亿元，其中引导基金认缴出资1亿元，九洲集团认缴出资1.6亿元，基金管理人为东兴资本，认缴出资0.6亿元。基金主要围绕发掘绵阳本地优质融合产业化项目、助力融合产业链布局开展投资业务（全部投资于绵阳本地，含外地引入项目）。

【国家制造业转型升级引导基金】 国家制造业转型升级引导基金于2019年11月由聚融公司发起设立。绵阳聚融公司代表绵阳市政府出资2.5亿元（四川省共出资50亿元）参与组建，总规模约1500亿元。聚融公司缴付首期资金1250万元。

（白云爽）

上市公司

【概况】 2019年，科技城有上市挂牌企业30家，其中主板6家、中小板2家、创业板1家、港股H股3家、“新三板”18家；新增1家企业在全国中小企业股份转让系统上市挂牌。按县市区、园区属地分，高新区9家（“新三板”5家）、科创园区6家（“新三板”4家）、涪城区4家（“新三板”2家）、江油市3家（“新三板”2家）、经开区3家（“新三板”1家）、北川“新三板”2家、游仙区2家（“新三板”1家）、梓潼县“新三板”1家。截至年底，绵阳上市挂牌企业总市值达1465.11亿元。

【上市企业服务】 2019年，科技城拓宽企业融资渠道，实现直接融资和其他融资170.04亿元。上市企业历年累计实现融资499.96亿元。其中IPO融资48.73亿元、再融资（股权融资）250.17亿元、再融资（债券融资）201.06亿元。“新三板”融资6.05亿元。全年无IPO首发，12家上市企业中有1家发生股权交易（中国金属利用公司配股及增发新股）。截至年底，绵阳有A股上市公司9家、港股上市公司3家、“新三板”挂牌企业18家。截至年底，有证券期货经营机构37家，其中科技城有证券公司分公司1家、证券公司营业部35家、期货公司营业部1家。

【绵阳市“新三板”企业家协会成立】 2019年9月初，绵阳市“新三板”企业家协会正式成立并召开第一次会员大会。会议通过协会章程，选出协会执行机构和负责人。长虹创新投董事长陈晔、奇石缘科技董事长汤仕友分别当选协会会长、常务副会长，圣博富乐投资董事长周韬当选协会秘书长、法定代表人。协会地址为绵阳市科创园区创新中心3号楼311室。市金融工作局为协会业务主管部门。该协会是全市首家社团性质资本市场专业培育平台，致力于先进制造业和软件信息业产业研发协同、产业链整合、共同市场开拓。

【全市拟上市企业座谈会召开】 2019年12月26日，全市拟上市企业座谈会召开。市委副书记、市长元方主持会议，倾听企业诉求，研究具体举措，安排部署推动企业上市相关工作。市领导杨学宁、廖雪梅，市政府秘书长吴明禹参加会议。会上，龙华光电薄膜、台沃科技、爱联科技、绵阳商行、安和精密等38家重点企业负责人作交流发言。会议指出，全市正处于加快建设全省经济副中心的关键时期，要推动全市企业独立上市或转板上市，壮大上市企业群体；全市拟上市企业要增强机遇意识，加快上市融资步伐；龙头企业要发挥带头作用，推动符合条件的子公司、控股公司加快股改上市进程；优秀民企要加快股份制改造，优化股权设置，规范企业管理，为企业上市奠定基础、创造条件；各地各有关部门要树立责任意识和服务意识，强化组织领导、加大政策支持、优化对企服务，推动构建企业主动、政府推动、上下联动、社会参与、共同推进的工作格局，为企业上市融资创造良好环境、提供优质服务。 （段　飞）

科技城上市挂牌公司一览表（截至2019年年底）

表35

序号	名称	上市地及板块	所属地	行业
1	四川长虹电器股份有限公司	上海A股（主板）	高新区	消费电子
2	四川西部资源控股股份有限公司	上海A股（主板）	高新区	新能源汽车
3	四川东材科技集团股份有限公司	上海A股（主板）	经开区	新材料
4	新希望六和股份有限公司	深圳A股（主板）	高新区	农产品
5	四川双马水泥股份有限公司	深圳A股（主板）	江油市	建材
6	四川九州电子科技股份有限公司	深圳A股（主板）	科创区	技术融合
7	利尔化学股份有限公司	深圳A股（中小板）	经开区	化肥与农药
8	四川富临运业集团股份有限公司	深圳A股（中小板）	涪城区	公路运输
9	绵阳富临精工机械股份有限公司	深圳A股（创业板）	涪城区	锂电池
10	新晨中国动力控股有限公司	港交所H股	高新区	新能源汽车
11	四川长虹佳华信息产品有限责任公司	港交所H股	科创区	软件类
12	中国金属资源利用有限公司	港交所H股	游仙区	能源
13	绵阳捷智科技股份有限公司	北京股转中心（新三板）	涪城区	电气机械
14	四川长虹民生物流股份有限公司	北京股转中心（新三板）	涪城区	物流
15	四川赛卓药业股份有限公司	北京股转中心（新三板）	高新区	化学制药

续表 35

序号	名称	上市地及板块	所属地	行业
16	绵阳众工机械股份有限公司	北京股转中心（新三板）	高新区	工业机械
17	四川福德机器人股份有限公司	北京股转中心（新三板）	高新区	通用设备
18	四川长虹新能源科技股份有限公司	北京股转中心（新三板）	高新区	电气设备
19	绵阳市汽车实验驾驶技术学校股份有限公司	北京股转中心（新三板）	高新区	汽车驾驶
20	四川西科种业股份有限公司	北京股转中心（新三板）	科创区	种植业与林业
21	四川九洲光电科技股份有限公司	北京股转中心（新三板）	科创区	光学光电子
22	四川奇石缘科技股份有限公司	北京股转中心（新三板）	科创区	电气设备
23	绵阳立德电子股份有限公司	北京股转中心（新三板）	科创区	医疗器械服务
24	四川特飞科技股份有限公司	北京股转中心（新三板）	北川县	高端制造
25	四川省羌山农牧科技股份有限公司	北京股转中心（新三板）	北川县	养殖业
26	四川远方高新装备零部件股份有限公司	北京股转中心（新三板）	江油市	通用设备
27	四川南联环资科技股份有限公司	北京股转中心（新三板）	江油市	新材料
28	四川蜀旺新能源股份有限公司	北京股转中心（新三板）	经开区	科技推广和应用
29	四川圣迪乐村生态食品股份有限公司	北京股转中心（新三板）	梓潼县	养殖业
30	四川恒力通农牧科技股份有限公司	北京股转中心（新三板）	游仙区	养殖业

科技城上市挂牌企业市值一览表（截至 2019 年年底）

表 36

序号	公司名称	总市值（亿元）
1	新希望六和股份有限公司	841.0950
2	四川西部资源控股股份有限公司	23.2324
3	四川双马水泥股份有限公司	125.8913
4	四川九洲电器股份有限公司	55.2316
5	四川富临运业集团股份有限公司	19.5617
6	四川东材科技集团股份有限公司	30.8288
7	四川长虹电器股份有限公司	134.3327
8	绵阳富临精工机械股份有限公司	53.8624
9	利尔化学股份有限公司	74.0944
10	新晨中国动力控股有限公司	5.0006
11	中国金属资源利用有限公司	92.3673
12	四川长虹佳华信息产品有限责任公司	9.61
合　计		1465.1102

【《绵阳市财政金融互动和鼓励企业直接融资市级财政奖补资金管理办法》出台】 2019年6月18日，市财政局、市金融工作局、市国资委、市科技局联合出台《绵阳市财政金融互动和鼓励企业直接融资市级财政奖补资金管理办法》（以下简称《管理办法》）。《管理办法》规定对企业股权融资实行分阶段过程奖补+一次性财政奖补，对通过境内主板、中小板、创业板、科创板和境外主要资本市场申请首次公开发行股票（IPO）上市融资的企业，市级财政分别按照企业完成股改并签订保荐协议、报省证监局辅导备案被受理、首发上市申报材料报证监会被受理3个阶段实际中介服务费用支出的30%给予一次性补助，单户企业不同阶段补助金额最高不超过40万元，累计奖补金额不超过120万元。对成功首发上市融资的企业，市级财政再给予一次性奖励补助100万元。对通过“新三板”挂牌的企业，市级财政分别按企业完成股改并签订保荐协议、申报资料报国家股转中心被受理2个阶段实际中介服务费用支出的30%给予一次性补助，单户企业不同阶段补助金额最高不超过10万元，累计补助金额不超过20万元。对成功首次挂牌的企业，市级财政再给予一次性奖励补助20万元。（段　飞）

科技金融

【概况】 2019年，科技城持续推广“科金云”科技金融服务模式（即政策扶持+基金引导+平台保障+创新服务+风险补助），促进科技创新与金融创新相结合，建立和完善科技金融创新政策，搭建科技金融服务平台，加强政府资金引导，创新财政投入方式与机制，以试点带动示范，逐步形成多元化、多层次、多渠道的科技投融资体系。先后出台《绵阳市财政金融互动和鼓励企业直接融资市级财政奖补资金管理办法》《绵阳市科技和金融结合信贷融资风险补偿基金管理办法》《关于继续实施财政金融互动和鼓励企业直接融资财政政策的通知》和相关保险试点工作方案，强化政策顶层设计，构建区域政策洼地。玖谊源粒子、爱联科技等科技型企业获得虹云基金、富达创投等创投机构的风险投资资金1.46亿元。“绵阳金融活水服务实体经济”的经验做法被中央电视台中文国际频道《中国新闻》栏目播报。

【科技信贷服务】 2019年，市科技局、人行绵阳中心支行共同印发《绵阳市2019年科技信贷重点工作》，打造线上与线下互动的融资对接平台，加强科技金融专营服务机构建设力度，鼓励信贷机构创新金融产品和服务方式，加大对科技型企业支持力度。市科技局、市财政局出台《绵阳市科技和金融结合信贷融资风险补偿基金管理办法》，提高风险补偿比例，降低融资成本，发挥“风险池”基金的杠杆和撬动作用。截至年底，全市科技贷款余额322.76亿元，同比增长3.6%；科技企业贷款户数1416户，同比增长8.8%；知识产权质押融资累计达5亿元。

【科技企业服务】 2019年，全市开展科创板拟上市科技型企业摸底调查工作，将九洲光电等科技型企业纳入绵阳市上市企业“资源两库”系统，组织东兴资本、国都证券等机构到长虹电源、九州光电等10余家科技企业调研，解决上市和融资难题，建立常态化对接服务机制。市科技局等多部门联合召开“绵阳市金融服务民营企业暨‘绵荟融通’融资平台运用推广会”，宣传科技金融政策、开展“绵荟融通”融资平台使用培训。召开绵阳市科创板暨投融资对接会，邀请四川双创基金和绵阳虹云基金等创投机构，科技支行、担保公司等本地金融机构与科技企业作现场对接，实现资本与项目面对面对接。

【科技保险服务】 2019年，全市加强科技企业保险工作，出台相关保险试点工作方案，人保财险融合支公司推出30个系列产品，覆盖财产类、责任类、信用保证类等险种，为全市技术融合企业发展保驾护航。截至年底，62家技术融合企业购买相关保险，实现保费收入1632.64万元，财政保费补贴54.3万元。47家高新技术企业购买科技保险，保费收入1152.03万元，各级财政拨付保费补贴280万元。

【《关于继续实施财政金融互动和鼓励企业直接融资财政政策的通知》】 2019年1月22日，市政府办印发《关于继续实施财政金融互动和鼓励企业直接融资财政政策的通知》（以下简称《通知》），继续推进财政支持发展方式转变，加大金融服务实体经济的支持力度，提升财政金融互动和鼓励企业直接融资财政政策实施效果。《通知》主要内容为：促进金融机构支持实体经济发展，实施年度贷款增量奖补，鼓励扩大小微企业信用贷款，引导保险机构扩大企业保险，促进担保机构扩大担保业务；支持市内企业加大直接融资力度，支持企业股权融资，支持企业债权融资，支持企业规范化公司制改造，支持融资平台公司转型，鼓励市外上市公司到绵阳发展，支持创业投资基金定向投资；鼓励金融保险机构聚集发展等。

【绵阳市科创板培训暨投融资对接会】 2019年5月30日，绵阳市科创板培训暨投融资对接会在创新中心二期召开。会议由市政府主办，省高新技术产业金融服务中心、市科技局、市金融工作局、人民银行绵阳市中心支行、绵阳银保监分局、绵阳科技城“两金”管理中心承办。市政府副秘书长赵发展出席会议并致辞，市科技局党组书记、局长刘青川主持会议，省高新技术产业金融服务中心综合办副主任李兵、副主任赵红，市科技局副局长熊仪江、人行绵阳中心支行副行长杨仕锡参加会议。国辰产业投资基金、四川双创基金等8家市外机构，虹云基金、君合银丰投资等5家绵阳本地创投机构，科技金融服务中心等20余家绵阳金融机构参加对接。华西证券高级项目经理赵文作题为“注册制来临——科创板领衔资本市场步入改革新时代”的主题演讲，从科创板法律框架、科创板上市条件、科创板审核与注册程序、科创板发行与承销、科创板交易机制、科创板持续监管、科创板对A股市场的影响等方面讲解科创板上市相关政策及科技型企业需要把握的关键点。绵阳赛恩新能源科技有限公司、四川微亿联科技有限公司、四川奇石缘科技股份有限公司、四川壹原草生物科技有限公司、绵阳富林岚科技有限责任公司、平武县蜜之源蜂业有限公司、绵阳立德电子股份有限公司、四川德鑫源机器人有限公司共8家企业的项目作现场融资路演。会议发放融资项目汇编资料，介绍会议征集到的96个市内融资项目、国内113家创投机构信息，并推荐32家拟上市培育科技型企业。

【《绵阳市科技和金融结合信贷融资风险补偿基金管理办法》出台】 2019年6月10日，市财政局、市科技局联合印发《绵阳市科技和金融结合信贷融资风险补偿基金管理办法》（以下简称《管理办法》）。《管理办法》是在征求市金融工作局、市经信局、绵阳银保监分局等多个部门单位以及基金合作银行和社会公众意见的基础上，对2014年制定的《绵阳市科技和金融结合试点信贷融资业务风险补偿办法》进行修订，报请绵阳市人民政府批准同意后形成文件并印发。《管理办法》旨在鼓励商业银行、保险公司（或融资担保公司）做好科技和金融结合信贷融资、贷款保证保险（或融资担保）业务，缓解科技型中小企业融资困难，促进科技型企业转型升级、创新发展。《管理办法》明确科技和金融结合信贷融资业务的宗旨、支持对象、支持范围、政策依据，明确财政与银行、保险公司、担保公司合作支持科技型中小企业融资的相关合作内容和方式，规定风险补偿核拨程序，市财政局、市科技局以及合作

各方的责任分工，绩效评价和监督管理方式，科技金融贷款业务延续和终止等。（李芝军）

【银行业支持科技金融建设】 绵阳银保监分局在四川银保监局系统内率先启动促进科技与金融结合试点工作，辖内设有科技支行和融合金融服务中心；创新监管模式，对科技金融专营机构开展监管后评估，督促科技金融专营机构调整信贷结构、创新服务模式，满足科技型企业、融合企业多样化融资需求。鼓励银行机构加强外部合作，探索多方参与、风险共担的经营模式，工行绵阳分行与绵阳市政府共同设立规模为1亿元的“绵阳市高新技术中小企业贷款风险补偿基金”，为高新技术中小企业融资解决“无抵押、融资难”问题。截至2019年年底，全市科技企业在辖内贷款户数为1607户，较年初增加443户；贷款余额331.38亿元，较年初增加14.24亿元。创新科技金融信贷模式，完善产品种类和服务体系，引导绵阳银行保险机构加大对科技型中小企业、融合企业信贷投放。绵阳市商业银行高新科技支行作为“绵阳市首批人才特色金融机构”，研发“人才双创贷”“人才科创精英贷”，专门针对科创领域特殊人才发放流动资金信用贷款；“涌泉贷”系列金融产品，按照科技型中小企业不同生命周期分类，提供“金苗贷”“卓越贷”“拔萃贷”3款产品；根据科技型企业订单情况，研发“科创订单贷”信贷产品。农行绵阳高新科技支行推出“科贷通”系列信贷产品，涵盖专利权质押贷、林权质押、金穗种子贷、科技贸易融资等新兴业务品种，对科技型中小企业押品评估原则上均采用内部评估方式，减少企业外部评估费用。工行绵阳分行融合金融服务中心基于大型仪器设备共享平台内的小企业客户融资需求创新推出设备仪器贷。

【保险业支持科技金融建设】 保险公司结合科技型企业、科学技术发展、创新成果应用等领域保险需求，开展高新技术企业财产险、环境污染责任保险、雇主责任保险、产品质量责任保险、专利执行保险、首台（套）技术装备质量责任保险等险种。其中平安财险成立科技保险专业团队，提供科技领域政策解读、专利认证协助、保险保障方案制定、科技保险保费补贴申请及理赔专人等服务。2019年，人保财险、平安财险、太平财险、阳光财险等6家保险机构开展科技保险金融服务，为参保的高新科技企业因发生暴雨、火灾等事故积极支付赔款。

【工商银行绵阳分行科技金融服务】 2019年，工行绵阳分行强化科技金融创新，加大信贷投放力度，累计实现贷款投放175亿元和贷款余额净增42亿元，投放与增量双创历史新高。依托大数据分析应用，加快线上金融服务布局，筛选建立白名单客户名册，实现e抵快贷、经营快贷、工银e贴、e分期等网络信用融资产品落地，累计向588家中小企业提供融资支持5.6亿元。同时推出账户明细一键打印、资信证明线上办理、借记卡旧卡换“芯”不换号三大线上服务。继续做好高新技术中小企业贷款风险补偿基金服务工作，将风险补偿基金覆盖面扩展至融合高技术企业，累计为213家高新技术中小企业、融合高技术企业提供信贷融资4.45亿元。与绵阳市财政局、四川大型科学仪器共享平台合作，推出基于融合高技术企业“两高一轻”（高知识、高技术、轻资产）特点的设备仪器信用贷，共向37家企业发放仪器设备贷款3000余万元，支持购买仪器设备近100台（套）。与九洲集团、中油北斗合作推出的“油e贷”供应链融资模式，与政务服务、重点院校合作，创新推出智慧社区、智慧校园场景服务平台，先后在全省工行系统复制推广。

【招商银行绵阳分行科技金融服务】 2019年，招商银行绵阳分行以小微和科技型企业为主的“科票通”贴现发生额16.28亿元，保持平稳增长态势；再贴发生额15.25亿元，较2018年同比增长272.32%。借助总分行金融科技政策，与重点合作企业联合搭建智慧类平台，协助企业进行平台升级及创新。采用核心企业信用增信的方式，加强对九洲、长虹、银河化学等本地核心企业的上游中小企业信贷服务，全年新增服务供应链客户30余家。

【长虹财务公司科技金融服务】 2019年，长虹财务公司把票据业务作为支持科技型企业发展的重点挖掘方向，优先受理科技型企业票据业务申请。对科技型企业给予贷款利率优惠，对科技型企业给予利率优惠，通过免收结算手续费、减免票据承兑费、减免票据托管托收手续费、减免委托贷款手续费、降低承兑保证金等多种方式为科技型企业节约融资成本。为30家科技型企业办理贴现95.3亿元，占整体贴现规模的81.23%，为26家科技型企业签发承兑59.35亿元，占比75.16%。打造融资平台，便利科技型企业融资，从上下游产业链金融着手，为上游供应商办理延伸产业链业务，与“中征”公司联合建成“中征—长虹应收账款融资服务平台”，借助大型科技型企业信用帮助初创阶段的中小型科技型企业取得融资，截至年底，帮助近百家科技型企业实现中征应收账款融资登记量达61.48亿元。推进买方信贷业务，贯通上下游产业链。全年通过办理买方信贷业务，累计开立承兑汇票6.48亿元，促进科技型企业产品销售。共向43家科技型企业提供授信，为31家科技型企业办理信贷业务，科技型企业贷款余额102.02亿元，占整体信贷规模的比例为75.54%。 （赵利敏）

“绵州育才计划”实施办法（试行）

第一章　总　则

第一条　为了培养造就一支加快中国科技城和西部现代化强市建设的高层次人才队伍，提升我市人才队伍核心竞争力，根据市委、市政府《关于加快建设西部人才强市的意见》（绵委发〔2018〕9号），制定本办法。

第二条　主要目标。从2019年起至2028年，围绕我市“686”重点产业发展、社会事业需求，采取分类遴选方式，市级层面重点支持培养630名左右高层次人才，推动各地重点支持培养1500名左右高层次人才，构建与“科技城人才计划”相互衔接的高层次创新创业人才队伍建设体系和政策支持体系。

第三条　基本原则。坚持党管人才、统筹实施；高端引领、示范带动；立足特色、服务发展；分类培养、重点支持的原则。

第四条　支持对象。“绵州育才计划”支持范围为全市企事业单位（含在绵科研院所高校）在职人员，分为杰出人才、领军人才、青年拔尖人才三大类14个项目。其中，杰出人才类别设绵州杰出科技工作者项目，重点支持一批紧跟科技前沿、取得重大突破成果的高端人才；领军人才类别设绵州创新领军人才、绵州创业领军人才、绵州科技服务英才、绵州金融英才、绵州文化名家、绵州名师、绵州名医、绵州工匠、绵州农业英才等9个项目，重点支持一批处于行业领先、引领创新发展的高端人才；青年拔尖人才类别设绵州科技菁英、绵州企业管理菁英、绵州金融菁英、绵州社科菁英4个项目，重点支持一批创新能力强、发展潜力大的青年高端人才。

根据加快建设中国科技城和西部现代化强市需要，经市人才工作领导小组批准，可动态调整、增设专项人才培养项目，遴选支持某一行业（领域）的领军人才或青年拔尖人才。

第二章　工作机制

第五条　在市委、市政府领导和市人才工作领导小组指导下，由市委组织部（市人才办）会同市委宣传部、市经信局、市教体局、市科技局、市财政局、市人社局、市农业农村局、市卫健委、市金融工作局、市社科联、市科协等市级主管部门，相关市直部门配合，负责“绵州育才计划”的组织实施。

第六条　市委组织部（市人才办）负责“绵州育才计划”的统筹实施，协调市级主管部门开展申报评审，指导各地实施重点人才培养计划（工程）。各地和相关部门（单位）要明确人员，负责与市委组织部（市人才办）工作衔接，推进本地区、本部门、本系统的高层次人才培养工作。

第七条　各市级主管部门负责“绵州育才计划”相应项目的具体实施。绵州杰出科技工作者项目由市科协负责；绵州创新领军人才、绵州创业领军人才、绵州科技服务英才和绵州科技菁英项目由市科技局负责；绵州金融英才、绵州金融菁英项目由市金融工作局负责；绵州文化名家项目由市委宣传部负责，市文广旅局、市社科联等单位配合；绵州名师项目由市教体局负责，市委党校配合；绵州名医项目由市卫健委负责；绵州工匠项目由市人社局负责；绵州农业英才项目由市农业农村局负责；绵州社科菁英项目由市社科联负责；绵州企业管理菁英项目由市经信局（市民营办）负责，市国资委、市工商联、市商务局、市农业农村局等单位配合。

第八条　各地和相关部门（单位）积极配合开展“绵州育才计划”推荐遴选工作，落实有关支持政策。同时，结合本地区、本部门、本系统实际，统筹整合现有人才培养工作，制定或修订重点人才培养政策，形成定位清晰、互有衔接的人才培育政策体系和上下联动、齐抓共管的人才培育工作格局。所在单位负责入选者的具体培养、使用、管理和服务等工作，为人才成长和发挥作用提供必要工作生活条件，促其早出成果、多出成果。

第三章　支持计划及条件

第九条　“绵州育才计划”杰出人才

——绵州杰出科技工作者项目，计划支持40名，每两年遴选一次，每次遴选8名左右。基本条件：研究方向瞄准国内外科技前沿，能够坚持全职潜心研究，在科学技术或工程技术领域作出系统的或重大的、创造性的成绩和贡献的领军型科学家和杰出工程技术专家，具有成长为杰出科学家或国际大师的潜力。

第十条　“绵州育才计划”领军人才，计划支持440名，每两年遴选一次，每次88名左右。

——绵州创新领军人才项目，计划支持45名，每次9名左右。基本条件：在国省市中长期科学和技术发展规划确立的重点方向，主持重大科研任务或领衔高层次创新团队或领导国省级创新基地或领导重点学科建设、潜心基础研究的科技人才，其科学研究工作具有较大创新性和产业转化前景。

——绵州创业领军人才项目，计划支持40名，每次8名左右。基本条件：运用自主知识产权或核心技术创建科技企业的科技人才，或具有发展战略眼光、市场开拓精神、管理创新能力的科技企业高级管理人才。创业项目符合我市“686”重点产业发展方向并处于领先地位，具有较好成长性。

——绵州科技服务英才项目，计划支持15名，每次3名左右。基本条件：能够运用自主知识产权或核心产品创建检验检测、技术转移、知识产权、科技咨询等科技服务业企业的人才，或能够提升服务能力、创新服务模式、开拓市场的科技服务企业高级管理人才，或企业创新平台科技管理人才。科技服务项目具有核心竞争力、资源整合能力强，有利于推动产业结构升级优化。

——绵州金融英才项目，计划支持20名，每次4名左右。基本条件：科技金融、消费金融、农村金融、供应链金融、绿色金融、文化金融等新金融和传统金融领域，具有全球视野、通晓国际规则、熟悉资本运作，在金融理论研究、金融创新产业化、金融风险防范中取得重大成果的人才。具有成为国内外主要金融监管机构和国家高端智库建设试点单位的专家，或经济金融领域国家有突出贡献的中青年专家潜力。

——绵州文化名家项目，计划支持80名，每次16名左右。基本条件：拥护党的领导，政治坚定、德艺双馨，具有开拓创新精神，在哲学社会科学、新闻、出版、广播影视、文学艺术、文博图事业、文化经营管理、网络与新媒体、对外文化交流合作等领域，主持重大课题任务、领导重点学科建设的专业人才和科研管理人才，其研究成果（业务成绩）有重要创新和较大影响，或有公认的代表性作品及有影响力的重要成果。

——绵州名师项目，计划支持100名，每次20名左右。基本条件：忠诚于党和人民的教育事业，全面贯彻党的教育方针，长期从事一线教学工作，培养优秀青少年有突出贡献或在党员干部教育事业上有重大贡献，对教育思想和教学方法有重要创新，为人师表、师德高尚，行业认可度高，享有较高社会声望。

——绵州名医项目，计划支持50名，每次10名左右。基本条件：医德高尚、医技精湛，临床经验丰富，得到群众公认。为重大疾病预防、诊治、妇幼保健和医学科技创新、学科专业发展等方面做出突出贡献，或在学术上有较高造诣和创新，在本专业领域有独特建树，得到同行公认。享有较高社会声望。

——绵州工匠项目，计划支持50名，每次10名左右。基本条件：具有高超技艺、精湛技能，长期在一线岗位工作，在新技术、新工艺、新产品的研发和革新中有突出贡献，或在培养技能人才和传授技艺等方面成效显著，创造了重大经济社会效益，行业影响力和知名度高。在传统工艺创作、设计、研发、生产制作等方面有绝招绝技绝活的技艺人才，在带徒传技中起示范作用。

——绵州农业英才项目，计划支持40名，每次8名左右。基本条件：长期在农村和农业生产一线工作服务，在农业科技成果转化、先进适用技术推广应用和高新技术产业化，以及在创办新型农业经营主体、农业企业经营管理及农副产品营销、发展壮大农村集体经济等方面业绩突出，创造较大经济、社会和生态效益，为乡村振兴做出突出贡献，在全市农业行业有较大影响。

第十一条 “绵州育才计划”青年拔尖人才，计划支持150名，每两年遴选一次，每次30名左右。

——绵州科技菁英项目，计划支持50名，每次10名左右。基本条件：年龄40周岁以下，一般应当取得博士学位，在自然科学、工程技术重点领域崭露头角，具有较高的科学研究和技术创新潜能，为所从事科研领域同龄人中的拔尖人才，具有成为该领域学术和技术带头人的发展潜力。符合条件的教育卫生人才、技能人才和农村实用人才也可以纳入。

——绵州企业管理菁英项目，计划支持50名，每次10名左右。基本条件：年龄40周岁以下，在企业担任中高层管理人员，熟悉企业管理、具有较强管理创新能力或能够有效运用先进管理科学，对企业发展起到重要作用，在行业具有一定影响力。

——绵州金融菁英项目，计划支持30名，每次6名左右。基本条件：年龄40周岁以下，一般应当取得硕士学位，有扎实的金融专业功底和较强的实践经验，在金融产品创新、资本运作、市场开拓等方面取得突出业绩，具有成长为我市金融领域领军人才的发展潜力。

——绵州社科菁英项目，计划支持20名，每次4名左右。基本条件：年龄40周岁以下，一般应当取得博士学位，在哲学社会科学领域具有较强的创新发展能力，取得较高学术成就和影响力，具有成长为我市哲学社会科学领域领军人才的发展潜力。

第十二条 “绵州育才计划”要坚持以品德、能力业绩为主的评价导向，把品德作为人才评价的首要内容，对基础研究人才重点评价其成果原创性、科学价值和社会影响，对应用研究人才重点评价其专利发明和运用、成果转化和推广、创办领办企业等，对哲学社会科学人才重点评价其学术影响力、决策咨询效果。推行代表性成果评价制度，注重标志成果的质量、贡献、影响。

第十三条 “绵州育才计划”杰出人才、领军人才、青年拔尖人才三个层次中，申报人在同一申报年只能申报一个类别的项目；入选后，不可再申报同一层次其他类别或下一层次的项目。下一层次入选者如取得重大成果可在下一申报年度申报上一层次的项目，入选后资助资金按标准补足差额。

符合条件的国家及四川省重大人才计划我市入选者，除“绵州杰出科技工作者”项目外，不得申报其他“绵州育才计划”项目，可按规定享受除资助资金外的“绵州育才计划”其他支持政策。

各项目特别是领军人才和青年拔尖人才项目，应单列一定数量指标，支持艰苦边远地区和基层一线人才。

第四章　遴选程序

第十四条 实施程序为：

（一）部署。遴选当年初，市委组织部（市人才办）会同各市级主管部门，对遴选工作的目标任务、标准条件、申报程序、时间进度和工作要求等作出安排后，各市级主管部门制发各项目申报通知。

（二）推荐。各地、各市级主管部门根据各项目申报通知要求，组织用人单位开展申报推荐。申报材料经各地党委组织部门审核把关后，由各地对口部门报送相关市级主管部门。在绵科研院所高校、市属企事业单位直接报送相关市级主管部门，涉密资料要进行保密处理。

（三）初选。各市级主管部门负责对各地各单位推荐材料进行形式审查后，组建专家评审小组，采取现场答辩方式评审，提出建议名单后以主管部门党组（党委）名义报送市委组织部（市人才办）。

（四）终评。市委组织部（市人才办）会同各市级主管部门组建专家评审组，对建议名单进行审核和综合平衡，产生拟入选名单，采取适当形式进行公示。

（五）审批命名。拟入选名单经公示无异议后，报市委组织部部务会审批后，由市委组织部（市人才办）会同各市级主管部门联合印发正式名单。

第五章　支持政策

第十五条 市委组织部（市人才办）为“绵州育才计划”入选者颁发入选证书。入选者优先纳入市委市政府、各地党委政府（园区党工委管委会）直接联系高层次人才范围。

第十六条 入选者享受下列支持政策：

（一）经费补助。每年从市级人才发展专项资金中安排200万元，对管理期内达到年度目标任务的，按照杰出人才每人每年10000元、领军人才每人每年6000元、青年拔尖人才每人每年6000元标准给予补助。

（二）培训进修。市级主管部门将入选者纳入本部门年度培训计划统筹实施，单列指标用于入选者培训，并有计划地选派入选者到国内外知名大学、研究机构和企业等开展学习考察，到各级党校和干部学院开展学习培训，优先支持参加重要学术交流活动、赴外研修访问。

（三）团队建设。市级主管部门和所在单位支持入选者组建高层次创新人才团队，并从经费、科研项目、研发场地、仪器设备以及知识产权保护等方面给予支持。

（四）科研激励。鼓励入选者承担国家、省级和市级各类科技计划、科研基金和社科规划项目、重大建设项目、重点学科和重点科研基地建设项目、国际交流与合作项目，各地和市级主管部门在同等条件下优先立项、优先推荐。扩大横向纵向项目经费使用自主权，入选者及团队所获得的劳务报酬和绩效奖励，由主管部门专项据实核增，计入当年单位绩效工资总额，不作为绩效工资总额基数。

（五）成果转化。鼓励入选者通过自行转化、转让、许可、作价入股、约定职务科技成果权属等方式转移转化职务科技成果，科研人员职务科技成果转化的收益，按规定划归成果完成人及其团队部分，不纳入绩效工资管理。

（六）岗位职称。鼓励所在单位选聘入选者担任首席科学家、首席研究员、首席工程师、首席技师。入选者可按规定破格参加高级专业技术职务任职资格申报和评审。允许入选者经所在单位同意，到科技型企业兼职并按规定取得相应报酬或奖励。

（七）金融支持。鼓励金融机构对入选者提供信用贷款等多种方式支持，符合条件的享受《金融支持人才创新创业十条措施》（绵人才办〔2018〕29号）相应政策。

（八）医疗保健。入选者可在指定医院享受优先预约专家就诊、专人引导就医、优先就诊、优先检查和优先治疗等医疗健康服务，以及跟踪健康咨询指导服务。

（九）子女就学。入选者子女可在其房产所在地就近入读公办义务教育阶段学校，或由入选者工作单位所在县（市、区）教育行政主管部门统筹协调入读当地公办义务教育阶段学校。无房产的，由入选者工作单位所在县（市、区）教育行政主管部门统筹协调入读当地公办义务教育阶段学校。义务教育阶段就学享受1次（小学或初中）。

（十）购房优待。入选者在我市行政区域内购买自住房，符合住房公积金贷款申请条件的，贷款额度可上浮50%，每户不超过单双职工最高限额。

（十一）交通出行。入选者从绵阳南郊机场出行时，本人每年免费享受2次贵宾室或头等舱休息室服务（超出部分享受打折优惠），享受优先值机柜台办理乘机手续，优先安检通道服务，按规定享受送机、候机、接机等贵宾服务。

（十二）研修考察。入选者在梓潼“两弹城”、“5·12”汶川特大地震纪念馆、王右木纪念园可按规定享受免费参观、免费讲解、免费停车、培训优惠等服务。

（十三）表扬激励。优先推荐入选者申报国家及四川省重大人才计划、四川杰出人才奖、四川省科学技术奖、四川省学术和技术带头人及后备人选、四川省有突出贡献的优秀专家等项目。优先推荐参加国家、省专家人才研修和疗养活动。

第六章　管理服务

第十七条　实行动态管理。对入选者按4年周期进行管理，管理期满后符合条件的可继续申报，但须按照本实施办法第十三条规定申报。对弄虚作假骗取入选资格，或违反职业道德、学术不端造成不良社会影响的，或触犯国家法律法规、党纪党规的，取消入选资格。

第十八条 加强联系服务。市高端人才服务中心负责联系主管部门、用人单位，指导制定人才培养方案，协调和做好人才培养和服务保障等工作，建立“绵州育才计划”入选者信息库。定期举办国情省情市情考察研修活动，经常性开展联谊交流、咨询服务、走访慰问等活动。各地要为入选者提供优质服务。

第七章 附 则

第十九条 各主管部门负责研究制定具体项目实施方案。各地党委组织部门要按照本实施办法第八条规定，修订或制定出台本地重点人才队伍实施办法。

第二十条 本办法所列支持政策中的第七至第十二项，与《“绵州英才卡”制度实施办法(试行)》实行联动，以“绵州英才卡”B卡确定的服务事项为准。

第二十一条 本办法自发布之日起实施，试行两年，由市委组织部（市人才办）会同有关部门负责解释。

（市委组织部、市委宣传部、市科学技术局、市财政局等12部门2019年9月29日联合印发）

绵阳市深度融入成都平原经济区人才一体化发展实施方案

为深入贯彻落实省委“一干多支、五区协同”“四向拓展、全域开放”战略部署和市委“一核两翼、三区协同”发展战略，推动以人才一体化发展促进区域协同发展，提高人才工作对区域发展的支撑力和贡献率，根据中共四川省委组织部等9部门《关于印发〈四川省加快推进成都平原经济区人才一体化发展十条措施〉的通知》（川组通〔2019〕12号）精神，现结合我市实际制定如下实施方案。

一、建立健全人才一体化发展合作机制

1. 落实《四川省加快推进成都平原经济区人才一体化发展十条措施》，围绕构建全方位开放格局、完善区域协同创新体系、深化人才放管服改革等重点领域，主动对接省级部门，积极搭建与成都平原经济区7市组织、人社、经信、教体、科技、金融等部门多层次、常态化交流合作机制。〔责任部门：市委组织部、市发改委、市经信局、市教体局、市科技局、市财政局、市人社局、市住建委、市金融工作局〕

2. 强化战略联动、规划衔接、政策协同，持续推进教育、医疗、科技、文化、金融等领域的人才项目合作，着力畅通政策资源、创新平台、智力成果、人才环境共享共用渠道，加快建设成都平原经济区创新人才发展高地。〔责任部门：市人才工作领导小组成员单位、各县市区委组织部、各园区党工委党群工作部〕

二、完善促进人才一体化发展政策措施

3. 推动《关于加快建设西部人才强市的意见》落地落实，配套制定人才引进、培育、使用、激励、服务等实施细则，鼓励各地、各部门因地制宜探索制定本地、本系统体现差异化的人才政策措施，初步构建起与成都平原经济区人才一体化发展相适应的人才发展目标体系、人才政策体系和人才工作制度体系。〔责任部门：市人才工作领导小组成员单位、各县市区委组织部、各园区党工委党群工作部〕

4. 探索建立绵阳市与其他7市高端人才资源共享模式，打破户籍、地域、所有制、身份、人事关系等限制，积极参与建立高端人才评价互认机制，促进社会保险互通、教育医疗资源共享、人才优惠政策联动、人才顺畅流动。〔责任部门：市人社局、市委组织部、市教体局、市卫健委、市公安局〕

5. 深入实施“科技城人才计划”“绵州育才计划”，支持成都等地高端人才携带项目、技术、资金来绵创新创业，鼓励绵阳在蓉企业积极参与当地人才项目申报。〔责任部门：市委组织部、市人社局、市科技局、市经信局、市委宣传部、市农业农村局、市卫健委、市金融工作局、市教育和体育局、市社科联、市科协、市财政局，各县市区委组织部、各园区党工委党群工作部〕

三、构建院（地）人才协同创新平台

6. 鼓励在绵科研院所、高校深化与在蓉科研院所、高校的战略合作，促进信息、技术、人才、资本、服务等要素流动，加速高科技创新成果的转化应用。加快引进科研院所和大专院校，鼓励各地各部门与高校在绵建设运行一批产业研究院。支持西南科技大学与在蓉高校合作，高质量建设省部共建国家环境友好能源实验室。〔责任单位：市科技局、市教体局、市经信局、市人社局、市委组织部〕

7. 完善技术转移服务体系，建好国家两用技术交易中心和四川融合大型科学仪器共享平台，推动在成都平原经济区设立分中心与工作站，推行平台引才、成果引才。〔责任单位：市科技局、科管委办公室、市委融办、市经信局、市委组织部〕

8. 对接省重大人才计划联谊会，加强新型智库建设，促进智库创新升级。〔责任单位：市委组织部、市人社局、市委政研室、市社科联〕

四、建立常态化赴外招才引智联动机制

9. 深化与成都平原经济区7市人力资源服务中心合作，加强数据协同和资源共享。〔责任单位：市人社局、市委组织部〕

10. 积极参加“海科会”“科博会”“农博会”“旅博会”“西博会”“中外知名企业四川行”等重大人才延揽活动和“美丽四川·创业天府”知名高校四川人才活动周、“蓉漂人才日”等区域大型人才招聘活动。定期收集用人单位人才岗位需求信息，采取联合组团、用人单位为主的方式，每年组团赴成都开展专项招才引智活动，赴“双一流”建设高校和省外重点城市举办“绵向未来·阳帆起航”人才活动周，联合开展急需紧缺人才和选调生延揽行动。〔责任单位：市委组织部、市人社局、市经合局，各县市区委组织部、各园区党工委党群工作部〕

11. 落实《绵阳市引进高层次创新创业人才工作管理办法》，依托中国科协“海智计划”四川（绵阳）工作基地、绵阳高新区留学生创业园和驻外引才联络站广泛开展人才延揽，建立科学规范高效的人才项目招引机制。〔责任单位：市委组织部、市人社局、市经合局、市发改委、市经信局、市商务局、市科技局、市科协，各县市区委组织部、各园区党工委党群工作部〕

五、推进优秀党政干部人才交流合作

12. 结合全市干部专业化挂职“翘楚工程”，选派5—10人到成都市专业性较强的业务部门、高新技术开发区、中心城区和经济强县挂职锻炼，为成都市挂职干部提供3—5个岗位挂职或顶岗锻炼，挂职时间原则上为1年。对接成都平原经济区7市来绵挂职岗位需求，根据人选情况、熟悉领域、教育背景、工作经历，落实挂职单位和工作分工。〔责任单位：市委组织部，各有关单位〕

六、深化干部人才教育培训交流合作

13. 邀请成都平原经济区其他7市赴“两弹一星”干部学院、北川应急管理学院等教学基地和绵阳市委党校（行政学院），开展“新时代治蜀兴川递进培养”计划、高层次专家人才研修疗养及专题培训班党性教育、爱国主义教育及应急管理培训。〔责任单位：市委组织部、市委党校、梓潼县委组织部、北川县委组织部〕

14. 推动“两弹一星”干部学院深化与德阳政德教育学院、雅安夹金山干部学院合作。〔责任单位：梓潼县委组织部、“两弹一星”干部学院〕

15. 探索与成都平原经济区7市共同开发党性教育、融合等重点专题培训精品课程，建立优秀师资、培训资源共享机制。适时选派市委党校（行政学院）、“两弹一星”干部学院、北川应急管理学院等教学基地优秀骨干教师赴成都及其他市干部学院学习先进教学、管理经验。〔责任单位：市委组织部、市委党校、梓潼县委组织部、北川县委组织部〕

七、集成资源支持重点人才创新创业

16. 完善院士（专家）产业园、工作站和博士后科研工作站（流动站）、融合创新创业基地、创新研发平台等实施机制。〔责任单位：市经信局、市科协、市人社局、市委融办、市科技局、市委组织部〕

17. 发挥企业创新研发平台和研究开发、技术转移、创新设计、检验检测、科技咨询等公共服务平台作用，开展高端人才发现、高层次人才培育、青年人才实践等活动。〔责任单位：市人社局、市经信局、市科技局、市委组织部、市科协〕

18. 落实扩大高校、医院、科研院所人事自主权“十条政策”。用好用活首批市级200个高层次人才专项事业编制，推动各地建立人才专项事业编制管理制度，支持事业单位引进成都平原经济区高层次和急需紧缺人才。〔责任单位：市人社局、市委组织部、市委编办〕

19. 支持通过采购社会存量住房资源、在商品住宅项目适当配建和新建人才公寓、发放购房补贴等方式，多渠道多形式为符合条件的人才提供住房保障。发挥市级100套人才公寓示范引领作用，分层分类解决高层次人才住房问题。〔责任单位：市住建委、市自规局、市委组织部、各县市区委组织部、各园区党工委党群工作部〕

20. 对接国省重大引才工程，优化提升市级人才工程，对符合条件的高层次专家人才发放“绵州英才卡”，在产业项目落地、人才项目申报、购（租）房、创新创业、医疗保健、子女就学、配偶就业、政策咨询，以及人事档案管理等方面提供便利服务。〔责任单位：市委组织部、市人社局、市经信局、市发改委、市科技局、市教体局、市卫健委、市住房公积金中心、各有关部门〕

八、完善金融服务人才创新创业政策链条

21. 创新科技、人才与金融对接方式，定期开展“金英荟”等金融人才对接活动，鼓励引导在绵金融机构为成都平原经济区重大人才创新创业项目加大支持力度。开辟金融支持人才创新创业“首贷、首投、首担、首保”等金融服务绿色通道。支持保险机构开展人才保险产品创新，开发研发保险、融资保险、关键研发人员保障保险等产品。支持符合条件的人才企业在主板、中小板和创业板发行上市或在“新三板”“四板”挂牌。〔责任单位：市金融工作局、市委组织部〕

22. 落实《绵阳市金融支持人才创新创业十条措施》，建好首批9个人才金融特色机构，运用好首批22个人才金融产品，鼓励特色机构对“科技城人才计划”创业团队创办的企业，按获得人才发展专项资助资金最高10倍授信贷款；对“绵州英才卡”持卡人，给予最高500万元信用贷款。〔责任单位：市金融工作局、市委组织部、市商业银行、省联社绵阳办事处、人保财险绵阳分公司等相关单位〕

九、打造人力资源服务产业集聚区

23. 以服务成都平原经济区人才招引为目标，优化整合中国国际人才市场国家科技城（绵阳）分市场功能，加快培育一批具有竞争力的人力资源服务企业。鼓励各地建设人力资源服务产业园，加快集聚专业人才中介机构，提高人才服务市场化、社会化水平。〔责任单位：市人社局、市科技局、市商务局、市委组织部、各县市区委组织部、各园区党工委党群工作部〕

24. 强化《中国（绵阳）科技城人力资源服务产业园扶持政策（试行）》落地兑现，整合市级人社、科技、经信、商务等资源，支持中国（绵阳）科技城人力资源服务产业园发展，加快招引成都平原经济区内人力资源服务企业入驻并享受同等政策，拓展优化产业园人才储备和供给功能，增强产业园服务成都平原经济区协同发展的能力，打造西部知名的人力资源服务高地。〔责任单位：市人社局、市科技局、市经信局、市发改委、市商务局、科创区党工委党群工作部、市委组织部〕

十、优化区域人才发展联合推进机制

25. 依托成都平原经济区人才一体化发展联席会议制度，加强与省级部门和其他7市沟通对接，参与或承办联席会议。〔责任单位：市委组织部、市直有关部门〕

26. 在市人才工作领导小组指导下，由市委组织部（市人才办）牵头，市人才工作领导小组成员单位和各县市区、园区共同参与，建立绵阳市“一核两翼　三区协同”人才协同发展联席会议机制，统筹推进全市各项工作。〔责任单位：市委组织部、市人才工作领导小组成员单位、各县市区委组织部、各园区党工委党群工作部〕

27. 鼓励中央、省在绵单位按属地原则用好用活绵阳全创改革试验、科研人员激励计划试点和人才新政，支持科技人才积极投入所在区域创新创业。〔责任单位：科管委办公室、市科技局、市发改委、市人社局、市教体局、市委组织部〕

28. 市直有关部门要加强对上争取，结合职能制定配套政策，积极开展先行先试。〔责任单位：市人才工作领导小组成员单位〕

29. 各县市区、园区要增强协同发展理念，强化主体责任，细化工作举措，完善联动机制，确保各项工作扎实推进、取得实效。〔责任单位：各县市区委组织部、各园区党工委党群工作部〕

（市人才工作领导小组办公室2019年12月13日印发）

索 引
Indexes

索引说明

一、本索引是《中国（绵阳）科技城年鉴》2020年卷的主题词内容分析式索引，分主题关键词和图表索引；正文中凡具有独立检索意义的完整资料，都可以通过本索引进行检索；正文中的概述与概况不作检索内容；统计资料与附录以类目进行检索。

二、索引按汉字拼音字母（同音字按声调）顺序排列。类目、分目作为索引款目用黑体字排印，其余款目用宋体字排印。

三、索引款目后的数字表示内容所在的页码，数字后面的拉丁字母（a、b）表示栏别（即版面的1、2栏）。表、图（示意图）索引以页码序号排列。

四、内容有交叉、重复的款目，为方便读者检索，在本索引词条后有页码出现。

主题词索引

A

D

E

F

G

H

J

K

L

M

N

P

Q

R

S

T

W

X

Y

Z

图表索引